Mulheres, Política e Direitos Políticos

Mulheres, Política e Direitos Políticos

ATUALIZADA DE ACORDO COM A EC 117/22
(APLICAÇÃO DE RECURSOS DO FUNDO PARTIDÁRIO
NA PROMOÇÃO E DIFUSÃO DA PARTICIPAÇÃO POLÍTICA
DAS MULHERES) E LEIS N. 14.192/2021 E N. 14.197/2021
(CRIME DE VIOLÊNCIA POLÍTICA DE GÊNERO)

2023

Letícia Giovanini Garcia

ALMEDINA

MULHERES, POLÍTICA E DIREITOS POLÍTICOS
ATUALIZADA DE ACORDO COM A EC 117/22 (APLICAÇÃO DE RECURSOS DO FUNDO PARTIDÁRIO NA PROMOÇÃO E DIFUSÃO DA PARTICIPAÇÃO POLÍTICA DAS MULHERES) E LEIS N.14.192/2021 E N. 14.197/2021 (CRIME DE VIOLÊNCIA POLÍTICA DE GÊNERO)

AUTORA: Letícia Giovanini Garcia

DIRETOR ALMEDINA BRASIL: Rodrigo Mentz
EDITORA JURÍDICA: Manuella Santos de Castro
EDITOR DE DESENVOLVIMENTO: Aurélio Cesar Nogueira
ASSISTENTES EDITORIAIS: Larissa Nogueira e Letícia Gabriella Batista
ESTAGIÁRIA DE PRODUÇÃO: Laura Roberti

DIAGRAMAÇÃO: Almedina
DESIGN DE CAPA: FBA

ISBN: 9786556279244
Setembro, 2023

Dados Internacionais de Catalogação na Publicação (CIP)
(Câmara Brasileira do Livro, SP, Brasil)

Garcia, Letícia Giovanini
Mulheres, política e direitos políticos : atualizada de acordo com a EC 117/22 (aplicação de recursos do fundo partidário na promoção e difusão daparticipação política das mulheres) e Leis n. 14.192/2021 e n. 14.197/2021 (crime de Violência Política de Gênero) / Letícia Giovanini Garcia. --
São Paulo : Almedina, 2023.
Bibliografia.
ISBN 978-65-5627-924-4
1. Direitos fundamentais - Brasil 2. Direitos políticos - Brasil
3. Igualdade de gênero 4. Mulheres- Direitos - Brasil 5. Relações de gênero I. Título.

23-161111 CDU-34:396.2

Índices para catálogo sistemático:

1. Direito das mulheres 34:396.2
Eliane de Freitas Leite - Bibliotecária - CRB 8/8415

Este livro segue as regras do novo Acordo Ortográfico da Língua Portuguesa (1990).

EDITORA: Almedina Brasil
Rua José Maria Lisboa, 860, Conj. 131 e 132, Jardim Paulista | 01423-001 São Paulo | Brasil
www.almedina.com.br

Para Luísa,
minha filha,
cidadã do ano de 2019

“Cada mulher sabe a força da natureza que
abriga na torrente que flui de sua vida”
(Torto Arado, de Itamar Vieira Junior)

“Há um princípio bom que criou a ordem,
a luz e o homem,
e um mau que criou o caos, as trevas
e a mulher” (Pitágoras)

“Para que haja um mundo, é preciso ir de um
a dois, e “dois” é o caminho que se abre para o
múltiplo, para os milhares, para os milhões.
O dois é, por assim dizer, o do múltiplo,
a abertura, o nascimento”
(Jean-Christophe Bailly, Le Propre du langage,
Éditions du Seuil, Paris, 1997, p. 37)

AGRADECIMENTOS

O texto que se segue corresponde à dissertação de mestrado em Ciências Jurídico-Políticas, apresentada na Faculdade de Direito da Universidade de Lisboa, muito embora tenha sofrido alguns ajustes e atualizações.

A escolha pelo mestrado, sobretudo em outro país, traz alguns riscos e obstáculos impensáveis, em especial para quem desempenha outra atividade profissional, que não a acadêmica, e que preenche grande parte do tempo.

Assim, resta-me agradecer a todos que participaram desta jornada, longa e desafiadora, da qual resultou esta obra, me prestando todo o auxílio necessário, a iniciar pela instituição que me oportunizou esta experiência, o Ministério Público do Estado do Paraná. Agradeço, pela disponibilidade, generosidade e incomparável humanidade, ao meu orientador, Professor Dr. João Pedro Oliveira de Miranda, sempre pronto para as minhas dúvidas e preocupações. Aos professores com quem tive a oportunidade de conviver e acompanhar os estudos durante o ano letivo de 2017 a 2018, na Universidade de Lisboa, responsáveis, ao lado do meu orientador, por uma sensível mudança de paradigma quanto à investigação científica e à forma de conceber e pensar "o direito". Aos funcionários das bibliotecas da Faculdade de Direito da Universidade de Lisboa, do Tribunal Constitucional Português, da Procuradoria-Geral da República e da Biblioteca Nacional de Lisboa, que merecem minhas palavras de agradecimento.

Aos encontros que o mestrado proporcionou, na figura de amigos tão especiais que tive a oportunidade de conhecer.

A nível pessoal, invoco sempre a figura dos meus pais e irmão que me acompanham, ainda que fisicamente distantes, nos tantos caminhos que decido percorrer nesta vida. E meu especial agradecimento à minha filha Luísa, que veio ao mundo durante este percurso, trazendo mais luz, esperança, força e amor a minha vida.

Obrigada a todos vós.

SUMÁRIO

INTRODUÇÃO 15

1. A CONSTRUÇÃO SOCIAL DAS RELAÇÕES DE GÊNERO 25
1.1. As inter-relações da história do gênero e o nascimento da esfera pública feminina 25
1.2. Antecedentes relevantes 33
1.2.1. O desenvolvimento do gênero sob a ótica matriarcal 33
1.2.2. Genealogias e desenvolvimentos do gênero sob a ótica do patriarcado 38
1.2.3. As inter-relações da história do gênero nos espaços sociais 45
1.2.4. A função da família na estruturação do gênero e as influências histórico-normativas na formação da família luso-brasileira 49
1.3. A evolução do direito das mulheres após o Século XIX 62
1.3.1. As conquistas femininas em três atos 62
1.3.2. Feminismo pós-estruturalista *versus* feminismo pós-colonialista 69
1.3.2.1. Construcionismo social do feminismo e a autodeterminação do gênero 76
1.4. O gênero e a vulnerabilidade 88

2. A CONSTRUÇÃO JURÍDICA DAS RELAÇÕES DE GÊNERO NO CONTEXTO LUSO-BRASILEIRO 93
2.1. O princípio da igualdade e a importância de sua densificação jurídica para as relações de gênero 104

2.2. Do direito das mulheres e da igualdade social 132
2.2.1. A definição de grupos vulneráveis e a concepção de minorias 137
2.3. Ações político-institucionais em Portugal 143
2.3.1. A igualdade de gênero e os direitos políticos da mulher na Constituição de 1976 152
2.3.2. A revisão constitucional de 1997 e a igualdade de gênero 161
2.3.3. Lei da Paridade, Regime da Representação Equilibrada em órgãos do poder político e o acesso da mulher ao parlamento português 167
2.4. Ações político-institucionais no Brasil 172
2.4.1. Evolução legislativa da proteção multidisciplinar da mulher no Brasil 173
2.4.2. A igualdade de gênero na Constituição Federal de 1988 187
2.4.3. A evolução dos direitos políticos da mulher no Brasil 193

3. A REPRESENTAÇÃO POLÍTICA FEMININA E SUAS ESPECIFICIDADES NO CENÁRIO LUSO-BRASILEIRO 207
3.1. Aspectos político-filosóficos preliminares sobre o tema 218
3.1.1. A representação política como presença: a relação entre representação descritiva e substantiva 232
3.1.1.1. Devem as mulheres defender os direitos das mulheres? 243
3.2. Aspectos jurídicos da representação política feminina 252
3.2.1. Considerações acerca do princípio representativo 253
3.2.2. Considerações acerca dos direitos políticos 259
3.2.2.1. Noções gerais de direitos políticos 259
3.2.2.2. Direitos políticos no ordenamento jurídico-constitucional português 265
3.2.2.3. Direitos políticos no ordenamento jurídico-constitucional brasileiro 267
3.2.2.4. Capacidade eleitoral ativa 270
3.2.2.5. Capacidade eleitoral passiva 272
3.2.3. Direitos Políticos das Mulheres 277
3.2.3.1. A conquista dos direitos políticos 277
3.2.3.2. Obstáculos à representação política das mulheres 280
3.2.3.3. Agentes e mecanismos potencialmente impulsionadores da representação política das mulheres 285

3.2.3.3.1. Mecanismos formais 286
3.2.3.3.1.1. O direito antidiscriminatório 286
3.2.3.3.1.2. Medidas de discriminação positiva em prol da representação política das mulheres 293
3.2.3.3.1.3. O sistema de cotas, suas modalidades e sua experiência no âmbito da representação política feminina no Brasil e em Portugal: Sucessos e Insucessos 295
3.2.3.3.1.4. Opção pelo sistema de escrutínio proporcional 303
3.2.3.3.1.5. Os partidos políticos 309
3.2.3.3.1.5.1. Regramento intrapartidário 325
3.2.3.3.1.5.2. A obrigatória filiação partidária no ordenamento jurídico brasileiro e a fidelidade partidária 329
3.2.3.3.1.6. A criminalização da violência política de gênero no ordenamento jurídico brasileiro 335
3.2.3.3.2. Mecanismos informais 341
3.3. A construção de um sistema de garantias contra retrocessos aos direitos políticos das mulheres 344

CONCLUSÕES 357
REFERÊNCIAS 367

INTRODUÇÃO

A preocupação com os direitos humanos, após longos anos de escuridão e esquecimento, foi revelada na Declaração dos Direitos do Homem e do Cidadão (1789) que, mesmo sob a égide de seus ideais de liberdade, igualdade e fraternidade, inspirados na Declaração de Independência dos Estados Unidos (1776) e decorrentes de um período de transformação épica, sonegou a tutela de interesses de grande parte da humanidade, nomeadamente as mulheres, a despeito da participação intelectual de muitas delas naquele momento[1]. Foi apenas no século XX, com o fim da II Guerra Mundial, que a igualdade de gênero, sobretudo a atenção com a igualdade material, passou a fazer parte da história, inicialmente por iniciativa de organizações internacionais, a começar pela Organização das Nações Unidas, com sua Declaração Universal de Direitos Humanos (1948) e posteriormente através de previsões internas dos governos, no âmbito das Constituições. Apesar do sufrágio feminino em Portugal e no Brasil remontar à década de 1930 e a equiparação de direitos políticos entre os sexos começar a acontecer de forma paulatina desde então, foi com a Constituição de 1976, precisamente com a emenda de 1997, que o tema passou a ter especial importância em terras lusitanas, com a introdução de uma norma-tarefa para garantia do

[1] A exemplo de Olympe de Gouges (1748-1793), que demonstrou sua consternação através de um escrito nomeado *Declaração dos Direitos da Mulher e da Cidadã*, um modelo explicitamente feminizado e provocador da Declaração dos Direitos do Homem e do Cidadão de 1789 (cfr. biografia, disponível em https://www.olympedegouges.paris/biografia, acesso em 15 de junho de 2018).

direito fundamental à igualdade entre homens e mulheres (alínea *h*, do artigo 9º, além do art. 109), seguindo, no mesmo caminho, a Constituição Brasileira de 1988, ao tornar a igualdade entre homens e mulheres um direito fundamental (art. 5º, I). Tão-somente depois destas determinações foi que os sistemas jurídicos nacionais, especialmente no âmbito infraconstitucional, começaram a articular suas medidas de implementação destes comandos.

Não obstante todas estas iniciativas, a cidadania das mulheres, que sempre foi mais ambígua que a dos homens, encontrou diversas barreiras de efetividade, notando-se, de início, uma espécie de marginalização no trabalho feminista sobre a política, seja em relação aos estudos políticos, onde a rotulação "feminis" senão rejeitada é ao menos ignorada em grande medida, e também em relação aos estudos da mulher, sobretudo no campo das ciências sociais, ao qual imputam-se uma menor sofisticação em comparação com o trabalho nas humanidades de uma forma geral[2]. Ainda assim, pesquisas sobre a presença das mulheres na vida política dos países começaram a ganhar força de debate no cenário mundial, constatando-se que os fatores que a promovem e aqueles que a dificultam apontam diversas variáveis que vão desde questões culturalistas, decorrentes do peso do patriarcado em cada contexto social, passam pela análise da conduta dos eleitores e dos partidos políticos, questões de ordem socioeconômicas e sociodemográficas, bem como por fatores de ordem institucional, ao avaliar o sistema eleitoral, forma de votação e de composição de listas, extensão do distrito ou círculo eleitoral, organização dos partidos, regime de coligações, dentre outros. A mera somatória e listagem de todas as variáveis e fundamentos levantados, todavia, não é suficiente para que as razões da escassez e as chances de incremento da participação política feminina sejam avaliadas. Uma análise conjunta que possa elencar pontos e mecanismos de maior influência para proposituras é imprescindível para compreensão do tema.

A propósito, foi na própria vida política que nasceu a convicção de que a democracia precisava progredir em termos de igualdade entre homens e mulheres e que as coisas estavam decididamente mal enga-

[2] Neste sentido, cfr., Sapiro, Virginia. "When Are Interests Interesting? The Problem of Political Representation of Women", in Phillips, Anne (org.), *Feminism & Politics,* Oxford/ New York, Oxford University Press, 1998, pp. 161 e ss (tradução livre).

jadas. A emancipação das mulheres, desde o princípio da busca pelo direito ao sufrágio, foi uma luta política, mas o que esteve em jogo desde então foi sobretudo uma luta social. O trabalho de reflexão sobre a diferença entre os sexos tem sido frutífero no campo da filosofia, da história, da psicologia, da sociologia, da literatura e da ciência política e, por esta razão, a presente pesquisa teve de se socorrer ao intercâmbio disciplinar, extrapolando a seara das fontes jurídicas. Por sua vez, o feminismo, termo que, ao que consta, foi inventado em 1837, pelo socialista e filósofo Charles Fourier[3] e cujo uso é de frequente conotação insultuosa, tornou-se ao longo dos anos a palavra de ordem nos debates internacionais, apresentando uma história de luta pelos direitos à igualdade e de conquistas em etapas, às quais foram posteriormente denominadas ondas ou vagas feministas.

A questão dos direitos das mulheres tornou-se proeminente no final do século XVIII, durante as Revoluções Francesa e Americana, e principalmente durante o Iluminismo, aflorou-se o discurso burguês da igualdade, com reflexões sobre a participação das mulheres na sociedade. Num primeiro momento, situações históricas, morais e culturais, como a luta pela liberdade de contracepção, dentre outras questões, foi a prioridade para as mulheres e na seara política, a reivindicação pelo sufrágio foi o máximo da preocupação democrática que puderem se deter naquela altura em que tantas outras demandas emergiam com mais urgência, como a necessária relação mais simétrica dentro do próprio casamento, com o direito à propriedade. Sem dúvidas, o término de pesadelos totalitários que a sociedade vivenciou com fatos históricos do pós-guerra contribuiu para um olhar distinto da filosofia do direito e dos direitos humanos e para o despertar de uma nova democracia, aqui situando um novo interesse das mulheres pela política e demandas inéditas que a acompanham. A teoria política feminista, que se desenvolveu através da evolução dos movimentos de mulheres, centrados em seus três icônicos momentos e preocupações, é extremamente variada, passando pelo feminismo liberal, radical, socialista, marxista e até mesmo pelo

[3] Cfr. GOLDSTEIN, Leslie F. "Early Feminist Themes in French Utopian Socialism: The St.-Simonians and Fourier", in *Journal of the History of Ideas*, v. 43, n. 1, 1982, p. 92 (tradução livre).

libertário[4], todos se ocupando da árdua tarefa de trazer ao público discussões sobre as desigualdades de gênero, a divisão de espaços, descrições da subordinação e apontamentos sobre as medidas que devem ser adotadas para sua eliminação, rompendo com o discurso universalista da neutralidade ou indiferença de gênero, já que a igualdade pressupõe o reconhecimento da diversidade, da existência do outro. Certamente, esta pesquisa não abordará nem discutirá todas essas correntes, mas elas serão utilizadas dentro da dialética e da argumentação do discurso, em torno da construção da representação política feminina, direcionando sobretudo às nuances desta evolução no contexto luso-brasileiro.

Por certo, as mudanças todas não podem ser atribuídas aos movimentos feministas e muitas vezes elas são ambivalentes em seus efeitos, mas ainda que a reformulação das relações de gênero tenha sido parcial e bastante custosa, não se pode deixar de notar as profundas transformações capazes de serem mensuradas através da feminização do trabalho, do ensino e da própria política, ainda que de forma muito polarizada e esparsa, nomeadamente após a inauguração de uma onda de medidas afirmativas adotadas ao redor do mundo a partir da década de 1990. É inegável que o acesso das mulheres à tomada de decisões catalisa transições profundas, mas, por outro lado, de que serve a afirmação "não se nasce mulher, torna-se mulher" se não forem explicadas as condicionantes socioeconômicas, o peso da cultura, das tradições e das mentalidades, que incutem a inferioridade e a dependência desde o nascimento da mulher. Se quisermos reconstruir a antiga divisão público/privado de forma que esta dicotomia não marginalize ou silencie as mulheres, é necessário primeiramente conhecer seu poder habitual. O apelo, portanto, à construção social das relações de gênero à partida da pesquisa

[4] A propósito, Jaggar aponta que nos dois ou três séculos de sua existência, o feminismo não falou com uma única voz. Que após surgir como resposta à mudança da Inglaterra no século XVII, as circunstâncias tão mutáveis desde aquela época vêm alterando o foco das demandas feministas. Afirma que o ressurgimento mais recente do feminismo foi no final dos anos 1960, com a ascensão do que veio a ser conhecido como *women's liberation movement*, que superou os movimentos anteriores pela amplitude de suas preocupações e profundidade de suas críticas, sendo o menos unificado de todos os movimentos feministas anteriores, oferecendo uma análise multitudinária da opressão das mulheres e uma profusão de visões de libertação (cfr. Jaggar, Alison M. *Feminist Politics and Human Nature,* New Jersey, Rowman and Allanheld, 1983, p. 4 (tradução livre)).

se deve à necessidade de desvendar, e mostrar, o peso constrangedor que a cultura, a religião, a lei e a sociedade marcaram as mulheres de um modo muito particular, negando-lhes a plenitude de direitos por longos anos.

A evolução normativa de proteção das mulheres nos ordenamentos jurídico-constitucionais de Portugal e do Brasil, por sua vez, faz parte de um necessário caminho a ser trilhado na construção da representação política feminina neste contexto, que é o objeto da pesquisa, servindo, igualmente, para nos fazer perceber que, em sua batalha solitária, a lei não é capaz de romper costumes, paradigmas e preconceitos. Afinal, direitos constitucionais iguais também coexistem com o privilégio masculino institucionalizado[5]. Aliás, o compromisso com a ideia de que todos os membros da sociedade merecem tratamento igualitário é o pano de fundo das discussões feministas, pois em passado nada distante "a filosofia política dominante defendeu, ou, pelo menos, aceitou, a discriminação sexual"[6]. Assim, a conquista dos direitos políticos, precipuamente em sua dimensão passiva, de viabilidade de acesso aos cargos eletivos, deverá transpor obstáculos de variadas ordens quando se trata de uma mulher, bem como angariar uma disposição de mudança seja de dentro seja de fora das instituições, mirando não apenas na evolução em si, mas com igual ou maior esforço aos riscos de retrocessos.

Desta forma, o presente trabalho possui o objetivo geral de examinar a participação das mulheres na política, nomeadamente na qualidade de representantes do povo, cujos números globais, que ainda se encontram aquém das exigências de um Estado Democrático de Direito, passaram a apresentar sensível mudança apenas por força de ações afirmativas, em especial nos sistemas que adotam medidas mais incisivas como a reserva de vagas no Parlamento, que é o caso de Portugal. Apesar disso, há outras situações, como a do Brasil, em que o direito antidiscriminatório não conseguiu apresentar uma alta performance, permanecendo muito aquém da média mundial. É fastidioso dizer que homens e mulheres, individualmente considerados, devem viver livremente e,

[5] Na expressão de Parpat e Staudt, cfr., PARPAD, Jane; STAUDT, Kathleen. *Women and the State in Africa*, Lynne Rienner Publishers, Boulder and London, 1989, p. 6 (tradução livre).
[6] Cfr. KYMLICKA, Will. *Filosofia Política Contemporânea*, trad. de Luís Carlos Borges, São Paulo, Martins Fontes, 2006, p. 304.

nas relações com os demais seres da mesma espécie, merecem um tratamento igualitário, já que isto, ao menos em tese, deveria fazer parte de um consenso sobre o dever ser[7]. Este, entretanto, quase nunca encontra sua equivalência na realidade, pois, não fosse assim, acontecimentos históricos como a escravidão, a dominação, a invasão e a submissão nunca teriam ocorrido, bem como a mulher, ainda nos dias de hoje, não dependeria de cotas para ter uma representação política mínima. A questão é que, devido a seu caráter temporário, as cotas devem ser revistas e não se sabe como a sociedade atenderá, por si, às exigências de um Estado Democrático de Direito, com seus inerentes pilares de igualdade e liberdade, sem colocar em xeque os direitos das mulheres arduamente conquistados.

Para tanto, serão abordados objetivos específicos em cada um dos capítulos, que seguirão uma ordem cronológica e sobretudo lógica de abordagem do tema, sendo inevitável a inter-relação dos assuntos cruzados entre situações que se associam. Cada capítulo iniciará, destarte, com uma breve introdução geral do ponto que se desenvolverá, para proporcionar um panorama dos acontecimentos importantes da discussão que se segue. De qualquer modo, a cidadania e as diferenças de gênero são temas que acabam sendo desenvolvidos ao longo de todo o trabalho, embora seja o primeiro capítulo a introduzir o contexto histórico das interligações dos gêneros e do surgimento do espaço público feminino.

O segundo capítulo, como anunciado, procederá à análise da construção jurídica das relações de gênero dentro do circunscrito contexto sociocultural do Brasil e de Portugal que, dado sua umbilical ligação não só em termos de colonização, como em espelhamento normativo, favorecem uma análise comparativa, com seus sucessos e insucessos, muito

[7] Bobbio, em sua obra *Igualdade e Liberdade*, aponta que "o fato de que liberdade e igualdade sejam metas desejáveis em geral e simultaneamente não significa que os indivíduos não desejem também metas diametralmente opostas. Os homens desejam mais ser livres do que escravos, mas também preferem mandar a obedecer. O homem ama a igualdade, mas ama também a hierarquia quando está situado em seus graus mais elevados. Contudo, existe uma diferença entre os valores da liberdade e da igualdade e aqueles do poder e da hierarquia" (cfr. Bobbio, Norberto. *Igualdade e Liberdade*, trad. de Carlos Nelson Coutinho, Rio de Janeiro, Ediouro, 1996, p. 9).

embora de forma não infrequente sejam invocados parâmetros jurídicos exógenos. O capítulo terceiro, por sua vez, iniciará com uma investigação preliminar dos aspectos filosóficos e políticos de embasamento da pesquisa e, na sequência, trará um estudo, ainda que singelo, dos conceitos bases da representação política para, então, adentrar nos principais obstáculos à intervenção política feminina, com a sugestão de algumas medidas a serem adotadas. Subsequentemente, serão introduzidos tópicos sobre os agentes e mecanismos impulsionadores da representação política feminina, tanto os decorrentes da estrutura do próprio Estado, por meio da atividade de seus órgãos de soberania ou de suas instituições, quanto o modo informal de desenvolvimento e estímulo da política feminina, por iniciativas decorrentes da própria sociedade civil ou de movimentos de cidadãos. Ao final, se direcionará à preocupação derradeira da pesquisa, acerca da viabilidade de construção de um sistema de garantias contra retrocessos aos direitos políticos das mulheres.

Por certo, as reflexões que aqui serão feitas não buscarão esgotar o tema ou trazer uma pronta resposta para todos esses questionamentos e nem de longe aspirar-se-ia semelhante pretensão, assim como não serão abordadas todas as teorias feministas, o que inviabilizaria a presente pesquisa. Propõe-se, contudo, a elaborar um singelo contributo no sentido de avaliar medidas de impulso à representação política feminina para além (e independentemente) dos objetivos impostos por leis antidiscriminatórias. Não que os números não tenham sua importância, já que a atualidade aponta um crescimento na participação de mulheres na política brasileira de 87% no período compreendido entre janeiro de 1990, cujo percentual feminino no parlamento era de 5,4%, a dezembro 2016, com 9,9%, muito embora, mesmo após quase trinta anos, o Brasil recém ultrapassou a média mundial de 1990 que era de 12,7%, fato este que indica uma distante condição de igualdade de gênero na política, isto sem contar outros segmentos sociais, notadamente relacionados à equiparação salarial, que está longe de ser alcançada[8]. Já a situação da

[8] Apesar de não ser este o objeto da pesquisa, mas pela ligação exemplificativa e contextual, o fato é que a desigualdade de gênero continua em níveis elevados ao redor do mundo com relação à remuneração, o que gera grande impacto na economia. O *Wall Street Journal* explorou a diferença salarial entre homens e mulheres em 422 profissões nos Estados Unidos e o levantamento mostrou que as mulheres ganham menos que os homens em 439 das

política lusitana, apesar de mais igualitária, garante seus 40% de representatividade feminina parlamentar com base num conjunto de medidas interventivas estatais que compelem a reserva de vagas.

É inegável, como se nota, o empenho em se aumentar o número de mulheres eleitas e a sua capacidade para participar dos processos eleitorais e legislativos de forma eficaz, mas a participação política não se limita a tais números, já que depende da formação de uma base política de apoio e de uma consistente formação educacional e cívica para a mudança do paradigma que sustentou anos a fio a desigualdade de gênero. Até mesmo porque há de chegar um momento em que as medidas de discriminação positiva, devido ao caráter provisório, serão reavaliadas e as discussões sobre a democracia, o gênero e a justiça social precisam estar atualizadas, a fim de fornecer elementos mínimos de garantias democráticas nesta perspectiva de igualdade.

Em razão disto, o recurso à história, à sociologia, à filosofia e até mesmo à biologia acaba sendo inevitável para o desenvolvimento da investigação, pois o problema da desigualdade tem fortes raízes de dominação social e cultural com base no sexo e de supremacia masculina. A metodologia utilizada, assim, reflete a estratégia de abordagem e organização do tema e este caminho se fez através de um levantamento bibliográfico que buscou, inicialmente, mostrar a origem do problema, sua evolução e suas consequências. Estas, por sua vez, leva-

449 ocupações analisadas. De forma geral, as mulheres ganham, em média, US$ 0,78 para cada dólar que um homem recebe. Globalmente essa discrepância é ainda pior, pois são apenas US$ 0,50 para cada dólar que o homem ganha (cfr. https://epocanegocios.globo.com/Vida/noticia/2017/09/7-graficos-que-explicam-desigualdade-de-genero-no-mundo.html, acesso em 04 de abril de 2018). A desigualdade entre homens e mulheres medida pelo *World Economic Forum (WEF)* aumentou em 2017 no Brasil e em todo o mundo, o primeiro recuo desde que a medição começou, em 2006. O índice de igualdade global de gênero é baseado em dados de acesso à saúde e na sobrevivência, participação e oportunidade econômica, realização educacional e empoderamento político. O resultado foi atribuído pela entidade à diminuição da igualdade na economia e na política. A Islândia é a campeã da igualdade de gênero no mundo, seguida por Noruega, Finlândia, Ruanda e Suécia, no ranking de 144 países. Os Estados Unidos caíram quatro posições, aparecendo em 49º. Entre os países do G20, a França lidera, em 11º lugar, seguida da Alemanha (12º) e do Reino Unido (15º). Já o Brasil caiu onze posições, ficando em 90º (cfr. http://reports.weforum.org/global-gender-gap-report-2017/results-and-analysis/, acesso em 04 de abril de 2018).

ram ao inquestionável desnivelamento social entre homens e mulheres, mas que, por meio das ações afirmativas, encontraram o contrapeso da balança da justiça. O problema, contudo, se converte em outras realidades, que hoje envolve a preocupação com retrocessos. Desta forma, para além das pesquisas bibliográficas mencionadas, foi necessário verificar as diferentes realidades existentes no panorama mundial e avaliar o tratamento legislativo e jurisprudencial que tem sido dado à situação. Esta dialética, seja de ciências (políticas, sociológicas, psicológicas, jurídicas), seja de ordenamentos jurídicos ou de posicionamentos doutrinários e jurisprudenciais apontam tanto à gênese do problema quanto à direção que está se anunciando. Toda esta sistematização, portanto, faz parte da metodologia da pesquisa, de delimitação do objeto e objetivo do estudo, sua problematização, assim como parciais e potenciais conclusões, sem desconsiderar a autopoiese investigativa que acompanha a evolução da sociedade e a modernização da democracia.

1. A CONSTRUÇÃO SOCIAL DAS RELAÇÕES DE GÊNERO

1.1. As inter-relações da história do gênero e o nascimento da esfera pública feminina

A história apresenta memórias difíceis de sofrimentos, discriminações e até mesmo torturas às mulheres, que vão desde o debilitante procedimento de enfaixamento dos pés das meninas chinesas, passam pela *tradição Sati*, que é o antigo costume hindu de queimar vivas as viúvas, até a mutilação genital feminina, ainda praticada em algumas tribos africanas. Há atualmente diversos países que não reconhecem direitos fundamentais às mulheres, demonstrando que o tempo trouxe algumas modificações, mas não integrou substancialmente o estatuto da mulher na humanidade.

A importância do gênero como categoria histórica trouxe um novo olhar para a compreensão da história europeia e da América, uma vez que sua conceituação passou a ser fundamental para o estudo da formação dos estados e nações, da cidadania e participação política, da atividade laboral e econômica e da própria vida doméstica e familiar. Esta questão tornou-se proeminente no final do século XVIII, durante as Revoluções Francesa e Americana, quando aflorou o discurso burguês sobre igualdade e direitos universais. Some-se a isto a Revolução Industrial, com a aparição das sociedades de classes, aliada ao início da Primeira Guerra Mundial, que trouxeram uma maior valoração do gênero para a história. Mas muito antes disso, a Europa de quinhentos anos atrás que preparava pilhas de lenhas e gravetos para dar início a um ritual já conhecido pelas multidões que aguardavam inquietas as cenas da inquisição, condenava sem muitas delongas mulheres, ou melhor, as "bruxas", pois a perversidade feminina precisava ser contida a qualquer custo. Em quase toda a Europa a percentagem de mulheres perseguidas na inquisição excedeu 75% dos casos, alcançando, em algumas localidades, como o condado de Namur (atual Bélgica), 90% das acusações[9].

Já nas terras do além-mar, uma espécie de Eva Tupinambá habitante do Novo Mundo despertava a estranheza do colonizador, que via seus costumes heterodoxos como indícios de barbárie e presença do espírito do mal. O viajante europeu, já sob a perspectiva da tradição judaico-cristã, encarava essas diferenças como desvios da fé, "transgressões capazes de conduzir os americanos ao inferno"[10]. A sexualidade feminina na Colônia passava por um processo intenso de adestramento fundado em valores culturais já disseminados na Europa ocidental, que se socorria a um direito natural da superioridade masculina, selando o estereótipo da boa moça para manutenção do equilíbrio doméstico, da segurança do grupo social e da própria ordem das instituições civis e eclesiásticas[11]. Era o que tão bem, aos olhos do colonizador, funcionava nas civilizações. A submissão e o silêncio foram a melhor forma de lidar com a pecha do destino da Eva pecadora e da Vênus sedutora, muitas vezes confundida com uma feiticeira, que colocava o mundo sob os perigos da serpente. Por isso, eram destinadas a atividades ligadas ao funcionamento do lar, como ler, escrever, coser e bordar[12], mas o suficiente para

[9] Cfr. https://super.abril.com.br/historia/inquisicao-idade-moderna-e-as-bruxas-as-mulheres-em-chamas/, acesso em 24 de abril de 2019.

[10] Cfr. Raminelli, Ronald. "Eva Tupinambá", *in* Priore, Mary del (org.), *História das Mulheres no Brasil*, São Paulo, Editora Contexto, 2018, p. 11.

[11] Cfr. Araújo, Emanuel. "A Arte da Sedução: sexualidade feminina na Colônia", *in* Priore, Mary del (org.), *História das Mulheres no Brasil*, São Paulo, Editora Contexto, 2018, p. 45.

[12] Há relatos de projetos educacionais em que mestras do "recolhimento" e um estatuto elaborado pelo bispo Azevedo Coutinho, destinado ao ensino das meninas dos princípios da religião, para protegê-las "dos defeitos ordinários do seu sexo". Com isso, seu projeto educacional centrava-se no casamento e na realização da mulher através dos cuidados com o marido e os filhos (cfr. Araújo, Emanuel. "A Arte da Sedução: sexualidade feminina na Colônia", *in* Priore, Mary del (org.), *História das Mulheres no Brasil*, São Paulo, Editora Contexto, 2018, p. 50). Inclusive, em sua *Carta de Guia de Casados*, de 1651, Francisco Manuel de Melo dizia que às mulheres o "melhor livro é a almofada e o bastidor" e alertava sobre os perigos das novelas e comédias (cfr. https://www.uc.pt/uid/celga/recursosonline/cecppc/textosempdf/05cartadeguiadecasados, p. 41, acesso em 26 de abril de 2019).

redigir uma carta, uma receita de comida ou conseguir administrar "seu" lar. Nada para além disso. Sob a herança aristotélica, os especialistas da época compreendiam como bem constituída a mulher que se prestava exclusivamente ao fim reprodutivo e a *madre* – como então era descrito o útero – considerada uma forma de organizar a hereditariedade[13]. O papel da mulher, portanto, restringia-se à formação e à evolução do feto, embora dependente da força vital masculina para tal fim[14].

Esse patriarcalismo vigente no Brasil colonial, todavia, expressava um padrão não só da "casa-grande", em que tudo que ali se encontrasse – escravos e suas respectivas famílias, parentes, filhos, esposa, amante – pertencia ao patriarca proprietário, mas também extraía-se de todo o contexto sociocultural da Europa que se arrastou desde os primórdios da humanidade. É verdade que alguns historiadores apontam descobertas de que nas sociedades antigas algumas grandes divindades eram mulheres, como o exemplo de Gaia, a "Mãe-Terra", assim considerada o mito feminino para que os gregos explicassem a origem do mundo. Esta, de acordo com Hesíodo, limitaria o Caos, que é o espaço do infinito, e teria criado um ser igual a ela, Urano, consistente no céu estrelado. Pouco depois, Eros, simbolizando o amor universal, teria unido Gaia a Urano, fazendo com que os filhos dessa união povoassem o planeta Terra[15]. Apesar desses mitos sobre a origem do mundo e sua formação terem sido largamente difundidos na humanidade, o monoteísmo destronou as deusas, fazendo com que a figura de um Deus masculino fosse incorporada ao imaginário social.

Mas voltando ao continente europeu, reflexões sobre a participação das mulheres na sociedade foram feitas designadamente após o fim da Revolução Francesa, esta sob a influência das ideias do liberalismo de John Locke, quando os homens conquistaram direitos revelados na

[13] Cfr. Priore, Mary del. "Magia e Medicina na Colônia: o corpo feminino", *in* Priore, Mary del (org.), *História das Mulheres no Brasil*, São Paulo, Editora Contexto, 2018, p. 84.

[14] Convém destacar que, conforme menciona Del Priore, somente a partir do século XVIII foi que alguns médicos lusitanos, inspirados nos estudos do holandês Reinier de Graaf, passaram "das concepções seministas à revolução ovarista" sobre fecundação e fertilidade (cfr. Priore, Mary del. "Magia e Medicina na Colônia: o corpo feminino", *in* Priore, Mary del (org.), *História das Mulheres no Brasil*, São Paulo, Editora Contexto, 2018, p. 85).

[15] Cfr. Ferreira, José Ribeiro. *Mitos das Origens – Rios e Raízes*, Coimbra, Faculdade de Letras da Universidade de Coimbra, Instituto de Estudos Clássicos, 2008, p. 6.

Declaração dos Direitos do Homem e do Cidadão (1789). Este documento, entretanto, não contemplou as reivindicações femininas. Ao contrário disso, representou um momento de hostilização em relação à intervenção direta feminina nas atividades públicas, muito embora sua elaboração tenha contado com a participação intelectual de muitas mulheres naquele momento, a exemplo de Olympe de Gouges (1748-1793)[16], que demonstrou publicamente sua consternação com o abandono da causa feminina no documento através de um escrito nomeado *Declaração dos Direitos da Mulher e da Cidadã*. Nesta fase, os símbolos e a nova linguagem de uma política moderna, além de realçar a masculinidade dos cidadãos como líderes da Revolução, insistiu na dedicação da mulher à família e ao lar[17]. O século das luzes, que buscava levar o homem ao conhecimento e à sabedoria, pouco iluminava a situação das mulheres, vistas como carentes da razão inata, que era a base dos direitos naturais[18]. Assim, ao tempo em que excluiu a mulher da vida política, insistindo nas diferenças de gênero e restringindo um novo espaço de conquistas e direitos exclusivamente ao masculino, os ideais iluministas e a Revolução Francesa estimularam o surgimento de um feminismo moderno, que passou a buscar os direitos à cidadania plena. A figura feminina da época, corporificada na personagem Sofia, de Rousseau, mais "fraca, morna, pálida e de olhar amortecido", contrastava ao ardente Emílio, "impetuoso e agitado"[19]. Afinal, para o autor, "Sofia deve ser mulher como Emílio é homem"[20], pois reconhecia as implicações sociais e políticas de uma nova visão das diferenças sexuais e, por isso, centrava seu projeto pedagógico, escrito em 1762, na educação do filho varão, que impulsionado por sua curiosidade, desenvolvia-se física

[16] Cfr. https://www.olympedegouges.paris/biografia, acesso em 15 de junho de 2018.

[17] A respeito, cfr., Caine, Barbara; Sluga, Glenda. *Género e Historia. Mujeres em el cambio sociocultural europeo, de 1780 a 1920*, trad. de Blanca de la Puente Barrios, Madrid, Narcea S.A. Ediciones, 2000, p. 23.

[18] Cfr., Caine, Barbara; Sluga, Glenda. *Género e Historia. Mujeres em el cambio sociocultural europeo, de 1780 a 1920*, trad. de Blanca de la Puente Barrios, Madrid, Narcea S.A. Ediciones, 2000, p. 23.

[19] Cfr. Rousseau, Jean-Jacques. *Emílio ou da Educação*, trad. por Sérgio Millet, 3ª edição, São Paulo, Difel, 1979, pp. 390-391.

[20] Cfr. Rousseau, Jean-Jacques. *Emílio ou da Educação*, trad. por Sérgio Millet, 3ª edição, São Paulo, Difel, 1979, p. 305.

e mentalmente, seguindo o princípio de que "a mulher é feita especialmente para agradar ao homem"[21].

Na Grã-Bretanha, no final do século XVIII algumas mudanças surgiram. Aliada à insurgência francesa de Olympe de Gouges, a Inglaterra também produziu seus registros históricos, notadamente com Mary Wollstonecraft, defensora da igualdade de direitos entre homens e mulheres, em especial quanto à educação. Em *A reivindicação dos direitos das mulheres* (1792), a autora criticou veementemente a Declaração dos Direitos do Homem e do Cidadão, por não incluir as mulheres na categoria de cidadãs[22]. Seus escritos e apontamentos não foram inicialmente levados a sério, já que as referências filosóficas daquela altura, que fortaleciam o patriarcado, tinham consolidado ideais e conceitos que excluíam a mulher da participação e condução da sociedade. Neste contexto, a luta pelo voto foi um dos maiores eixos das reivindicações feministas, tanto que em 1897 foi fundada a União Nacional pelo Sufrágio Feminino por Millicent Garrett Fawcett[23]. Este movimento, também conhecido como *suffragettes*, de início pacífico e bastante limitado, ganhou força com a morte de Emilly Davison (1872-1913), ao se atirar diante de um cavalo do Rei George V, da Inglaterra, durante o *Derby Epsom Downs* de 1913[24] e com o apoio do movimento abolicionista norte-americano.

Já a sociedade brasileira do século XIX sofreu uma série de transformações, a começar pela chegada da família real em 1808, passando o Brasil a ser sede da coroa real portuguesa. Este período, que vivenciou da elevação do Brasil à categoria de Reino à independência e, posteriormente, à proclamação da república, também representou mudanças sociais, com a consolidação do capitalismo e ascensão da burguesia, inaugurando uma figura feminina valorizada em sua intimidade e pela

[21] Cfr. Rousseau, Jean-Jacques. *Emílio ou da Educação*, trad. por Sérgio Millet, 3ª edição, São Paulo, Difel, 1979, p. 306.

[22] Cfr. Wollstonecraft, Mary. *A Vindication of the Rights of Woman*, p. 4, (tradução livre), disponível em http://pinkmonkey.com/dl/libraryl/vindicat.pdf, acesso em 02 de julho de 2018).

[23] Cfr. https://www.britannica.com/biography/Millicent-Fawcett, acesso em 05 de julho de 2018.

[24] Cfr. «Emily Davison killed at the 1913 Derby», in *British Library*, disponível em https://www.bl.uk, acesso em 02 de julho de 2018.

maternidade, dedicada ao ambiente familiar[25]. Este estilo de vida da elite dominante certamente era influenciado pelo imaginário da aristocracia portuguesa. A família patriarcal brasileira foi bem descrita por Gilberto Freyre na sua obra *Casa-Grande e Senzala*, na qual todo comando e poder era exercido, dentro de uma casa, pelo "pai". A proposta desse momento era tornar a Colônia tão civilizada quanto os europeus em geral e isso incluía desde medidas sanitárias, de preservação da limpeza e saúde públicas, como a modernização da cidade do Rio de Janeiro, com a delimitação dos lotes urbanos e a construção de casas. Com isso, as ruas passaram a adquirir um *status* de lugar público, o que levou a uma série de restrições à sociabilidade existente[26]. Com a delimitação dos espaços de convivência entre a nova classe burguesa e o povo, a privatização da família através da segurança e do aconchego do ambiente doméstico exemplificou o mundo familiar da época, que se subdividia internamente entre o espaço do lar para representação – que eram as salas e ambientes de convivência – do espaço da individualidade, do segredo e das emoções, que era a alcova. A família burguesa abria seu ambiente privado à contemplação de parentes e amigos, para confraternização, oportunidade em que a mulher passava pela avaliação e opinião da sociedade. Essa mulher da elite começou a sair da vigia constante do pai e do marido, para uma participação em acontecimentos da vida social, submetendo-se aos olhares atentos da sociedade. A possibilidade de convívio e até mesmo de ócio pelas mulheres abriu margem para reuniões e saraus, com o preenchimento de seu tempo com leituras, novelas românticas e confidências com as amigas[27]. Cada vez mais a função materna e de esposa passava a ocupar os projetos de ascensão da mulher burguesa, pois delas dependeria o sucesso da família que, todavia, centrava sua autoridade em mãos masculinas, seja do pai, seja do marido. E este homem, "envolto em questões de política e economia, estava na

[25] Cfr. D'Incao, Maria Ângela. "Mulher e Família Burguesa", *in* Priore, Mary del (org.), *História das Mulheres no Brasil*, São Paulo, Editora Contexto, 2018, p. 223.

[26] Cfr. D'Incao, Maria Ângela. "Mulher e Família Burguesa", *in* Priore, Mary del (org.), *História das Mulheres no Brasil*, São Paulo, Editora Contexto, 2018, p. 227.

[27] Cfr. D'Incao, Maria Ângela. "Mulher e Família Burguesa", *in* Priore, Mary del (org.), *História das Mulheres no Brasil*, São Paulo, Editora Contexto, 2018, pp. 228-229.

verdade rodeado por um conjunto de mulheres das quais esperava que o ajudassem a manter sua posição social"[28].

Já o século seguinte, sob a influência do pensamento feminista europeu e norte-americano das décadas de 1960 e 1970, alimentava sonhos de libertação e transformação. Foi o auge da discussão sobre o ambiente doméstico em que a mulher vivia, retratado nomeadamente pela *mística feminina*[29] de Betty Friedan, que foi nada mais do que um retrato, desenhado pelo norte-americano da época, da mulher como uma dona de casa e destinatária das propagandas de massa, sempre domesticada e feliz, quando na realidade todo esse *marketing* não passava de uma reação patriarcal às conquistas femininas após a Segunda Guerra Mundial, com a intenção de trazê-las para o ambiente doméstico novamente. E foi dentro deste cenário, traduzido na expressão "o pessoal é político", de Carol Hanisch[30], que começou a ser enfatizada a unidade entre os sexos, a necessidade de estancar a discriminação e libertar a mulher das imposições sociais.

Mas se o feminismo da Europa e dos Estados Unidos deste período nutria-se pelos sonhos de liberdade e igualdade, os grupos de reflexão de mulheres no Brasil, principalmente os da esquerda, organizaram-se em pleno regime de exceção da ditadura militar pós golpe de 1964. Nesse quadro, a união dos movimentos feministas com o Partido Comu-

[28] Cfr. D'Incao, Maria Ângela. "Mulher e Família Burguesa", *in* Priore, Mary del (org.), *História das Mulheres no Brasil*, São Paulo, Editora Contexto, 2018, p. 230.

[29] A mística feminina é o título da obra de Betty Friedan que retrata o perfil da mulher desenhado pelo americano na década de 1960, como uma dona de casa e destinatária das propagandas de massa. A preocupação central foi com a reação patriarcal às conquistas femininas após a Segunda Guerra Mundial, buscando trazê-las para o ambiente doméstico novamente. Conclui a autora que, por conta desta "mística feminina", muitas mulheres estavam adoecendo. Para Friedan, que foi uma das principais desencadeadoras da Segunda Onda feminista, "a mulher é prejudicada pelo sexo e assim prejudica a sociedade, copiando servilmente os padrões masculinos de evolução profissional, ou recusando-se a competir com o homem. Mas se tiver visão para fazer um novo plano de vida poderá saldar compromissos profissionais e políticos e enfrentar o casamento e a maternidade com idêntica seriedade" (cfr. Friedan, Betty. *Mística Feminina*, trad. de Áurea B. Weissenberg, Petrópolis, Editora Vozes Limitada, 1971 (tradução), 1963 (original), p. 322).

[30] O texto denominado "O Pessoal é Político", acima referido, encontra-se disponível em https://we.riseup.net/assets/190219/O+Pessoal%2B%C3%A9%2BPol%C3%Adtico.pdf, acesso em 12 de junho de 2018.

nista e com a Igreja Católica progressista acabou sendo inevitável, muito embora em muitos pontos houvessem conflitos ideológicos entre eles[31]. Esta experiência de governo autoritário constituiu um cenário favorável ao surgimento de movimentos sociais e de resistência, de luta contra repressão política à liberdade de expressão e aos direitos humanos, papel este que foi fortemente ocupado pelo movimento feminista brasileiro, unindo lutas pela democracia com específicas reivindicações por direitos das mulheres à igualdade e autonomia na sociedade, em especial no tocante à sexualidade e ao direito ao corpo. Estas reflexões, todavia, "eram consideradas 'ideias específicas', e, portanto, divisionistas da luta geral que consideravam ter prioridade: pela democratização, pela anistia, pelo socialismo"[32]. Novos espaços na mídia, na década de 70, surgiram para dar voz às mulheres, ressaltando a estratégia de educação do movimento feminista desta fase, com a finalidade de resgate histórico e de recriação da identidade da mulher[33].

Em verdade, a história da mulher não é apenas dela, é também de toda família a qual pertence, dos filhos, do marido, da literatura, da arte, da economia, da política. É a própria história da sua sexualidade, de seu direito reprodutivo, da violência que sofre e da evolução que conquista. Seria uma pretensão irrealizável, dentro dos limites deste trabalho, elencar todos os dados e momentos que indicam a importância dos movimentos feministas, sendo inumeráveis, na Europa e América, as publicações periódicas e os grandes nomes que se debruçaram, e ainda o fazem, sobre esta evolução, em especial com relação a questões chaves sobre identidade, trabalho, ambiente doméstico, política e cidadania.

[31] A respeito, cfr. Hollanda, Heloisa Buarque de. *Pensamento Feminista Brasileiro: formação e contexto*, Rio de Janeiro, Editora Bazar do Tempo, 2019, p. 10.

[32] Cfr. Pedro, Joana Maria. "Narrativas fundadoras do feminismo: poderes e conflitos (1970-1978)", *in Revista Brasileira de História*, São Paulo, Anpuh, n.52, vol. 26, 2006, pp. 249--272.

[33] Entre as experiências de imprensa alternativa feminista, Karina Woitowicz e Joana Pedro destacam os jornais *Brasil Mulher* (1975-1979), *Nós Mulheres* (1976-1978) e *Mulherio* (1981-1987), que tiveram uma inegável contribuição para o debate em torno dos direitos das mulheres (cfr. Woitowicz, Karina Janz; Pedro, Joana Maria. "O Movimento Feminista durante a ditadura militar no Brasil e no Chile: conjugando as lutas pela democracia política com o direito ao corpo", in *Dossiê Gênero, Feminismo e Ditaduras*, Ano X, n. 21, 2º. Semestre 2009, p. 46).

De qualquer modo, os tópicos seguintes buscam trazer um esboço de uma nova mulher que vem despontando desde o final do século XVIII, estendendo-se no primeiro período pós-guerra em ambos os lados do Atlântico e apontar que os conceitos sociais e culturais sobre o gênero se tornaram pontos importantes no desenvolvimento tanto da política quanto da sociedade moderna. A pretensão, portanto, deste capítulo é demonstrar como a história da cultura baseada no gênero e a representação das diferenças puderam influenciar todo o discurso ideológico e político em torno dos papéis que homens e mulheres se encontram, assim como a primazia masculina na participação das decisões públicas das nações. É claro que o panorama é mundial, mas a pesquisa, ao fim, busca centrar a análise em países lusófonos irmãos – Portugal e Brasil – pelo parentesco cultural e proximidade histórica que possuem, até porque, no pensamento latino-americano, a reflexão sobre a realidade da sociedade sempre se destacou pelos contrastes que variavam da civilização à barbárie, das tradições indígenas ao senso de complexidade do pensamento ibérico, oriundo da colonização da América. As diferenças dos dois países, que muitas vezes os distanciam e outras tantas os aproximam, serviram, enfim, de parâmetro para delimitação da investigação.

1.2. Antecedentes relevantes

1.2.1. O desenvolvimento do gênero sob a ótica matriarcal

Apesar de o descaso com as mulheres, em maior ou menor medida, ser um traço de aproximação entre os povos, há alguns relatos, na história, muitas vezes contestados, de sociedades em que a figura feminina possuía um papel significativo, de liderança e poder. Os valores, princípios e o trabalho maternos estariam na base destas sociedades, que veem no equilíbrio entre gêneros, entre gerações e entre humanos e natureza sua forma de constituição. Na atualidade, as poucas comunidades denominadas matriarcais a que se têm notícia são civilizações remotas, situadas na Ásia, África, Américas e região do Pacífico[34], na qual se destacam pela

[34] A exemplo do povo Nagosivi, localizado ao leste na Nova Guiné, da sociedade Akan, de Gana, do grupo indígena Bribri, situado na Costa Rica, da comunidade Mosuo, do Tibet, e a Minangkabau, que vive no oeste de Sumatra, na Indonésia (cfr. https://falauniversidades.com.br/conheca-cinco-sociedades-matriarcais/, acesso em 20 de janeiro de 2022).

ausência de hierarquias, classes e dominação de um gênero pelo outro[35]. Esta passagem da humanidade, que teria existido desde o ano 35.000 a.c. até 4.000 a.c., tendo algumas poucas reminiscências na atualidade, em contrapartida, somente foi sugerida no século XIX, por antropólogos e arqueólogos[36], passando a ser esta concepção fortemente refutada nos últimos anos por parte da comunidade científica[37], muitos dos quais tendendo a argumentar que apenas na pré-história as mulheres tiveram os tipos de direitos que têm hoje e que apenas ocasionalmente uma rainha exercia o poder e que, na maioria das sociedades, as mulheres exerciam sua influência "apenas manipulando seus filhos ou maridos, não por direito próprio"[38].

[35] Neste sentido, cfr., Goettner-Abendroth, Heide. "Societies in Balance. Re-thinking Matriarchy in modern Matriarchal Studies", in *Paper*, p. 2, disponível em https://www.mujerpalabra.net/libros/pdf/Re-thinking_Matriarchy._best_version_for_USA.pdf, acesso em 20 de janeiro de 2022 (tradução livre).

[36] Cfr. Bachofen, Johann Jakob. *El Matriarcado: Una investigación sobre la ginecocracia en el mundo antiguo según su naturaleza religiosa y jurídica*, trad. de María del Mar Llinares García, Madrid, Ediciones A k al. S. A., 1987, p. 6 (tradução livre).

[37] É o que dizem Glick e Fiske, citando Marvin Harris, para quem "praticamente todos os antropólogos duvidam da existência de matriarcados em qualquer fase da evolução cultural" (cfr. Glick, Peter; Fiske, Susan. "The Ambivalent Sexism Inventory: differentiating hostile and benevolent sexism", in *Journal of Personality and Social*, v. 70, n. 3, 1996, pp. 491-512 (tradução livre)). Conferir, dentre outros, Simone de Beauvoir, para quem o matriarcado não passou de um mito, tendo sido a sociedade sempre masculina (cfr. Beauvoir, Simone de. *O Segundo Sexo: I. Os fatos e os mitos*, trad. de Sergio Milliet, 4ª edição, São Paulo, Difusão Europeia do Livro, 1970, p. 91). Para Goettner-Abendroh, todavia, o mito do patriarcado universal retrata essa forma social relativamente recente como onipresente desde o início da história humana e, portanto, teóricos com uma mentalidade patriarcal propagaram centenas de ficções como esta e só podem ver matriarcado pelas lentes da dominação. Com base nesse mal-entendido, conclui a autora, "eles buscam alto e baixo por evidências de matriarcado baseado na dominação. Não encontrando exemplos que estejam de acordo com sua hipótese patriarcal, eles concluem que o matriarcados não existem e nunca existiram" (cfr. Goettner-Abendroth, Heide. "Re-thinking 'Matriarchy' in Modern Matriarchal Studies using two examples: The Khasi and the Mosuo", in *Asian Journal Of Women's Studies*, 2018, v. 24, n. 1, p. 6 (tradução livre)).

[38] Cfr. Inglehart, Margaret. "Political Interest In West European Women: An Historical and Empirical Comparative Analysis", in *Comparative Political Studies*, v. 14, n.3, October 1981, pp. 313-314 (tradução livre).

O conceito de matriarcado, deste modo, teve distintos e divergentes significados ao longo da história[39], não correspondendo apenas ao reverso do patriarcado, com as mulheres governando os homens, como uma interpretação usual, e equivocada, faria. Como destaca Goettner-Abendroth, os matriarcados são sociedades centradas na mãe, com igualdade complementar entre os gêneros e as gerações, fundadas em valores maternos, tais como o cuidado, o carinho, a maternidade, a construção da paz, mas com igual valor para todos, seja para as mães, para aqueles que não são mães, mulheres ou homens[40]. Com culturas matriarcais, que funcionam como sociedades horizontais não hierárqui-

[39] O estudo feito por Johann Bachofen, em 1861, é apontado como um dos primeiros sobre o matriarcado. Em sua obra *Das Mutterecht*, ele percorre diversas civilizações e culturas, como a Lícia, Atenas, Índia e Ásia Central, Locros, Lesbos, Mantineia. Destaca que para os Lícios, como observado por Heródoto, os filhos eram nomeados de acordo com a mãe, e que o direito de sucessão era exclusivo das filhas, em oposição aos costumes helênicos (cfr. Bachofen, Johann Jakob. *El Matriarcado: Una investigación sobre la ginecocracia en el mundo antiguo según su naturaleza religiosa y jurídica*, trad. de María del Mar Llinares García, Madrid, Ediciones A k al. S. A., 1987, p. 28). Destaca que a "valorização da paternidade é o abandono do espírito dos fenômenos da Natureza" e faz alusão à peça teatral *Oresteia*, de Ésquilo, como marco na história da família, a partir de então marcado pela linha patriarcal (cfr. Bachofen, Johann Jakob. *El Matriarcado: Una investigación sobre la ginecocracia en el mundo antiguo según su naturaleza religiosa y jurídica*, trad. de María del Mar Llinares García, Madrid, Ediciones A k al. S. A., 1987, p. 63). Para Engels, que também trabalha o caráter histórico da família, esta alusão à *Oresteia* "é a prova de que Bachofen acredita, como outrora Ésquilo, nas Eríneas, em Apolo e Palas Atena, isto é, crê que foram estas divindades que realizaram, na época heroica da Grécia, o milagre de derrubar o direito materno e substituí-lo pelo paterno. É evidente que tal concepção, que considera a religião como a alavanca decisiva na história do mundo, conduz, afinal de contas, ao mais puro misticismo" (cfr. Engels, Friedrich. *A Origem da Família, da Propriedade Privada e do Estado*, trad. de Leandro Konder, 9ª edição, Coleção Perspectivas do Homem, v. 99, Rio de Janeiro, Civilização Brasileira, 1984, p. 9). Para Engels, foi o controle da propriedade privada que permitiu a substituição do matriarcado pelo patriarcado nas sociedades primitivas e o matrimônio monogâmico foi a primeira forma de opressão das mulheres pelos homens (cfr. Engels, Friedrich. *A Origem da Família, da Propriedade Privada e do Estado*, trad. de Leandro Konder, 9ª edição, Coleção Perspectivas do Homem, v. 99, Rio de Janeiro, Civilização Brasileira, 1984, p. 70).

[40] Cfr. Goettner-Abendroth, Heide. "Societies in Balance. Re-thinking Matriarchy in modern Matriarchal Studies", in *Paper*, disponível em https://www.mujerpalabra.net/libros/pdf/Re-thinking_Matriarchy._best_version_for_USA.pdf, acesso em 20 de janeiro de 2022 (tradução livre).

cas, sem propriedade privada e reivindicações territoriais, a igualdade representaria mais do que um nivelamento de diferenças. Em todos os níveis da sociedade, como o social, o econômico e o político, segundo a autora, o matriarcado respeita e honra as diferenças naturais entre os gêneros e as gerações, todos possuindo "sua própria dignidade, e através de áreas de atividade complementares, funcionam em conjunto"[41].

No âmbito social, o matriarcado corresponderia à ausência de fragmentação da sociedade, com promoção de vários tipos de afinidade ou comunidades intencionais, como comunas, alianças de comunidades vizinhas e redes. No plano econômico, o aumento da indústria de grande porte, em expansão militar, e no chamado "padrão de vida" não seria possível, considerando o perigo de destruição completa da biosfera, da vida na terra. Então, a partir de uma perspectiva de subsistência alternativa, local e regional, surgiria a economia, com entidades de subsistência, mas que também fomentassem a comunicação, as artes, o comércio e a tecnologia. Ao nível da tomada de decisões políticas, o consenso matriarcal, o equilíbrio entre homens e mulheres e entre gerações é princípio essencial, manifestando, com isso, aquilo que as democracias formais prometem, mas não cumprem[42]. Isso significa que em todas as esferas da sociedade, mulheres e homens seriam igualmente representados e, como estrutura, estas comunidades restringem-se ao nível regional, com a formação de alianças amigáveis com outras regiões. A história patriarcal da dominação, portanto, como aponta Goettner-Abendroth, teria começado com a formação de "estados" a cada tempo[43].

Apesar destas menções, não houve uma explicação abrangente do matriarcado como uma forma social. A fragmentação continua sendo

[41] Cfr. Goettner-Abendroth, Heide. "Societies in Balance. Re-thinking Matriarchy in modern Matriarchal Studies", in *Paper*, disponível em https://www.mujerpalabra.net/libros/pdf/Re-thinking_Matriarchy._best_version_for_USA.pdf, acesso em 20 de janeiro de 2022 (tradução livre).

[42] Cfr. Goettner-Abendroth, Heide. "Re-thinking 'Matriarchy' in Modern Matriarchal Studies using two examples: The Khasi and the Mosuo", in *Asian Journal Of Women's Studies*, 2018, v. 24, n. 1, p. 4 (tradução livre).

[43] Cfr. Goettner-Abendroth, Heide. "Societies in Balance. Re-thinking Matriarchy in modern Matriarchal Studies", p. 6, in *Paper*,, disponível em https://www.mujerpalabra.net/libros/pdf/Re-thinking_Matriarchy._best_version_for_USA.pdf, acesso em 20 de janeiro de 2022 (tradução livre).

um problema, pois além de não haver um arcabouço teórico explícito sobre essa passagem da humanidade, estas teorias e estudos permanecem fenômenos exóticos e isolados, o que dificulta a adequada representação destas comunidades. Além disso, há uma abordagem política de certo modo irrefletido sobre o tema, na medida em que sua análise muitas vezes permanece calcada no pensamento patriarcal, de dominação, a começar por sua denominação, oriunda a palavra grega "arché", que compõe a etimologia das palavras patriarcado e matriarcado e possui dois significados distintos: de dominação e de início, optando, os estudiosos do patriarcado, pelo primeiro[44]. Este contexto matriarcal, entretanto, não pode ser confundido com a história de mulheres no exercício poder. De fato, ao longo da história da humanidade até alcançar a modernidade, inúmeras mulheres desempenharam e ainda desempenham papéis de governantes e regentes fora da estrutura, princípios e valores do matriarcado, não podendo tais situações serem tratadas como equivalentes[45].

[44] Como destaca Goettner-Abendroth, esta talvez seja a causa de desacreditarem na possibilidade de sociedades matriarcais, porque buscavam sociedades lideradas por mulheres, como base no poder de dominação. Os estudos recentes sobre matriarcado, por outro lado, "utilizam o segundo significado, traduzindo a palavra como "as mães do começo"" (cfr. GOETTNER-ABENDROTH, Heide. "Re-thinking 'Matriarchy' in Modern Matriarchal Studies using two examples: The Khasi and the Mosuo", in *Asian Journal Of Women's Studies*, 2018, v. 24, n. 1, pp. 3–27 (tradução livre)).

[45] Apesar de muitos historiadores apontarem a matrilinearidade no Antigo Egito (cfr. NOBLECOURT, Christiane. *A Mulher no Tempo dos Faraós*, Campinas, Papirus Editora, 1994, p. 207), também fazem alusão à complementariedade da mulher à figura do rei naquela altura (cfr. ROBINS, Gay. *Women in Ancient Egypt*, Cambridge, Harvard University Press, 1996, p. 42 (tradução livre)), o que leva ao pensamento de que o antigo Egito não foi analisado sob o enfoque conceitual do matriarcado, mas sob a existência de uma linhagem materna, de transmissão social, econômica e cultural, e dentro de uma estrutura de poder paterno (cfr. BALTHAZAR, Gregory da Silva. "A(s) Cleópatra(s) de Plutarco: as Múltiplas Faces da Última Monarca do Antigo Egito nas Vidas Paralelas", in *Tese de Mestrado em História*, Universidade Federal do Paraná, 2013, p. 75). Há, ademais, inúmeros exemplos de liderança feminina no mundo moderno, tal como Margareth Tatcher, que inclusive desempenhou seu papel político durante longos anos em que a lei sálica proibia o acesso das mulheres ao trono no Reino Unido, ou seja, dentro de uma estrutura de sociedade patriarcal.

1.2.2. Genealogias e desenvolvimentos do gênero sob a ótica do patriarcado

A análise da pesquisa sobre o desenvolvimento das questões de gênero através do paradigma do patriarcado decorre da imperiosa necessidade de serem observados os pressupostos de hierarquia, obediência e autoridade decorrentes deste enfoque, já que o reconhecimento de padrões de gênero, tais como os papéis sociais, econômicos, políticos e culturais, decorrem de uma construção histórica[46]. A maior parte dos teóricos, todos do sexo masculino, adotava o fundamento da "natureza"[47-48]

[46] Nas palavras de Beauvoir, "o presente envolve o passado e no passado toda a história foi feita pelos homens" (cfr. Beauvoir, Simone de. *O Segundo Sexo: I. Os fatos e os mitos*, trad. de Sergio Milliet, 4ª edição, São Paulo, Difusão Europeia do Livro, 1970, p. 15).

[47] Para Aristóteles, citado por Beauvoir, "a fêmea é fêmea em virtude de certa carência de qualidades", por isso "devemos considerar o caráter das mulheres como sofrendo de certa deficiência natural". É, em verdade, o que simboliza a figura bíblica de Eva, no livro do Gênese, retirada da "costela" de Adão, que representa a figuração anexa e acessória da "fêmea" desenvolvida ao longo da história pelos teóricos "machos". Por isso, Beauvoir traz a ideia de que "a mulher determina-se e diferencia-se em relação ao homem e não este em relação a ela; a fêmea é o inessencial perante o essencial. O homem é o Sujeito, o Absoluto; ela é o Outro" (cfr. Beauvoir, Simone de. *O Segundo Sexo: I. Os fatos e os mitos*, trad. de Sergio Milliet, 4ª edição, São Paulo, Difusão Europeia do Livro, 1970, p. 10). Na Grécia clássica, antes da afirmação do conhecimento platônico, o conceito de paixão era tido como força vital e, devido à sua tendência aos excessos, impôs-se uma exigência de contenção, através da razão (a *ratio*). Neste contexto, Carvalho aponta que "o domínio da natureza, das paixões e dos nossos impulsos se confundiria, contraditoriamente, segundo os frankfurtianos, à própria história da razão. É a história da renúncia e do sacrifício como na Odisseia, de Homero. Dominar a natureza significa, portanto, antes de tudo, dominar-se, ter nas mãos a própria natureza. Essa é a contradição. A razão, querendo extinguir as paixões, torna-se, ela mesma, a paixão de si própria. A promessa da desmitificação tornou-se um mito" (cfr. Carvalho, Alonso Bezerra de. "Razão e Paixão: necessidade e contingência na construção da vida ética", in *Conjectura*, v. 17, n. 1, jan./abr. 2012, p. 203). Assim é que, neste processo dualista, entre dominante e dominado, de formação do paradigma patriarcal, a paixão, vista como expressão da natureza e, portanto, dependente de controle e domínio, passou a ter conotação negativa, tendo sido, na história do Ocidente, devido às influências das religiões monoteístas, o que teria tornado a mulher um perigo para o homem e, por consequência, para a sociedade (cfr., Kochmann, Sandra. "O Lugar da Mulher no Judaísmo", in *Rever: Revista de Estudos Da Religião*, São Paulo, v. 1, n. 2, dez. 2005, Semestral, pp. 35-36).

[48] Utilizando-se da instituição familiar de Hobbes, e aludindo que seu argumento patriarcal é "conjugal e não paterno", Pateman acredita ter algo de muito estranho na "família hobbeseana", pois "se um indivíduo masculino consegue conquistar um outro no estado

para justificar a sujeição legal das mulheres e suas restrições aos direitos civis e políticos, pois elas eram consideradas "inaptas para atividades políticas e econômicas fora do lar"[49]. Assim é que as categorias, delimitadas pela visão masculina, foram naturalizadas ao longo dos tempos[50], desvinculando-se de sua origem histórica e passando a integrar o senso cultural da população. Com isso, a concepção oculta das mulheres, que as excluía do ambiente urbano, passou a ser revelada e aos poucos, e em razão de inúmeros movimentos de mulheres pela luta de uma condição humana de igualdade, sua suposta inferioridade natural começou a ser substituída pelo senso – ainda que tênue – de isonomia, e as mulheres passaram a ser concebidas como seres humanos livres e com capacidade de autodeterminação. Apesar disso, a igualdade material e efetiva está longe de integrar o senso comum e de superar de vez a concepção androcêntrica, muito embora as democracias liberais estejam adotando

natural, o conquistador terá adquirido um servo. Hobbes supõe que ninguém abriria mão voluntariamente de sua pessoa; então, com espada do conquistador sobre seu peito, o derrotado decide fazer um contrato (baseado na razão) de obediência ao conquistador. Hobbes define a dominação ou o direito político adquirido por meio da força como 'a dominação de um senhor sobre seu servo'. (...) Suponhamos, entretanto, que um indivíduo de sexo masculino consiga conquistar um indivíduo de sexo feminino. Para proteger sua vida, a mulher participa de um contrato de sujeição – e, assim, ela também se torna a serva de um senhor e, mais uma vez, uma 'família' foi formada, sustentada pela 'jurisdição paterna' do senhor, o que significa sua espada agora transformada em contrato. A linguagem de Hobbes é enganadora aqui; o domínio do senhor não é 'paterno' em nenhum dos dois casos criados (que a liberdade civil não é universal – é um atributo masculino e depende do direito patriarcal)" (cfr. Pateman, Carole. *O Contrato Sexual*, trad. de Marta Avancini, Rio de Janeiro, Paz e Terra, 1988, p. 77).

[49] Neste sentido, cfr. Kymlicka, Will. *Filosofia Política Contemporânea*, trad. de Luís Carlos Borges, São Paulo, Martins Fontes, 2006, p. 305.

[50] A socióloga francesa Nathalie Heinich, dentro de um romance desenhado para cultura ocidental, fala dos papéis das mulheres nos séculos XVII, XVIII, XIX e XX, por ela denominados como "estados das mulheres". Seu propósito "visa portanto mais que um simples repertório ou uma nomenclatura dos diferentes estatutos femininos na ficção ocidental: trata-se de compreender como se estrutura este espaço de possibilidades, como se articulam estas configurações, que deslocamentos se podem produzir de uma posição a outra; e de observar ao mesmo tempo o trabalho que opera a ficção em relação à realidade" (cfr. Heinich, Nathalie. *Estados da Mulher: A identidade feminina na ficção ocidental*, trad. de Ana da Silva, Lisboa, Editorial Estampa, 1998, p. 16).

"progressivamente estatutos antidiscriminação"[51]. Mulheres continuam sendo segregadas no mercado de trabalho – seja nos cargos ocupados, seja na equiparação salarial; a presença feminina nos parlamentos, de um modo geral, ainda é muito baixa se comparado ao cômputo de eleitoras; e o número de violência[52] doméstica e sexual é significativa[53], isto sem apontar os incontáveis atos de sujeição cotidiana a que se submetem, em todos segmentos da sociedade, seja no âmbito das instituições públicas seja no ambiente doméstico.

A contextualização, outrossim, da submissão feminina nas relações de gênero e da divisão sexual de papéis frente a um paradigma consolidado é elementar para delimitar e situar o tema na atualidade[54], bem como para auxiliar na compreensão dos fatos e na busca de soluções. Assim é que a divisão entre os sexos parece estar, na expressão de Bourdieu, "na ordem das coisas"[55] e, por isso, é elementar que qual-

[51] Cfr. Kymlicka, Will. *Filosofia Política Contemporânea*, trad. de Luís Carlos Borges, São Paulo, Martins Fontes, 2006, p. 305.

[52] A Convenção de Istambul entende a "violência contra as mulheres", nos termos de seu art. 3º, "a", como "uma violação dos direitos humanos e como uma forma de discriminação contra as mulheres e significa todos os atos de violência baseada no gênero que resultem, ou sejam passíveis de resultar, em danos ou sofrimento de natureza física, sexual, psicológica ou econômica para as mulheres, incluindo a ameaça do cometimento de tais atos, a coerção ou a privação arbitrária da liberdade, quer na vida pública quer na vida privada".

[53] Segundo Relatório Anual de Segurança Interna (RASI) de 2016, realizado em Portugal, observou-se que Lisboa (6.161), Porto (4.903), Setúbal (2.268), Braga (1.861) e Aveiro (1.793) são os locais onde registram o maior número de ocorrências, representando no conjunto 62,2% do total (dados disponíveis em https://www.parlamento.pt/ActividadeParlamentar/Paginas/DetalheActividadeParlamentar.aspx?, acesso em 13 de junho de 2018). Ainda, conforme Relatório Mundial sobre a Prevenção da Violência, de 2014, realizado pela Organização Mundial de Saúde, "em todo o mundo, cerca de 30% das mulheres que já tiveram um parceiro sofreram violência física ou sexual em algum momento da vida" (cfr. http://apps.who.int/iris/bitstream/10665/145086/5/9789241564793_por.pdf, acesso em 13 de junho de 2018).

[54] Para Sousa Pinto, "a História, assim como a Óptica, coloca-nos no ponto próprio para formar verdadeiro juízo dos acontecimentos; porque sem isso, estamos deslocados, não podemos conhecer as circunstancias que influíram neles, e por isso qual é o seu mérito" (cfr. Pinto, Basílio Alberto de Sousa. *Lições de Direito Criminal Portuguez*, Coimbra, Imprensa da Universidade, 1861, p. 02).

[55] Para Bourdieu, a divisão entre os sexos "está presente, ao mesmo tempo, em estado objetivado nas coisas (na casa, por exemplo, cujas partes são todas "sexuadas"), em todo

quer estudo ou construção que envolva o gênero seja iniciado a partir de seu paradigma de observação e criação, que reflete a reprodução de um pensamento universal. Esta acaba sendo a melhor forma de entender o papel do patriarcado na estruturação da sociedade e no desenvolvimento histórico, cultural, filosófico e social do universo feminino.

A ótica do gênero[56], que embasa esta pesquisa, então, enfrenta o antagonismo entre os sexos[57] sedimentado ao longo dos séculos o que, por consequência, gera reflexos sociais, econômicos e políticos. É a partir daí que se pretende abordar o objeto específico do estudo – a representação política das mulheres – ciente de que o histórico de definição de categorias sociais foi construído num contexto social patriarcal, tendo toda esta trajetória preservado a mulher num ambiente de opres-

o mundo social e, em estado incorporado, nos corpos e nos hábitos dos agentes, funcionando como sistemas de esquemas de percepção, de pensamento e de ação" (cfr. Bourdieu, Pierre. *A Dominação Masculina*, trad. de Maria Helena Kühner, Rio de Janeiro, Bertrand Brasil, 1999, p. 17).

[56] Para Joan Scott, a análise do gênero "rejeita explicitamente as justificativas biológicas, como aquelas que encontram um denominador comum para várias formas de subordinação no fato de que as mulheres têm filhos e que os homens têm uma força muscular superior. O gênero se torna, aliás, uma maneira de indicar as 'construções sociais' — a criação inteiramente social das ideias sobre os papéis próprios aos homens e às mulheres. É uma maneira de se referir às origens exclusivamente sociais das identidades subjetivas dos homens e das mulheres" (cfr. Scott, Joan W. "Gênero: uma categoria útil de análise histórica", trad. de Guacira Lopes Louro, in *Educação & Realidade*, v. 20, n. 2, jul./dez, Porto Alegre, 1995, p. 78).

[57] A propósito das nomenclaturas gênero e sexo, Bila Sorj esclarece que "gênero é um produto social, aprendido, representado, institucionalizado e transmitido ao longo das gerações. E a segunda envolve a noção de que o poder é distribuído de maneira desigual entre os sexos, cabendo às mulheres uma posição na organização da vida social". Dentro disso, destaca o importante papel do feminismo como forma de reestruturar as ciências sociais e ao mesmo tempo elaborar um projeto de emancipação feminina. Traça um comparativo entre as teorias marxistas e o feminismo, na medida em que este formula o estatuto da exploração de classe a partir da opressão da mulher (cfr. Sorj, Bila. "O Feminismo na encruzilhada da modernidade e pós-modernidade", in Hollanda, Heloisa Buarque (org.), *Pensamento Feminista Brasileiro – formação e contexto*, Rio de Janeiro, Bazar do Tempo, 2019, p. 100). Catharine Mackinnon traça o mesmo esforço em igualar classe e gênero em, cfr., MacKinnon, Catharine. "Feminism, Marxism, Method and the State: an Agenda for Theory", in N. Keohane et al (eds), *Feminist Theory: a Critique of Ideology*, Chicago, University of Chicago Press, 1982, p. 2.

são secular, que acabou se perpetuando. E foi dentro deste sistema social, em que os poderes primários e as funções de liderança política, de autoridade moral e social foram monopolizados pelos homens, que as concepções contratualistas e jurídicas de formação e manutenção da sociedade foram idealizadas. No contexto civilista, por exemplo, o *pater familias*[58] esteve vivo nas legislações ocidentais até muito pouco tempo atrás e o controle das propriedades e, inclusive, a transmissão de títulos foi predominantemente varonil. A propósito, há quem aponte que este sistema de dominação masculina e opressão feminina tenha decorrido em especial do matrimônio monogâmico e da instituição da propriedade privada[59], sugerindo o antagonismo entre homem e mulher como o primeiro antagonismo de classes e de opressão[60]. Essa divisão de trabalho, que antes era distribuído da mesma maneira aos membros da sociedade, teria passado a uma distribuição desigual, destinando o trabalho pro-

[58] Para Marina Graziosi, "la figura del 'pater famílias', fuese padre o marido, desempeño durante mucho tiempo el papel y la función de severo guardián, a cuya justicia doméstica se confiaba de hecho el cometido de castigar los comportamientos que – de haber sido públicos – habrían podido pesar sobre ele honor de la família misma. En los orígenes del machismo jurídico. La ideia de inferioridad de la mujer em la obra de Farinacio" (cfr. GRAZIOZI, Marina. "En los Orígenes del Machismo Jurídico", in *Revista Jueces para la Democracia: Informacion y Debate,* trad. de Perfecto Andres Ibañez, n. 30, nov/1997, p. 49).

[59] É como sugere Engels, para quem as sociedades nômades antigas, predominantemente matriarcais, foram cedendo espaço às comunidades agrícolas, com a posse e cultivo do solo e, neste período de transição entre a "fase média e fase superior da barbárie, surge a monogamia como forma de constituição da família, implicando um rápido desenvolvimento ao fim do matriarcado". Engels ainda assinala que "a monogamia não aparece na história, portanto, absolutamente, como reconciliação entre o homem e a mulher e, menos ainda, como a forma mais elevada de matrimônio. Pelo contrário, ela surge sob a forma de escravização de um sexo pelo outro, como proclamação de um conflito entre os sexos, ignorados, até então na pré-história". Daí que com o progresso histórico da monogamia iniciou-se, juntamente à escravidão e às riquezas privadas, "aquele período que dura até nossos dias, no qual cada progresso é simultaneamente um retrocesso relativo, e o bem-estar e o desenvolvimento de uns se verificam às custas da dor e da repressão de outros" (cfr. ENGELS, Friedrich. *A Origem da Família, da Propriedade Privada e do Estado,* trad. de Leandro Konder, 9ª edição, Coleção Perspectivas do Homem, v. 99, Rio de Janeiro, Civilização Brasileira, 1984, p. 70).

[60] Cfr. ENGELS, Friedrich. *A Origem da Família, da Propriedade Privada e do Estado,* trad. de Leandro Konder, 9ª edição, Coleção Perspectivas do Homem, v. 99, Rio de Janeiro, Civilização Brasileira, 1984, p. 70.

dutivo ao homem e o doméstico à mulher[61]. Apesar de contestar a existência do matriarcado em algum momento da humanidade, Beauvoir[62] concorda com esta ideia, sobretudo com a da divisão sexual do trabalho como parte do processo de início da opressão da mulher, muito embora atribua tal fato à apropriação do homem pela natureza e pelo universo feminino, momento este anterior ao advento da propriedade[63].

[61] Abordando o lugar irredutível da família na morfologia de formação de classes de Marx, Spivak acrescenta que "sem dúvida a exclusão da família, ainda que seja uma família pertencente a uma formação de classe específica, é parte da estrutura masculina na qual o marxismo marca seu nascimento. Tanto no contexto histórico quanto na economia global da atualidade, o papel das famílias nas relações sociais patriarcais é tão heterogêneo e controverso que simplesmente substituir a família nesta problemática não vai romper essa estrutura. Tampouco estaria a solução na inclusão positivista de uma coletividade monolítica de 'mulheres' na lista dos oprimidos cuja subjetividade inquebrantável lhes permite falar por si mesmas contra um 'mesmo sistema' igualmente monolítico". Assim é que, mediante uma interação entre Michel Foucault, Gilles Deleuze e Jacques Derrida, Spivak tece críticas à teoria pós-estruturalista francesa porque comumente o discurso do "Outro na sociedade" é ignorado. Por isso, sob o argumento de que "a produção intelectual ocidental é, de muitas maneiras, cúmplice dos interesses econômicos internacionais do Ocidente", sugere uma descentralização mais radical do sujeito e oferece uma "análise alternativa das relações entre o discurso do Ocidente e a possibilidade de falar da (ou pela) mulher subalterna" (cfr. SPIVAK, Gayatri Chakravorty. *Pode o Subalterno Falar?* trad. de Sandra Regina Goulart Almeida, Belo Horizonte, UFMG Editora, 2010, pp. 20-21 e 39-40).

[62] Para ela, "a sociedade sempre foi masculina e o poder político sempre esteve nas mãos dos homens" e também, "Dizer que a mulher era o Outro equivale a dizer que não existia entre os sexos uma relação de reciprocidade: Terra, Mãe, Deusa, não era ela para o homem um semelhante: era além do reino humano que seu domínio se afirmava: estava portanto fora desse reino" (cfr. BEAUVOIR, Simone de. *O Segundo Sexo: I. Os fatos e os mitos*, trad. de Sergio Milliet, 4ª edição, São Paulo, Difusão Europeia do Livro, 1970, p. 91).

[63] Ainda, buscando demonstrar a origem da desigualdade, a autora aponta que o apelidado 'privilégio biológico masculino' subjuga a mulher a uma condição inferior. Assim, para Beauvoir, "O triunfo do patriarcado não foi nem um acaso nem o resultado de uma revolução violenta. Desde a origem da humanidade, o privilégio biológico permitiu aos homens afirmarem-se sozinhos como sujeitos soberanos. Eles nunca abdicaram o privilégio; [...] Condenada a desempenhar o papel do Outro, a mulher estava também condenada a possuir apenas uma força precária: escrava ou ídolo, nunca é ela que escolhe seu destino. [...] O lugar da mulher na sociedade é sempre eles [homens] que estabelecem" (cfr. BEAUVOIR, Simone de. *O Segundo Sexo: I. Os fatos e os mitos*, trad. de Sergio Milliet, 4ª edição, São Paulo, Difusão Europeia do Livro, 1970, pp. 97-98). Cfr., sobre o tema, LODI, Odete. "A Mulher e as Relações de Trabalho", in *Ciências Sociais em Perspectiva*, v. 160, n. 149, 2º sem. 2006, p. 152.

Assim é que o "ser mulher" não decorreu apenas da sua natureza, mas sobretudo da história que construiu as concepções dos gêneros de maneira desigual, fato este que encontra reflexos na atual divisão dos espaços sociais. Desta maneira, as hierarquias, os padrões de comportamentos, os papéis sociais determinados e as instituições estáveis foram concebidas numa ótica masculina e, por este motivo, a diferenciação entre o que efetivamente seria uma questão de gênero e o que seria um problema de desigualdade deve partir da estruturação do pensamento e da percepção oriunda do paradigma patriarcal e sedimentada pela filosofia jurídica e política, que tacitamente acaba por justificar-se através do paralelo feito entre igualdade e diferença[64]. Com isso, o gênero passou a ser uma construção epistemológica da diferença e a divisão sexual formatada pelos próprios indivíduos em grupos hierarquizados, mas dentro de uma visão "androcêntrica" da sociedade. Devido a isto, as atribuições de tarefas domésticas, como cuidados com a casa, marido e filhos, sempre foram direcionadas à mulher e as tarefas produtivas e economicamente valorizadas, ao homem. As decorrências desta concepção de relações assimétricas de gênero, entretanto, não se limitam ao âmbito das instituições sociais e políticas, mas são incutidas designadamente no ambiente privado e familiar. Pode-se dizer, com isso, que "a família é produto de, e reproduz ativamente, relações de poder historicamente estruturadas, sem deixar de ser um ambiente central à definição das especificidades dos indivíduos e dos valores e atitudes, racionais e afetivos, que terão impacto sobre sua participação em outras esferas da vida"[65]. Inclusive, Bourdieu afirma categoricamente que cabe à família "o papel principal na reprodução da dominação e da visão masculina; é

[64] Em 1987, Catherine Mackinnon, responsabilizava a principal doutrina da discriminação sexual norte-americana pela dominação e ineficácia da lei e da política de igualdade sexual, com relação à obtenção, pelas mulheres, daquilo "que precisamos e que somos socialmente impedidas de ter com base em uma condição de nascimento: uma chance de vida produtiva com razoável segurança psíquica, auto-expressão, individualização e um mínimo respeito e dignidade" (cfr. MacKinnon, Catherine. *Feminism Unmodified: discourses on life and law*, Cambridge/Massachusetts/London, Harvard University Press, 1987, p. 32 (tradução livre)).

[65] Cfr. Biroli, Flávia. "Gênero e Família em uma Sociedade Justa: adesão e crítica à imparcialidade no debate contemporâneo sobre justiça", in *Revista de Sociologia Política*, Curitiba, v. 18, n. 36, p. 52.

na família que se impõe a experiência precoce de divisão sexual do trabalho e da representação legítima dessa divisão"[66].

Há estudos, neste ínterim, apontando que a construção de um novo paradigma, ao menos em nível metodológico para análise do gênero, dependeria de três fatores, quais sejam: a desvinculação da noção biológica do sexo e da concepção social de gênero; a afirmação do metodológico das relações de gênero, sobre qualquer substancialidade das categorias de mulher e homem ou de feminino e masculino; e o entendimento de que a construção social de gênero perpassa as mais diferentes áreas do social[67]. Deste modo, a reconstrução da identidade de gênero e a desconstrução das disparidades dependeriam da ultrapassagem do paradigma do patriarcado, historicamente imposto pela sociedade. Em razão disso, apenas a alteração dos sustentáculos das estruturas sociais androcêntricas surtiriam efeitos menos desiguais às mulheres, que teriam a possibilidade de libertarem-se das "limitações" sociais que inferiorizaram seu sexo.

1.2.3. As inter-relações da história do gênero nos espaços sociais[68]

A problemática em torno da *sex discrimination* ou *gender discrimination*[69] pertence a um dos temas centrais nas pautas políticas da atualidade,

66 Cfr. Bourdieu, Pierre. *A Dominação Masculina*, trad. de Maria Helena Kühner, Rio de Janeiro, Bertrand Brasil, 1999, p. 103.

67 Cfr. Machado, Lia Zanotta. *Gênero, um novo paradigma?*, disponível em: www.bibliotecadigital.unicamp.br/document/?down=51204, acesso em 25 de maio de 2018.

68 Hannah Arendt tem um enfoque peculiar sobre a divisão de espaços. Ela apresenta uma divisão de esferas: da natureza e da liberdade. A primeira decorria da necessidade que reinava sobre todas as atividades exercidas no lar, já que "o fato de que a manutenção individual fosse a tarefa do homem e a sobrevivência da espécie fosse a tarefa da mulher era tido como óbvio; e ambas estas funções naturais, o labor do homem no suprimento de alimentos e o labor da mulher no parto, eram sujeitas à mesma premência da vida". Já a segunda, a esfera da *polis*, "era a esfera da liberdade" e "se havia uma relação entre essas duas esferas era que a vitória sobre as necessidades da vida em família constituía condição natural para a liberdade da *polis*". E conclui que "é a liberdade (e, em alguns casos, a pseudoliberdade) da sociedade que requer e justifica a limitação da autoridade política. A liberdade situa-se na esfera do social, e a força e a violência tornam-se monopólio do governo" (cfr. Arendt, Hannah. *A Condição Humana*, trad. de Roberto Raposo, 10ª edição, Rio de Janeiro, Forense Universitária, 2001, p. 40).

69 A discussão da terminologia mais adequada (*sex* ou *gender*) está bastante presente nos países anglo-saxônicos, cfr., O'Leary, Dale. *The Gender Agenda: Redefining Equality*, Lou-

assim como sua relação com os espaços sociais. Fruto da reflexão crítica do movimento feminista sobre a dualidade público-privado[70], a concepção "o pessoal é político", de Carol Hanisch[71], foi elaborada no apogeu da segunda onda feminista. E é dentro desta crítica que se desenvolve este tópico, já que a divisão de tarefas e espaços sociais se deu num contexto patriarcal. Assim é que, na afirmação de Berenice Dias[72], "o lugar dado pelo Direito à mulher sempre foi um 'não lugar'", pois sua presença na história da humanidade sempre foi, em verdade, uma história de ausência. A mulher nascia subordinada ao pai, se tornava sujeita ao marido com o casamento e mantinha-se excluída das atividades públicas e políticas, isto é, do poder, do mundo jurídico, econômico e científico. Deste modo, sua força produtiva, exceto para trabalhos domésticos e não remunerados, sempre foi desconsiderada. Com isso, as mulheres foram tolhidas do desenvolvimento de suas capacidades, já que por um longo período da humanidade estiveram afastadas do cenário público, cultural e econômico, não se dedicando ao estudo, ao trabalho, nem

isiana, Vital Issues Press, 1997, pp. 11, 120, 161 (tradução livre). Ainda, cfr., Raposo, Vera Lúcia Carapeto. O Poder de Eva – O princípio da igualdade no âmbito dos direitos políticos, problemas suscitados pela discriminação positiva, Coimbra, Almedina, 2004, pp. 33 e ss.

70 Abordando a incorporação das mulheres a uma esfera que ao mesmo tempo faz e não faz parte da sociedade civil, mas que está separada da esfera "civil", Pateman sustenta que "a antinomia privado/público é uma outra expressão das divisões natural/civil e mulheres/homens. A esfera privada, feminina (natural) e a esfera pública, masculina (civil) são contrárias, mas uma adquire significado a partir de outra, e o sentido de liberdade civil da vida pública é ressaltado quando ele é contraposto à sujeição natural que caracteriza o domínio privado (Locke induz em erro ao apresentar o contraste em termos patriarcais, como sendo entre os poderes paterno e político). O significado do que é ser um 'indivíduo', produtor de contratos e civilmente livre, é revelado através da sujeição das mulheres dentro da esfera privada" (cfr. Pateman, Carole. *O Contrato Sexual*, trad. de Marta Avancini, Rio de Janeiro, Paz e Terra, 1993 (tradução), 1988 (original), p. 28).

71 Para quem "mulheres são confundidas, e não confusas! Precisamos mudar as condições objetivas e não nos ajustar a elas". O texto denominado *O Pessoal é Político*, acima referido, encontra-se disponível em https://we.riseup.net/assets/190219/, acesso em 12 de junho de 2018.

72 Cfr. Dias, Maria Berenice. *A mulher e o Direito*, disponível em http://www.mariaberenice.com.br/manager/arq/(cod2_732)23__a_mulher_e_o_direito.pdf, acesso em 25 de maio de 2018.

investindo em aperfeiçoamento "extra doméstico", fato que, aliado a estruturação social pelos homens, as colocaram em permanente situação de desigualdade mesmo quando diante de uma suposta "competição neutra quanto ao gênero"[73].

As estruturas sociais pré-estabelecidas não foram concebidas para receber a mulher no espaço público, ainda que os empregadores não se atentem para o sexo no preenchimento de uma vaga e, portanto, não há igualdade sexual na prática, pois "o trabalho foi definido sob o pressuposto de que seria preenchido por homens que tivessem mulheres em casa, cuidando dos filhos"[74]. Por isso, para Baratta, "é a construção social do gênero, e não a diferença biológica do sexo, o ponto de partida para a análise crítica da divisão social de trabalho entre mulheres e homens na sociedade moderna"[75]. Não se compreendendo isto, torna-se difícil a desmistificação do círculo vicioso de análise das condições e consequên-

[73] Neste contexto, Kymlicka exemplifica bem a situação com a concorrência a uma vaga de emprego, embora neutra quanto gênero, que beneficiaria mais os homens do que as mulheres, ainda que detentoras de iguais capacidades, porque elas mantiveram seus vínculos domésticos, notadamente o cuidado com os filhos, ao passo que eles já foram "naturalmente" desincumbidos desta função. Para o autor, os empregadores podem até não se atentarem ao gênero dos candidatos, ou darem preferência à contratação feminina, entretanto "o problema é que muitas mulheres carecem de qualificação relevante para o trabalho – isto é, serem livres de responsabilidades pelos cuidados dos filhos" (cfr. Kymlicka, Will. *Filosofia Política Contemporânea*, trad. de Luís Carlos Borges, São Paulo, Martins Fontes, 2006, p. 308). Aos homens nunca foi dada à necessidade de optar entre a carreira e os filhos, enquanto que frequentemente as mulheres se deparam com esta situação. Quando Bourdieu responsabiliza a instituição "família" pela reprodução da dominação masculina é que melhor se compreende o exemplo trazido por Kymlicka, também embasado em Mackinnon, para quem os sexos não são socialmente iguais e "a maioria dos empregos de fato exige que a pessoa, com gênero neutro, que seja qualificada para eles, seja alguém que não seja o principal cuidador de uma criança em idade escolar" (cfr. MacKinnon, Catherine. *Feminism Unmodified: discourses on life and law*, Cambridge/Massachusetts/London, Harvard University Press, 1987, p. 37 (tradução livre)).

[74] Cfr. Kymlicka, Will. *Filosofia Política Contemporânea*, trad. de Luís Carlos Borges, São Paulo, Martins Fontes, 2006, p. 308.

[75] Acrescenta que "a própria percepção da diferença biológica no senso comum e no discurso científico depende, essencialmente, das qualidades de que, em uma determinada cultura e sociedade, são atribuídas aos dois gêneros e não ao contrário" (Cfr. Baratta, Alessandro. "O Paradigma do Gênero: da questão criminal à questão humana", in Carmen Hein de Campos (org.), *Criminologia e Feminismo*, Porto Alegre, Editora Sulina, 1999, p. 21).

cias da desigualdade de gênero, da divisão de trabalho, da atribuição de papéis distintos e da separação dos espaços públicos e privados, estruturados por uma visão androcêntrica. Em razão disso, ao que parece, a luta pela igualdade de gênero não deveria estar centrada propriamente na divisão equânime de funções e posições entre os dois sexos, mas sim numa reconfiguração do liame ideológico fundante das instituições e da própria cultura, "bem como uma reconstrução social do gênero que superasse as dicotomias artificiais que estão na base do modelo androcêntrico da ciência e do poder masculino"[76]. Carole Pateman, a propósito, retrata as divisões dos espaços públicos e privados, dizendo que "a história do contrato social é tratada como um relato da constituição da esfera pública da liberdade civil. A outra esfera, a privada, não é encarada como sendo politicamente relevante"[77]. Por isso, a autora destaca que o casamento e o contrato matrimonial são considerados politicamente irrelevantes, o que limita, pela metade, a concepção do contrato original.

Pode-se, assim, afirmar que a narrativa de reivindicações por igualdade sexual e toda teoria feminista partem desta divisão binária de espaços e tarefas, o que faz deste tópico o cerne de toda pesquisa. A partir dele é que se desenrola um universo (ou *pluriverso*?) de dilemas que se buscam trazer ao cenário político para soluções cada vez mais próximas da igualdade material. Esta nova reconstrução social de posições nos espaços e tarefas desenvolvidas pelos gêneros dependeria, entretanto, de uma reconstrução da abordagem dos sexos, com a adoção de uma série de medidas políticas, sociais e normativas para fomentar não

[76] Cfr. Baratta, Alessandro. "O Paradigma do Gênero: da questão criminal à questão humana", in Carmen Hein de Campos (org.), *Criminologia e Feminismo*, Porto Alegre, Editora Sulina, 1999, p. 22.

[77] Pateman, buscando recuperar a história e iluminar a estrutura atual das principais instituições da Inglaterra, Estados Unidos e Austrália, acrescenta que "as duas esferas da sociedade civil são separáveis e inseparáveis ao mesmo tempo. O domínio público não pode ser totalmente compreendido sem a esfera privada e, do mesmo modo, o sentido do contrato original é desvirtuado sem as duas metades interdependentes da história. A liberdade civil depende do direito patriarcal". Justifica, portanto, que a relação entre patriarcado e o contrato tem sido pouco explorada, muito embora as instituições sejam criadas, nas sociedades modernas, com base neste contrato (cfr. Pateman, Carole. *O Contrato Sexual*, trad. de Marta Avancini, Rio de Janeiro, Paz e Terra, 1993 (tradução), 1988 (original), p. 19).

apenas o desenvolvimento das capacidades da mulher e seu acesso a cargos mais valorizados na sociedade, mas também favorecer e até mesmo incentivar a inserção do homem nas tarefas domésticas, em especial no cuidado com os filhos, com mecanismos estatais de fomento a este objetivo, seja com programas de licença parental extensível em maior medida aos pais, seja com incentivo de viabilização de creches e escolas infantis vinculadas ao trabalho do homem, dentre tantas outras possibilidades perfeitamente factíveis, consagrando uma, porventura ilusória, mas talvez efetiva igualdade.

1.2.4. A função da família na estruturação do gênero e as influências histórico-normativas na formação da família luso-brasileira

Dizer que a família é a base da sociedade pode parecer enfadonho num trabalho como este, mas mesmo assim é uma afirmação bastante significativa diante do tema que se desponta. É no seio familiar que os arquétipos sociais se constroem e surgem os mais genuínos exemplos de papéis que as pessoas representam nas sociedades. Por isso, Chiara Saraceno afirma que "a família revela-se como um dos lugares privilegiados de construção social da realidade"[78], já que em seu seio é que os acontecimentos da vida individual justificam e mostram o significado das regulamentações e definições. É, deste modo, dentro das relações familiares que os significados da natureza, como vida e morte, as tarefas do cotidiano, a sexualidade, a procriação e a divisão de responsabilidades, são retratados nos acontecimentos da vida individual. Por se tratar de um campo de estruturação de padrões e mitos, que podem ser positivos, mas também negativos, é que a família representa a primeira célula de formação e maturação de comportamentos posteriormente reproduzidos dentro do convívio social e reiterados por gerações a fio, ainda que inconscientemente.

Assim, se por um lado a família remonta às imagens de afeto, do espaço de intimidade e privacidade, de ensinamentos de solidariedade e de tradições consideradas sagradas, por outro há também o espaço da opressão, do medo, do constrangimento, do oculto, da violência e da formação de desvios e de relações abusivas. E nem sempre essas imagens

[78] Cfr. Saraceno, Chiara; Naldini, Manuela. *Sociologia da Família*, trad. de Maria das Dores Guerreiro, Lisboa, Editorial Estampa, 2003, p. 18.

são dissociadas e incompatíveis. Ao contrário, muitas das vezes elas convivem lado a lado, inclusive numa mesma pessoa[79], num cotidiano de formação de personalidades e comportamentos. E é este imaginário e as vivências do dia a dia familiar que acabam, por fim, em espraiar seus efeitos para a vida e para as tendências sociais. A influência que os filhos e filhas recebem dos pais e das mães, ao repassarem suas crenças e valores, ainda que implicitamente, sobre o gênero e a sexualidade, provocam reflexos nas construções e entendimentos deste discurso dentro da sociedade. E este contexto familiar, de unidade e também de diferença – designadamente a diferença sexual – provoca impactos diretos na colocação social dos indivíduos. Em resumo, "é a nível da família que o facto de pertencer a um determinado sexo se torna um destino social, implícita ou explicitamente regulamentado e que se situa numa hierarquia de valores, poder e responsabilidade"[80]. Afinal, são os filhos que continuamente interferem na perpetuação da estrutura familiar, modificando os limites a eles repassados sobre cada fase da vida. E neste contexto, a diferença sexual traz uma quebra da unidade, sendo questionável, por exemplo, o fato de que às filhas mulheres não é dado, em muitas sociedades, ainda que a título de tradição, o destino da genealogia, cabendo aos homens perpetuarem seus nomes de família. Por isso, considerando a família como instituição social, torna-se possível compreender que suas interações, mesmo que implícitas, revelam ideologias de gênero, formas de negociação, modelos de hierarquia e relações de poder que posteriormente verificam-se como dominantes nas construções e relações sociais. A propósito, a própria forma organizativa da família nuclear conjugal, sancionada pelas concepções contemporâneas e adaptada à sociedade industrializada e democrática, fez valer o seu desenho sobre todas as trocas sociais, ou seja, "era a forte divisão dos papéis sexuais dos adultos e dos papéis geracionais que garantiam o acesso às livres trocas e competições para os homens adultos"[81]. Deste modo, somente o chefe

[79] Cfr., a respeito, SARACENO, Chiara; NALDINI, Manuela. *Sociologia da Família*, trad. de Maria das Dores Guerreiro, Lisboa, Editorial Estampa, 2003, p. 19.

[80] Cfr., SARACENO, Chiara; NALDINI, Manuela. *Sociologia da Família*, trad. de Maria das Dores Guerreiro, Lisboa, Editorial Estampa, 2003, p. 21.

[81] Cfr., SARACENO, Chiara; NALDINI, Manuela. *Sociologia da Família*, trad. de Maria das Dores Guerreiro, Lisboa, Editorial Estampa, 2003, p. 103.

de família do sexo masculino foi quem passou a definir o estatuto social da família e a distribuição de papéis dentro do contexto social.

Ainda, nesta perspectiva das relações de gênero desenvolvidas, e até originadas, no seio das instituições familiares, talvez seja importante traçar um breve retrospecto de algumas especificidades das famílias luso-brasileiras, para não se distanciar do objeto específico do nosso trabalho. Certamente, o tema favoreceria a uma pesquisa comparativa de estruturas jurídico-familiares tanto do mundo ocidental como das comunidades do oriente – o que seria bastante profícuo – mas nosso objetivo é mais delimitado, pois não temos a intenção de fazer uma abordagem numa perspectiva geral. Dentro dessa linha, observa-se que a desigualdade biológica familiar justificou uma série de opções legislativas da história, seja em Portugal seja no Brasil, personificadas na figura do *pater familias* ou poder paternal[82], mais elevado estatuto familiar destinado à posição masculina, sempre justificada na fragilidade, física e psíquica, feminina. Os reflexos do direito romano e do direito canônico foram evidentes na formação do reino em Portugal. Os antecedentes da relação de gênero, sobretudo no contexto familiar, encontram fundamentos na família patriarcal oriunda do Direito Romano e no próprio desenvolvimento da cultura judaico-cristã. Apesar de não ser o objeto deste trabalho o desenvolvimento histórico das relações de gênero no âmbito familiar, nem o de fazer uma exposição sistemática dos antecedentes e da evolução do direito da família, seja a romana, seja a portuguesa ou a brasileira, não podemos deixar de salientar que o *pater familias* romano não pode ser confundido com a figura do pai de família moderno, pois as autoridades de ambos se diferem e, sobretudo no direito romano, a organização da família tinha "um sentido político anterior à cidade"[83], de modo que o *pater familias* exercia, além do poder

[82] Traçando um paralelo entre o sexo e o poder, conjugado a uma relação de repressão, e ao mesmo tempo ressaltando o papel da família neste contexto de intimidade e de poder, Foucault afirma que "Dizer que o sexo não é reprimido, ou melhor, dizer que entre o sexo e o poder a relação não é de repressão, corre o risco de ser apenas um paradoxo estéril" (cfr. Foucault, Michel. *A História da Sexualidade 1: a vontade de saber*, trad. de Maria Thereza da Costa Albuquerque, 13ª edição, Rio de Janeiro, Edições Graal, 1988, p. 13).

[83] Cfr. Paes, Elpídio Ferreira. "Estrutura e Evolução da Família Romana", in *Revista da Faculdade de Direito da UFRGS*, n. 5, Porto Alegre, 1971, pp. 19-24.

familiar, a chefia da própria comunidade. Verificava-se, deste modo, "a predominância da vontade masculina sobre a feminina, a supremacia da *condictio maris* sobre a *condictio feminae*"[84]. A família romana, então considerada como unidade política e econômica, "terminou por indicar um conjunto de pessoas sujeitas à autoridade do *pater familias*"[85], que, em última análise, era o encarregado do controle da vida privada de todos aqueles que estavam sob seu poderio. Inclusive, os filhos varões podiam ser casados, ter filhos biológicos e adultos, sem que perdessem a dependência do *pater familias*, que mantinha a tutela sobre esse novo núcleo familiar[86]. Em última análise, a antiga família romana era um clã alargado de estrutura piramidal, na qual o *pater familias* possuía ingerência na vida, decisões e destino de todos os pertencentes a este grupo, sendo o casamento apenas um desses atos sociais por ele regido, de formatação relativizada e sem fórmulas específicas na época, dado o pouco significativo peso que o ato carregava em termos de relevo social[87]. Foram as Leis de Augusto[88] que trouxeram uma maior estabi-

[84] Cfr. Paes, Elpídio Ferreira. "Estrutura e Evolução da Família Romana", in *Revista da Faculdade de Direito da UFRGS*, n. 5, Porto Alegre, 1971, pp. 19-24.

[85] Cfr. Paes, Elpídio Ferreira. "Estrutura e Evolução da Família Romana", in *Revista da Faculdade de Direito da UFRGS*, n. 5, Porto Alegre, 1971, pp. 19-24.

[86] Cfr. Dias, Paula Barata. "A influência do Cristianismo no conceito de casamento e de vida privada na Antiguidade Tardia", in *Ágora, Estudos Clássicos em Debate*, n. 6, 2004, p. 107.

[87] Referindo-se ao casamento romano, Paula Dias aponta que "a variedade de formatos legais em que se inscrevia, o facto de não "fundar" uma família, a facilidade com que se rompiam as uniões, a possibilidade das adopções, tornavam-no uma estrutura móvel" (cfr. Dias, Paula Barata. "A influência do Cristianismo no conceito de casamento e de vida privada na Antiguidade Tardia", in *Ágora, Estudos Clássicos em Debate*, n. 6, 2004, p. 109).

[88] Referindo-se às *Lex Iulia de adulteriis coercendis* (28 ou 27 a.C), que determinam que os assuntos amorosos e o adultério constituem matéria de julgamento público; a *Lex Iulia de maritandis ordinibus* e o *Ius trium liberorum* (18 a.C.) e a *Lex Papia Poppaea* (9 d.C), limitam respectivamente o direito de herdar o patrimônio familiar aos não casados e aos casais inférteis e o direito de as mães de três filhos ficarem livres da tutela familiar; de disporem dos seus bens e de serem herdeiras dos seus filhos (cfr. Dias, Paula Barata. "A influência do Cristianismo no conceito de casamento e de vida privada na Antiguidade Tardia", in *Ágora, Estudos Clássicos em Debate*, n. 6, 2004, p. 110).

lidade às uniões conjugais, reforçando-lhe sua dimensão institucional pública[89].

Este sistema romano familiar foi substancialmente transformado pelo cristianismo, em especial o "conceito de família, o casamento e o divórcio", mas "mantendo-se a desigualdade entre os cônjuges"[90]. Enquanto na tradição clássica pagã, o Estado e a religião pouco interferiam na vida privada familiar, pois era "sob a alçada do *pater familias* que, através de uma diversidade de procedimentos, se geria a vida privada dos indivíduos", com o advento do cristianismo introduziu-se um novo paradigma à realidade romana, tendo esta vida privada se tornado objeto do interesse das autoridades religiosas, mas convivendo com o insistente apelo às "virtudes da castidade e da continência", oriundo de uma "concepção negativa da sexualidade humana"[91]. Diferente da tradição antiga, o cristianismo caminhou para a indissolubilidade e para o carácter sagrado do laço matrimonial, tendo a Igreja imposto progressivamente ao Estado a uniformização e a universalização dos laços conjugais a uma só fórmula e ritual[92]. Em suma, o cristianismo teve seu papel na "estabilização do conceito de casal e na redução dos efectivos integráveis no conceito de família"[93]. Neste ponto, o Concílio de Latrão, de 1215, nos cânones 50, 51 e 52, tratou de algumas regras do ato matrimonial, proibindo o casamento entre parentes até o quarto grau de consanguinidade, além de abordar a importância do casamento público e celebrado pelos sacerdo-

[89] Cfr. VEYNE, Paul. *A Sociedade Romana,* Lisboa, Edições 70, 1993, pp. 157-196. Ainda, segundo Pierre Grimal, "os investigadores são unânimes em considerar que com o Império se desenvolveu um novo tipo de mentalidade conjugal, muito mais espiritualizada e exigente em termos de durabilidade da união" (cfr. GRIMAL, Pierre. *O Amor em Roma,* São Paulo, Martins Fontes, 1991 (1988), pp. 320-325).

[90] Cfr. BRIGAS, Míriam Cláudia de Sousa Silva Afonso. *As Relações de Poder na construção do Direito da Família Português [1750-1910],* Lisboa, AAFDL Editora, 2016, p. 65.

[91] Cfr. DIAS, Paula Barata. "A influência do Cristianismo no conceito de casamento e de vida privada na Antiguidade Tardia", in *Ágora, Estudos Clássicos em Debate,* n. 6, 2004, p. 101.

[92] Cfr. DIAS, Paula Barata. "A influência do Cristianismo no conceito de casamento e de vida privada na Antiguidade Tardia", in *Ágora, Estudos Clássicos em Debate,* n. 6, 2004, p. 114.

[93] Cfr. DIAS, Paula Barata. "A influência do Cristianismo no conceito de casamento e de vida privada na Antiguidade Tardia", in *Ágora, Estudos Clássicos em Debate,* n. 6, 2004, p. 115.

tes nas igrejas[94]. Com isso, estabeleceu a obrigatoriedade dos proclamas na Igreja previamente ao casamento, para serem constatados eventuais casos de impedimento. Posteriormente, no século XVI, o Concílio de Trento discutiu a validade dos casamentos clandestinos, condenando--os[95], além de passar a exigir a presença de testemunhas, bem como o consentimento dos nubentes perante o pároco celebrante[96]. A partir daí, "a Igreja lançou larga cópia de leis, emanadas do próprio Concílio e que formaram no Brasil as Constituições Primeiras do Arcebispado da Bahia, as pastorais coletivas e os manuais de teologia moral, destinados, todos, a salvaguardar o casamento cristão, dispondo sobre a única sexualidade então permitida"[97].

As implicações do casamento, nomeadamente as patrimoniais, as tutelares e as de estabelecimento de papéis dos membros da família em conformidade com o sexo, passaram a ser reguladas por diversas legislações, designadamente as Ordenações do Reino, que se tratam de fonte inestimável para compreensão do histórico familiar em Portugal e, por consequência, no Brasil. Dos casamentos de *benção*, aos de *pública fama*, sem deixar de fora o casamento de *juras*[98], em que os nubentes não se

[94] Cfr. Brigas, Míriam Cláudia de Sousa Silva Afonso. *As Relações de Poder na construção do Direito da Família Português [1750-1910]*, Lisboa, AAFDL Editora, 2016, p. 71.

[95] Falando dos reflexos do Concílio de Trento em Portugal, Alzira Campos, Marcos Gomes e Maria Helena Gomes contam que "Uma lei de D. Manuel, de 14/7/1499, proíbe, sob penas severíssimas, os casamentos clandestinos: confisco sobre os nubentes e quaisquer pessoas que assistissem ao ato, seguido, para as últimas, de degredo. Abria-se exceção para os casamentos clandestinos realizados a contento, com permissão dos pais e mães dos contraentes. Valorizava-se, assim, o poder paternal. Embora punido, o casamento ficava subsistente" (cfr. Campos, Alzira Lobo de Arruda; Gomes, Marcos Cardoso; Gomes, Maria Helena Scalabrin Cardoso. "O casamento nas leis, costumes e estilos portugueses", in *Dimensões*, v. 37, jul.-dez. 2016, p. 107).

[96] Cfr. Brigas, Míriam Cláudia de Sousa Silva Afonso. *As Relações de Poder na construção do Direito da Família Português [1750-1910]*, Lisboa, AAFDL Editora, 2016, p. 72.

[97] Cfr. Campos, Alzira Lobo de Arruda; Gomes, Marcos Cardoso; Gomes, Maria Helena Scalabrin Cardoso. "O casamento nas leis, costumes e estilos portugueses", in *Dimensões*, v. 37, jul.-dez. 2016, p. 105.

[98] Mencionando a existência desses três tipos de matrimônio à época, cfr. Brigas, Míriam Cláudia de Sousa Silva Afonso. *As Relações de Poder na construção do Direito da Família Português [1750-1910]*, Lisboa, AAFDL Editora, 2016, p. 82. A distinção entre os casamentos de juras e de pública fama estava apenas nos meios de prova, e o que os distingue do casa-

dirigiam à Igreja, a mulher casada era denominada velada, possivelmente por conta do rito de colocação de um véu em sua cabeça, e *recabdada* (recatada), para distingui-la da mulher concubina e da barregã[99]. Assim é que, a desigualdade familiar, de justificativa subjacente devido à hierarquia do homem sobre a mulher, exteriorizada seja no desempenho do poder parental seja numa série de limitações conferidas à mulher casada, explicava os distintos tratamentos dados aos membros do casal pela legislação então vigente. A força das monarquias absolutistas então existentes em muito colaboravam para essa estrutura hierarquizada e de desigualdade não só entre homens e mulheres, mas de um modo geral em todo contexto social, na qual as pessoas, dentro de uma concepção hobbesiana, abriam mão, hipoteticamente, de suas liberdades individuais, para justificar a centralização de poder nas mãos do Estado, que assegurava segurança a todos.

Nesta contextualização histórica, o ordenamento jurídico português estava consolidado nas Ordenações do Reino, que compreendiam, inicialmente, as *Ordenações Afonsinas*, primeira grande codificação lusitana, feita em 1446, seguida das *Ordenações Manuelinas*, vigente no período compreendido entre 1514-1603 e, subsequentemente, as *Ordenações Filipinas*. Assim é que, no século XVII, as *Ordenações Filipinas*, que tiveram vigência no Brasil de 1603 a 1916, pois na colônia reinava a legislação da Metrópole, tendo, portanto, este ordenamento maior relação ao objeto desta pesquisa, estabelecia, em seu Título XCIV, do Livro IV, o direito sucessório da viúva, nos casos de casa tida e mantida – ou "teúda e manteúda" – pelo marido, nas situações em que este falecia sem deixar testamento – "abintestado" – e sem qualquer parente até o décimo grau, contado segundo o Direito Civil. Ou seja, era necessário que a mulher dependesse e coabitasse *de* e *com* seu respectivo cônjuge para ter direitos sucessórios. No Livro V, as *Ordenações Filipinas* demonstravam mais

mento de bênção seria apenas a solenidade da celebração (cfr. MONCADA, Luís Cabral de. *Estudos de História do Direito*, Coimbra, Universidade de Coimbra, 1948, pp. 74-75).

[99] Cfr. CAMPOS, Alzira Lobo de Arruda; GOMES, Marcos Cardoso; GOMES, Maria Helena Scalabrin Cardoso. "O casamento nas leis, costumes e estilos portugueses", in *Dimensões*, v. 37, jul.-dez. 2016, p. 106.

fortemente seu poderio despótico e sua beatice[100] ao revelar fórmulas inquisitórias para obtenção da verdade, com incentivo da delação, com recompensa financeira aos delatores, que muitas vezes eram beneficiados dos bens confiscados dos expulsos do Reino de Portugal[101]. Paralelos brasileiros encontravam-se na figura dos delatores da Inconfidência Mineira, para os quais a verdade passou a se confundir com a conveniência, de chancela livre a tudo que os exonerassem da culpa, tornando os delatores inocentes[102].

De misoginia enfática e assumida, essa cultura arcaica portuguesa, fortemente herdada pela Colônia, tornava-se evidente no Título XXX, do Livro V, das *Ordenações Filipinas*, ao tratar das "Barregãs dos Clérigos e de outros Religiosos", que nada mais era do que as amantes dos eclesiásticos. Como pode-se presumir, o tipo criminal aniquilava as amantes e isentava os clérigos. Mas para que elas fossem punidas, era necessário que o eclesiástico fosse visto por seis meses contínuos a frequentar a residência desta mulher, denominada "barregã", e fosse visto pela comunidade entrando nesta casa por sete ou oito vezes, para que então ela fosse considerada como amante do clérigo e, como primeira punição, ela deveria pagar dois mil réis de multa e ser degredada, por um ano, para fora da cidade ou vila "onde esteve por manceba". Numa segunda vez,

[100] Cfr. Pierangeli, José Henrique. *Códigos Penais do Brasil – Evolução Histórica*, São Paulo, Revista dos Tribunais, 2004, p. 58.

[101] A Inquisição em Portugal e o processo das delações dentro dessa conjuntura foram temas desenvolvidos de maneira ortodoxa por, cfr. Herculano, Alexandre. *História da Origem e Estabelecimento da Inquisição em Portugal, (1854-1859)*, Lisboa, Biblioteca Nacional Digital, transcrição para o eBook em 2009. Na obra, o autor menciona que por ocasião das determinações de saída do Reino, designadamente dirigidas a Judeus não convertidos e muçulmanos não escravos ainda existentes em Portugal ao abrigo das antigas instituições de tolerância, "Dava-se aos expulsos, para verificarem a partida, o prazo de dez meses, com a cominação de pena última e de confisco de todos os bens contra o que desobedecesse, a benefício do delator" (cfr. Herculano, Alexandre. *História da Origem e Estabelecimento da Inquisição em Portugal, (1854-1859)*, Lisboa, Biblioteca Nacional Digital, transcrição para o eBook em 2009, p. 88).

[102] Em *Romanceiro da Inconfidência*, Cecília Meireles corporifica a imagem do delator da inconfidência quando, em forma de poema, justifica, no *Romance XLIV ou da testemunha falsa* da obra: "Direi quanto for preciso, tudo quanto me inocente", "Todo coberto de medo, juro, minto, afirmo, assino. Condeno. (Mas estou salvo!)", pois "Para mim, só é verdade aquilo que me convém".

a mulher, comprovado que esteve "amancebada com a mesma pessoa ou outra em semelhante condição", deveria o pagamento de uma pena pecuniária e ser degredada para fora de todo o "Bispado" por um ano. Finalmente, reincidindo uma terceira vez, esta mulher seria açoitada publicamente, além de banida do Reino de Portugal. Ainda, se mantivesse o dito "pecado", receberia como pena o degredo perpétuo, para o Brasil. Já aos frades, diferentemente, quando encontrados fora dos Mosteiros com alguma mulher, eram-lhes determinado o imediato retorno ao Mosteiro e entrega aos seus superiores, não podendo, em qualquer hipótese, irem à prisão (Título XXXI, do mesmo Livro V, das *Ordenações Filipinas*).

Reforçando, portanto, esta cultura e pensamento, refletido na dramática e imemorial construção normativa aqui narrada, a leitura deste singelo, e não menos impactante, exemplo comprova que o peso das penas, legais e culturais, foram sempre em maior medida carregadas pelas mulheres. Este Direito Criminal português da era colonial, demonstrado no citado Livro V das *Ordenações Filipinas,* demonstrava já no final do século XVI e início do século XVII o "espírito das instituições"[103] decorrentes da conjugação do Estado com a Igreja, a exemplo do Tribunal do Santo Ofício, no qual o inquisidor era nomeado pelo rei, vigorando no Brasil Colônia desde 1603 até o advento do Código Criminal do Império, em 1830. Em matéria civil, todavia, e designadamente no que concerne ao direito de família, as *Ordenações Filipinas* estiveram vigentes no Brasil até 1916, por ocasião do advento do Código Civil brasileiro deste mesmo ano. Logo, as *Ordenações* subsistiram por mais de três séculos, inclusive sendo aplicadas no Brasil por mais tempo do que até mesmo em Portugal, cujo primeiro Código Civil é de 1867.

Como antes já mencionado, sob a influência das Revoluções Liberais e dos ideais iluministas iniciados no século XVII sobre a racionalidade e liberdade[104], a igualdade como princípio passou a ser pensada e refle-

[103] Cfr. Homem, António Pedro Barbas. *O Espírito das Instituições*, Coimbra, Almedina, 2006, especialmente, quanto ao Santo Ofício, pp. 180 e ss..

[104] No século XVII, Jonh Locke já afirmava que "nascemos livres assim como nascemos racionais; não que tenhamos realmente o exercício dessas duas prerrogativas: a idade que traz uma delas, traz também a outra" (cfr. Locke, Jonh. *Segundo Tratado do Governo*, Lisboa, Fundação Calouste Gulbenkian, 2007, p. 83).

xões sobre a participação das mulheres na sociedade passaram a ser feitas. Ao longo deste processo, a positivação ocorrida no sistema português do século XIX acentuou o caráter privado aos temas envolvendo as famílias, a começar pela Constituição de 1822, que tornou, em seu art. 5º, a casa asilo inviolável. Esta afirmação progressiva da "autoridade do Estado", nas palavras de Míriam Brigas, acabou por "permitir a criação de um espaço privado, em contraposição ao público"[105]. Mas já muito antes, como visto, o modelo patriarcal da família portuguesa regia as leis então existentes. No Direito da Família lusitano do século XIX, a desigualdade estruturante verificada pelo poder paternal estabelecia regime distinto entre o casal, reservando à mãe apenas o direito de audição a tudo que dizia respeito ao filho, ao passo que ao pai, como "chefe da família", competia "dirigir, representar e defender seus filhos menores, tanto em juízo, como fora dele"[106] e condicionando a filiação ao nascimento na constância do matrimônio[107]. Daí as divisões entre filhos legítimos e filhos perfilhados, dos quais eram excluídos os filhos adulterinos e os incestuosos, no capítulo II, do Título IX, da Parte I, do Código Civil português de 1867[108]. Aos filhos espúrios, considerados como aqueles que não poderiam ser perfilhados, somente era dado o direito de exigir alimentos necessários, sendo havido, em tudo o mais, "como inteiramente estranhos aos paes e à família deste"[109].

[105] Cfr. Brigas, Míriam Cláudia de Sousa Silva Afonso. *As Relações de Poder na construção do Direito da Família Português [1750-1910]*, Lisboa, AAFDL Editora, 2016, p. 29.

[106] Redação do artigo 138º, do Código Civil português de 1867.

[107] Cfr. Brigas, Míriam Cláudia de Sousa Silva Afonso. *As Relações de Poder na construção do Direito da Família Português [1750-1910]*, Lisboa, AAFDL Editora, 2016, p. 32.

[108] Míriam Brigas aponta os progressos e inflexões das relações entre o Estado e a Igreja na execução do código, "nomeadamente na forma como o casamento ou o divórcio são interpretados" e demostra que "a velha família patriarcal, perpetuada, com excepções, na codificação de Seabra, começava a dar sinal de libertação", mas alerta que "a diferença de tratamento dos sujeitos foi especialmente destacada, considerando os fundamentos dos regimes jurídicos criados". Neste contexto, enquanto o chefe de família foi valorizado, como líder da comunidade doméstica, a mulher preservava seu papel limitado no mesmo ambiente, inclusive com limitações sobre a maternidade (cfr. Brigas, Míriam Cláudia de Sousa Silva Afonso. *As Relações de Poder na construção do Direito da Família Português [1750-1910]*, Lisboa, AAFDL Editora, 2016, p. 635).

[109] Conforme extraídos dos artigos 134º e 135º, do Código Civil português de 1867.

Como se observa, o regramento do matrimônio e a proteção familiar variava de acordo com o sexo de cada um dos membros do casal, seja quanto aos efetivos titulares, seja quanto à legitimidade para exercício de poder. A própria separação do casal tinha efeitos distintos caso partisse do marido ou da mulher. Assim, dentre as causas legítimas para a separação, encontrava-se, em linhas nada similares, o adultério da mulher e o adultério do marido, mas neste último caso condicionado ao "escândalo público" ou ao "completo desamparo da mulher", ou ainda "com concubina teúda e manteúda no domicílio do casal"[110]. Afora isso, listava o Código Seabra, em seu art. 1185º, o clássico "dever de obediência" da mulher, em contrapartida à obrigação do marido de proteger e defender a pessoa e os bens da esposa. A igualdade entre os gêneros somente foi consagrada constitucionalmente mais tarde, pela Constituição da República portuguesa de 1976, que estabeleceu como uma das tarefas fundamentais do Estado a promoção da igualdade entre homens e mulheres (art. 9º, "h"). É verdade que muito antes, a igualdade como princípio havia sido desenvolvida no constitucionalismo ocidental, a exemplo da Declaração de Direitos do Homem e do Cidadão de 1789, a inserção da Emenda 14 na Constituição norte-americana, a Constituição Mexicana de 1917 e Constituição de Weimar de 1919[111]. Nesta linha, Jorge Miranda menciona a grande influência da Declaração dos Direitos do Homem e do Cidadão para as Constituições liberais portuguesas, designadamente quanto ao princípio da igualdade e lembra que a Constituição de 1911 reforçou o caminho para uma igualdade "basicamente jurídica", ao passo que a Constituição de 1933 teria deslocado "a referência à igualdade para a própria definição do regime político", salientando a ambiguidade deste texto na medida em que objetivava a igualdade social através do acesso de todos aos benefícios da civilização e imputava ao Estado a incumbência de zelar pela melhoria das classes desfavorecidas (art. 6º, n. 3), mas que, em contrapartida, "constitucionalizavam-se diferenças de tratamento da mulher", apesar de assegurar "a

[110] É o que o dispunha o art. 1204º, números 1º e 2º, respectivamente, do Código Civil português de 1867.

[111] Sobre o desenvolvimento do princípio da igualdade no Direito positivo português, cfr., Miranda, Jorge. *Manual de Direito Constitucional*, v. II, tomo IV, Coimbra, Coimbra Editora, 2014, p. 271.

igualdade de direitos e deveres dos cônjuges quanto à sustentação dos filhos" (art. 12º, n. 2)[112]. Acrescenta o autor que "só na revisão constitucional de 1971 se viria a falar em «diferenças de tratamento quanto ao sexo» (e não já quanto à mulher) e apenas justificadas «pela natureza» (e não mais também pelo «bem de família»)[113].

Por fim, a Constituição Portuguesa de 1976, adotando uma linha transformadora em relação à sua antecessora, optou por um extenso catálogo de direitos fundamentais, afirmando de forma clara, em seu art. 13º, n. 2, que "ninguém pode ser privilegiado, beneficiado, prejudicado, privado de qualquer direito ou isento de qualquer dever em razão de «dentre outras» sexo", e o fez em alinhamento ao estipulado pela Declaração Universal dos Direitos Humanos[114]. A redação constitucional original, todavia, não era expressa quanto à promoção da igualdade entre homens e mulheres, sendo tal previsão acrescida através da revisão de 1997, que aditou o art. 9º, incluindo sua alínea *h*. Durante os debates parlamentares sobre essa alteração, vozes contrárias a tal fim, como a do Partido Popular, argumentaram que este acréscimo reconheceria uma derrota à luta das mulheres, porque a igualdade já estava consagrada no art. 13º e que não se efetivaria por esta via, mas através de cenário de igualdade de oportunidades que não era "diariamente cuidado, quer na legislação ordinária, quer no seu cumprimento, quer na sua adequação"[115]. Por isso, concluiu, a representante do partido, que colocar esta promoção da igualdade no art. 9º seria "colocar a questão na gaveta"[116]. Em contrapartida, a representante do Partido Os Verdes sublinhou a importância dessa alínea agregada ao texto original, pois a novel incumbência do Estado em promover a igualdade entre homens

[112] Cfr. MIRANDA, Jorge. *Manual de Direito Constitucional,* v. II, tomo IV, Coimbra, Coimbra Editora, 2014, p. 272.

[113] Cfr. MIRANDA, Jorge. *Manual de Direito Constitucional,* v. II, tomo IV, Coimbra, Coimbra Editora, 2014, p. 272.

[114] Seu art. 7º dispõe: "Todos são iguais perante a lei e têm direito, sem qualquer distinção, a igual proteção da lei. Todos têm direito a igual proteção contra qualquer discriminação que viole a presente Declaração e contra qualquer incitamento a tal discriminação".

[115] Cfr. *Diário da Assembleia da República,* VII legislatura, 2ª sessão legislativa, 1ª série, n. 94, reunião de 16 de julho de 1997, p. 3378.

[116] Cfr. *Diário da Assembleia da República,* VII legislatura, 2ª sessão legislativa, 1ª série, n. 94, reunião de 16 de julho de 1997, p. 3378.

e mulheres distingue-se do inicialmente consagrado "direito da não discriminação em função do sexo"[117].

Nas terras do além-mar, por sua vez, a igualdade familiar entre os gêneros também é preocupação recente, pois pouco antes de 2002, ainda sob a vigência do antigo Código Civil, falava-se em pátrio poder e outras expressões afins, de nítida conotação patriarcal. A primeira legislação brasileira a tratar de assuntos como família e casamento civil em maior extensão foi o Código Civil de 1916, que inclusive não autorizava o divórcio. Previa o desquite, como forma de dissolução da comunhão de bens (art. 267, III) e da sociedade conjugal, todavia era expresso em estabelecer que o casamento válido somente dissolver-se-ia com a morte (art. 315, parágrafo único). Para além disso, o desquite apenas era possível em casos extremos, como por razões de adultério, tentativa de morte, sevícia ou injúria grave e abandono do lar conjugal pelo prazo de dois anos contínuos (art. 317), bem como pelo mútuo consentimento de ambos os cônjuges, manifestado perante o juiz, desde que casados fossem por mais de dois anos (art. 318). Apenas em 1977, por meio da emenda constitucional n. 9, foi instituído o divórcio como forma de dissolução do vínculo matrimonial, o que foi regulamentado pela Lei n. 6.515/77. Estabelecia a lei a possibilidade de *divórcio conversão*, para os cônjuges já separados judicialmente há mais de três anos e o *divórcio direto*, para os casais que já estivessem separados de fato há mais de cinco anos. Foi apenas com a Constituição Federal de 1988 que a regulamentação do divórcio sofreu grande mudança, em seu art. 226, §6º, reduzindo para um ano o prazo para conversão da separação em divórcio e permitindo o divórcio direto após dois anos de separação, além de deixar de limitar o número de divórcios, antes restrito a apenas uma vez (art. 38, da Lei n. 6.515/77).

A legislação civil de 1916 trazia inúmeros exemplos de sua opção patriarcal, como no caso de discordância sobre o casamento dos filhos menores de 21 anos, cuja vontade paterna era prevalente (art. 186). Em seu capítulo VI, dedicado ao *patrio poder*, previa-se a sujeição de todos os filhos menores a este poder, além de claramente destacar ser o marido o *chefe de família* na constância do casamento (arts. 379 e ss.). A ingerên-

[117] Cfr. *Diário da Assembleia da República*, VII legislatura, 2ª sessão legislativa, 1ª série, n. 94, reunião de 16 de julho de 1997, p. 3377.

cia paterna não se restringia a questões pessoais, mas também a patrimoniais, pois ao pai cabia a administração dos bens dos filhos menores. Apenas em sua ausência esta atribuição estendia-se à mãe. Atualmente, o Código Civil de 2002, visando uma maior igualdade entre homens e mulheres no âmbito familiar, abandonou a expressão androcêntrica e passou a adotar o *poder familiar* como denominação da responsabilização conjunta dos assuntos envolvendo o casal e seus filhos.

Feito esse breve restrospecto, observa-se a importância da força normativa e social da codificação familiar. Os papéis originariamente estabelecidos a homens e mulheres dentro do contexto social partiram e perpetuaram-se *do* e *no* círculo familiar. Ao que se nota, a divisão de espaços e tarefas entre os sexos não depende apenas de uma predefinição dentro de um estatuto legal, mas demanda um forte estatuto simbólico e social na qual a mulher possua dentro do contexto social, e sobretudo familiar[118], os mesmos direitos, deveres e responsabilidades que o homem.

1.3. A evolução do direito das mulheres após o Século XIX

1.3.1. As conquistas femininas em três atos

A base do feminismo pode ser compreendida através de uma teoria social da igualdade entre homens e mulheres, com a finalidade de libertar todas as mulheres, sejam negras, trabalhadoras, lésbicas, idosas, brancas, ricas ou pobres das amarras patriarcais da sociedade. Por isso, apesar de suas variações e dissidências, o feminismo sempre foi considerado um movimento de mudança social massiva e, como tal, conta com a participação das mulheres em diversos campos da vida. Ao longo da história, muitas conquistas foram alcançadas e diversas denominações foram dadas às ramificações destas manifestações, tendo sido a Nova

[118] Abordando a situação das mulheres em cotejo com os sistemas familiares, Chandra Talpade Mohanty afirma que “las mujeres como mujeres no se ubican dentro de la familia sino, más bien, como efecto de las estructuras familiares; son construidas, definidas, dentro y por el grupo”. Por isso, reflete sobre a problemática em tratar da mulher muçulmana e árabe se não tratar das estruturas de poder históricas, materiais e ideológicas que construíram tais imagens e, sobretudo, se não falar da família patriarcal ou da estrutura familiar tribal como origem do *status* econômico das mulheres (cfr. MOHANTY, Chandra Talpade. “Bajo los ojos de occidente. Academia Feminista y discurso colonial”, in NAVAZ, Liliana Suárez; HERNÁNDEZ, Aída (editoras), *Descolonizando el Feminismo: Teorías y Prácticas desde los Márgenes*, Madrid, editora Cátedra, 2008, p. 130).

Zelândia, em 1893, o primeiro país a garantir o sufrágio feminino, graças ao movimento liderado por Kate Sheppard[119], seguido pela Finlândia, em 1906. No Reino Unido, o voto passou a ser admitido apenas em 1918, enquanto em Portugal, no ano de 1931 o Decreto n. 19.694 concedia às mulheres diplomadas em cursos superiores ou secundários esse mesmo direito, que foi estendido, 1946, às chefes de família que atingissem uma determinada capacidade tributária. Mas foi somente em 1968, com a Lei n. 2.137, que as mulheres tiveram os mesmos direitos políticos dos homens em Portugal, salvo com relação às eleições para as juntas das freguesias, que foram reservadas ao sexo masculino até abril de 1974[120]. Nas Américas, embora a Constituição Americana seja de 1787, somente em 1919 foi inserida a Emenda 19 concedendo o direito de voto às mulheres. O Equador foi o primeiro país latino-americano a prever tal direito em 1929, sendo seguido pelo Brasil em 1932, por meio do Decreto n. 21.076, posteriormente consolidado pela Constituição de 1934. Em 1933, Carlota Pereira de Queirós tornou-se a primeira deputada federal brasileira eleita e, em 1936, Bertha Lutz, importante representante da luta dos direitos das mulheres, em especial quanto ao voto e ao direito de trabalhar independentemente de autorização do marido, assumiu o cargo de deputada federal na condição de suplente[121]. Nesta

[119] Sobre a história da Nova Zelândia e o Movimento Sufragista liderado por Kate Sheppard, cfr. https://nzhistory.govt.nz/people/kate-sheppard, acesso em 05 de julho de 2018.

[120] Cfr. Amaral, Maria Lúcia Abrantes. "Igualdade entre Homens e Mulheres e Participação Política Feminina – A identificação de um problema", in *Democracia com mais Cidadania*, Lisboa, 1998, p. 24.

[121] Seu discurso, ao entrar para a Câmara de Deputados, expressou o encorajamento feminino à participação na política mas sem desprezar a família e as mulheres que estavam contentes em seus lares. Em suas palavras: "O lar é a base da sociedade, e a mulher estará sempre integrada ao lar. Mas o lar não se limita ao espaço de quatro paredes. O lar é também a escola, a fábrica, o escritório. O lar é principalmente o parlamento, onde as leis que regulam a família e a sociedade humana são elaboradas" (cfr. Soihet, Rachel. "A Pedagogia da Conquista do Espaço Público pelas Mulheres e a Militância Feminista de Bertha Lutz", in *Revista Brasileira de Educação*, n. 15, p. 107). A brasileira Nísia Floresta, em sua obra *Direito das Mulheres e Injustiça dos Homens*, tratou das questões do direito ao voto e domínio do trabalho feminino. Dizia a autora em sua obra às mulheres que: "atendendo o estado a que nosso infeliz sexo tem sido injustamente condenado, privado das vantagens de uma boa educação [...] lamentareis a nossa sorte, pois que até em pequenas empresas não podemos desenvolver nossos talentos naturais". Para ela, "nenhuma diferença existe entre a alma de um tolo e de um homem de

fase, todavia, não havia ainda um pensamento estruturado que relacionasse gênero, raça e classe, pois as reivindicações da época partiam das mulheres brancas e de classes mais altas, o que não quer dizer que as negras e as operárias se calaram nesta primeira vaga do feminismo[122].

Já o Século XX começava em ebulição com o início da segunda onda feminista, com as mulheres indo às ruas em busca de igualdade no domínio privado e da sociedade doméstica. Entrou em cena o direito ao aborto e ao prazer, ganhando atenção mundial a temática da violência sexual e da homossexualidade. A expressão "Não se nasce mulher, torna-se mulher", de Simone de Beauvoir[123], reflete o florescer deste momento vivenciado nos anos 1960 e 1970, também representados na já citada frase de Carol Hanisch "o pessoal é político", pois apesar das conquistas de direitos e a emancipação feminina da primeira onda feminista, a submissão e a dominação ainda existiam na prática. Nesta fase, a Segunda Guerra Mundial gerou especial impacto na vida das mulheres, nomeadamente as brancas e as de classe econômica mais avantajada, que foram compelidas a ingressarem no mercado de trabalho, já que as mulheres negras e as da classe operária sempre trabalharam. Assim é que enquanto os homens ocupavam os campos de batalha e as trincheiras, os postos de trabalho até então de composição masculina passaram a depender da presença feminina para o

espírito, ou de um ignorante e de um sábio, ou a de um menino de quatro anos e um homem de quarenta. Ora, como esta diferença não é maior entre as almas dos homens e a das mulheres, não se pode dizer que o corpo constitui alguma diferença real nas almas. Toda sua diferença, pois, vem da educação, do exercício e da impressão dos objetos externos, que nos cercam nas diversas circunstâncias da vida" (cfr. Floresta, Nísia. *Direitos das Mulheres e Injustiça dos Homens*, São Paulo, Editora Cortez, 1989, pp. 21 e 47).

122 A propósito, é conhecido o discurso, denominado *Ain't I a woman?* de Soujorney Trouth, ex-escrava norte-americana de trajetória bastante peculiar, que apresentou profunda reflexão da condição feminina, em defesa do abolicionismo e do direito das mulheres (cfr. *Sojourner Truth, "Ain't I a woman?* (1851), disponível em https://www.nps.gov/articles/sojourner-truth.htm, acesso em 02 de julho de 2018).

123 A autora inicia sua obra questionando, antes de mais nada, o que é ser uma mulher, já que para ela "todo ser humano do sexo feminino não é, portanto, necessariamente mulher; cumpre-lhe participar dessa realidade misteriosa e ameaçada que é a feminilidade" (cfr. Beauvoir, Simone de. *O Segundo Sexo: I. Os fatos e os mitos*, trad. de Sergio Milliet, 4ª edição, São Paulo, Difusão Europeia do Livro, 1970, p. 13). E é justamente este ponto, tão complexo e contraditório, que se situa a concepção do gênero, que já provocou e ainda provoca as mais variadas interpretações.

funcionamento da sociedade. Entretanto, com o fim da guerra, os homens retornaram às suas funções laborais, gerando um grande desconforto no universo feminino que passou a ser "estimulado" a retornar ao ambiente doméstico. Então, com a finalidade de acalmar as mulheres, conforme aponta Betty Friedan, foi criada uma "Mística Feminina"[124], de certa forma infantilizando as mulheres, por diversos setores sociais, como da publicidade, da sociologia e da psicanálise, com a criação de um estereótipo de uma mulher plena com o casamento, desempenhando seu papel de esposa e mãe. As propagandas de produtos domésticos, por exemplo, passaram a explorar figuras e caricaturas femininas felizes em seus lares, se dedicando aos afazeres domésticos e aos cuidados com a família. No entanto, a autora de *Mística Feminina*, em suas pesquisas, em vez de encontrar as mulheres na completude retratada nos anúncios, se deparou com um panorama de frustração por elas vivenciado, somado ao um estado patológico de depressão ou alcoolismo após este retorno dos espaços públicos ao ambiente doméstico[125]. Assim é que esta segunda vaga feminista se destacou como um movimento bastante combativo, que colocou em pauta diversas questões,

[124] Friedan, em sua obra, apontava que "é a mística da realização feminina e consequente imaturidade que impede a mulher de dar o seu máximo rendimento. Não é para admirar que as que vivem há dez ou vinte anos a ela ajustadas, incapazes de agir por conta própria, temam enfrentar uma verdadeira profissão e se agarrem à função de dona de casa, embora assim se condenem à sensação de vazio, inutilidade, irrealidade. A carreira doméstica pode e deve expandir-se para preencher todo o tempo disponível, uma vez que não há outro objetivo na vida. Afinal, se o trabalho fosse realizado em uma hora, com as crianças na escola, a enérgica dona de casa acharia insuportável o vazio de seus dias" (cfr. FRIEDAN, Betty. *Mística Feminina*, trad. de Áurea B. Weissenberg, Petrópolis, Editora Vozes Limitada, 1971 (tradução), 1963 (original), pp. 218-219).

[125] Neste sentido, aponta que "viver de acordo com a mística feminina supõe uma reversão da história e uma desvalorização do progresso humano. Trazer a mulher de volta ao lar, não como os nazistas, gritando ordens, mas por meio de propaganda, «com a finalidade de restabelecer o prestígio e a auto-estima da esposa e mãe, na realidade ou em potencial... da mulher que vive como mulher», significava que a classe precisava resistir ao seu «desemprego tecnológico». As fábricas de enlatados e massas não fecharam as portas, mas até os criadores da mística precisaram defender-se da pergunta: «será que nós, sugerindo que a mulher, de livre e espontânea vontade, volte às suas funções domésticas, tais como cozinhar, conservar e decorar, estaremos revertendo a marcha do progresso?»" (cfr. FRIEDAN, Betty. *Mística Feminina*, trad. de Áurea B. Weissenberg, Petrópolis, Editora Vozes Limitada, 1971 (tradução), 1963 (original), p. 219).

como a violência sexual da mulher, o estupro e o direito ao aborto, discussões estas que até hoje ainda estão em voga. A pílula anticoncepcional, por exemplo, foi um avanço da época para o direito ao próprio corpo.

A partir dos anos 1980 surge a terceira onda feminista, fase em que o movimento passa a entender que são as mulheres que devem definir o que é o feminismo e quais são os seus limites, repensando as ações e discussões já travadas anteriormente quanto ao seu papel e a função na sociedade. *Feminism is something individual to each feminist*, de Jennifer Baumgardner e Amy Richards foi um manifesto publicado na *Alternet* em 2000[126], que retrata a típica afirmação da noção de indivíduo que tomou conta desta fase do movimento. Aqui, as feministas propuseram uma quebra dos estereótipos, dos retratos da mídia e da linguagem utilizada para definir o que é a mulher. A categoria passou a reivindicar a diferença dentro da diferença, através de uma interpretação pós-estruturalista do gênero, no sentido de que assim como a classe de mulher e homem varia de acordo com o tempo e o espaço, a visão de corpo e de sexo também decorre de uma construção social. Na passagem pelos anos 80, as demandas trazidas pelas mulheres negras foram incorporadas a esta vaga e para mostrar que as opressões atingiam as mulheres de modos diferentes, a terceira onda feminista transbordou fortemente nas discussões da atualidade sobre a desnaturalização do gênero, uma desconstrução feita pela própria diversidade humana que desafia a ideia de sujeitos com identidades fixas e destinos biológicos e coloca em revisão o próprio sujeito do feminismo. O resultado disso tudo é um movimento em constante florescimento marcado por diferentes grupos, práticas e ações. Por isso, falar em feminismo tem se tornado cada vez mais falar na pluralidade[127]. Nesta fase, todavia,

[126] Cfr. https://www.alternet.org/story/9986/a_manifesto_for_third_wave_feminism, acesso em 09 de julho de 2018.

[127] Judith Butler, que representa um marco teórico desta terceira onda, destacada por sua obra *Problemas de Gênero*, propõe uma definição de gênero que, para ela, é uma repetição estilizada de performances e utiliza-se, na construção de seu pensamento, de uma série de práticas parodísticas, de metáforas ao *script* do teatro, que considera um mecanismo de performance social. Coloca em cheque a ideia de identidade baseada em uma substância, bem como ontologiza e naturaliza a diferença sexual, pois busca romper as "categorias de corpo, sexo, gênero e sexualidade, ocasionando sua ressignificação subversiva e sua proliferação além da estrutura binária". Afirma que a história trata de uma projeção, uma construção permeada de interesse em reproduzir as representações disponíveis na cultura do

as dissidências existentes dentro da própria dissidência começaram a ser denunciadas, surgindo então dentro do próprio movimento diversas reivindicações, agora das mulheres negras, lésbicas e indígenas. Por isso, a atualidade passa a invocar a existência de diversos feminismos, com a pluralização da categoria "mulher"[128-129].

mundo atual, com a finalidade não de contestar as diferenças, mas sim de justificá-las. Para a autora, os discursos tendem sempre a projetar as concepções de gênero binárias e hierárquicas sobre o passado das mulheres. Butler, ainda, cita o filme *Female Trouble*, de John Waters estrelado por *Divine*, também herói/heroína de Hairspray: "Éramos todos jovens, cuja personificação de mulheres sugere implicitamente que o gênero é uma espécie de imitação persistente, que passa como real. A performance dela/dele desestabiliza as próprias distinções entre natural e artificial, profundidade e superfície, interno e externo — por meio das quais operam quase sempre os discursos sobre gênero. Seria o *drag* uma imitação de gênero, ou dramatizaria os gestos significantes mediante os quais o gênero se estabelece? Ser mulher constituiria um "fato natural" ou uma performance cultural, ou seria a "naturalidade" constituída mediante atos performativos discursivamente compelidos, que produzem o corpo no interior das categorias de sexo e por meio delas? Contudo, as práticas de gênero de *Divine* nos limites das culturas gay e lésbica tematizam frequentemente "o natural" em contextos de paródia que destacam a construção performativa de um sexo original e verdadeiro. Que outras categorias fundacionais da identidade — identidade binária de sexo, gênero e corpo — podem ser apresentadas como produções a criar o efeito do natural, original e inevitável?" (cfr. Butler, Judith. *Problemas de Gênero: feminismo e subversão da identidade*, trad. de Renato Aguiar, Rio de Janeiro, Civilização Brasileira, 2003 (tradução), 1990 (original), pp. 8-9).

128 Inclusive, a propósito desta pluralização, criticando os fundamentos teóricos do multiculturalismo, em especial de Charles Taylor, Seyla Benhabib afirmou que as demandas pela preservação de culturas que se veem ameaçadas por outras podem reforçar, no interior das próprias culturas, hierarquias e desigualdades, deixando desprotegidos (as) possíveis dissidentes. Propõe "um modelo democrático deliberativo que permita a máxima controvérsia cultural dentro da esfera pública" e um conceito alternativo de cultura, rejeitando noções de totalidade normalmente englobadas no conceito de multiculturalismo. Aponta, ainda, a uma suposta contradição entre a defesa da cultura e a proteção da autonomia das mulheres, principalmente considerando a vida das mulheres muçulmanas: "Uma política multicultural democrática e deliberativa não relega mulheres e crianças a suas comunidades de origem contra sua vontade, mas estimula o desenvolvimento de sua agência autônoma diante das identidades que lhes são atribuídas" (cfr. Benhabib, Seyla. *Las Reivindicaciones de la Cultura: igualdad y diversidad en la era global*, trad. de Alejandra Vassallo, Buenos Aires, Katz Editores, 2006, pp. 9 e 151 (tradução livre)).

129 Neste contexto, Rose Braidotti, em *Nomadic Subject*, enfatiza as questões de mobilidade e desenraizamento e discute-as nas perspectivas política e filosófica, tendo como referên-

O objetivo, portanto, desta geração que movimentou a terceira vaga feminista, passou a ser o reconhecimento de diversas identidades femininas, do pluralismo ontológico, de recriação da categoria "mulheres"[130], dentro de uma interpretação pós-estruturalista do gênero e da sexualidade, mas também levando em conta as objeções pós-colonialistas, que serão vistas na sequência. Por fim, uma das grandes reivindicações deste período, sobretudo na década de 1990, foi para uma maior presença das mulheres nos espaços públicos e decisórios, numa proposta mais substantiva, inclusiva e deliberativa de democracia, com inclusão de ambos os sexos, em igualdade de condições e de liberdade participativa, o que será melhor abordado adiante. O que se observou, em contrapartida, com a evolução dessas etapas do pensamento e das demandas femininas, foi um certo desprezo das teorias feministas pela importância do homem, resumindo muitas vezes seus discursos à dominação masculina e à vitimização feminina. Em muitos momentos desta evolução não se soube lidar com questões eminentemente femininas, como é o caso da maternidade, para além da preocupação com o fornecimento de berçários e creches, a fim de que a mulher obtenha seu sucesso profissio-

cia o pós-estruturalismo, abordando uma visão da subjetividade feminina de um modo nômade. Para ela, o movimento feminista, como projeto transformador, exige a renúncia aos hábitos de pensamento estabelecidos historicamente, encarando, de forma descentralizada e multidimensionada, o sujeito como entidade dinâmica. O nômade expressa suas "figurações de uma compreensão situada, culturalmente diferenciada do sujeito", sendo, deste modo, uma ficção política, um mito, que permitiu à autora perpassar "através de categorias estabelecidas e níveis de experiência". Por isso, propõe uma epistemologia nômade, na qual "o novo sujeito nômade feminista que sustenta esse projeto é uma entidade epistemológica e política a ser definida e afirmada pelas mulheres no confronto de suas múltiplas diferenças de classe, raça, idade, estilo de vida e preferência sexual". Assim é que a autora vê o feminismo "como a atividade que visa articular as questões da identidade individual, incorporada e de gênero com questões relacionadas à subjetividade política, conectando-as tanto com o problema do conhecimento quanto com a legitimação epistemológica" (cfr. Braidotti, Rosi. *Nomadic Subjects: embodiment and sexual difference in contemporary feminist theory*, New York, Columbia University Press, 1994, pp. 4, 10 e 30 (tradução livre)).

130 Sobre esta dimensão plural e global da mulher, Spivak declara que "a face do feminismo global é voltada para fora e deve ser bem-vinda e respeitada como tal, ao invés de fetichizada como a figura do outro" (cfr. Spivak, Gayatri Chakravorty. "French Feminism Revisited: ethics and politics", in Butler, Judith; Scott, Joan W. (org.), *Feminists Theorize the Political*, New York, Routledge, 1992, p. 54 (tradução livre)).

nal. E neste ponto, Camille Paglia aponta uma certa falta de sensatez na pretensão em alterar-se a psicologia humana e as relações entre os sexos por meio de comportamento paternalista do Estado – desempenhado através de leis ou regulamentos – sobre a vida privada[131]. E de fato, talvez a maternidade seja o momento crucial desta espécie de guerra sexual, pois o domínio da procriação é território não ocupado pelo poder masculino e, por esta razão, não pode ser negligenciado nas construções de gênero.

1.3.2. Feminismo pós-estruturalista *versus* feminismo pós-colonialista

Dentro da trajetória de demandas feministas acima narradas, notou-se a forte presença de concepções pós-estruturalistas, em muitas vezes objetadas pelo feminismo pós-colonialista ou terceiro mundista, o que justifica a melhor especificação destas formas de pensamento para prosseguimento do tema. Assim é que, a concepção pós-estruturalista do feminismo, de influência liberal e com ideais iluministas, e, portanto, representando resistência filosófica a diversos tipos de totalitarismo, contemporizada às décadas de 1950 e 1960, auge da segunda vaga feminista, partiu de uma visão da mulher como um sujeito social universal, com liberdade, autonomia e racionalidade e pautou-se na discussão sobre como são produzidas as questões de gênero no contexto social. Os conceitos, nesta toada, de homem e mulher começariam a aflorar na infância, quando a sociedade, representada pelo núcleo familiar, passaria a exigir condutas e comportamentos variáveis de acordo com cada sexo. O próprio modo de sociabilização de cada um deles é distinto e o senso de fragilidade e força, passividade e agressividade, moldado com o passar dos tempos. Essas diferenças, estabelecidas através da criação humana, passaram a ser interpretadas a partir de uma divisão binária do gênero, com a categorização de comportamentos esperados e toleráveis de ambos.

Em verdade, essa polarização do gênero passou a ser hierarquizada e estudada como mecanismo de poder construído socialmente em conformidade com cada contexto sociocultural e de acordo com cada época.

[131] Cfr. Paglia, Camille. *Mulheres Livres, Homens Livres – sexo, gênero e feminismo,* trad. de Helder Moura Pereira, Lisboa, Quetzal Editores, 2018, pp. 170 e ss.

No momento atual, todavia, coabitam concepções antigas com as atuais sobre os papéis desempenhados por homens e mulheres, passando, cada vez mais, a humanidade a necessitar "de uma consciência histórica da situação presente"[132] para perceber a relação social construída em torno do gênero e sua constante remodelação. Todavia, algumas explicações teóricas sobre esse construcionismo apontam, em alguma medida, uma espécie de determinismo de significados desta mesma palavra – gênero – que são inscritos em corpos anatomicamente diferenciados e compreendidos como recipientes passivos de uma determinada lei cultural[133].

[132] Cfr. Foucault, Michel. "O sujeito e o poder", in Dreyfus, Hubert; Rabinow, Paul, *Michel Foucault, uma trajetória filosófica: para além do estruturalismo e da hermenêutica*, Rio de Janeiro, Forense Universitária, 1995, p. 232.

[133] Discorrendo sobre as diferenças entre "determinismo biológico" e "fundacionalismo biológico", Linda Nicholson afirma que "o 'gênero' foi desenvolvido e é sempre usado em oposição a 'sexo', para descrever o que é socialmente construído, em contraste ao que é biologicamente dado". Assim, gênero acaba sendo pensado como "referência a personalidade e comportamento" e não ao corpo propriamente dito, muito embora este conceito acabe sendo utilizado cada vez mais como referência à construção social ligada à distinção entre masculino e feminino. Para a autora, em contraposição com o determinismo biológico, o fundacionalismo biológico "permite que dados da biologia coexistam com os aspectos de personalidade e comportamento". Assim, a compreensão do relacionamento entre biologia, comportamento e personalidade teria possibilitado às feministas sustentarem a noção de que "as constantes da natureza são responsáveis por certas constantes sociais", tudo isto sem descartar que estas constantes sociais podem ser transformadas. Portanto, a autora trata por "fundacionalismo biológico" a "noção do relacionamento entre corpo, personalidade e comportamento, a fim de indicar suas diferenças e semelhanças em relação ao determinismo biológico". E, deste modo, em contraste com o determinismo biológico, "o fundacionalismo biológico permite que os dados da biologia coexistam com os aspectos de personalidade e comportamento" e, por isso, inclui nele algum elemento de construcionismo social. Ao final, conclui que o feminismo precisa abandonar "o fundacionalismo biológico junto com o determinismo biológico" e defende que "a população humana difere, dentro de si mesma, não só em termos das expectativas sociais sobre como pensamos, sentimos e agimos; há também diferenças nos modos como entendemos o corpo". Em razão disso, acredita que as variações sociais na distinção masculino e feminino estão associadas não apenas ao gênero, assim considerado como um "estereótipo cultural de personalidade e comportamento", mas principalmente a "formas variadas de se entender o corpo" (cfr. Nicholson, Linda. "Interpretando o Gênero", trad. por Luiz Felipe Guimarães Soares e Claudia de Lima Costa, in *Estudos Feministas*, v. 8, n. 2, 2000, pp. 13-14). Nesta perspectiva, para Judith Butler, socialmente o gênero parece ser algo determinado e fixo, assim como a biologia, formulada como um inevitável destino, caso em que a cultura toma o lugar da biologia e torna-se o destino.

O feminismo pós-estruturalista, em suma, tornou-se a teoria responsável por dar substrato à construção do gênero. Suas críticas colocam em evidência que a universalidade do sujeito, nomeadamente levando em conta as características do homem branco, heterossexual e detentor de propriedade, fez da mulher um ser invisível e uma categoria oprimida[134]. De outro lado, seu método de desconstrução, importado de Derridá[135],

Por isso, a autora critica, de forma bastante radical, o modelo binário que diz respeito a distinção entre gênero e sexo. Assim, concebe o sujeito dentro de sua multiplicidade, contrariedade, pluralidade e fluidez e, por consequência, questiona a oposição binária masculino e feminino, vista sob uma perspectiva dos modelos sociais ideais e, por isso, critica o modelo binário que diz respeito a distinção entre gênero e sexo (cfr. Butler, Judith. *Problemas de Gênero: feminismo e subversão da identidade*, trad. de Renato Aguiar, 16ª edição, Rio de Janeiro, Civilização Brasileira, 2018, p. 28). Falando sobre essa oposição binária, Teresa de Lauretis atribui ao feminismo dos anos 1960 e 1970 a conceituação do gênero como diferença sexual. Para ela, "o conceito de gênero como diferença sexual e seus conceitos derivados a cultura da mulher, a maternidade, a escrita feminina, a feminilidade, etc. acabaram por se tornar uma limitação, como que uma deficiência do pensamento feminista". Portanto, "a primeira limitação do conceito de 'diferença(s) sexual(ais)' é que ele confina o pensamento crítico feminista ao arcabouço conceitual de uma oposição universal do sexo (a mulher como a diferença do homem, com ambos universalizados; ou a mulher como diferença pura e simples e, portanto, igualmente universalizada), o que torna muito difícil, se não impossível, articular as diferenças entre mulheres e Mulher, isto é, as diferenças entre as mulheres ou, talvez mais exatamente, as diferenças nas mulheres" (cfr. Lauretis, Teresa de. "A tecnologia do gênero", in Hollanda, Heloisa Buarque de. *Tendências e Impasses: O Feminismo como Crítica da Cultura*, Rio de Janeiro, Rocco, 1994, pp. 206-207).

134 Para Butler, "a construção de sujeitos-posições funciona para excluir as mulheres da descrição da opressão e isso constitui um tipo diferente de opressão, aquela que é efetuada pelo apagamento que fundamenta a articulação do sujeito emancipatório" (cfr. Butler, Judith. "Fundamentos Contingentes: O Feminismo e a Questão do "pós-modernismo", trad. de Pedro Maia Soares, in *Cadernos Pagu*, n. 11, 1998, Campinas-SP, p. 23).

135 Derridá, ao considerar que a consciência e a linguagem é que possibilitam o conhecimento, revela a intuição para além da lógica que existe na primeira. Assim, a importância de um texto é justamente a revelação dos símbolos que lhes estão subjacentes e esta decodificação, que também pode ser considerada uma desconstrução, é que proporcionaria sua correta leitura. Eis porque, para o autor, "para um pensamento clássico da estrutura, o centro pode ser dito, paradoxalmente, na estrutura e fora da estrutura. Está no centro da totalidade e contudo, dado que o centro não lhe pertence, a totalidade tem o seu centro noutro lugar. O centro não é o centro. O conceito de estrutura centrada – embora represente a própria coerência, a condição da episteme como filosofia ou como dência – é contraditoriamente coerente. E como sempre, a coerência na contradição exprime a força de

busca desmontar as categorias, como a de homem e mulher, a fim de demonstrar que suas oposições são construídas para determinados propósitos, tal como a manutenção de relações de poder e de hierarquias sociais. Com isso, insurge-se quanto à constituição do sujeito, na medida em que considera o tratamento igual de categorias distintas algo opressor e, por isso, pretende pensar o sujeito como plural, em suas diferenças[136].

Esta concepção pós-estruturalista parte, todavia, de um pressuposto de homogeneidade e unidade da demanda feminina, o que é severamente criticado dentro do pós-colonialismo, e inclusive dentro de visões marxistas, que além da visão de divisão de classes sociais e da mais-valia, agregam a insurgência de que esta universalidade do liberalismo, em verdade, é masculina, além de burguesa[137]. Assim, a crítica pós-estruturalista ao essencialismo e ao universalismo acabou por redundar no mesmo equívoco que estes, ao considerar a mulher também como uma categoria universal e não pensar suas diferentes raças, origens, classes sociais e necessidades e, por isso, a ideia de conceber a mulher como um sujeito político universal esbarrou nas fortes críticas e demandas sobretudo das mulheres negras, lésbicas, do terceiro mundo e das ex-Colônias. E este feminismo pós-colonialista[138], por outro lado, refuta

um desejo". Por isso, "o conceito de estrutura centrada é com efeito o conceito de um jogo fundado, constituído a partir de uma imobilidade, fundadora e de uma certeza tranquilizadora, ela própria subtraída ao jogo. A partir desta certeza, a angústia pode ser dominada, a qual nasce sempre de uma certa maneira de estar implicado no jogo, de ser apanhado no jogo, de ser como ser logo de início no jogo" (cfr. DERRIDA, Jacques. *A Escritura e a Diferença*, trad. de Maria Beatriz M.N. da Silva, 3.ª ed., São Paulo, Ed. Perspectiva, 2002, pp. 230-231).

136 Para Butler, "a insistência sobre a coerência e unidade da categoria mulheres rejeitou efetivamente a multiplicidade das interseções culturais, sociais e políticas em que é construído o espectro concreto das 'mulheres'" (cfr. BUTLER, Judith. Problemas de Gênero: feminismo e subversão da identidade, trad. de Renato Aguiar, Rio de Janeiro, Civilização Brasileira, 2003 (tradução), 1990 (original), p. 35).

137 Sobre o tema, inclusive, Boaventura de Sousa Santos acredita que "de todas as tradições teóricas europeias e eurocêntricas, o marxismo é o que mais tem contribuído para os estudos pós-coloniais" (cfr. SANTOS, Boaventura de Sousa. *A Gramática do Tempo – para uma nova cultura política*, 3ª edição, São Paulo, Cortez Editora, 2010, p. 32).

138 Para Boaventura de Sousa Santos, o pós-colonialismo consiste num "conjunto de correntes teóricas e analíticas, com forte implantação nos estudos culturais, mas hoje presentes em todas as ciências sociais, que têm em comum darem primazia teórica e política às rela-

a generalização de uma categoria baseada na mulher branca e oriunda de classes dominantes, denunciando a opressão decorrente da unidade entre as mulheres. Em verdade, esta concepção terceiro mundista parte de uma reunião de diversos feminismos que buscam dar uma resposta à concentração, inicial, de todas as demandas femininas fundadas nas necessidades de mulheres de culturas ocidentais, designadamente as europeias e, com isso, busca esclarecer em que medida os efeitos da política, da cultura, da economia e do próprio racismo impactam na vida das mulheres negras, indígenas ou das não-ocidentais do mundo pós-colonial, ou seja, aquelas que vivem em realidades de sociedades subdesenvolvidas. Possui, assim, ideologias próprias decorrentes de sua própria realidade sociocultural.

A perspectiva pós-colonialista, deste modo, parte da ideia de que as estruturas de poder e de saber são mais visíveis a partir de uma observação periférica, das margens[139] e, por isso, critica concepções universalistas e de unilinearidade da história. Enfatiza-se, assim, a heterogeneidade e a pluralidade, dos agentes, das subjetividades e das próprias diferenças. Esta vertente argumenta, ademais, que o feminismo liberal não é suficiente, por exemplo, para explicar questões envolvendo o núcleo familiar e as relações sociais de comunidades que vivem em regiões agrárias e dependam da economia de subsistência[140] e que as concepções ocidentais, notadamente porque formuladas a partir de mulheres brancas e de classe média, estão equivocadas ao considerarem sua realidade como universal. A principal expoente, Chandra Talpade Mohanty critica

ções desiguais entre o Norte e o Sul na explicação ou na compreensão do mundo contemporâneo. Tais relações foram constituídas historicamente pelo colonialismo e o fim do colonialismo enquanto relação política não acarretou o fim do colonialismo enquanto relação social, enquanto mentalidade e forma de sociabilidade autoritária e discriminatória". Por isso, entende que o caráter constitutivo do colonialismo é importante para compreender não apenas as sociedades não ocidentais vítimas do colonialismo, mas sobretudo as ocidentais diante dos "padrões de discriminação social que nelas vigoram" (cfr. Santos, Boaventura de Sousa. *A Gramática do Tempo – para uma nova cultura política*, 3ª edição, São Paulo, Cortez Editora, 2010, p. 28).

139 Cfr. Santos, Boaventura de Sousa. *A Gramática do Tempo – para uma nova cultura política*, 3ª edição, São Paulo, Cortez Editora, 2010, p. 28.

140 Cfr. https://www.globalresearch.ca/third-world-women-and-the-inadequacies-of-western-feminism/5372515, acesso em 14 de maio de 2019.

o pensar europeu sobre o feminino designadamente porque não se pode avaliar experiências de mulheres sem levar em conta a raça e a classe socioeconômica, o que torna impossível uma narrativa unificada sobre realidades tão diversas[141]. Deste modo, esta visão, baseada na diferença, pretende dar conta da intersecção das pautas feministas, especialmente direcionada às mulheres negras e da classe trabalhadora, por conta da tripla opressão social que vivem: o machismo, o racismo e a discriminação de classe social. Há uma forma muito usual do raciocínio primeiro mundista sobre a situação da mulher do terceiro mundo[142], não raras vezes encarada como desprovida de educação, cultura e renda, restringida à família, limitada às tradições e religiões, o que a colocaria em situação de vulnerabilidade e de vítima, fato este que contrasta com a autorrepresentação da mulher europeia ocidental como educada, moderna, que controla seu próprio corpo e sua sexualidade e com liberdade de tomar suas próprias decisões[143]. E de fato, algumas tradições, principalmente as dos países muçulmanos, como o uso de véus e burcas, ou até mesmo as comunidades com costumes radicais, como a mutilação genital feminina, como mecanismo de purificação do gênero em alguns países africanos e do oriente médio, geram uma preocupação ("ocidental", é verdade) quanto à liberdade de escolha e de retirada e à condição humana dessas mulheres frente àqueles costumes e ao modelo patriarcal ali instalado. É claro que a homogeneidade das mulheres enquanto

[141] Cfr. MOHANTY, Chandra Talpade. "Bajo los ojos de occidente. Academia Feminista y discurso colonial", in NAVAZ, Liliana Suárez; HERNÁNDEZ, Aída (editoras), *Descolonizando el Feminismo: Teorías y Prácticas desde los Márgenes*, Madrid, editora Cátedra, 2008, p. 120.

[142] Criticando a tendência do eurocentrismo generalizado em dividir o mundo em categorias binárias, como primeiro mundo/terceiro mundo, ocidente/oriente, centro/periferia, Susan Friedman afirma que "divisões como estas ignoram a diversidade inerente a qualquer lugar, bem como as estratificações de que todas as sociedades são feitas. Também partem, muitas vezes, do princípio de que a modernidade que caracteriza o Ocidente é efectivamente a modernidade primeira e definitiva, sendo as formas subsequentes de modernidade, desenvolvidas noutras partes do mundo, resultado da difusão a partir do centro para as periferias" (cfr. FRIEDMAN, Susan Stanford. "Batendo palmas a uma só mão", trad. por Inês Martins Ferreira e Rui Pedro Almeida, in *Revista Crítica de Ciências Sociais*, 74, junho 2006, p. 89).

[143] Cfr. MOHANTY, Chandra Talpade. "Bajo los ojos de occidente. Academia Feminista y discurso colonial", in NAVAZ, Liliana Suárez; HERNÁNDEZ, Aída (editoras), *Descolonizando el Feminismo: Teorías y Prácticas desde los Márgenes*, Madrid, editora Cátedra, 2008, p. 120.

grupo é produzida não com base meramente no essencialismo biológico, mas em conceitos sociológicos, culturais e antropológicos. Entretanto, a noção sociológica de opressão acaba por, em certa medida, unir certas características das mulheres. Por isso, para a indiana Mohanty, é urgente superar tais representações, pois para ela a realidade das mulheres periféricas não é atrasada, mas radicalmente outra[144].

Talvez a grande problemática atual dos movimentos feministas, principalmente os oriundos de percepções primeiro mundistas, seja adotar atitudes progressistas pautadas no senso comum da classe média alta e este acaba sendo o grande confronto entre pós-estruturalismo e pós-colonialismo. Para Camille Paglia, por exemplo, no terceiro mundo, onde as mulheres em muitas situações são ainda tratadas como propriedade, é preciso fomentar a educação e a atuação da justiça. Por isso, sugere três grupos de ações para o equilíbrio entre os gêneros nestas circunstâncias: a primeira delas diz respeito ao acesso às mulheres do terceiro mundo a iguais direitos civis de educação e escolaridade; o segundo, o preparo, desde o ensino fundamental, à liderança feminina, formando as mulheres para ocupações de chefia em empresas e na política; e terceiro, o respeito à maternidade como aliado ao vínculo biológico que a mulher possui com a natureza reprodutiva, flexibilizando regras de formação acadêmica e profissional das garotas que optem pela maternidade mais jovens[145]. De qualquer modo, ambos os pensamentos evitam tratar, de forma atenta, de fatos biológicos, o que, para autoras como Camille Paglia, é uma relevante omissão designadamente da segunda vaga feminista, que teria menosprezado, e até mesmo, omitido, a maternidade, como se as mulheres que optassem pela dedicação aos filhos e à casa não estivessem dispostas a lutar pela causa feminista da década de 1980. Para a autora, este tipo de "ameaça lavanda" afastou do movimento a população em geral, tornando o movimento algo domi-

144 Cfr. Mohanty, Chandra Talpade. "Bajo los ojos de occidente. Academia Feminista y discurso colonial", in Navaz, Liliana Suárez; Hernández, Aída (editoras), *Descolonizando el Feminismo: Teorías y Prácticas desde los Márgenes*, Madrid, editora Cátedra, 2008.

145 Cfr. Paglia, Camille. *Mulheres Livres, Homens Livres – sexo, gênero e feminismo*, trad. de Helder Moura Pereira, Lisboa, Quetzal Editores, 2018, pp. 196 e ss.

nado por grupos radicais, já que invariavelmente, o fardo biológico da gravidez e do parto afetará muito mais as mulheres que os homens[146].

De um modo geral, a grande problemática da crítica pós-moderna ao feminismo que se observa é que, muito embora sirva como poderoso antídoto à unidade totalizadora moderna, tende a mergulhar num mar de particularismos, relativizando não apenas a estrutura binária de organização das relações sociais humanas entre feminino e masculino, entre dominante e dominado, mas todas as concepções e afirmações de identidade, colocando em xeque, com isso, o denominador comum que justifica a própria luta feminina.

1.3.2.1. Construcionismo social do feminismo e a autodeterminação do gênero

O construcionismo revela uma concepção de que a mulher é produto do ambiente em que vive, uma vez que o gênero não se reduziria a um conceito biológico, abarcando também um sentido histórico, social e cultural que os movimentos feministas não estão dispostos a abandonar. Todavia, para se pensar além da biologia, é necessário passar pelo enfrentamento da noção de autodeterminação, conceito este que, segundo Boaventura Sousa Santos, se encontra num campo de tensão dos direitos humanos, situado precisamente entre os direitos coletivos e individuais. Neste contexto, o autor destaca que a Declaração Universal dos Direitos Humanos, de 1948, importante documento internacional do século passado, reconheceu dois sujeitos de direito: o indivíduo e o Estado, sendo que "os povos só são reconhecidos na medida em que são transformados em Estado"[147]. Neste período, todavia, o sexismo integrava o senso comum da população e a orientação sexual era assunto interdito de contato e menção, tanto que o documento não incluiu

[146] Por isso, sugere a autora a presença de mães ou, em geral, estudantes casadas, na vida acadêmica, que teria a finalidade de "fazer voltar o discurso universitário sobre o gênero à realidade" (cfr. Paglia, Camille. *Mulheres Livres, Homens Livres – sexo, gênero e feminismo*, trad. de Helder Moura Pereira, Lisboa, Quetzal Editores, 2018, pp. 273-282).

[147] Para o autor, "existem direitos que só podem ser exercidos coletivamente, como, por exemplo, o direito à autodeterminação" (cfr. Santos, Boaventura de Sousa; Chaui, Marilena. *Direitos Humanos, Democracia e Desenvolvimento*, São Paulo, Editora Cortez, 2014 [livro eletrônico]).

estes grupos sociais, assim como tantos outros. Posteriormente, diversas lutas foram travadas, inúmeras reivindicações feitas e vários documentos internacionais elaborados versando sobre direitos desses grupos, de forma que, com passar dos anos, o direito à autodeterminação passou a ser reconhecido e, ainda que a passos lentos, ganhou espaço nos debates políticos internacionais. Muito embora a autodeterminação do gênero e a transexualidade não sejam objeto desta investigação, é inevitável a abordagem, breve, desta temática aliada aos seus reflexos para implementação de medidas públicas, a exemplo das ações afirmativas sobre o gênero, designadamente por força de uma concepção de que "não se nasce mulher, torna-se mulher"[148]. É verdade, contudo, que na altura em que esta afirmação foi feita, a redesignação sexual e a autodeterminação de gênero não estavam em pauta, o que leva a crer que seu intuito era apontar que a mulher não tinha um destino biológico já pré-estabelecido em razão de seu "sexo", mas que ela se formava a partir de uma cultura que determinava sua posição na sociedade, invariavelmente conferindo-lhe duas opções: o matrimônio ou o convento. A opção de ter uma vida pública ou política não se enquadrava no destino feminino.

São muitos os usos e abusos da categoria do gênero, na expressão de Heilborn[149], mas "com maior ou menor ênfase em suas interpreta-

[148] A obra, considerada referência para esta segunda onda feminista, *O Segundo Sexo*, já anteriormente citada, representou uma poderosa narrativa do que se possibilitou perceber a construção social do feminino como um conjunto de determinações e mecanismos destinados a impedir a autonomia da mulher. É, assim, uma importante referência das reivindicações da segunda vaga feminista e determinante para a definição do gênero, conceito este que, oriundo do latim *genus*, significa "nascimento", "família", "tipo", segundo o Oxford Dictionary of English (cfr. *Oxford English Dictionary*, edição virtual, para IOSl) e tem sido usado desde o século XIV como termo gramatical, referindo-se a classes de substantivo designadas como masculinas, femininas ou neutras em algumas línguas. Contudo, com o sentido que denota o sexo biológico somente se tornou comum após meados do século XX. O mesmo Dicionário ainda acrescenta que embora as palavras gênero e sexo sejam frequentemente usadas de forma intercambiável, elas possuem conotações ligeiramente diferentes; o sexo tende a referir-se a diferenças biológicas, enquanto o gênero remete-se mais frequentemente às diferenças culturais e sociais e, às vezes, abrange uma gama mais ampla de identidades do que o binário homens/mulheres.

[149] Cfr. Heilborn, Maria Luiza. "Usos e Abusos da Categoria de Gênero", in Hollanda, Heloísa Buarque (org.), *Y Nosotras Latinoamericanas? Estudos sobre Gênero e Raça*, São Paulo, Fundação Memorial da América Latina, 1992, p. 39-44.

ções, todos esses usos do gênero têm em comum a afirmativa da construção social das distinções sexuais como forma de resgatar a produção cultural e histórica das diferenças sexuais e das relações entre homens e mulheres"[150]. O que se almeja, de qualquer modo, é sempre a superação do determinismo biológico[151] que, dentro de conceitos médicos e orgânicos, até encontram alguns argumentos que justifiquem a divisão sexual[152], como por exemplo a utilização de casas de banhos distintas em estabelecimentos de acesso ao público em geral. O gênero é, sem dúvida, um conceito riquíssimo e fundamental para qualquer estudo que envolva suas relações, como é o caso desta investigação, mas também é um termo demasiadamente complexo para se definir, o que não nos atreveríamos a tentar fazer neste trabalho. Mas dentre as diversas concepções que o tema envolve, a que nos parece comumente destacada é seu caráter cultural, de formatação das relações de poder constituídas na sociedade. E dentro desta concepção construcionista, decorrente principalmente do pós-estruturalismo, as relações sociais de homens e mulheres decorrem muito mais do que foi construído historicamente do que propriamente da natureza biológica de cada sexo. Claro que, apesar da concepção construcionista que recai sobre o gênero, parece um tanto quanto arriscado sustentar, de forma veemente, ser o gênero apenas como uma ficção opressiva e patriarcal, sem qualquer fundamento biológico, pois toda concepção de feminismo implica, em sua maneira, um reconhecimento, ainda que instintivo, de diferenças sexuais. E não se busca aqui a desconsideração do biológico, mas ao contrário, preser-

[150] Cfr. VIANNA, Cláudia. "O Sexo e o Gênero na Docência", in *Cadernos Pagu* (17/18), Campinas, 2001/02, p. 89.

[151] Scott alerta que "uma teoria que se baseia na variável única da diferença física é problemática para os(as) historiadores(as): ela pressupõe um sentido coerente ou inerente ao corpo humano – fora qualquer construção sócio-cultural – e portanto, a não historicidade do gênero em si" (cfr. SCOTT, Joan W. "Gênero: uma categoria útil de análise histórica", in *Educação & Realidade*, Porto Alegre, v. 16, nº 2, jul./dez. 1990, p. 10).

[152] Por certo, invocando a ideia de Elizabeth Gross, citada por Kymlicka, "a igualdade sexual deve ser interpretada em termos de eliminação da discriminação arbitrária", até mesmo porque "a igualdade neste sentido significa os indivíduos terem igual valor como seres humanos. Nesta visão, a igualdade não significa ser como os homens, tal como eles são hoje, nem ter igualdade com nossos opressores" (cfr. KYMLICKA, Will. *Filosofia Política Contemporânea*, trad. de Luís Carlos Borges, São Paulo, Martins Fontes, 2006, pp. 314-315).

var a realidade prática de uma ideologia sem desconsiderar os naturais encargos que a biologia gera para a mulher.

De qualquer modo, é preciso mencionar esta preocupação social, histórica e cultural que o gênero carrega, com a finalidade de ultrapassar, mas sem esquecer, os argumentos biológicos que por anos a fio justificaram as diferenças entre sexos nos papéis sociais. Bourdieu, por exemplo, mostrou as divisões constitutivas da ordem social e mais precisamente as relações sociais de dominação, como a exploração de certas culturas rurais e agrícolas, classificando todas as coisas do mundo e todas as práticas "segundo distinções redutíveis à oposição entre o masculino e o feminino"[153]. Assim é que as tarefas situadas no lado do exterior, do oficial, do público, do direito, do seco, do alto, do perigo e do espetáculo, como matar um boi, a lavoura e a colheita, o homicídio e as guerras, sempre foram destinadas aos homens, ao passo que às mulheres cabiam tudo aquilo que se situava no lado úmido, baixo, curvo, vergonhoso e invisível, como os cuidados com as crianças, o leite, a mamadeira, a jardinagem e a colheita de azeitonas, dentre outras[154]. Pelo que se nota, os debates feministas sobre a diferença decorrem sobretudo da constatação da construção da identidade da mulher e se justificam pelas desigualdades de gênero frequentemente motivadas pelas diferenças sexuais, notadamente as biológicas e pela aspiração em lhe conferir uma concepção política sólida. Os significados de feminino e de masculino definiram e ainda definem as relações nos diversos espaços públicos, já que "gênero é a organização social da diferença sexual, o que não significa que gênero reflita ou implemente diferenças físicas fixas e naturais entre homens e mulheres mas sim que gênero é o saber que estabelece significados para as diferenças corporais"[155], o que explica a divisão de

153 Cfr. Bourdieu, Pierre. *A Dominação Masculina*, trad. de Maria Helena Kühner, Rio de Janeiro, Bertrand, Brasil, 1999, pp. 9-10 e 41).

154 Para o autor, "as aparências biológicas e os efeitos, bem reais, que um longo trabalho coletivo de socialização do biológico e de biologização do social produziu nos corpos e nas mentes conjugam-se para inverter a relação entre as causas e os efeitos", além de fazer ver uma construção social naturalizada como fundamento *in natura* da divisão entre os sexos (cfr. Bourdieu, Pierre. *A Dominação Masculina*, trad. de Maria Helena Kühner, Rio de Janeiro, Bertrand, Brasil, 1999, pp. 9-10 e 41).

155 Cfr. Scott, Joan W. "Prefácio à Gender and Politics of History", in *Cadernos Pagu* (3), Campinas, Núcleo de Estudos de Gênero – Pagu/unicamp, 1994, p. 13.

trabalho e a "periferização" da mulher a trabalhos de menor expressividade pública e política.

Mas afinal, o que é ser mulher? Esta é uma pergunta que continua sendo atual, especialmente nos dias de hoje, em que a mudança de sexo e a autodeterminação do gênero estão em voga, ao mesmo tempo em que as mulheres ainda necessitam de ações afirmativas do Estado para garantir seu espaço, ínfimo que seja, na arena pública e política. A categoria de gênero, para Heilborn, não deveria "ser acionada como um substituto de referência para mulher ou homem". Para ela, seu uso designa, ou deveria fazê-lo, a dimensão inerente de uma escolha cultural e de conteúdo relacional, mas por outro lado a expressão "traz embutida a articulação desse código que se apropria da diferença sexual tematizando-a em masculino e feminino com outros níveis de significação do universo"[156]. Dentro desta polissemia do gênero, Butler aponta que o termo não é um substantivo, e tampouco um conjunto de atributos flutuantes, pois "seu efeito substantivo é *performativamente* produzido e imposto pelas práticas reguladoras da coerência do gênero" e, por isso, "o gênero é sempre um feito, ainda que não seja obra de um sujeito tido como preexistente à obra"[157].

As implicações práticas do debate, entretanto, são imensas, até mesmo porque recentemente o Parlamento Português aprovou o Decreto n. 228/XIII, que atualmente corresponde à Lei n. 38/2018, de 07 de agosto, que reconhece o direito à autodeterminação da identidade e expressão de gênero e à proteção das características sexuais de cada pessoa, eliminando a patologização da alteração de gênero e a obrigatoriedade do diagnóstico médico, além de reduzir a idade legal de 18

[156] Cfr. Heilborn, Maria Luiza. "Usos e Abusos da Categoria de Gênero", in Hollanda, Heloísa Buarque (org.), *Y Nosotras Latinoamericanas? Estudos sobre Gênero e Raça*, São Paulo, Fundação Memorial da América Latina, 1992, p. 39-44.

[157] Butler ainda acrescenta que "no desafio de repensar as categorias do gênero fora da metafísica da substância, é mister considerar a relevância da afirmação de Nietzsche, em A genealogia da moral, de que não há 'ser' por trás do fazer, do realizar e do tornar-se; o 'fazedor' é uma mera ficção acrescentada à obra – a obra é tudo" (cfr. Butler, Judith. *Problemas de Gênero: feminismo e subversão da identidade*, trad. de Renato Aguiar, Rio de Janeiro, Civilização Brasileira, 2003 (tradução), 1990 (original), p. 48).

para 16 anos[158]. Dentro da lógica binária de constituição dos gêneros, a vivência de um gênero distinto do sexo biológico comporta um universo de questões envolvendo os direitos de personalidade, que vão desde o direito ao nome, à identificação civil, ao casamento, à adoção até o enfrentamento de discriminações e marginalizações vivenciadas por grande parte dos transgêneros. Nesta temática, notadamente por conta da implementação de medidas estatais de salvaguarda da isonomia, exemplificativamente, por meio de ações afirmativas, o Tribunal Superior Eleitoral brasileiro, quando instado ao questionamento, por meio da Consulta n. 0604054-58.2017, diante da expressão "cada sexo" constante no artigo 10, parágrafo 3º, da Lei das Eleições, definiu que cotas de candidatos em partidos são de gênero, e não de sexo[159] e, portanto, os transgêneros passam a ser considerados de acordo com o gênero ao qual identifica[160].

[158] Na exposição de motivos ao projeto de lei destacou-se que "A definição do género de uma pessoa vai muito além da apreciação visual dos seus órgãos genitais externos no momento do nascimento e não é um conceito puramente biológico, mas, sobretudo, psicossocial. As características que configuram a personalidade de cada pessoa devem prevalecer sobre a consideração anatómica. A livre autodeterminação de género de cada pessoa deve ser afirmada como um direito humano fundamental e uma parte imprescindível do direito ao livre desenvolvimento da personalidade. O conceito de identidade de género refere-se à vivência interna e individual do género tal como cada pessoa o sente profundamente, incluindo a vivência pessoal do corpo e outras expressões de género, como o vestuário, o modo de falar ou gesticular. É nesse sentido que se tem vindo a posicionar a OMS, nomeadamente na versão beta do CID-11, a publicar em 2017, onde as categorias de diagnóstico relativas às pessoas trans e de género diverso deixam de figurar enquanto diagnósticos de saúde mental e passam a ser consideradas condições de saúde sexual" (cfr. https://www.parlamento.pt/ActividadeParlamentar/Paginas/DetalheDiplomaAprovado.aspx?BID=21023, acesso em 25 de julho de 2018).

[159] A decisão na íntegra foi extraída de: cfr. Tribunal Superior Eleitoral, Consulta Nº 0604054-58.2017.6.00.0000–Distrito Federal (Brasília), Relator: Ministro Tarcisio Vieira de Carvalho Neto, Consulente: Senadora Maria de Fátima Bezerra, disponível em http://www.tse.jus.br/imprensa/noticias-tse/2018/Marco/tse-aprova-uso-do-nome-social-de-candidatos-na-urna, acesso em 04 de julho de 2018.

[160] Na ocasião, a Corte também definiu que os transgêneros devem ser registrados na Justiça Eleitoral com o nome civil, mas podem concorrer com o nome social. Destacou o relator Carvalho Neto ser preciso "avançar, conferindo-se amplitude máxima ao regime democrático, respeitando-se a diversidade, o pluralismo, a subjetividade e a individualidade como expressão dos direitos fundamentais".

Esta decisão bastante peculiar e ao mesmo tempo paradigmática destacou cinco pontos elementares, sendo o primeiro deles já acima mencionado, no sentido de que tanto os homens como as mulheres transgênero podem ser contabilizados nas respectivas cotas de candidatura, masculina ou feminina, bastando configurar como tal no alistamento eleitoral. O segundo foi com relação a expressão contida no art. 12[161], da Lei n. 9.507/97, quanto à indicação do "nome completo" pelo candidato em seu pedido de registro de candidatura. Entendeu-se, aqui, que o nome completo se refere ao nome civil e não ao nome social, em razão da imprescindível verificação das certidões negativas pela Justiça Eleitoral. Assim, o nome social se destinaria às "divulgações públicas". Terceiro, sublinhou-se a possibilidade de utilização apenas do nome social nas urnas eletrônicas, desde que observado o previsto no art. 12, da Lei n. 9507/97, o qual exige que o nome, prenome ou apelido registrado "não se estabeleça dúvida quanto à sua identidade, não atente contra o pudor e não seja ridículo ou irreverente", frisando-se, no quarto aspecto do julgamento, que o nome do candidato não pode estabelecer qualquer tipo de dúvida quanto à sua identidade de gênero também. Por fim, salientou-se que "o nome social poderá ser utilizado tanto nas candidaturas proporcionais como nas majoritárias, haja vista que o artigo 11 da Lei 9.504/97, ao estabelecer o rol de dados e documentos que devem instruir o pedido de registro, não faz nenhuma distinção nesse sentido".

Esta decisão, alinhada a uma das pautas da terceira onda ou vaga feminista, iniciado na década de 1990, que incorpora o Movimento de Lésbicas e Transexuais, em certa medida foi ao encontro dos objetivos fundamentais da República Federativa do Brasil, uma vez que buscou promover o bem de todos sem preconceito de origem, raça, sexo, cor, idade ou quaisquer outras formas de discriminação (art. 3º, inciso IV, da Constituição Federal), até mesmo porque a maior parte das teó-

[161] O art. 12 dispõe: "O candidato às eleições proporcionais indicará, no pedido de registro, além de seu nome completo, as variações nominais com que deseja ser registrado, até o máximo de três opções, que poderão ser o prenome, sobrenome, cognome, nome abreviado, apelido ou nome pelo qual é mais conhecido, desde que não se estabeleça dúvida quanto à sua identidade, não atente contra o pudor e não seja ridículo ou irreverente, mencionando em que ordem de preferência deseja registrar-se" (cfr. http://www.planalto.gov.br/ccivil_03/leis/l9504.htm, acesso em 20 de julho de 2018).

ricas feministas apontam o gênero como uma construção social[162]. Assim é que, relegando a ciência e a biologia, inúmeras feministas pós-

[162] Neste sentido, Judith Butler, que é uma das estudiosas da *Teoria Queer*, afirma que "se o gênero são os significados culturais assumidos pelo corpo sexuado, não se pode dizer que ele decorra de um sexo desta ou daquela maneira. Levada a seu limite lógico, a distinção sexo/gênero sugere uma desconformidade radical entre corpos sexuados e gêneros culturalmente construídos. Supondo por um momento a estabilidade do sexo binário, não decorre daí que a construção de 'homens' aplique-se exclusivamente a corpos masculinos, ou que o termo 'mulheres' interprete somente corpos femininos". Inspirada na analítica foucaultiana de sexualidade, que busca explicar as categorias fundacionais de sexo, gênero e desejo como efeitos de uma formação específica de poder, supõe uma forma de investigação crítica e afirma que, assim como ocorre com a biologia, o discurso tenta conformar a ideia do gênero com a sexualidade e o desejo sexual (cfr. BUTLER, Judith. *Problemas de Gênero: feminismo e subversão da identidade*, trad. de Renato Aguiar, Rio de Janeiro, Civilização Brasileira, 2003 (tradução), 1990 (original), pp. 09 e 24). De acordo com Foucault: "A sexualidade é o nome que se pode dar a um dispositivo histórico: não à realidade subterrânea que se apreende com dificuldade, mas à grande rede da superfície em que a estimulação dos corpos, a intensificação dos prazeres, a incitação ao discurso, a formação dos conhecimentos, o reforço dos controles e das resistências, encadeiam-se uns aos outros, segundo algumas grandes estratégias de saber e de poder". Segundo Foucault, vivemos em uma sociedade que, há mais de um século, "se fustiga ruidosamente por sua hipocrisia, fala prolixamente de seu próprio silêncio, obstina-se em detalhar o que não diz; denuncia os poderes que exerce e promete libertar-se das leis que a fazem funcionar". Assim, é possível encontrar um dos trechos fundadores da reflexão *queer* na afirmação foucaultiana: "Não se deve fazer divisão binária entre o que se diz e o que não se diz; é preciso tentar determinar as diferentes maneiras de não dizer, como são distribuídos os que podem e não podem falar, que tipo de discurso é autorizado ou que forma de discrição é dirigida a uns e outros. Não existe um só, mas muitos silêncios e são parte integrante das estratégias que apoiam e atravessam os discursos" (cfr. FOUCAULT, Michel. *A História da Sexualidade 1: a vontade de saber*, trad. de Maria Thereza da Costa Albuquerque, 13ª edição, Rio de Janeiro, Edições Graal, 1988, pp. 14, 30 e 100). Quanto à expressão *Queer*, Guacira Lopes Louro explica que o termo indica "a diferença que não quer ser assimilada ou tolerada, e, portanto, sua forma de ação é muito mais transgressiva e perturbadora" (cfr. LOURO, Guacira Lopes. "Teoria Queer: uma política pós-identitária para a educação", in *Revista Estudos Feministas*, v. 9, n.2, Florianópolis, 2001, p. 546). Explicando sobre a visão de várias feministas pós-estruturalistas, Cláudia de Lima Costa afirma que "a forma encontrada para escapar das armadilhas do pensamento essencialista consistiu na afirmação da diferença total através de uma prática feminista negativa ancorada nos preceitos da desconstrução". Por isso, a partir dessa concepção, a mulher passou a ser concebida como "uma categoria vazia, uma ficção, uma identidade que não poderia ser determinada ou assegurada", porque a construção discursiva de seu significado remetia às relações opressivas de poder (cfr. COSTA, Cláudia de Lima. "O sujeito no feminismo: revisitando os debates", in *Cadernos Pagu*, n. 19, 2002, p. 68).

-estruturalistas buscaram amparar a prática feminista fundada na desconstrução, na qual a categoria "mulheres" passou a ser considerada uma ficção, ou uma identidade que não poderia ser determinada, já que sua categorização remetia a uma construção de relações de opressão. Este, afinal, é o retrato atualizado da afirmação de Beauvoir, a partir do qual pensadores como Foucault e Derridá – que servem de fundamento aos estudos *Queer* de Judith Butler – forneceram ferramentas desconstrutivistas e com a finalidade de acabar com a noção humanista de identidade, para a análise sobre essa árdua tarefa de desvendar o *unbecoming women*, mencionado por Tania Modleski, que aponta os riscos de uma política embasada na não existência de uma natureza feminina, porque afugenta as mulheres de fazerem quaisquer generalizações ou reivindicações políticas em nome de um grupo denominado "mulheres"[163].

De fato, a sociedade é uma construção artificial, tal como as concepções de gênero o são, afinal "sem sociedade, estaríamos sendo jogados de um lado para outro nas tempestades do mar da barbárie que é a natureza"[164]. É possível alterar as formas, reorganizar as estruturas criadas pelas composições sociais e até mesmo entender o quão poderosas são as convenções sociais e o quão legítima é a busca para eliminar as desigualdades sexuais. Apesar disso, há quem, como Camille Paglia, que compreenda que "nenhuma transformação na sociedade vai mudar a natureza" e, neste ponto, afirme ser o sexo "o ponto de contato entre o homem e a natureza"[165]. O vácuo nos estudos femininos sobre conhecimentos específicos de genética, anatomia e neurologia, deveriam, a fim de evitar o relativismo da própria natureza, andar

[163] Cfr. MODLESKI, Tania. *Feminism Without Women: Culture and Criticism in a "Postfeminist" Age*, New York, Routledge, 1991, p. 15 (tradução livre).

[164] Cfr. PAGLIA, Camille. *Personas Sexuais – arte e decadência de Nefertite a Emily Dickinson*, trad. de Marcos Santarrita, São Paulo, Companhia das Letras, 1992, p. 13.

[165] Cfr. PAGLIA, Camille. *Personas Sexuais – arte e decadência de Nefertite a Emily Dickinson*, trad. de Marcos Santarrita, São Paulo, Companhia das Letras, 1992, pp. 13 e ss. Por isso, a autora passou a refutar o relativismo sexual, apesar de ressalvar suas inclinações pretéritas neste sentido, quando aprofundou seus estudos em antropologia e medicina, alertando que o feminismo não pode ser hostil à ciência nem à biologia (cfr. PAGLIA, Camille. *Mulheres Livres, Homens Livres – sexo, gênero e feminismo*, trad. de Helder Moura Pereira, Lisboa, Quetzal Editores, 2018, pp. 185 e ss).

par e passo com a investigação histórica e social aprofundada, muito embora relacionar a identidade feminina com a natureza não signifique que "devamos ceder à natureza"[166], mas há áreas em que nitidamente os homens não poderão estar em igualdade com as mulheres, que é o caso do "domínio da procriação"[167]. Por isso, o estudo da biologia e a consideração da natureza também merecem ser agregados às preocupações femininas[168].

166 Cfr. Paglia, Camille. *Mulheres Livres, Homens Livres – sexo, gênero e feminismo*, trad. de Helder Moura Pereira, Lisboa, Quetzal Editores, 2018, p. 187.

167 Neste ponto, Paglia recorda-se das preocupações do início da segunda vaga feminista, vivenciada pela geração dos anos 1960, centradas na redescoberta do corpo e da sexualidade, o que incluía o ciclo menstrual e o controle reprodutivo da mulher e, por isso, entende tão relevante o estudo da biologia agregado à demanda feminina (cfr. Paglia, Camille. *Mulheres Livres, Homens Livres – sexo, gênero e feminismo*, trad. de Helder Moura Pereira, Lisboa, Quetzal Editores, 2018, p. 188).

168 Dentro deste debate, Teresa de Lauretis, em *Tecnologias de Gênero*, reconhece que o conceito de gênero como distinção sexual tem servido como fundamento às intervenções feministas e acredita que esta diferença é, antes de mais nada, a oposição entre homem e mulher, o que faz sentido, já que mesmo os conceitos mais abstratos derivados do discurso e da significação, independente dos que decorrem da biologia, acabam enfrentado esta distinção binária. Entretanto, partindo também da visão teórica de Foucault, de uma «tecnologia sexual», já que para ele a sexualidade "é o conjunto dos efeitos produzidos nos corpos, nos comportamentos, nas relações sociais, por um certo dispositivo pertencente a uma tecnologia política complexa, deve-se reconhecer que esse dispositivo não funciona simetricamente lá e cá, e não produz, portanto, os mesmos efeitos" (cfr. Foucault, Michel. *A História da Sexualidade 1: a vontade de saber*, trad. de Maria Thereza da Costa Albuquerque, 13ª edição, Rio de Janeiro, Edições Graal, 1988, p. 120), a autora afirma que os produtos culturais além de representarem os valores de gênero, os recriam. O principal produto cultural, em sua concepção, é o aparelho cinematográfico, por ela denominada «tecnologia de gênero». Assim, a autora propõe que "o gênero, como representação e como auto-representação, é produto de diferentes tecnologias sociais, como o cinema, por exemplo, e de discurso e epistemologias e práticas críticas institucionalizadas, bem como das práticas da vida cotidiana" (Cfr. Lauretis, Teresa de. *Technologies of Gender*, Indiana, Indiana University Press, 1987, p. 2 (tradução livre)). Isto porque, na teoria feminista, a concepção de mulher não é monolítica nem imutável, mas decorrente de variáveis sobrepostas, o que levou Rosi Braidotti à criação de um mito, uma ficção política, que denominou «nomadic subjects», para percorrer as categorias e os níveis de experiência estabelecidos e criar uma configuração própria "culturalmente diferenciada do sujeito em geral e do sujeito feminista em particular". Assim, acredita que "na medida em que os eixos de diferenciação como classe, raça, etnia, gênero, idade e outros se cruzam e interagem entre si na constituição da sub-

É por esta razão as inúmeras críticas às concepções "desconstrutoras" do pós-estruturalismo, que tendem a levar ao relativismo extremo e, por consequência, colocar em causa a própria defesa dos direitos das mulheres. Afinal, o que pode ser exigido em nome das mulheres se 'mulheres' não existem e as exigências em seu nome simplesmente reforçam o mito de que elas existem? Ou melhor, de que forma o sexismo pode ser contestado e tratado como sendo prejudicial aos interesses das mulheres se tal categoria é uma ficção?[169] Apesar disso, há quem entenda que a ausência de uma identidade essencial e de uma unidade prévia não impede a construção de múltiplas formas de unidade e de ação comum[170]. E de fato, a colocação da "mulher" como categoria histórica não impede a variedade de discursos para amparar movimentos feministas, nem o reconhecimento de sua construção de forma heterogênea. Ao contrário disso, a importância dessa categorização, se é que assim podemos denominar a utilização da invocação "mulher" em oposição à proposta desconstrucionista, ainda que instável[171] e volátil, mostra-se indispensável para a articulação de demandas políticas[172].

jetividade, a noção de nômade refere-se à ocorrência simultânea de muitos deles de uma só vez". Por isso enxerga o sujeito "mulher" como um conjunto de experiências múltiplas e contraditórias (cfr. Braidotti, Rosi. *Nomadic Subjects: embodiment and sexual difference in contemporary feminist theory*, New York, Columbia University Press, 1994, p. 4 (tradução livre)).

169 Neste sentido, cfr. Alcoff, Linda. *Cultural Feminism versus Poststructuralism: The Identity Crisis in Feminist Theory*, Signs 13 (3), 1988, p. 420 (tradução livre).

170 É como pensa Chantal Mouffe, para quem, como resultado de criação de pontos nodais, podem existir fixações parciais e podem ser estabelecidas formas precárias de identificação ao redor da categoria 'mulheres', que proporcionem a base para uma identidade feminista e uma luta feminista (cfr. Mouffe, Chantal. "Feminismo, cidadania e política democrática radical", in *Debate Feminista*, São Paulo, Cia. Melhoramentos, Edição Especial (Cidadania e Feminismo), 1999, p. 46).

171 A propósito, Denise Riley já afirmou que "essas instabilidades da categoria de 'mulheres' são condição *sine qua non* do feminismo, que de outra forma seria perdido por um objeto, despojado de uma luta, e, em suma, sem vida" (cfr. Riley, Denise. "Does a Sex Have a History? 'women' And Feminism", in *New Formations*, n. 1, Springs, 1987, pp. 35-45, p. 35 (tradução livre)). Em outra ocasião, a autora já havia concluído que o reconhecimento da instabilidade semântica da categoria "mulheres" não significa o abandono de posições críticas do feminismo, nem a celebração de um carnaval de sexualidades difusas e contingentes

Portanto, se por um lado, a dignidade, a construção do gênero e a tentativa de superar a divisão sexual homem/mulher serviriam de fundamento ao registro de candidatura da pessoa no percentual da categoria de gênero com o qual se identifica, por outro não se pode perder a contextualização histórica que fundamenta a adoção das ações afirmativas, designadamente porque sua implementação no cenário político em favor da mulher se deu em razão de sua baixa participação democrática na sociedade, que sempre esteve ligada a uma história marcada pela ocultação e exclusão feminina da vida pública, pela suposição de que sua natureza e sua biologia a tornavam menos capaz que o homem. Assim como as identidades, as diferenças e o conceito de gênero decorrem de criações sociais e culturais, e se a própria sociedade é produto de uma construção, as instituições políticas e as leis também o são e surgem de uma opção política, que normalmente tem uma razão de ser. Por isso, é importante que na adoção de medidas de discriminação positiva haja uma justificativa clara sobre as raízes da desigualdade que busca atenuar e os fundamentos e requisitos que devem ser cumpridos, a fim de que a legalidade, no caso estrita, por gerar condições favoráveis a um grupo de pessoas em detrimento de outras, não dependa de interpretação judicial, como foi feito no Brasil, até mesmo porque as novas identidades que estão surgindo ao largo das divisões binárias desafiam concepções pré-estabelecidas, o que demanda uma reflexão mais aprofundada do tema, para não se pecar pela superficialidade e por soluções redutoras, nem pela desconsideração do direito à autodeterminação. Por isso, o controle sobre o histórico de vida do candidato, a transparência das informações para os eleitores e nos debates públicos, a organização do processo eleitoral e o respeito aos fundamentos e fins da cota por sexo demandam uma análise com cautela e equilíbrio, mas sem negligenciar a justificativa legitimadora da medida de discriminação positiva, que deve estar prioritariamente a cargo do legislador.

(cfr. Riley, Denise. *'Am I that Name?' Feminism and the Category of 'Women' in History*, Minneapolis, University of Minnesota Press, 1988, p. 05 (tradução livre)).

[172] Para Cláudia Costa, "afirmar que identidades são ficções ou efeitos da linguagem (como os desconstrucionistas adoram fazer) não deveria levar ninguém a repudiar reivindicações identitárias, posto que desabilitariam qualquer ação política" (cfr. Costa, Cláudia de Lima. "O sujeito no feminismo: revisitando os debates", in *Cadernos Pagu*, n. 19, 2002, p. 72).

1.4. O gênero e a vulnerabilidade

Na década de 1940, a expressão "O homem é o Sujeito, o Absoluto; ela é o Outro"[173], provocava a suposta universalidade liberal e o binarismo, que servem de substrato para hierarquias e submissões, já que "o masculino está investido dos significados de representação da totalidade, ao mesmo tempo em que possui a qualidade de um gênero frente ao outro"[174]. Assim, historicamente definida pela fragilidade de seu sexo, que relegou a mulher a tarefas domésticas e de pouca expressividade pública, como anteriormente explanado, a atualidade do sexo feminino, apesar de muitos avanços, não se distancia de um panorama de vulnerabilidade, que persiste com contornos alarmantes, designadamente ao observar-se o cenário de violência, física, moral, psicológica, que sofre. Não é adequado, certamente, o reiterado enfoque vitimizador dado às mulheres, nem é esse o intuito dessa pesquisa. Todavia, os números têm trazido um grande desalento à pretensa igualdade de gênero, principalmente quando escancaram índices brutais de violência contra a mulher em todo o mundo. Restringindo-nos aos fins desta pesquisa, os dados constantemente divulgados sobre violência contra a mulher no Brasil apontam para uma insistente "feminização da pobreza"[175], que a despeito dos seus vários significados, leva em conta o panorama desfavorável das mulheres ou dos lares por elas chefiados quando o assunto é concentração de riquezas. Desta maneira, comparativamente, as famílias comandadas por mulheres possuem maior índice de pobreza em relação àquelas em que há um homem como chefe predominante do núcleo familiar. A pobreza aqui considerada, entretanto, não leva em consideração apenas a falta ou escassez de recursos financeiros, mas também suas outras dimensões, designadamente a ausência de capacidades e de liber-

[173] Cfr. Beauvoir, Simone de. *O Segundo Sexo: I. Os fatos e os mitos*, trad. de Sergio Milliet, 4ª edição, São Paulo, Difusão Europeia do Livro, 1970, p. 10.

[174] Cfr. Heilborn, Maria Luiza. "Gênero e hierarquia: a costela de Adão revisitada", in *Revista Estudos Feministas*, v. 1, n. 1, 1993, p. 70.

[175] O Programa das Nações Unidas para o Desenvolvimento (Pnud), por exemplo, aponta uma sobre-representação das mulheres entre os pobres no Relatório de Desenvolvimento Humano de 1995, e afirma que 70% dos pobres no mundo eram mulheres (cfr. Costa, Joana Simões *et. al.*. "A Face Feminina da Pobreza: Sobre-Representação e Feminização da Pobreza no Brasil", in *Texto para Discussão*, n. 1137, Brasília, 2005, p. 7).

dades[176]. Por isso, o grande desafio consiste em proporcionar às mulheres a concessão de direitos para garantir sua "livre condição de agente", enfatizando que "o aspecto do bem-estar e o aspecto da condição de agente dos movimentos feministas inevitavelmente apresentam uma intersecção substancial"[177]. Isto implica em torná-las "promotoras dinâmicas de transformações sociais"[178], que podem modificar não somente a vida das mulheres, mas a dos homens também. Desta maneira, fortalecer a voz ativa das mulheres e garantir-lhes a possibilidade de auferirem renda independente, possuírem bens, terem acesso à educação e à alfabetização, além de corrigir iniquidades que arruínam a vida das mulheres, servem como redutores da taxa de mortalidade feminina e infantil, além de ser um importante redutor das taxas de fecundidade, o que gera um relevante impacto na vida de mulheres jovens em sociedades em desenvolvimento[179].

Em verdade, dos espaços públicos aos privados, as estatísticas apontam que não há locais seguros para as mulheres na antiga Terra de Santa Cruz. A morte, as agressões, o assédio, as injúrias e, de modo global, as iniquidades, estão à espreita nas casas, nas ruas, nos transportes públicos e nos ambientes de trabalho. Pesquisas divulgadas pelo Escritório das Nações Unidas para Crimes e Drogas, em novembro de 2018, mostram uma taxa global de feminicídios, destacando que cerca de 87 mil mulheres no mundo foram vítimas de homicídio em 2017. Desse grupo, aproximadamente 50 mil, que corresponde a 58%, foram mortas por

[176] Cfr. Medeiros, Marcelo; Costa, Joana. "O que Entendemos por 'Feminização da Pobreza'?", in *One Pager*, Centro Internacional de Pobreza, n. 58, outubro de 2008.

[177] É como pensa Amartya Sen (cfr. Sen, Amartya. *O Desenvolvimento como Liberdade*, trad. de Joaquim Coelho Rosa, Lisboa, Gradiva, 1999, pp. 246-247).

[178] Cfr. Sen, Amartya. *O Desenvolvimento como Liberdade*, trad. de Joaquim Coelho Rosa, Lisboa, Gradiva, 1999, pp. 246-247.

[179] É o que Sen denomina "percepções de intitulamento", que levam em conta não apenas o regramento de normas de garantia de direitos das mulheres, mas principalmente questões sociais, econômicas e de saúde pública associadas à intensificação da instrução, empregabilidade e voz ativa feminina nas discussões públicas, gerando impacto não apenas no ambiente intrafamiliar, mas também para o próprio meio ambiente (cfr. Sen, Amartya. *O Desenvolvimento como Liberdade*, trad. de Joaquim Coelho Rosa, Lisboa, Gradiva, 1999, pp. 251-253).

parceiros íntimos ou parente[180]. No Brasil[181], quinto país com maior número de feminicídios[182] do mundo, o número de mortes chega a 4,8 para cada 100 mil mulheres[183]. E os números alarmantes não param por aí. De acordo com o Instituto de Pesquisa Econômica Aplicada (Ipea), a vulnerabilidade das mulheres negras ao desemprego é 50% maior que a da população em geral. Muito embora sua média salarial tenha dobrado em vinte anos – comparando a média de 1995 com a de 2015 – ainda assim é 59% inferior à dos homens brancos e 41,8% inferior à das mulheres brancas. Para além disso, as mulheres negras somam 62% da população carcerária feminina, conforme o Levantamento Nacional de Informações Penitenciárias (Infopen)[184]. Portugal, por sua vez, não passa ao largo do panorama de violência contra a mulher, pois segundo trabalho desenvolvido pelo Observatório de Mulheres Assassinadas (OMA), concluiu-se que no ano de 2018 vinte e oito mulheres foram mortas, dentro de um contexto de intimidade presente ou passada ou de relações familiares próximas. Este valor ultrapassou o

[180] Cfr. https://www.unodc.org/lpo-brazil/pt/frontpage/2018/11/ambiente-domstico-concentra-maior-nmero-de-assassinatos-de-mulheres-no-mundo—diz-onu.html, acesso em 24 de setembro de 2019.

[181] Pesquisas mostram que homens e meninos que adotam visões rígidas dos papéis de gênero e masculinidade – por exemplo, a crença de que os homens precisam de mais sexo do que as mulheres ou que os homens devem dominar as mulheres, inclusive sexualmente – têm maior probabilidade de usar a violência contra um parceiro, entre outros resultados negativos (cfr. Pulerwitz, Julie; Barker, Gary. "Measuring attitudes toward gender norms among young men in Brazil: Development and psychometric evaluation of the GEM scale", in *Men and Masculinities*, v. 10, n. 3, 2008, pp. 322-338 (tradução livre)).

[182] A expressão feminicídio foi redefinida pela ativista Diana Russel em 1976, para designar a morte de mulheres pelo simples fato de serem mulheres, perante o Tribunal Internacional sobre Crimes contra as Mulheres, em Bruxelas (cfr. Lagarde, Marcela. "El derecho humano de las mujeres a una vida libre de violencia", artigo extraído de https://catedraunescodh.unam.mx/catedra/CONACYT/16_DiplomadoMujeres/lecturas/modulo2/2_MarcelaLagardeEl_derecho_humano_de_las_mujeres_a_una_vida_libre_de_violencia.pdf, acesso em 27 de setembro de 2019).

[183] Cfr. https://artigo19.org/wp-content/blogs.dir/24/files/2018/03/Dados-Sobre-Feminic%C3%ADdio-no-Brasil-.pdf, acesso em 24 de setembro de 2019.

[184] Cfr. https://brasil.elpais.com/brasil/2019/03/08/opinion/1552066061_520180.html, acesso em 24 de setembro de 2019.

número total dos feminicídios registrados no ano de 2017, que foi de vinte[185].

Como se observa, os números apontam, indiscutivelmente, que o sexo feminino é o principal alvo da violência de gênero, não só no Brasil e em Portugal, como também em todo o mundo, assim como retratam sua condição desigual nas relações sociais, nomeadamente as de natureza político-econômicas. Ainda que alcançada a maioria numérica da população, esta situação, a que se denomina vulnerabilidade, nos mais diversos segmentos da sociedade, persiste, o que justifica, ainda que semanticamente pareça contraditório, o emprego do termo na categorização do gênero para fins de implementação de políticas públicas. Certamente, preferimos nos socorrer à expressão "grupos vulneráveis" a "minorias", comumente utilizado, por ser tecnicamente mais adequado, já que muito embora não sejam numericamente minoritárias, as mulheres continuam compondo um quadro alvo de discriminação e de uma necessidade amplificada de esforços para conquista de direitos se comparadas aos homens. E a importância de finalizar este capítulo com este tópico se dá em razão da confusão não raramente feita com a categorização dos direitos das mulheres como se minorias fossem. Por certo, matematicamente falando, o sexo feminino atualmente anda par e passo com o masculino, tendo uma ligeira vantagem numérica em alguns países. Todavia, a concepção de minoria, muitas vezes associada à vulnerabilidade de um grupo, não reflete necessariamente sua condição matemática e aqui basta rememorar a história da África do Sul, em que a maioria negra foi subjugada e discriminada pela minoria de brancos durante o apartheid, demonstrando que a concepção de "minorias"[186] não se resume a uma mera descrição numérica, o que explica o emprego do termo, ainda que por equiparação, em diversos estudos sobre o tema.

185 Cfr. http://www.umarfeminismos.org/images/stories/noticias/OMA_FEMIC%C3%8DDIO_Relat%C3%B3rio_2018_em_18_02_2019.pdf, acesso em 27 de setembro de 2019.

186 A proteção das minorias já preocupa a comunidade internacional há algum tempo, tendo florescido após o término da Segunda Guerra Mundial, sendo regulamentado em 1966, pelo Pacto Internacional sobre Direitos Civis e Políticos: "nos estados em que haja minorias étnicas, religiosas ou linguísticas, as pessoas pertencentes a essas minorias não poderão ser privadas do direito de ter, conjuntamente com outros membros de seu grupo, sua própria vida cultural, de professar e praticar sua própria religião e usar sua própria língua" (art. 27).

2. A CONSTRUÇÃO JURÍDICA DAS RELAÇÕES DE GÊNERO NO CONTEXTO LUSO-BRASILEIRO

Para além das bases que sustentaram a construção social das relações de gênero sobretudo no contexto luso-brasileiro, cumpre-nos traçar os parâmetros jurídicos desta evolução, designadamente pelo papel que o Direito exerce no combate à histórica opressão feminina[187], nomeadamente na busca da igualdade de gênero. As principais pautas dos movimentos feministas contemporâneos centraram-se em reivindicações de ordem legal, a começar pelo direito ao voto e, com isso, buscou-se – e ainda o fazem – no ordenamento jurídico formas de modificar a realidade não isonômica experimentada pelo universo feminino. Esta segunda parte do trabalho, deste modo, é dedicada não apenas aos fatos históricos e sociais, como se deu num primeiro momento, mas ao agregado normativo que vem sendo construído em decorrência daquela vivência. Em suma, como o direito se comportou e tem se comportado neste trajeto e em cada conjuntura a que este estudo se propõe. É verdade que a lei, por si só, não tem o condão de libertar as mulheres da condição de dominação histórica herdada, todavia entender a trajetória legislativa como decorrência de inúmeros acontecimentos e reivindicações é de extrema importância para alcançar a finalidade deste estudo.

[187] Para Cecília Toledo, "quando se fala em opressão da mulher não se pode utilizar apenas categorias econômicas. A opressão é um conjunto de atitudes que envolvem também categorias psicológicas, emocionais, culturais e ideológicas. A correspondência entre estas e a estrutura econômica da sociedade é muito complexa e varia de acordo com as épocas históricas" (cfr. Toledo, Cecília. *Mulheres: O Gênero nos Une, a Classe nos Divide*, São Paulo, Xama, 2001, p. 30).

O Brasil colônia[188], regulado pelas leis portuguesas, que tiveram vigência mesmo após sua independência, mantinha o conservadorismo patriarcal europeu da época. E aqui merecem destaque as Ordenações Filipinas – já antes mencionadas – aplicadas por mais de trezentos anos nas terras do além-mar. À mulher da época não era permitido o acesso ao estudo. Foi com a Constituição de 1824 que as escolas para mulheres surgiram, mas com educação ainda destinada a técnicas manuais, artes domésticas e instrução primária. Somente no século XX as escolas mistas foram admitidas no Brasil, muito embora o princípio da igualdade estivesse previsto desde a Constituição do Império[189], sendo mantido em todas as demais Constituições. É verdade que a igualdade desde então foi meramente formal e de caráter nitidamente elitista, já que não colocava no mesmo patamar dos homens brancos e de classe média, os escravos e as mulheres. Até mesmo a conquista brasileira do sufrágio feminino não significou a emancipação política plena das mulheres, pois muitas delas, sem acesso à educação e ao ensino, eram excluídas do processo eleitoral pela via reflexa do analfabetismo, causa impeditiva de votar e ser votado na época. Os ideais iluministas da Europa meridional, com as influências católicas sobre a visão de mundo – e sobretudo daquilo que representa o feminino – não foram automaticamente aplicados às normatizações jurídicas edificadas em Portugal e, por consequência, no Brasil, pelo histórico normativo interligado ao primeiro. De todo modo, a disseminação dos reflexos das Revoluções Francesa e Americana para os movimentos feministas inseriu na arena jurídica a

[188] A título ilustrativo, afirmam Jahyra Santos e Ivanna Santos que no Brasil colônia, época em que a submissão da mulher ao homem era ressaltada, pertencendo a mulher branca à elite e com o papel de procriação enquanto a negra e mestiça eram sexualmente exploradas, alguns nomes se destacaram por quebrarem a padronização da figura feminina da época, quais sejam: "Ana Jansen, senhora de terras e de escravos e líder política no Maranhão; Ana Aurora de Jesus Ribeiro, atuante na revolução praieira, em Pernambuco; Barbara Pereira de Alencar, integrante do movimento republicano deflagrado no nordeste, em 1917; Joaquina do Pompeu, fazendeira em Minas Gerais e incentivadora da Independência do Brasil" (cfr. SANTOS, Jahyra Helena Pequeno dos; SANTOS, Ivanna Pequeno dos. "A Demanda pelo Voto Feminino no Brasil: Abordagem Histórica", in *Revista Brasileira de História do Direito*, Brasília, v. 2, n. 1, jan-jun 2016, p. 161).

[189] A Constituição de 1824, em seu art. 178, XII, dispunha "A lei será igual para todos, quer proteja, quer castigue e recompensará em proporção dos merecimentos de cada um".

normatização do sufrágio feminino, até então impensável. A Revolução Industrial e o surgimento das Constituições e leis codificadas, ademais, clarificaram a necessidade de se regulamentar o trabalho das mulheres e das crianças, antes dedicados à manufatura, com sua posterior inserção no chão de fábrica sem qualquer regramento mínimo de subsistência.

Assim é que a passagem do século XVIII para o XIX, em especial pelos ideais da Revolução Francesa, marcou sobremaneira as transformações culturais e sociais da época, determinando direitos individuais, civis e políticos ao delimitar o poder do Estado, e impactou bastante o movimento feminista que então aflorava, designadamente pelo fato de a Declaração dos Direitos do Homem e do Cidadão de 1789 ter deixado de fora as demandas femininas[190]. A despeito disso, o documento teve repercussão em todo o mundo, servindo, ainda nos dias de hoje, de inspiração para a elaboração de vários diplomas legais. A codificação surge, neste contexto, como característica do movimento liberal, somando-se à normativa existente, que eram as Ordenações do Reino, demonstrando que a organização jurídica não foi uma atuação específica do século XIX[191]. Após a declaração de independência[192], na convocação para a pri-

[190] Neste contexto, Miriam Brigas afirma que "o pensamento das nações iluminadas, como a França, tinha uma aceitação restrita em Portugal, visto estar condicionado pela Igreja Católica, instância com acção diminuída nos finais do século XVII, inícios do XIX". Apesar disso, reconhece o caráter universal da Revolução Francesa, o que "justificou a sua absorção por grande número de comunidades políticas que a perpetuaram nas suas estruturas. Portugal não foi excepção" (cfr. Brigas, Míriam Cláudia de Sousa Silva Afonso. *As Relações de Poder na construção do Direito da Família Português [1750-1910]*, Lisboa, AAFDL Editora, 2016, p. 489).

[191] Neste aspecto, Miriam Brigas diz que "a segurança jurídica, à qual se associava a simplicidade de redacção, eram elementos indispensáveis da sociedade oitocentista" (cfr. Brigas, Míriam Cláudia de Sousa Silva Afonso. *As Relações de Poder na construção do Direito da Família Português [1750-1910]*, Lisboa, AAFDL Editora, 2016, p. 496).

[192] Para José Murilo Carvalho, "Ao proclamar a sua independência de Portugal em 1822, o Brasil herdou uma tradição cívica pouco encorajadora. Em três séculos de colonização (1500-1822), os portugueses tinham construído um enorme país dotado de unidade territorial, linguística e religiosa. Mas tinham também deixado uma população analfabeta, uma sociedade escravocrata, uma economia monocultora e latifundiária, um Estado absolutista. À época da independência, não haveria cidadãos brasileiros, nem pátria brasileira" (cfr. Carvalho. José Murilo. *Cidadania no Brasil: o longo caminho*, 18ª edição, Rio de Janeiro, Civilização Brasileira, 2014, p. 17)

meira Assembleia Constituinte do Brasil por Dom Pedro I, em 1823, os critérios da cultura elitista estabelecidos continuaram não incorporando os interesses de uma imensa maioria, dentre os quais se encontravam as mulheres e os negros. Este primeiro projeto de Constituição Brasileira, que ficou conhecida como "Constituição da Mandioca", justamente porque atentava-se aos membros da elite, a exemplo dos médicos, funcionários públicos, proprietários rurais, bacharéis em direito e militares, sendo excluídos os representantes das camadas populares. Então, por instituir uma espécie de voto censitário indireto, já que condicionava a participação no processo político a uma propriedade mínima de alqueires de plantação de mandioca, que variava em conformidade com o cargo político, apresentou um ideário bastante excludente. Em verdade, ante a insatisfação do então príncipe regente, que percebeu o intuito de limitação de seu próprio poder, a Assembleia Constituinte acabou sendo dissolvida no episódio que ficou historicamente conhecido como "noite da agonia" que deu cabo do projeto de Constituição[193]. Diante disso, Dom Pedro I, vislumbrando o questionamento de seu poder, criou um Conselho de Estado para redigir um novo texto constitucional, outorgado em 25 de março de 1824, criando o Poder Moderador. Nesta Carta, foi estabelecido de fato o voto censitário, nada mudando quanto ao tratamento dispensado às mulheres no período colonial. Para os padrões da época, segundo José Murilo Carvalho, "a legislação brasileira era muito liberal", já que podiam votar "todos os homens de 25 anos ou mais que tivessem renda mínima de 100 mil-réis"[194], entretanto "as mulheres não votavam, e os escravos, naturalmente, não eram considerados cidadãos"[195].

Não se desconhece, na sequência dos acontecimentos, que os debates acerca do direito ao voto feminino já faziam parte das discussões da Constituinte de 1891[196], no período pós Proclamação da República.

[193] Cfr. https://www.politize.com.br/constituicao-de-1824/, acesso em 07 de maio de 2020.

[194] Cfr. Carvalho. José Murilo. *Cidadania no Brasil: o longo caminho*, 18ª edição, Rio de Janeiro, Civilização brasileira, 2014, p. 29.

[195] Cfr. Carvalho. José Murilo. *Cidadania no Brasil: o longo caminho*, 18ª edição, Rio de Janeiro, Civilização brasileira, 2014, p. 30.

[196] Mônica Karawejczyk destaca os debates que antecederam a constituinte de 1891 travados em torno do voto feminino. Lembra que "O projeto da nova Constituição dos Estados

Aliás, nos Anais dos debates da Constituinte, destaca-se, sobre o tema, a fala do Dep. Moniz Freire, na sessão do dia 12 de janeiro do mesmo ano, sobre o perigo de ser concedido direito ao voto às mulheres. Para ele, essa aspiração se afigurava "imoral e anárquica, porque, no dia em que a convertêssemos em lei pelo voto do Congresso, teríamos decretado a dissolução da família brasileira"[197]. Apesar dos debates não terem levado à vedação explícita ao voto feminino na Constituição de 1891, o que deu margem, segundo alguns relatos, a petições de alistamento por algumas mulheres[198], o fato é que somente no início do século XX o debate legislativo retomou, em todo o mundo inclusive[199]. Nesta época o tema ganhou força, tendo grande destaque no Brasil os nomes de Bertha Lutz, pela atuação na Federação Brasileira pelo Progresso Feminino, fundada em 1922, com propósito de fazer um levantamento das demandas femininas no Brasil e promover o desenvolvimento intelectual des-

Unidos do Brazil foi publicado no Decreto nº 914-A, em 23 de outubro de 1890, sendo debatido pelo Congresso Constituinte. Se analisados somente o projeto e a Constituição aprovada em 24 de fevereiro de 1891, não se tem noção da dimensão da discussão que ocorreu para se estender o voto aos membros do sexo feminino, uma vez que estes documentos não fazem referência ao tema" (cfr. Karawejczyk, Mônica. *As filhas de Eva querem votar: primórdios da questão à conquista do sufrágio feminino no Brasil* (1850-1932), Tese (doutorado) Universidade Federal do Rio Grande do Sul, Instituto de filosofia e ciências humanas, Programa de Pós Graduação em História, Porto Alegre, 2013, p. 85).

197 Cfr. Annaes da constituinte de 1891, v. 1, p.233, disponível em http://bd.camara.gov.br/bd/handle/bdcamara/13616, acesso em 11 de maio de 2020.

198 Há relatos de que no município de Minas Novas (MG), três mulheres (Alzira Vieira Ferreira Netto, Candida Maria dos Santos e Clotildes Francisca de Oliveira) teriam se alistado e até mesmo votado em 1905 (cfr. https://www1.folha.uol.com.br/fsp/1996/7/22/brasil/12.html, acesso em 12 de maio de 2020).

199 Segundo Mônica Karawejczyk, "depois da Constituição republicana de 1891 dois fatos se destacam. O primeiro deles foi que o sufrágio feminino não foi mais discutido no Parlamento até 1917, data da tentativa do deputado fluminense Maurício de Lacerda reativar a discussão no Plenário; o segundo fato a se destacar foi o surgimento, na década de 1910, de um movimento organizado feminino representado pelo Partido Republicano Feminino (PRF) quanto pela Liga pela Emancipação Intelectual das Mulheres (LEIM)" (cfr. Karawejczyk, Mônica. *As filhas de Eva querem votar: primórdios da questão à conquista do sufrágio feminino no Brasil* (1850-1932), Tese (doutorado) Universidade Federal do Rio Grande do Sul, Instituto de filosofia e ciências humanas, Programa de Pós Graduação em História, Porto Alegre, 2013, p. 121).

sas mulheres, e Leolinda Daltro, esta última fundadora do Partido Republicano Feminino, em 1910[200].

Na esteira do momento vivenciado em todo mundo, a pauta feminina sufragista do início do século XX também fez parte da agenda política lusitana. Contrariando os dirigentes da I República, que não permitiam expressamente o voto da mulher, mas o autorizavam para portugueses com mais de 21 anos que soubessem ler e escrever e aos chefes de família, sem especificar o sexo dos eleitores[201], Carolina Beatriz Ângelo, viúva, chefe de família e alfabetizada, aproveitou-se da lacuna legislativa, que estabelecia requisitos sem especificar o sexo dos eleitores, e tornou-se a primeira mulher a votar em Portugal, em 28 de maio de 1911, nas eleições para a Assembleia Constituinte. O seu pedido de inclusão nos cadernos eleitorais foi inicialmente negado pela Comissão de Recenseamento e pelo Ministério do Interior, mas Carolina Ângelo recorreu ao tribunal, obtendo decisão favorável do juiz João Baptista de Castro[202], que deferiu a sua pretensão, explicando que "se o legislador quisesse excluir as mulheres do recenseamento eleitoral expressamente o podia e devia dizer, tapando a porta que havia aberto com tanta franqueza e justiça"[203].

[200] Discorrendo sobre o pioneiro papel de Leolinda Daltro na luta em prol do sufrágio feminino no Brasil, cfr. Karawejczyk, Mônica. "Os primórdios do movimento sufragista no Brasil: o feminismo "pátrio" de Leolinda Figueiredo Daltro", in *Estudos Ibero-Americanos*, Pucrs, v. 40, n. 1, jan.-jun. 2014, p. 64-84.

[201] A lei eleitoral então vigente determinava o direito ao voto a "todos os portugueses maiores de vinte e um anos, à data de 1 de maio do ano corrente [1911], residentes em território nacional, compreendidos em qualquer das seguintes categorias: 1.º Os que souberem ler e escrever; 2.º Os que forem chefes de família" (cfr. http://app.parlamento.pt/comunicar/Artigo.aspx?ID=493, acesso em 18 de maio de 2020).

[202] O juiz João Baptista de Castro era pai de Ana de Castro Osório, escritora, feminista e ativista republicana portuguesa (cfr. Correia, Rita (26 de Março de 2011), "Ficha histórica: Ave azul: revista de arte e critica (1899-1900)", in *Hemeroteca Municipal de Lisboa*, disponível em http://hemerotecadigital.cm-lisboa.pt/FichasHistoricas/AveAzul.pdf, acesso em 19 de maio de 2020). Ana de Castro, que era Presidente da Liga das Sufragistas Portuguesas, escreveu, em 1905, o primeiro manifesto feminino em Portugal, chamado *As Mulheres Portuguesas* (cfr. http://app.parlamento.pt/comunicar/Artigo.aspx?ID=493, acesso em 19 de maio de 2020).

[203] Cfr. Mariano, Fátima. "A Reivindicação do Voto Feminino na Península Ibérica: Convergências e Divergências,", in Pires, Ana Paula; Mariano, Fátima; Veiga, Ivo (coord.), *Mulheres e Eleições*, Coimbra, Almedina, 2019, pp. 30-31.

Com isso, mandou que a reclamante fosse incluída no recenseamento eleitoral[204]. Devido a isso, e a fim de evitar situações similares, o Governo português rapidamente se apressou a clarificar a sua posição nesta matéria, tendo vedado expressamente o voto às mulheres, por meio da Lei nº 3, de 3 de julho, de 1913, determinando que apenas os "cidadãos portugueses do sexo masculino, maiores de 21 anos" poderiam participar das eleições legislativas e administrativas[205]. Desde então e até o 25 de abril de 1974, quando, por meio da Lei n.º 621/74 de 15 de novembro, o direito de voto se tornou universal em Portugal, inúmeros acontecimentos históricos e sociais provocaram a movimentação normativa com o fim de reduzir a discriminação sexual, até culminar em sua inclusão no rol dos votantes.

Claro que as conquistas observadas na evolução legislativa não pararam por aí e continuam surgindo nos dias atuais, mas, no século XX, despontaram inúmeros acontecimentos marcantes para a sociedade, abalando as estruturas sociais, econômicas e políticas da época, o que gerou reflexos para as conquistas hoje experimentadas, além de levarem à elaboração de diversos documentos internacionais redigidos com a preocupação pela situação feminina ao redor do mundo, que serviram e ainda servem de embasamento para o ordenamento jurídico interno dos países. Nesta época ocorreram as duas grandes guerras mundiais, diversos movimentos populares, em especial nos Estados Unidos, com os protestos pacifistas contra a guerra do Vietnã, o movimento negro, de mulheres e de minorias. A Europa contou com importantes movimentos, como o da segunda onda feminista. Na América Latina, diversos protestos contra a ditadura então vigente. Nesta fase, acentuou-se o debate em prol da igualdade de direitos, principalmente políticos, entre homens e mulheres. Após o período da II Guerra Mundial, sob o ideal humanitário, criou-se a Organização das Nações Unidas com o intuito de firmar a paz mundial e como reação às atrocidades cometidas durante a guerra. Neste período, foi elaborada a Carta das Nações Unidas, em 1945, exprimindo a vontade dos povos em preservar as futuras gerações dos terro-

[204] Cfr.https://web.archive.org/web/20140427012122/http://www.glfp.pt/historia/Biografias/CAROLINA_ANGELO.pdf, acesso em 18 de maio de 2020.

[205] Cfr. https://dre.pt/application/dir/pdfgratis/1913/07/15300.pdf, acesso em 18 de maio de 2020.

res da guerra e reafirmar direitos humanos fundamentais. Entretanto, em sua grande maioria, as convenções e declarações de direitos humanos – e a ordem jurídica interna dos países de um modo geral – não agregavam as demandas femininas, uma vez que tinham como parâmetro de concepção a figura masculina, nomeadamente a do homem ocidental, branco, heterossexual, de classe abastada e sem necessidades especiais. Partia-se desta figura nomeadamente para a elaboração do contrato social e, por via reflexa, de todo arcabouço normativo e, por isso, os textos não refletiam as dificuldades vivenciadas pelas mulheres e, portanto, não abarcavam seus direitos.

Este mesmo contexto político, social e histórico de opressão feminina embasou a positivação da época. Assim, o Código Civil brasileiro, de 1916, sob inspiração do lusitano Código Seabra, estipulava a capacidade civil relativa da mulher em seu art. 6º e, em inúmeros dispositivos, ambos diplomas legais deixavam claro o papel secundário da mulher não só na família, mas em toda a sociedade. Sob uma consciência social tão estanque, o legislador brasileiro da época foi além e chegou a proibir a participação de mulheres em atividades de desporto, como o futebol, por considerar tais práticas "incompatíveis com as condições de sua natureza" (art. 44, do Decreto-Lei n. 3.199/1941). Intensificaram-se, então, os movimentos femininos em prol dos direitos das mulheres neste contexto histórico e principalmente na ebulição do movimento sufragista que despontava em diversos países, no auge da segunda onda feminista, foi elaborado o Código Eleitoral Brasileiro de 1932 (Decreto n. 21.076), criando a Justiça Eleitoral e instituindo o direito da mulher ao voto, embora facultativo, tornando eleitor qualquer pessoa, independente do sexo, maior de 21 (vinte e um) anos. Ainda, o século XX foi marcado no Brasil pela elaboração de cinco de suas Constituições da República, sendo a de 1934 importante marco para evolução da cidadania feminina brasileira, a primeira a afirmar que "todos são iguais perante a lei" (art. 113, item 1), salientando a não existência de privilégios ou distinções em razão do sexo, dentre outros motivos ali elencados. Apesar disso, a nova Constituição restringiu a votação feminina às mulheres que exerciam função pública remunerada (art. 109). Após o voto feminino no Brasil ter se tornado realidade em 1932, veio a Constituição de 1937, que deixou de contemplar os direitos das mulheres, seguindo no mesmo sentido a de 1946. Apenas em 1967 foi que, sob a tendência da Declaração Universal dos Direitos Humanos, o princípio da igualdade perante a lei, sem distinção de sexo, voltou a ser previsto na Constituição Brasileira.

Após mais de vinte anos de sua existência foi que a Convenção Americana sobre Direitos Humanos, de 1969, que concedia proteção judicial a toda pessoa, sem distinção, dos Estados signatários, incorporou-se na ordem jurídica brasileira, por meio do Decreto n. 678/1992. Posteriormente, já no Século XXI, o Brasil tornou-se Estado-parte, por intermédio do Decreto n. 4.377 de 2002, da Convenção sobre a Eliminação de Todas as Formas de Discriminação contra a Mulher, vigente desde o ano de 1979, comprometendo-se a adotar medidas especiais, de caráter temporário, destinadas a acelerar a igualdade de fato entre o homem e a mulher, pelo período necessário para ser alcançada a isonomia de oportunidade e tratamento, e de proteção à maternidade, não se considerando, em nenhum desses casos, como discriminatória. Portugal, todavia, já havia assinado esta última convenção em 24 de abril de 1980, sendo depositado seu instrumento de ratificação junto do Secretário-Geral das Nações Unidas em 30 de julho de 1980, passando a vigorar no país em 3 de setembro de 1981[206]. Em 1993, na Conferência Mundial sobre Direitos Humanos promovida pela Organização das Nações Unidas[207], foi elaborada a Declaração e Programa de Ação de Viena, explicitando-se que os direitos humanos das mulheres e das meninas são ina-

[206] Sobre o Papel da Organização das Nações Unidas no Desenvolvimento dos Direitos da Mulher em Portugal, cfr. SIMÕES, Ana. "Análise do Papel da Organização das Nações Unidas no Desenvolvimento dos Direitos da Mulher em Portugal – o Caso da CEDAW", in *Tese*, Instituto Superior de Ciências Sociais e Políticas", Universidade de Lisboa, 2019.

[207] Segundo José Augusto Alves, esta conferência foi "a maior concentração jamais havida sobre o tema. Seu único precedente, a Conferência de Teerã de 1968, quando se multiplicavam regimes ditatoriais de matizes diversos em todos os quadrantes, congregou tão somente delegações governamentais, de 84 países. Segundo grande conclave mundial do mundo pós-Guerra Fria, convocada na sequência da Rio-92, a Conferência de Viena desdobrou-se em vários eventos, muitos dos quais simultâneos, com participação polimorfa. Contou, assim, com delegações oficiais representando 171 Estados" (cfr. ALVES, José Augusto Lindgren. "Direitos humanos: o significado político da conferência de Viena", in *Lua Nova: Revista de Cultura e Política*, n. 32, São Paulo, abril 1994, disponível em: https://www.scielo.br/scielo.php?script=sci_arttext&pid=S0102-64451994000100009, acesso em 05 de maio de 2020).

lienáveis e constituem parte integral e indivisível dos direitos humanos universais[208]. No ano seguinte, em 1994, foi realizada a Convenção Interamericana para Prevenir, Punir, Erradicar a Violência contra a Mulher, também conhecida como Convenção de Belém do Pará, porque adotada no Brasil neste lugar, em 9 de junho de 1994, explicitando as nuances que a violência contra a mulher abrange[209]. Na sequência, foi elaborada a Declaração de Pequim, adotada pela quarta Conferência Mundial sobre

[208] Assim, tornou como objetivo prioritário da comunidade internacional a plena participação das mulheres, em condições de igualdade, na vida política, civil, econômica, social e cultural nos níveis nacional, regional e internacional e a erradicação de todas as formas de discriminação com base no sexo. O evento apelou ao pleno gozo, em igualdade de condições, de todos os Direitos Humanos pelas mulheres, o que deve constituir uma prioridade para os Governos e para as Nações Unidas. Com isso, destacou a importância da integração e da plena participação das mulheres, não apenas como agentes, mas também como destinatárias do processo de desenvolvimento, reiterando os objetivos estabelecidos sobre a ação global a favor das mulheres para um desenvolvimento sustentável e equitativo, razão pela qual salientou que tais questões merecem ser tratadas de forma regular e sistemática em todos os órgãos e mecanismos pertinentes das Nações Unidas. Um dos principais destaques da conferência foi a importância do trabalho pela eliminação da violência contra as mulheres na vida pública e privada; de todas as formas de assédio sexual, exploração e tráfico de mulheres para prostituição; bem como de tendências sexistas na administração da justiça e da erradicação de quaisquer conflitos que possam surgir entre os direitos das mulheres e os efeitos nocivos de certas práticas tradicionais ou consuetudinárias, preconceitos culturais e extremismos religiosos. Houve um apelo, deste modo, à erradicação de todas as formas de discriminação, flagrantes ou ocultas, de que as mulheres são vítimas (cfr. https://www.oas.org/dil/port/1993, acesso em 18 de maio de 2020).

[209] Segundo a convenção, a violência contra mulher engloba a violência física, sexual e psicológica, ocorrida no âmbito da família ou unidade doméstica ou em qualquer relação interpessoal, quer o agressor compartilhe, tenha compartilhado ou não a sua residência, incluindo-se, entre outras formas, o estupro, maus-tratos e abuso sexual; ocorrida na comunidade e cometida por qualquer pessoa, bem como a tortura, o tráfico de mulheres, a prostituição forçada, o sequestro e o assédio sexual no local de trabalho, em instituições educacionais, serviços de saúde ou qualquer outro local; e a perpetrada ou tolerada pelo Estado ou seus agentes, onde quer que ocorra (art. 2º). Salientou, a convenção, dentre outros, o direito da mulher ao reconhecimento e proteção de todos os direitos humanos e liberdades consagrados em todos os instrumentos regionais e internacionais relativos aos direitos humanos, que incluem direitos que respeitem sua vida, integridade física, mental e moral, à liberdade e segurança, de não submissão a tortura, respeito à sua dignidade e de sua família, igual proteção perante a lei e da lei, recurso rápido a tribunal competente para proteção contra atos violadores de seus direitos, de livre associação, de liberdade religiosa e de

as mulheres: ação para igualdade, desenvolvimento e paz, de 1995, concluindo que a violência contra a mulher constitui obstáculo a que se alcance os objetivos de igualdade, desenvolvimento e paz, prejudicado o natural desfrute de seus direitos humanos e liberdades fundamentais.

Ao que se observa, as relações de poder historicamente desiguais entre mulheres e homens geraram mecanismos de dominação e discriminação ainda empregados nos dias de hoje em desfavor da mulher, impedindo seu pleno desenvolvimento e o livre desfrute dos seus direitos humanos e suas liberdades fundamentais. A violência, nas suas mais variadas facetas, é o mais célebre exemplo. Todavia, o problema não se exaure aí. A interposição de obstáculos à plena participação da mulher na vida pública e política e, de um modo geral, na tomada de decisões é uma enfática nuance dos hábitos culturais extraídos desse histórico de dominação. As leis, elaboradas a partir de um contrato social que sempre desconsiderou a mulher, tradicionalmente não foram uma aliada da igualdade de fato. Ao contrário disso, por meio das leis tutelou-se e amparou-se, a título de democracia, a opressão feminina vivenciada. A alteração do direcionamento dogmático consagrado deu-se por meio de um percurso de lutas, movimentos e inúmeras reivindicações. Sabidamente, a evolução da condição jurídica da mulher foi bastante lenta e a construção dos seus direitos certamente surgiu como decorrência dos fatos históricos narrados na primeira parte deste trabalho e sobretudo pela luta feminina ao longo dos anos. Por isso, o intuito deste capítulo é identificar a dogmática entrelaçada aos acontecimentos históricos e fatos sociais envolvendo as mulheres.

Trilharemos, assim, um breve estudo das legislações – e em especial das Constituições – Portuguesas e Brasileiras que inicialmente eram omissas aos direitos da mulher e posteriormente começaram a fazer referência à proibição de discriminação em razão do sexo e a regular uma série de questões daqui decorrentes, passando por uma análise das leis civis que propiciaram efetivamente a igualdade dos direitos em ambos os contextos e, muito embora não seja o intuito desta pesquisa, faremos uma breve ilustração da principal lei que atualmente traz regramento jurídico sobre a mulher no Brasil, que é a Lei Maria da Penha,

crença e de igualdade de direitos para o acesso a funções públicas de seu país e de participação nos assuntos públicos e tomadas de decisões (art. 4º).

devido ao impacto que a violência contra mulher gera em sua plena emancipação política.

2.1. O princípio da igualdade e a importância de sua densificação jurídica para as relações de gênero

Já advertia Rousseau, em seu *Discurso sobre a Origem e os Fundamentos da Desigualdade entre os Homens*, que as desigualdades não eram oriundas dos atributos congênitos dos indivíduos, mas sobretudo decorrentes de uma construção social e racionalmente justificável, controláveis, em certo ponto, pelo próprio Estado. Questionava-se, desde o princípio de suas reflexões: "como conhecer a fonte da desigualdade entre os homens, se não se começar por conhecer os próprios homens?" e, então, preocupava-se com a visão do homem a respeito da forma que a natureza o formou, através de todas as transformações que o decurso do tempo e das coisas geraram em sua constituição original. Assim, Rosseau perguntava-se como separar aquilo que se encontra no estado primitivo da natureza do homem daquilo que foi modificado e acrescentado pelas circunstâncias e pelo progresso[210]. Por isso, além de considerar os seres humanos, tais quais os animais de cada espécie, originalmente iguais entre sim, apesar de algumas variações decorrentes de causas físicas, via nas mudanças sucessivas da constituição humana, com o desenvolvimento ou deterioração de diversas qualidades não inerentes à natureza, a primeira origem das diferenças que surgiram entre os seres humanos[211]. A partir daí, aponta as dificuldades de uma pesquisa sobre a natureza do homem, devido à incerteza e à obscuridade sobre o direito natural e sua harmonização sobre o sentido da palavra lei, pois seria desta natureza humana, sua constituição e seu estado, que se extraem os princípios desta ciência. Lembra das perpétuas contradições em torno da compreensão sobre a lei da natureza e sua obediência, ponderando que apenas com racionalidade e juízo profundo de metafísica seria algo possível e, com isso, concebe duas espécies de desigualdades entre os seres humanos: a primeira, a que denomina natural ou física,

[210] Cfr. Rousseau, Jean-Jacques. *Discurso sobre a origem e os fundamentos da desigualdade entre os homens*, trad. Paulo Neves, São Paulo, L&PM Pocket, p. 33.

[211] Cfr. Rousseau, Jean-Jacques. *Discurso sobre a origem e os fundamentos da desigualdade entre os homens*, trad. Paulo Neves, São Paulo, L&PM Pocket, p. 33.

porque estabelecida pela própria natureza, tais como diferenças de idade, saúde, forças do corpo e qualidades do espírito; e a segunda, a que designa desigualdade moral ou política, dependente de uma espécie de convenção e "estabelecida, ou ao menos autorizada, pelo consentimento dos homens"[212]. Esta última consistiria nos diferentes privilégios que uns usufruem em detrimento de outros, como a riqueza, a honra, a virtude, o poder e a autoridade. A partir de dois instintos básicos – o de conservação e o de repugnância ao ver perecer qualquer ser sensível, em especial nossos semelhantes – entende que os vícios ou virtudes surgem da passagem espontânea do estado de natureza para a vida em sociedade[213].

Diferentemente de Hobbes[214], que acreditava ser o homem naturalmente intrépido, combativo e que vive sempre em permanente guerra, Rousseau enxergava como fase embrionária da desigualdade a dos agrupamentos sociais, o momento em que os seres humanos espontaneamente se aproximaram, constituindo suas famílias. Para ele, antes disso, quando viviam em estado primitivo, sem propriedades de nenhuma espécie, os indivíduos viviam "livres, sãos, bons e felizes, tanto quanto podiam ser pela sua natureza"[215]. Teria sido a partir do momento em que o homem precisou do auxílio do outro, desde que percebeu a utilidade de "um só ter provisões para dois", que então a igualdade desapareceu, surgindo a propriedade, o que tornou o trabalho necessário. Então, "as vastas florestas se transformaram em campos risonhos que foi preciso regar com o suor dos homens, e nos quais, em breve, se viram germinar a escravidão e a miséria, a crescer com as colheitas"[216] e, por isso, entendia que a liberdade humana foi destruída na medida em que a lei da pro-

[212] Cfr. Rousseau, Jean-Jacques. *Discurso sobre a origem e os fundamentos da desigualdade entre os homens*, trad. Paulo Neves, São Paulo, L&PM Pocket, p. 43.

[213] Cfr. Rousseau, Jean-Jacques. *Discurso sobre a origem e os fundamentos da desigualdade entre os homens*, trad. Paulo Neves, São Paulo, L&PM Pocket.

[214] Sobre Hobbes, cfr., Otero, Paulo. *Instituições Políticas e Constitucionais*, v. I, Coimbra, Almedina, 2017, pp. 164 e ss.

[215] Cfr. Rousseau, Jean-Jacques. *Discurso sobre a origem e os fundamentos da desigualdade entre os homens*, trad. Paulo Neves, São Paulo, L&PM Pocket, pp. 80 e ss.

[216] Cfr. Rousseau, Jean-Jacques. *Discurso sobre a origem e os fundamentos da desigualdade entre os homens*, trad. Paulo Neves, São Paulo, L&PM Pocket, pp. 80 e ss.

priedade e a desigualdade foram fixadas[217]. Não obstante, ainda que preocupado com os fundamentos da desigualdade humana, não se propôs a analisar a problemática dos escravos, nem das mulheres, claramente excluídos do contrato social[218], compreensível pela história do contrato social, que se refere à "constituição da esfera pública da liberdade civil"[219], na qual se inseriam apenas os homens, ao passo que a esfera privada, local habitado pelas mulheres, serviçais e escravos, não era conferida relevância política, fato este que limitou sobremaneira a concepção e a construção da ideia de contrato original.

Pois bem, trazidas essas breves reflexões, e não desconhecendo as referências evolutivas do pensamento pré-liberal europeu sobre o tratamento da pessoa humana[220], tem-se que o primado da igualdade, na forma traçada pelo constitucionalismo moderno, designadamente em sua interligação com a liberdade e a justiça, é característico do constitucionalismo ocidental do final do século XVIII[221], tendo como importan-

[217] Cfr. Rousseau, Jean-Jacques. *Discurso sobre a origem e os fundamentos da desigualdade entre os homens*, trad. Paulo Neves, São Paulo, L&PM Pocket, pp. 83 e ss.

[218] Para Pateman, "o contrato social é uma história da liberdade; o contrato sexual é uma história de sujeição. O contrato original cria ambas, a liberdade e a dominação. A liberdade do homem e a sujeição da mulher derivam do contrato original e o sentido da liberdade civil não pode ser compreendido sem a metade perdida da história, que revela como o direito patriarcal dos homens sobre as mulheres é criado pelo contrato". Conclui, assim, que "a liberdade civil não é universal – é um atributo masculino e depende do direito patriarcal" (cfr. Pateman, Carole. *O Contrato Sexual*, trad. de Marta Avancini, Rio de Janeiro, Paz e Terra, 1988, pp. 16-17).

[219] Cfr. Pateman, Carole. *O Contrato Sexual*, trad. de Marta Avancini, Rio de Janeiro, Paz e Terra, 1993 (tradução), 1988 (original), p. 19.

[220] Paulo Otero aponta três momentos do pensamento político pré-liberal europeu centrado na pessoa humana: a civilização greco-romana, a revolução judaico-cristã e a contradição da Idade Moderna, existente entre um "Poder político constitucional, nos termos da matriz cristã, e uma prática política que continuava a negar alguns dos valores – mais sagrados de cada pessoa humana reconhecidos pelo cristianismo" (cfr. Otero, Paulo. *Instituições Políticas e Constitucionais*, v. I, Coimbra, Almedina, 2007, pp. 61 e 133).

[221] Neste ponto, Paulo Otero ensina que a "trilogia democrática" expressa nos ideais de liberdade, igualdade e fraternidade, apontada por ele como dimensão do valor da dignidade humana, apesar de emergente em 1789, quando da Revolução Francesa, tem origem muito anterior, pois "desde muito cedo, o ser humano tornou-se ponto nuclear de reflexão, argumento decisivo de discussão e critério justificativo da actuação do poder". Traz o exemplo do contributo britânico do início do século XIII, revelado na Magna Carta de

tes marcos de desenvolvimento, dentre outros, a Declaração de 1789, o Aditamento da Constituição dos Estados Unidos, a Constituição Mexicana, a Constituição de Weimar e a Constituição Italiana[222]. Sua formulação e juridicização, já arquitetada pelas revoluções burguesas dos séculos XVII e XVIII, como decorrência da concepção judaico-cristã sobre a igual dignidade de todas as pessoas *perante Deus*, transformou-se juridicamente na igualdade de todos *perante a lei*, o que passou a ser adotado pelo constitucionalismo europeu continental. Entretanto, "se as palavras não mudaram durante dois séculos, a nossa percepção sobre o que é que elas *devem querer dizer* se foi substancialmente transformado"[223]. Assim, a noção de privilégios e, por antítese, da igual dignidade dos seres humanos, transmudou-se, ao invés de romper-se, no decorrer da história do constitucionalismo. Aliás, o símbolo revolucionário de 1789, traduzido na "trilogia democrática" consistente na liberdade, igualdade e fraternidade nunca mais deixou de "ser estrutura normativa basilar do direito público"[224] e fundamentar as doutrinas políticas inspiradas no ideal democrático. Um dos pontos cruciais, entretanto, para concre-

1215, centrada na "relação entre os direitos e a limitação do poder". Inclusive, salienta que o contributo britânico, em termos de evolução histórico-constitucional de direitos da pessoa humana na limitação do poder político, além de cronologicamente anterior, é "qualitativamente superior aos frutos da Revolução Francesa" (cfr. Otero, Paulo. *Instituições Políticas e Constitucionais*, v. I, Coimbra, Almedina, 2007, pp. 57-59).

222 Nestes termos, cfr., Miranda, Jorge. *Manual de Direito Constitucional*, v. II, tomo IV, Coimbra, Coimbra Editora, 2014, p. 271.

223 Cfr. Amaral, Maria Lúcia. "O Princípio da Igualdade na Constituição Portuguesa", in *Estudos em Homenagem ao Prof. Doutor Armando M. Marques Guedes*, Coimbra, Coimbra Editora, 2004, p. 37.

224 É como afirma Babosa de Melo, para quem, enquanto a *liberdade* traduz-se na "autonomia da razão pessoal existente em cada ser humano e a sua inviolabilidade na regência da sua própria conduta social", a *igualdade* "reconhece como inerente a todo o ser humano a mesma dignidade, atribuindo a todos os mesmos direitos essenciais, independentemente do ofício ou função social que exerçam" e negativamente, "proíbe a utilização de certos critérios de diferenciação no tratamento entre as pessoas em qualquer domínio da ordem jurídica", ou seja, independente de critérios de raça, cor, credo, sexo, língua, dentre outros. Por fim, a *fraternidade* é compreendida, pelo autor, como "solidariedade de todas as pessoas no gozo das vantagens e na partilha dos riscos produzidos pela vida em comunidade" (cfr. Melo, A. Barbosa de. "Democracia e utopia – (reflexões)", in *Humanística e Teologia*, Tomo I, Fasc. 1, Porto, editora Instituto de Ciências Humanas e Teológicas do Porto, 1980, p. 18).

tização desta "trilogia democrática" se dá designadamente na compatibilização prática da liberdade e da igualdade, já que considerados de forma individual geram implicações distintas e até mesmo conflitantes, provocando inúmeros debates liberais sobre a ideia de justiça. Inevitavelmente, os conflitos normativos acabam por buscar na hierarquia uma forma de solucionar a questão por meio da preponderância de um princípio sobre o outro. A questão que se coloca, todavia, é sobre qual deve prevalecer. Enquanto no liberalismo predomina a ideia de liberdade, no igualitarismo a igualdade ocupa lugar preponderante. Outros, em contrapartida, variam a hegemonia em função da relação social subjacente, dando primazia "à igualdade nas relações económicas e à liberdade nas relações culturais e políticas"[225].

Seria fastidioso, neste espaço, recensear todas as teorias que tratam da igualdade[226], mas além da visão de Dworkin ao considerá-la uma vir-

[225] Cfr. MELO, A. Barbosa de. "Democracia e utopia – (reflexões)", in *Humanística e Teologia*, Tomo I, Fasc. 1, Porto, editora Instituto de Ciências Humanas e Teológicas do Porto, 1980, p. 19.

[226] A relevância do princípio da igualdade do mesmo modo é ilustrada por Amartya Sen, ao observar que as principais teorias éticas do ordenamento social "compartilham todas uma aprovação da igualdade em termos de alguma variável focal", ainda que as variáveis selecionadas sejam diferentes entre as teorias. Para ele, o igualitarismo é praticamente onipresente porque "a plausibilidade ética dificilmente é obtida a menos que se dê, a toda pessoa, igual consideração em algum espaço importante numa teoria particular" e a preocupação centra-se mais sem definir a "igualdade de quê?" do que em responder a questão "por que a igualdade?" já que os seres humanos, além de sua profunda diversidade, seja em características externas, tais como riquezas herdadas, ambiente social e natural em que vivem, seja em atributos pessoais, como idade, sexo, aptidões físicas e mentais, dentre outros, também convivem com uma multiplicidade de variáveis, com as quais a "igualdade pode ser julgada". Sen entende que a força prática destas distinções "depende da importância empírica das heterogeneidades humanas relevantes que fazem a igualdade em um espaço a diferenciar-se da igualdade em outro" e que a retórica de que todos os homens nascem iguais pode levar à desconsideração das variações interpessoais e da necessidade de um tratamento diferenciado para aqueles que estão em desvantagem e, com isso, afastar a própria igualdade. Por isso, tão somente no comparativo dos mesmos aspectos específicos (por exemplo, riqueza, felicidade, liberdade, oportunidades, direitos ou satisfação de necessidades), a que Sen denomina *variável focal*, de uma pessoa com o de outra é que o julgamento da igualdade torna-se factível (Cfr. SEN, Amartya. *Desigualdade Reexaminada*, trad. de Ricardo Doninelli Mendes, 2ª edição, Rio de Janeiro/São Paulo, Editora Record, 2008, pp. 29 e ss.).

tude política soberana, Rawls[227] também pauta sua teoria da justiça na equidade, muito embora ambos defendam a liberdade. Para este último, a grande problemática da legitimidade do poder, em função do caráter difuso do princípio democrático, estava na "igual distribuição de recursos entre os membros da comunidade política"[228], e não propriamente na constituição de um contrato original abstrato. Preocupa-se, portanto, com a constituição de uma sociedade em que haja justiça social[229] e, para isso, parte de uma perspectiva em que as partes, numa posição original e sob um *véu de ignorância*, ou seja, de forma completamente desinteressada e sem saber qual o real lugar e papel ocupado pelos "celebrantes" deste acordo[230], elegem princípios de justiça que devem reger a vida

[227] Segundo Nogueira de Brito, diferente dos contratualistas clássicos como Hobbes, Locke e Rousseau, que pretendiam "através do contrato resolver o problema da legitimidade do poder", Rawls "procura decididamente o contrato para resolver o problema da justiça social" (cfr. Brito, Miguel Nogueira de. *As Andanças de Cândido – Introdução ao Pensamento Político do Século XX*, Lisboa, Edições 70, 2009, p. 40).

[228] Cfr. Brito, Miguel Nogueira de. *As Andanças de Cândido – Introdução ao Pensamento Político do Século XX*, Lisboa, Edições 70, 2009, p. 40.

[229] A propósito, Bobbio destaca que o "bem-estar" de que se ocupavam os liberalistas clássicos era "bem pouca coisa se comparado com aquele que é fornecido pelos Estados democráticos de hoje" e acrescenta que "para os primeiros escritores liberais, os termos da polêmica não são muito diversos dos termos postos pelos escritores liberais de hoje, segundo os quais o melhor bem-estar é aquele que os indivíduos conseguem encontrar por si mesmos, desde que sejam livres para buscar o próprio interesse". No cotejo das democracias atuais com o contratualismo clássico, Bobbio compara a figura atual de Estado com a do "polvo de mil tentáculos", devido ao seu crescimento (cfr. Bobbio, Norberto. *O Futuro da Democracia – uma defesa das regras do jogo*, trad. de Marco Aurélio Nogueira, 15ª edição, Rio de Janeiro/São Paulo, Paz & Terra, 2018, pp. 191-202).

[230] Para Rawls, uma teoria da justiça tem de enfrentar as seguintes questões: primeiramente, escolher os princípios da justiça partindo de uma posição original. A partir desta escolha, "as partes regressam ao seu lugar na sociedade e, daí em diante, julgam as exigências que formulam no âmbito do sistema social através desses princípios"; segundo, respeitando as limitações impostas pelos princípios elegidos, "devem determinar um sistema que englobe a estrutura e funções do poder político e os direitos básicos do cidadão; havendo acordo quanto à concepção de justiça adequada, o véu de ignorância é removido de forma parcial, mas os participantes da convenção não possuem quaisquer informações sobre "sua posição social, atributos naturais ou a sua concepção do bem"; a partir daí, as partes escolhem a constituição justa, que mais satisfaça de modo efetivo os princípios de justiça e seja melhor concebida para que as legislações formuladas também sejam justas e efetivas (cfr.

em sociedade, dentre os quais se encontram o princípio da liberdade, o princípio da diferença e o princípio da justa igualdade de oportunidades. Até mesmo quando elenca a liberdade e a prioriza como princípio da justiça, Rawls o faz de modo a estendê-la de forma igual a todas as pessoas, pois entende que na definição de um processo justo de elaboração de uma constituição justa e, consequentemente, um conjunto de legislação em conformidade com os princípios de justiça, "o conjunto de liberdades ligadas à igualdade entre os cidadãos deve ser incorporado na constituição e por ela protegido"[231]. Partindo de uma forma de democracia constitucional, Rawls inclui dentre estas liberdades a "liberdade de consciência e pensamento, as liberdades pessoais e a igualdade de direitos políticos"[232], sem as quais o processo não seria justo. Ademais, apesar de apresentar objeção ao princípio da igualdade equitativa de oportunidades, por conduzir a uma sociedade meritocrática, concebe, por meio do princípio da diferença, a possibilidade de que desigualdades de nascimento e capacidade natural, porque *imerecidas*, sejam de alguma forma "objeto de compensação"[233]. Para além deste enfoque dado ao processo de justiça dirigido às instituições, Rawls também trata da aplicação do princípio da equidade aos sujeitos individuais, destacando que "o princípio da equidade não permite que se seja vinculado a instituições injustas, ou, pelo menos, a instituições que ultrapassem os limites da injustiça tolerada (que não foram ainda definidos)"[234]. Por isso, entende não haver obrigações para com uma forma de governo que seja autoritária e arbitrária, pois os vínculos obrigacionais pressupõem ao menos instituições "razoavelmente justas"[235].

Rawls, Jonh. *Uma Teoria da Justiça*, trad. de Carlos Pinto Correia, 4a edição, Lisboa, Editorial Presença, 1993 (tradução), 1971 (original), pp. 164 e ss.).

[231] Cfr. Rawls, Jonh. *Uma Teoria da Justiça*, trad. de Carlos Pinto Correia, 4a edição, Lisboa, Editorial Presença, 1993 (tradução), 1971 (original), p. 165.

[232] Cfr. Rawls, Jonh. *Uma Teoria da Justiça*, trad. de Carlos Pinto Correia, 4a edição, Lisboa, Editorial Presença, 1993 (tradução), 1971 (original), p. 165.

[233] Cfr. Rawls, Jonh. *Uma Teoria da Justiça*, trad. de Carlos Pinto Correia, 4a edição, Lisboa, Editorial Presença, 1993 (tradução), 1971 (original), p. 95.

[234] Cfr. Rawls, Jonh. *Uma Teoria da Justiça*, trad. de Carlos Pinto Correia, 4a edição, Lisboa, Editorial Presença, 1993 (tradução), 1971 (original), p. 104.

[235] Cfr. Rawls, Jonh. *Uma Teoria da Justiça*, trad. de Carlos Pinto Correia, 4a edição, Lisboa, Editorial Presença, 1993 (tradução), 1971 (original), p. 104.

Dentro da elaboração de sua concepção de instituições de uma estrutura básica justa, Rawls apresenta a família como "instituição básica da sociedade", já que "uma de suas funções essenciais é ser base da produção e reprodução ordenadas da sociedade e de sua cultura de uma geração para outra"[236] e, por isso, os princípios da justiça lhes seriam aplicáveis. Além de projetar a família como uma sociedade política e, com isso, "vista como um esquema de cooperação que se mantém indefinidamente ao longo do tempo"[237], fundamenta-a com base da produção e reprodução, tanto que para ele "o trabalho reprodutivo é um trabalho socialmente necessário". Deste modo, encara como função essencial da família a criação e os cuidados com os filhos de forma razoável e eficaz, "garantindo seu desenvolvimento moral e sua educação para a cultura mais ampla"[238]. Assim, nesta concepção duradoura de modelo de sociedade por Rawls vislumbrado, em que a família deve gerar filhos em um número adequado para manutenção desse projeto, os cidadãos devem ter um senso de justiça e as virtudes políticas necessárias para sustentar as instituições políticas e sociais justas. Por fim, salienta que desde que o arranjo familiar permita a realização de suas tarefas, sem entrar em conflito com outros valores políticos, a concepção política de justiça não exige nenhuma forma específica de família, como por exemplo a monogâmica, heterossexual ou outra[239].

Sob o enfoque feminista, entretanto, a teoria da justiça de Rawls pode abrir margem à desigualdade de gênero, já que, ao reconhecer a família como importante instituição social que faz parte da estrutura de base da sociedade, não explica como seus princípios de justiça afetam esta instituição e a "justiça interna da família", pois a presume concebida dentro da posição original e em conformidade com os princípios da justiça. É verdade que Rawls acrescenta que os princípios da justiça se apli-

[236] Cfr. Rawls, John. *Justiça como Equidade – uma reformulação*, trad. de Claudia Berliner, São Paulo, Martins Fontes, 2003, p. 230.

[237] Cfr. Rawls, John. *Justiça como Equidade – uma reformulação*, trad. de Claudia Berliner, São Paulo, Martins Fontes, 2003, p. 230.

[238] Cfr. Rawls, John. *Justiça como Equidade – uma reformulação*, trad. de Claudia Berliner, São Paulo, Martins Fontes, 2003, p. 231.

[239] Cfr. Rawls, John. *Justiça como Equidade – uma reformulação*, trad. de Claudia Berliner, São Paulo, Martins Fontes, 2003, p. 231.

cam à família e, com isso, podem garantir uma justiça igual às mulheres e aos filhos, mas não indica o que esses princípios da justiça exigem na aplicação à família. Em resumo, não estende os princípios políticos diretamente à vida interna familiar, mas impõe-lhe restrições essenciais enquanto instituição, de modo a assegurar liberdades básicas e igualdade de oportunidades a todos os seus membros[240]. Ou seja, apesar da expressa afirmação de que as esposas são cidadãs tanto quanto seus maridos, com os mesmos direitos e liberdades básicos e iguais oportunidades que estes[241], ao invés de dizer o que é necessário para garantir que as famílias sejam justas, Rawls parte do pressuposto de que as famílias são justas e, com isso, acaba por negligenciar a desigualdade de oportunidades recorrente dentro da família e a ameaça que o gênero representa para o papel da família como "escola de justiça"[242].

Então, muito embora reconheça a família como uma instituição social, em verdade Rawls parte do seu "chefe de família" para as formulações e interpretações que constituem a posição original[243] e confere-lhe uma natureza não-política, uma vez que as relações familiares são baseadas na afeição[244]. Com isso, distingue a aplicação dos princípios de justiça aos cidadãos de um modo geral e do ponto de vista familiar e de associações, justificando que "não iríamos querer que os princípios políticos de justiça fossem aplicados diretamente à vida interna da família", pois em sua concepção não seria razoável que os pais tenham que tratar seus filhos desta maneira, muito embora devam seguir "alguma concepção de justiça (ou equidade) e ter o devido respeito para cada um de seus filhos, mas, dentro de certos limites"[245]. Assim, conclui que a

[240] Cfr. Rawls, John. *Justiça como Equidade – uma reformulação*, trad. de Claudia Berliner, São Paulo, Martins Fontes, 2003, p. 233.

[241] Cfr. Rawls, John. *Justiça como Equidade – uma reformulação*, trad. de Claudia Berliner, São Paulo, Martins Fontes, 2003, p. 233.

[242] Neste sentido, cfr. Okin, Susan. *Justice, Gender and the Family*, Basic Books, 1989, pp. 17 e ss. (tradução livre).

[243] Cfr. Rawls, Jonh. *Uma Teoria da Justiça*, trad. de Carlos Pinto Correia, 4ª edição, Lisboa, Editorial Presença, 1993 (tradução), 1971 (original), p. 157.

[244] Cfr. Rawls, John. *Justiça como Equidade – uma reformulação*, trad. de Claudia Berliner, São Paulo, Martins Fontes, 2003, p. 233.

[245] Cfr. Rawls, John. *Justiça como Equidade – uma reformulação*, trad. de Claudia Berliner, São Paulo, Martins Fontes, 2003, p. 234.

sociedade precisa confiar, em certa medida, "na afeição e na boa vontade naturais dos pais"[246], apesar de deixar claro a proibição para os casos de abusos e negligências. Deste modo, apesar de reconhecer a "injustiça longa e histórica para com as mulheres"[247], o autor, que é referência para a construção das concepções modernas de justiça e, por esta razão, aqui salientado, não rompe, de modo expresso, com a longa tradição de incluir a família no espaço privado, com exclusão do espaço político e, portanto, acaba por deixar a opressão feminina, fadada à invisibilidade, alheia à proteção estatal e, reflexamente, contribui para a perpetuação da desigualdade de gênero, já que o ambiente privado sempre foi o lugar historicamente destinado à mulher. Assim é que "os limites de qualquer abordagem da igualdade sexual que negligencie a família tornaram-se cada vez mais claros"[248], o que levou Carole Pateman a desenvolver suas ideias em torno do "contrato sexual", destacando que "o significado do que é ser um 'indivíduo', produtor de contratos e civilmente livre, é revelado através da sujeição das mulheres dentro da esfera privada"[249],

[246] Cfr. RAWLS, John. *Justiça como Equidade – uma reformulação*, trad. de Claudia Berliner, São Paulo, Martins Fontes, 2003, p. 234.

[247] Cfr. RAWLS, John. *Justiça como Equidade – uma reformulação*, trad. de Claudia Berliner, São Paulo, Martins Fontes, 2003, p. 235. A propósito, Stuart Mill já afirmava, em sua época, que a família é uma escola do despotismo masculino e relacionava a ligação entre marido e mulher daquela época à escravatura doméstica e por isso julgava que somente a igualdade entre homem e mulher tornaria a vida cotidiana da humanidade uma "escola de cultura moral". Julgava que "a formação moral da humanidade nunca estará adaptada às condições da vida para que todo o outro progresso humano constitui uma preparação enquanto não vigorar na família a mesma regra moral que se adapta à normal constituição da sociedade humana" (cfr. MILL, Stuart. *A Sujeição das Mulheres*, trad. de Benedita Bettencourt, Coimbra, Almedina, 2006, pp. 95 e ss). Em função disso, Rawls compreendeu que "os princípios de justiça que prescrevem a democracia certamente podem ser invocados para reformá-la" e porquanto o liberalismo político separe a justiça política aplicável à estrutura básica das concepções de justiça aplicável ao que se insere no domínio não-político, compreende que os princípios de justiça colocam à família "restrições essenciais" (cfr. RAWLS, John. *Justiça como Equidade – uma reformulação*, trad. de Claudia Berliner, São Paulo, Martins Fontes, 2003, p. 235).

[248] Cfr. KYMLICKA, Will. *Filosofia Política Contemporânea*, trad. de Luís Carlos Borges, São Paulo, Martins Fontes, 2006, p. 319.

[249] Cfr. PATEMAN, Carole. *O Contrato Sexual*, trad. de Marta Avancini, Rio de Janeiro, Paz e Terra, 1988, pp. 28-29.

o que leva a debates sobre a reformulação legal da instituição familiar[250].

Trazidos alguns dos debates que envolvem a relação entre igualdade e liberdade, pode-se entender que a determinação de seus conteúdos, assim como o da fraternidade, dependem de uma visão integrada e coordenada, que os considere como modalidades ou dimensões "de um mesmo e único valor que as engloba e transcende – a *dignidade humana*"[251]. Inquestionavelmente considerada um direito-chave, e até mesmo um direito-guardião do Estado Social[252], a igualdade, incluída no rol de direitos fundamentais, versão brasileira da denominação portuguesa "direitos, liberdades e garantias", encontra-se em profunda relação de simbiose com a dignidade da pessoa humana e o Estado Democrático de Direito[253]. Um não sobrevive sem o outro, possuindo, assim, especial destaque na medida em que é tido como "signo funda-

[250] Martha Nussbaum, que também já fez sua análise sobre os reflexos da divisão dos espaços em público e privado para a justiça política, defende a reforma legal da família para tal finalidade, por considerá-la parte estrutural da sociedade, no sentido de que "ela está entre as instituições legalmente moldadas que moldaram de forma mais penetrante as capacidades dos indivíduos para prosperar". Por isso, para ela, a teoria política liberal não precisa abdicar de seu compromisso de proteção das esferas de escolha para resguardar "um ponto de partida justo para crianças do sexo masculino e feminino através de reformas legais apropriadas" (cfr. Nussbaum, Martha C. *Sex and Justice Social*, New York/Oxford, Oxford University Press, 1999, pp. 20-21 (tradução livre)).

[251] Cfr. Melo, A. Barbosa de. "Democracia e utopia – (reflexões)", in *Humanística e Teologia*, Tomo I, Fasc. 1, Porto, editora Instituto de Ciências Humanas e Teológicas do Porto, 1980, p. 11-56, p. 20.

[252] Expressão utilizada por Paulo Bonavides, que considera a igualdade o direito que "mais tem subido de importância no Direito Constitucional de nossos dias, sendo, como não poderia deixar de ser, o direito-chave, o direito-guardião do Estado Social" (cfr. Bonavides, Paulo. *Curso de Direito Constitucional*, 8ª edição, São Paulo, Malheiros, 1999, p. 340).

[253] Para Paulo Otero, o Estado de Direito Democrático traduz-se primeiramente num Estado de Direito, na qual "o Poder político não está apenas limitado pelo Direito que cria (autovinculação ou autolimitação), encontrando-se também limitado por normas e princípios que não se encontram na sua disponibilidade e relativamente aos quais se subordina (heterovinculação ou heterolimitação)", e segundo em Estado social, na medida em que visa "implementar uma democracia política, económica, social e cultural", sempre visando à construção de uma sociedade livre, justa e solidária (cfr. Otero, Paulo. *Direito Constitucional Português – identidade constitucional*, v. I, Coimbra, Almedina, 2017, p. 51).

mental da democracia"[254]. Mais do que um direito ou um princípio, a igualdade é uma forma justa de se viver em sociedade e, por isso, possui como característica servir como estrutura do Estado de Direito, regendo não apenas as normas jurídicas existentes, mas também o exercício de todas as atividades públicas e até mesmo as privadas, ainda que de modo indireto, designadamente às de envolvimento social e público. Tanto a Constituição Portuguesa como a Brasileira acolheram valores de justiça, segurança e liberdade na edificação de sua ordem jurídica, cuja finalidade é criar uma "sociedade livre, justa e solidária", designação utilizada em ambos os textos constitucionais (no art. 1º, da Constituição Portuguesa e no art. 3º, I, da Constituição Brasileira de 1988). Ambas, de plano, reconhecem a igualdade formal, jurídica ou liberal, identificada na expressão "todos são iguais perante a lei"[255], destinada ao criador e ao aplicador do direito e que, todavia, não se reduz a colocar todos os cidadãos no mesmo patamar diante da norma posta. Mais que isto, "a própria lei não pode ser editada em desconformidade com a isonomia"[256].

Dentro deste raciocínio, a igualdade apresenta-se como inseparável da liberdade individual, podendo ser considerada um "pressuposto para a uniformização do regime das liberdades individuais a favor de todos os sujeitos de um ordenamento jurídico"[257]. Assim, para todos os indivíduos com as mesmas características e nas mesmas condições, o direito e os resultados jurídicos devem ser os mesmos. Entretanto, não basta, para a igualdade jurídica, seja na criação, seja na aplicação do direito, apenas sua dimensão da *universalização*, já que permitiria a discriminação pela própria lei de um determinado universo de indivíduos que poderiam ser colocados dentro de um grupo específico de pessoas (por exemplo, negros, judeus, muçulmanos, mulheres, etc.) para, a partir daí, receber

[254] Cfr. Silva, José Afonso da. *Curso de Direito Constitucional Positivo,* 23ª edição, São Paulo, Malheiros, 2002, p. 210.

[255] Art. 13º/1, da Constituição Portuguesa de 1976 e art. 5º, *caput,* da Constituição Brasileira de 1988.

[256] Cfr. Melo, Celso Antonio. *O Conteúdo Jurídico do Princípio da Igualdade,* 4ª edição, Salvador, Editora Juspodivm, 2022, p. 9.

[257] Cfr. Canotilho, J. J. Gomes. *Direito Constitucional e Teoria da Constituição,* 7ª edição, Coimbra, Almedina, 2003, p. 426.

regramentos discriminatórios sob as vestes da universalidade. Então, para além da faceta da universalidade, que invoca um tratamento igual às pessoas pelo Direito, a igualdade apresenta-se ainda como *diferença fundamentada ou razoável*, exigindo que todos os indivíduos sejam tratados pelo Direito não apenas de forma igual, "mas como iguais"[258].

Por tudo isso, como não pode ser o princípio da igualdade restringido ao seu aspecto formal, de prevalência da lei, seja sobre o administrador, seja sobre o julgador[259], designadamente por não ser suficiente para identificar quem são os indivíduos iguais e quem são os desiguais, há que se considerar cumulativamente os aspectos da igualdade em seu sentido material[260], de preocupação com seu conteúdo fático, identifi-

[258] Cfr. AMARAL, Maria Lúcia. "O Princípio da Igualdade na Constituição Portuguesa", in *Estudos em Homenagem ao Prof. Doutor Armando M. Marques Guedes*, Coimbra, Coimbra Editora, p. 38. Por isso, Castanheira Neves entende que "a igualdade perante a lei oferecerá uma garantia bem insuficiente se não for acompanhada (ou não tiver também a natureza) de uma igualdade na própria lei, isto é, exigida ao próprio legislador relativamente ao conteúdo da lei" (cfr. NEVES, Castanheira. *O instituto dos 'assentos' e a função jurídica dos supremos tribunais*, Coimbra, Coimbra Editora, 1983, p. 166). A propósito, esta formulação que distingue o *tratamento igual* do *tratamento como igual* parte de uma referência feita por Dworkin sobre *right to equal treatment* e o *right to be treated as an equal*, para quem "existe uma diferença entre dar um tratamento igualitário às pessoas, com relação a uma outra mercadoria ou oportunidade, ou tratá-las como iguais". Estanca, com isso, a problemática que gira em torno da igualdade distributiva, a qual divide em igualdade de bem-estar, que leva em conta as necessidades individualizadas das pessoas e igualdade de recursos, com igual divisão de riqueza, e somente considera legítimo o governo que demonstre "igual consideração pelo destino de todos os cidadãos sobre os quais afirme seu domínio e aos quais reivindique fidelidade". Por esse motivo encara a igualdade como "virtude soberana" da comunidade política, sem a qual o governo torna-se tirano (cfr. DWORKIN, Ronald. *A Virtude Soberana: a teoria e a prática da igualdade*, trad. de Jussara Simões, 2ª edição, 4ª tiragem, São Paulo, Martins Fontes, 2019, pp. 4 e 11).

[259] Cfr. CANOTILHO, Joaquim José Gomes. *Constituição dirigente e vinculação do legislador: contributo para a compreensão das normas constitucionais programáticas*, Coimbra, 1982, p 381.

[260] Sobre o sentido material do princípio da igualdade, o Tribunal Constitucional, no Acórdão 468/96, afirmou serem "inadmissíveis diferenciações não justificáveis racionalmente à luz dos valores constitucionais. Desde logo, a igualdade implica, nesta dimensão, a não discriminação. Para além disso, quaisquer diferenciações hão-de ser fundamentadas, positivamente, segundo um critério de merecimento admitido, explícita ou implicitamente, pelo legislador constitucional".

cador das igualdades e desigualdades existentes nos cidadãos[261] e que demandam um tratamento, por parte do poder público, aqui incluído o legislador, o administrador e o julgador, adaptado às características e necessidades individuais. Assim, a igualdade justa, de olhos sempre voltados ao fundamento material objetivo[262], a fim de serem evitados os arbítrios[263], deve agregar um fundamento sério, ter um sentido legítimo e estabelecer diferenciações jurídicas com fundamento razoável, aliando, este último elemento, a uma inevitável problemática da valoração, que exige "elementos de comparação subjacentes ao caráter

[261] Neste passo, Amartya Sen considera que "as exigências de igualdade substantiva podem ser especialmente rigorosas e complexas quando existe uma boa dose anterior de desigualdade a ser enfrentada" (cfr. SEN, Amartya. *Desigualdade Reexaminada*, trad. de Ricardo Doninelli Mendes, 2ª edição, Rio de Janeiro/São Paulo, editora Record, 2008, p. 30).

[262] O fundamento material objetivo deve estar presente em todas as medidas do poder público que possam gerar um tratamento diferenciado, inclusive em medidas estatais de clemência, como bem observado no Acórdão 347/2000, do Tribunal Constitucional Português, ao destacar que: "a amnistia ou o perdão genérico não pode ser considerado um mero acto de clemência, antes tem de assentar nalguma racionalidade. Tratando-se da definição de direitos individuais perante o Estado, que, pela amnistia ou pelo perdão, são dilatados tal como são comprimidos pela aplicação das sanções, a delimitação dos factos abrangidos pela lei de amnistia ou perdão genérico tem de ser feita segundo critérios susceptíveis de generalização, em função de circunstâncias não arbitrárias do ponto de vista do Estado de direito". Com isso, considerou que a aplicação do princípio da igualdade vindica soluções materialmente fundadas e razoáveis.

[263] Sobre o sentido do princípio da igualdade e a proibição do arbítrio, Canotilho, após avaliar uma série evolutiva da jurisprudência constitucional, dando conta de que o tratamento distinto somente é arbitrário se não estiver fundado em "critérios de valor objetivo constitucionalmente relevantes", destaca a mudança de posicionamento do Tribunal Constitucional, que passou a afirmar que a teoria da proibição do arbítrio não é critério de definição do princípio da igualdade, mas método de controlabilidade judicial, não colocando em causa a "discricionariedade legislativa" (cfr. CANOTILHO, J. J. Gomes. *Direito Constitucional e Teoria da Constituição,* 7ª edição, Coimbra, Almedina, 2003, p. 429). Neste contexto de liberdade de conformação do legislador, no Acórdão 468/96, o Tribunal Constitucional Português definiu que "há-de reconhecer-se que o legislador ordinário goza de uma considerável margem de discricionariedade – não de arbitrariedade, proveniente do mandato democrático que lhe foi conferido, para seleccionar os factores relevantes para a inclusão ou exclusão de titulares de altos cargos públicos no universo a que associa um mais rigoroso regime de incompatibilidades e impedimentos".

relacional do princípio da igualdade"[264]. O debate desta outra faceta do princípio da igualdade, entendida não como uma "indiferenciação jurídica entre as pessoas, mas como exigência de existência de diferenças fundamentadas entre elas"[265], iniciado no século XX, e mais difundido no segundo pós-guerra, já que até então a interpretação da igualdade se dava "pela *universalidade* ou indiferenciação de estatutos"[266], trouxe importante alteração em sua concepção, estando nas bases do direito antidiscriminatório, que será tratado adiante. Se antes bastava para dar-lhe efetividade a observância da lei de todos os cidadãos e igual vinculação de todos os poderes do Estado à lei, posteriormente as exigências de liberdade tornaram-se mais intensas e, com isso, a igualdade passou a ser entendida também como *diferença fundamentada,* devido à sua "crescente vinculação ao modo de exercício das liberdades individuais"[267]. Assim, para além da expressão objetiva-negativa, entendida como "instrumento de erradicação de estatutos grupais privilegiados", o princípio da igualdade começa a ser analisado sob a ótica subjetiva-positiva, de garantia da livre expressão das diferenças individuais[268], condicionada à vinculação

[264] A respeito, cfr. Canotilho, J. J. Gomes. *Direito Constitucional e Teoria da Constituição,* 7ª edição, Coimbra, Almedina, 2003, p. 428.

[265] Cfr. Amaral, Maria Lúcia. "O Princípio da Igualdade na Constituição Portuguesa", in *Estudos em Homenagem ao Prof. Doutor Armando M. Marques Guedes,* Coimbra, Coimbra Editora, p. 39.

[266] É o que afirma Maria Lúcia Amaral, para quem na época "o princípio da igualdade permanecia subsumido ao princípio da legalidade" e a concretização da ideia de que a *lei deve ser igual para todos* "realizava-se através da lei mesma: a generalidade e a abstracção das suas normas, a sua (pensada) vocação para a vigência intemporal e a sua capacidade para vincular as actuações concretas do juiz e da administração bastavam – segundo se entendia – para cumprir a igualdade" (cfr. Amaral, Maria Lúcia. "O Princípio da Igualdade na Constituição Portuguesa", in *Estudos em Homenagem ao Prof. Doutor Armando M. Marques Guedes,* Coimbra, Coimbra Editora, p. 39).

[267] Cfr. Amaral, Maria Lúcia. "O Princípio da Igualdade na Constituição Portuguesa", in *Estudos em Homenagem ao Prof. Doutor Armando M. Marques Guedes,* Coimbra, Coimbra Editora, p. 40.

[268] Cfr. Amaral, Maria Lúcia. "O Princípio da Igualdade na Constituição Portuguesa", in *Estudos em Homenagem ao Prof. Doutor Armando M. Marques Guedes,* Coimbra, Coimbra Editora, p. 40.

entre a diferença em si considerada e sua medida e o propósito legal que a justifique[269].

Neste compasso, a Constituição Portuguesa, dentre os dispositivos que estabelecem densas diferenciações, apresentou, de forma inédita e diferenciada no discurso constitucional[270], em seu art. 109º, com a redação inserida pela Revisão constitucional de 1997, a expressão *cidadãos*, ao diferenciá-los pelo gênero, com a afirmação de que "a participação directa e activa de *homens* e *mulheres* na vida pública constitui condição e instrumento fundamental...", o que se justifica pelo propósito de enunciação de um princípio que, "no sistema global da Constituição, cumpre uma função de concretização imediata do princípio democrático"[271]. Com isso, o dispositivo identifica-se como "norma especial" em relação ao disposto no art. 9º, da Constituição Portuguesa e, portanto, deixa claro a opção constitucional de tolerância com discriminações positivas eventualmente reguladas pelo legislador ordinário em favor das

[269] Neste ponto, Maria Lúcia do Amaral aponta a problemática decorrente da definição da igualdade como diferença fundamentada, advertindo que eventual julgamento de inconstitucionalidade de lei que a estabeleça depende de prova da "inexistência de qualquer relação entre o fim prosseguido pela lei e as diferenças de regime que, por causa desse fim, a própria lei estatui" e destaca que a associação do conceito de igualdade à concepção de justiça é bastante complexa. Por isso, pontua que, para além da proibição constitucional de discriminar, e da autorização de diferenciação fundamentada, o princípio metodológico da unidade da Constituição, as leis podem ser julgadas inconstitucionais não apenas pelo fato de estabelecer desigualdades, mas também pelo fato de o "não fazer". Com isso, apresenta duas dimensões da igualdade, a universalidade e a diferenciação fundamentada e, quanto a esta última, pondera que a existência de um dever de diferenciação positiva depende da interpretação e qualificação em conformidade com o restante sistema constitucional e, em especial, de acordo com cada caso concreto, e levanta o questionamento em torno do juízo relativo ao arbítrio legislativo e os limites da competência jurisdicional (cfr. AMARAL, Maria Lúcia. "O Princípio da Igualdade na Constituição Portuguesa", in *Estudos em Homenagem ao Prof. Doutor Armando M. Marques Guedes*, Coimbra, Coimbra Editora, pp. 44 e ss.).

[270] Conforme lembra Maria Lúcia Amaral, "em nenhum outro passo do discurso constitucional a expressão cidadãos é apresentada de forma diferenciada" (cfr. AMARAL, Maria Lúcia. "O Princípio da Igualdade na Constituição Portuguesa", in *Estudos em Homenagem ao Prof. Doutor Armando M. Marques Guedes*, Coimbra, Coimbra Editora, p. 47).

[271] Cfr. AMARAL, Maria Lúcia. "O Princípio da Igualdade na Constituição Portuguesa", in *Estudos em Homenagem ao Prof. Doutor Armando M. Marques Guedes*, Coimbra, Coimbra Editora, p. 48.

mulheres[272]. A propósito do elenco de diferenciações densas trazidas pelo texto constitucional português, no que não difere a Constituição Brasileira, que faz expressa referência à tarefa legislativa de discriminação positiva em alguns dispositivos[273], e muito embora as Constituições modernas garantam formalmente uma igual dignidade humana a todos os indivíduos – homens e mulheres – a discrepância entre "o *law in the books* e o *law in the action*"[274] torna clara as não infrequentes situações de iniquidades vivenciadas por seus concidadãos[275] pelos mais diversos motivos que vão desde questões econômicas, diferenças de etnias, raças, religiões e gênero, ao próprio exercício pleno da cidadania. Não são poucas, portanto, as inconsistências de uma proclamação apenas formal da igualdade, e principalmente da hipertrofia de compromissos e promessas constitucionais, que muitas vezes mais expressam uma "ética da convicção" do que propriamente uma "ética da responsabilidade prática" e, por isso, "a consequência será a grandiloquência das palavras e a

[272] Cfr. AMARAL, Maria Lúcia. "O Princípio da Igualdade na Constituição Portuguesa", in *Estudos em Homenagem ao Prof. Doutor Armando M. Marques Guedes*, Coimbra, Coimbra Editora, p. 48.

[273] Podem ser citados o art. 58º, n. 2º, *b*; o art. 59º, n. 2º, *c*; o art. 67º, n. 2º, em especial o item *b*; o art. 68º, n. 3º.

[274] Expressão de Maria Lúcia Amaral, cfr. AMARAL, Maria Lúcia. "O Princípio da Igualdade na Constituição Portuguesa", in *Estudos em Homenagem ao Prof. Doutor Armando M. Marques Guedes*, Coimbra, Coimbra Editora, p. 49.

[275] O caso português de diferenciações constitucionais é profundamente denso e paradoxal, tanto que Virgínia Ferreira destaca que "em paralelo a uma lei que presume a igualdade entre homens e mulheres tanto nas responsabilidades familiares como profissionais e cívicas, corre um quotidiano pautado por, entre outros aspectos, (i) longas horas de trabalho (o horário de trabalho mais longo da UE); (ii) intensa actividade económica (uma das mais elevadas taxas de actividade feminina) mal remunerada (os mais baixos salários da UE); (iii) escassos equipamentos colectivos de apoio às crianças, idosos, deficientes e doentes (o Estado português é o que dispende a menor percentagem do Produto Interno Bruto dos países da UE – 19,4%, para uma média europeia de 26% - com a despesa corrente da protecção social); (...)", configurando, assim, "uma ordem jurídica igualitária que dificilmente encontra pontos de contacto com um tecido social e económico pontuado de obstáculos à emancipação social das mulheres" (cfr. FERREIRA, Virgínia. "Os Paradoxos da situação das mulheres em Portugal", in *Revista Crítica de Ciências Sociais*, n. 52/53, novembro de 1998/fevereiro 1999, Coimbra, p. 201).

fraqueza dos atos"[276]. Daí a importância da criação de instrumentos que vão para além da programação constitucional dirigida, a fim de promover-se a igualdade jurídica[277], para que o direito posto se torne direito aplicado, com um olhar atento às distintas condições reais que separam os cidadãos de uma mesma sociedade. De qualquer modo, independente desta problemática envolvendo a divisão entre igualdade formal ou jurídica e igualdade material ou fática, o princípio universal da igualdade é sobretudo um "princípio de justiça social", que "assume relevo enquanto princípio de igualdade de oportunidades e de condições reais de vida" e interliga-se a uma política pública de justiça social, de efetivação de direitos constitucionais, designadamente direitos econômicos, sociais e culturais[278]. Afinal, somente a "solidariedade garante plenamente a dignidade de cada um, em quaisquer circunstâncias da vida"[279]. Não foi por outra razão que a Constituição Portuguesa, ao enunciar os princípios norteadores do exercício dos direitos fundamentais, especificou terem todos os cidadãos "a mesma dignidade social", sendo iguais perante a lei (art. 13º, n. 1 e 2). No mesmo sentido, a Constituição Brasileira de 1988 previu como objetivo fundamental da República a construção de uma sociedade "livre, justa e solidária", com a redução das "desigualdades sociais", fundada na dignidade da pessoa humana" (art. 1º, III

[276] Cfr. CANOTILHO, J. J. Gomes. "¿Revisar La/O Romper Con La Constitución Dirigente? Defensa de un constitucionalismo moralmente reflexivo (*)", in *Revista Española de Derecho Constitucional*, Año 15, n. 43. Enero-Abril 1999, pp. 9-23, p. 19. Não é por outra razão que Fábio Comparato suspeitasse que "a abstração isonômica servisse apenas para encobrir as terríveis desigualdades de fortuna e condição material, no seio do povo" (cfr. COMPARATO, Fábio Konder. "Igualdade, Desigualdades", in *Revista Trimestral de Direito Público*, São Paulo, v. 93, 1993, p. 69).

[277] Neste ponto, Celso de Mello observa os seguintes aspectos para reconhecimento das desigualações: "a primeira diz com o elemento tomado como fator de desigualação; a segunda reporta-se à correlação lógica abstrata existente entre o fator erigido em critério de descrímen e a disparidade estabelecida no tratamento jurídico diversificado; a terceira atina à consonância desta correlação lógica com os interesses absorvidos no sistema constitucional e destarte juridicizados" (cfr. MELO, Celso Antonio. *O Conteúdo Jurídico do Princípio da Igualdade*, 4ª edição, Salvador, Editora Juspodivm, 2022, p. 21).

[278] Cfr. CANOTILHO, J. J. Gomes. *Direito Constitucional e Teoria da Constituição*, 7ª edição, Coimbra, Almedina, 2003, p. 430.

[279] Cfr., MIRANDA, Jorge. *Manual de Direito Constitucional*, v. II, tomo IV, Coimbra, Coimbra Editora, 2014, p. 235.

e art. 3º, I e III). Nestes moldes, ambos os textos constitucionais, expressamente declararam a importância da promoção do bem de todos sem distinção, privilégio, benefício, prejuízo, privação de qualquer direito ou isenção de obrigação em razão, dentre outros, do *sexo* e, com isso, aproximam-se ambos não apenas no tempo, como também na escolha de seus valores essenciais.

Assim é que, dentre os direitos fundamentais, a cláusula geral da isonomia recebe um especial destaque, na medida em que está estritamente ligada ao exercício das liberdades individuais. Por isso, seu conteúdo deôntico, vulgarmente atribuído-lhe, o transforma em "virtual guardião de todos os restantes valores constitucionais"[280], tanto que apesar das diversas alterações verificadas tanto na Constituição Portuguesa quanto na Brasileira, fato revelador da face intranquila da ordem constitucional nestas nações, mantiveram-se intactas as normas contidas nos arts. 13º, da CRP e 5º, da CRB desde sua promulgação. Ao que se vê, o conteúdo jurídico-constitucional do princípio da igualdade tem enfrentado, até os dias atuais, uma "construção gradual por camadas"[281], que passou de uma *igualdade formal*[282], que aceitava a discriminação de

[280] Cfr. AMARAL, Maria Lúcia. "O Princípio da Igualdade na Constituição Portuguesa", in *Estudos em Homenagem ao Prof. Doutor Armando M. Marques Guedes*, Coimbra, Coimbra Editora, p. 37.

[281] Cfr. AMARAL, Maria Lúcia. "O Princípio da Igualdade na Constituição Portuguesa", in *Estudos em Homenagem ao Prof. Doutor Armando M. Marques Guedes*, Coimbra, Coimbra Editora, p. 37.

[282] Dentro de uma concepção formal, portanto, a igualdade surge como a prevalência da lei sobre a jurisdição e a administração (cfr. CANOTILHO, J. J. Gomes. *Direito Constitucional e Teoria da Constituição*, 7ª edição, Coimbra, Almedina, 2003, p. 427), todavia não adentrar no sentido material do princípio o torna em certa medida inutilizável por não esclarecer quem são os iguais e os desiguais e também porque "em Direito, o princípio da igualdade torna-se de mais difícil conceituação porque o que ele assegura não é a mesma quantidade de direito para todos os cidadãos. A igualdade nesse sentido é uma utopia". Ainda, no dizer de Celso Bastos, o princípio da igualdade vai mais longe, isto é, "ele não se limita a proibir desequiparações em função de uns poucos critérios" (cfr. BASTOS, Celso Ribeiro. *Curso de Direito Constitucional*, 20ª edição, São Paulo, Saraiva, 1999, pp. 152-155). Ele demanda "um tratamento razoável, eqüitativo, aos sujeitos envolvidos" (cfr. BASTOS, Celso Ribeiro. *Curso de Direito Constitucional*, 20ª edição, São Paulo, Saraiva, 1999, pp. 152-155), desempenhando, inclusive, uma função social e de proteção existente na obrigação de tratamento diferenciado para situações desiguais e, com isso, assegurar uma igualdade material, o que pres-

determinadas categorias, como mulheres, negros, analfabetos, para uma *igualdade de fato*, que convive com as diferenças fundamentadas, agora preocupada com a efetividade da norma[283]. O seu âmbito de proteção abrange, na Constituição Portuguesa – e também na Brasileira – tanto a proibição de arbítrio[284] na discriminação como a obrigação de diferenciação, com o fim de compensar a desigualdade de oportunidades e promover a "real igualdade entre os portugueses" (artigo 9º, *d*)[285].

supõe, pelos poderes públicos, um "dever de eliminação ou atenuação das desigualdades sociais, económicas e culturais" (cfr. Canotilho, J. J. Gomes; Moreira, Vital. *Constituição da República Portuguesa Anotada*, v. I, 4ª edição, Coimbra, Coimbra Editora, 2007, p. 341), que vincula o legislativo, o executivo e o judiciário. Destaca-se, aqui, o compromisso constitucional em promover-se designadamente a igualdade econômica, uma vez que a desigualdade social, resultado direto das desigualdades de riquezas e rendimentos, levam a iniquidades no "exercício efetivo de muitos direitos fundamentais" (cfr. Canotilho, J. J. Gomes; Moreira, Vital. *Constituição da República Portuguesa Anotada*, v. I, 4ª edição, Coimbra, Coimbra Editora, 2007, p. 342).

283 Abordando o tema das compensações constitucionais sob o enfoque da igualdade material e formal, Streck afirma que "esse novo modelo constitucional supera o esquema da igualdade formal rumo à igualdade material, o que significa assumir uma posição de defesa e suporte da Constituição como fundamento do ordenamento jurídico e expressão de uma ordem de convivência assentada em conteúdos materiais de vida e em um projeto de superação da realidade alcançável com a integração das novas necessidades e a resolução dos conflitos alinhados com os princípios e critérios de compensação constitucionais" (cfr. Streck, Lenio Luiz. *Hermenêutica Jurídica e(m) Crise: uma exploração hermenêutica da construção do direito*, 3ª edição, Porto Alegre, Livraria do Advogado, 2001, p. 283).

284 Para Canotilho, a proibição de arbítrio é um "princípio negativo de controlo", que ao tempo em que exige positivamente um tratamento igual de situações de fato iguais e diferente de situações faticamente distintas, considera como infração ao princípio os casos extremos de violação aos limites externos da discricionariedade legislativa, isto é, as escolhas legislativas sem o devido suporte material. Em última análise, a infração ao princípio se materializa na ofensa legislativa a direitos fundamentais concretamente positivados (cfr. Canotilho, J. J. Gomes; Moreira, Vital. *Constituição da República Portuguesa Anotada*, v. I, 4ª edição, Coimbra, Coimbra Editora, 2007, p. 339).

285 Sob a ótica do Tribunal Constitucional Português, a proibição do arbítrio, em verdade, não é propriamente critério de definição do conteúdo jurídico do princípio da igualdade, mas sobretudo "expressa e limita a competência do controlo judicial", sem pôr em causa a liberdade de conformação do legislador, constituindo, pois, em critério essencialmente negativo, com base no qual "são censurados apenas os casos de flagrante e intolerável desigualdade" (Acórdão 335/1994).

Ainda dentro de uma visão bipartida, fala-se em igualdade *perante a* lei – geral e abstrata – como decorrência do tratamento legislativo isonômico e garantidor de iguais oportunidades aos indivíduos, independente do sexo, raça, credo ou etnia, seguindo a orientação da Declaração Universal dos Direitos Humano, que reconhece a dignidade inerente dos membros da família humana e dos seus direitos iguais e inalienáveis como fundamento da liberdade, da justiça e da paz no mundo; e em igualdade *na* lei, que pressupõe uma aceitação, pelo legislador, da realidade fática que surge da diferença, buscando superar as desigualdades existentes entre os indivíduos, lhes conferindo um tratamento adequado às suas peculiaridades. A igualdade não pressupõe a homogeneidade e as diferenças surgem nas mais diversas perspectivas[286], extraindo-se, desta assimetria o elemento legitimador da diferenciação. Assim, porque muitas vezes utilizada como expressão da justiça, a igualdade exige por vezes que "medidas de acomodação sejam tomadas (isenções, ajustes) mesmo quando a norma aludida não seja, mesmo na aparência, discriminatória"[287]. Ao Estado, portanto, cumpre estabelecer regras

[286] De acordo com Alexy, "a igualização de todos, em todos os aspectos, seria, mesmo que possível, indesejável. A igualização de todos, em todos os aspectos, faria com que todos quisessem fazer sempre a mesma coisa. Mas, se todos fazem a mesma coisa, somente é possível atingir um nível intelectual, cultural e econômico muito limitado. Portanto, o enunciado geral de igualdade, dirigido ao legislador, não pode exigir que todos sejam tratados exatamente da mesma forma ou que todos devam ser iguais em todos os aspectos". Assim, considera que "a assimetria entre a norma de tratamento igual e a norma de tratamento desigual tem como consequência a possibilidade de compreender o enunciado geral de igualdade como um *princípio da igualdade*, que *prima facie* exige um tratamento igual e que permite um tratamento desigual apenas se isso for justificado por princípios contrapostos" (cfr. Alexy, Robert. *Teoria dos Direitos Fundamentais*, trad. de Virgílio Afonso da Silva, São Paulo, Malheiros, 2006, pp. 397 e 410).

[287] Cfr. Taylor, Charles; Maclure, Jocelyn. *Laicidad y Liberdad de Conciencia*, trad. de María Hernández, Madrid, Alianza Editorial, 2011, p. 89 (tradução livre). Entretanto, a desigualdade para ter legitimidade constitucional, deve ser adjudicada "a favor da extensão dos direitos ou vantagens aos que delas foram excluídos e da eliminação dos deveres ou encargos para quem com eles foi discriminatoriamente onerado" (cfr. Canotilho, J. J. Gomes; Moreira, Vital. *Constituição da República Portuguesa Anotada*, v. I, 4ª edição, Coimbra, Coimbra Editora, 2007, p. 344). Lembre-se, aqui, da situação concreta submetida a análise do Tribunal Constitucional português quando julgou, no Acórdão 289/05, inconstitucional norma disposta no Decreto Regulamentar n. 33/2002 que concedia apoio social

impessoais, não individualizadas, muito embora atento às diferenciações fáticas existentes e buscando, por meio de estratégias afirmativas, minimizar a desigualdade e desenvolver as capacidades e potencialidades de seus cidadãos para a formação de uma sociedade cada vez mais próxima do ideal da igualdade.

Ademais, como princípio norteador de todo ordenamento jurídico, a igualdade impõe, além de um compromisso por parte dos órgãos de soberania[288], algumas diretrizes que devem ser respeitadas seja nas

a idosos carenciados das comunidades portuguesas residentes no estrangeiro e que não fossem nacionais no país de residência. No caso, a corte constitucional entendeu que a disciplina primária de prestações sociais, reservada ao legislativo, deveria ser estabelecida dentro de procedimentos de controle sólido que resguardem a não discriminação em sua concessão, sobretudo para que "seja devidamente ponderada a gestão do dinheiro público, quer na óptica das vantagens para os beneficiários, quer dos concomitantes encargos para os demais cidadãos (já que o financiamento principal do sistema de segurança social provém do orçamento de Estado)". Com isso, por entender que a escolha dos beneficiários ofendeu o princípio da igualdade, não abrangendo idosos, em situação de carência, residentes em Portugal e os idosos binacionais residentes no estrangeiro, declarou a inconstitucionalidade da norma.

[288] O legislativo deve pautar sua atividade legiferante nas diretrizes constitucionais, assumindo, nesta dimensão, a exigência da igualdade formal ou perante a lei (art. 13º/1, *in fine*), não sendo aceitas discriminações legais indevidas e ilegítimas, bem como a igualdade através da lei, revestindo o legislador do compromisso constitucional de estabelecer normas que promovam a igualdade, bem como elimine ou ao menos reduza as desigualdades fáticas existentes. Ao poder executivo, desempenhado pela Administração Pública, até mesmo quando atua dentro das normas de direito privado, incumbe o compromisso com a igualdade. Com isso, deve a Administração pautar suas atividades pela igualdade, seja na concessão de benefícios, seja na oneração com encargos aos administrados, autovinculando-se a este comando constitucional nomeadamente quando atua através de seus poderes de ordem discricionária. Neste ponto, Canotilho e Vital Moreira destacam o dever da administração em utilizar "critérios substancialmente idênticos para a resolução de casos idênticos", não havendo, portanto, um direito à "igualdade na legalidade" ou "à repetição de erros" (cfr. Canotilho, J. J. Gomes; Moreira, Vital. *Constituição da República Portuguesa Anotada*, v. I, 4ª edição, Coimbra, Coimbra Editora, 2007, p. 345). Por fim, a igualdade exerce eficácia vinculativa à atividade jurisdicional, que deve garantir igual acesso à justiça a todos os cidadãos, em qualquer instância de jurisdição, com paridade de armas e independente de condições, inclusive a financeira, bem como deve o julgador pautar-se pelo mesmo princípio ao aplicar o direito ao caso concreto. Sobre este último ponto, o Tribunal Constitucional português, por meio do Acórdão 574, de 13 de outubro de 1998, entendeu que "o princípio da igualdade, enquanto princípio de conteúdo pluridimensional, postula

relações de direito público como nas de direito privado. Assim, independente da natureza jurídica da atividade desempenhada, sobretudo aquelas destinadas ao público em geral[289], mantém-se a vedação à discriminações com base nas especificidades do art. 13º/2, ressalvadas as ações afirmativas, bem como preserva-se a imposição constitucional ao tratamento igualitário por todos indivíduos ou organizações detentores de *poder social*[290], e este conceito engloba os partidos políticos, que devem justificar seu plano de ação, designadamente no desempenho de seu poder regulamentar, prezando pelo respeito à igualdade dos envolvidos[291]. A preocupação exerce especial impacto na pesquisa, sobretudo ao

várias exigências, entre as quais a de obrigar a um tratamento igual das situações de facto iguais e a um tratamento desigual das situações de facto desiguais". Por isso, apesar da não imutabilidade e do entendimento jurisprudencial que, ademais, é passível de divergência, "a protecção da confiança dos cidadãos e da comunidade na ordem jurídica na actuação do Estado obriga este, para que a vida em comunidade decorra com normalidade e sem sobressaltos, à garantia de um mínimo de certeza e de segurança do direito das pessoas e das expectativas que lhe são juridicamente criadas". Assim, a atividade estatal, seja administrativa, legislativa ou judiciária, deve respeitar o mínimo de certeza e segurança para não contender com o princípio da igualdade.

[289] Por exemplo igrejas, associações, fundações de direito privado, atividades de comércio abertas e destinadas ao público, dentre outros.

[290] Cfr. Canotilho, J. J. Gomes; Moreira, Vital. *Constituição da República Portuguesa Anotada*, v. I, 4ª edição, Coimbra, Coimbra Editora, 2007, p. 347.

[291] Dentro dessa temática da eficácia horizontal dos direitos, liberdades e garantias, quando seus efeitos vinculantes excedem o âmbito da atividade pública, atingindo também as relações privadas, ou melhor utilizando a definição de Vieira de Andrade que trata a situação como sendo uma "investidura dos particulares como sujeitos passivos dos direitos subjetivos fundamentais", a *título principal* – e não como consequência indireta ou um efeito externo, como a ideia de horizontalidade indica (cfr. Andrade, José Carlos Vieira de. *Os Direitos Fundamentais na Constituição Portuguesa de 1976*, 5ª edição, Coimbra, Almedina, 2017, p. 245), pode-se dizer que em alguma medida a igualdade deve nortear a atuação intersubjetiva de domínio particular. A grande problemática deste aspecto é definir se a igualdade desempenha eficácia direta e imediata sobre os particulares, ou se os cidadãos, aqui incluindo as pessoas jurídicas de direito privado, a ela vinculam-se apenas de modo indireto. Para Vieira de Andrade, além dos casos em que a Constituição expressamente concebe os direitos perante privados, "só deverá aceitar-se a transposição direta dos direitos fundamentais, enquanto direitos subjetivos, para as relações entre particulares quando se trate de situações em que pessoas coletivas (ou, excepcionalmente indivíduos) disponham de *poder especial* de caráter privado sobre (outros) indivíduos". Isto se justifica, segundo o autor, porque nessas situações verifica-se uma relação de poder – e não relação entre iguais

analisar-se, no último capítulo, o papel dos partidos políticos, dada a discussão em torno de sua natureza jurídica, que desempenham uma tarefa crucial no engajamento feminino e seu incentivo para atuação política. Os direitos à igualdade constitucionalmente previstos, já que enquadrados na categoria de "direitos, liberdades e garantias", ou por possuírem natureza análoga, inegavelmente vinculam e aplicam-se às entidades de direito público e privadas, por força do art. 18º/1[292], da Constituição Portuguesa. Todavia, "a garantia de razoabilidade da actuação privada é um propósito que está, pela *natureza das coisas*, fora do alcance tanto do direito constitucional como de qualquer outro *direito*, em geral", já que "nem a Constituição nem nenhum outro sector da ordem jurídica pode controlar, ou regrar, os preconceitos dos privados no seu agir social"[293]. Todavia, a impossibilidade de controle jurídico dos preconceitos privados não significa complacência ou tolerância com práticas que ofendam aos valores constitucionais e ao contido no ordenamento jurídico.

Assim, parece pertinente o recorte, para fins de transposição direta dos direitos fundamentais às relações entre particulares, daquelas desenvolvidas de maneira similar às *relações especiais de poder*[294] verificadas em direito administrativo, sobretudo porque são casos em que entidades privadas não estão em situação de igualdade de fato com os demais particulares, mas, ao contrário disso, dispondo de poder econômico, social, político e até mesmo normativo, que mais se assemelham a uma atividade típica do poder público, a exemplo de conglomerados econômicos, sindicatos ou associações em geral, partidos políticos, dentre outros gru-

– e "justifica-se a proteção da liberdade dos homens comuns que estejam em posição de vulnerabilidade" (cfr. ANDRADE, José Carlos Vieira de. *Os Direitos Fundamentais na Constituição Portuguesa de 1976*, 5ª edição, Coimbra, Almedina, 2017, p. 245).

[292] Art. 18, 1. Os preceitos constitucionais respeitantes aos direitos, liberdades e garantias são *diretamente* aplicáveis e *vinculam* as entidades públicas e *privadas*.

[293] Cfr. AMARAL, Maria Lúcia. "O Princípio da Igualdade na Constituição Portuguesa", in *Estudos em Homenagem ao Prof. Doutor Armando M. Marques Guedes*, Coimbra, Coimbra Editora, p. 57.

[294] Cfr. ANDRADE, José Carlos Vieira de. *Os Direitos Fundamentais na Constituição Portuguesa de 1976*, 5ª edição, Coimbra, Almedina, 2017, p. 246.

pos de forte influência social[295]. O princípio de direito privado da liberdade contratual não se presta a solucionar demandas intersubjetivas em tais hipóteses, dado à relação subjacente de vulnerabilidade existente, motivo que justifica a aplicação direta – e não meramente reflexa ou externa – do regramento constitucional aos sujeitos passivos dos direitos, liberdades e garantias. Há que se considerar, por outro lado, que mesmo dentro de relações intersubjetivas com *especial poder*, estas ditas organizações privadas também são sujeitos ativos de direitos, liberdades e garantias, o que dificulta a vinculação aos direitos fundamentais nos moldes da produzida em face do poder público[296], e que este critério do *especial poder social* deve ser analisado concretamente para fins de graduação[297] e ponderação dos direitos fundamentais aplicados e da posição em que os particulares se encontram em suas relações diante de tais direitos – se sujeitos passivos ou ativos dos direitos, liberdades e garantias[298].

[295] Para Vieira de Andrade, "o problema da sujeição de entidades privadas poderosas aos direitos fundamentais apenas se põe na medida em que isso se justifique pela natureza da pessoa (normalmente) coletiva e pelo tipo de relação estabelecida, só valendo obviamente no âmbito dessa relação específica de poder" (cfr. ANDRADE, José Carlos Vieira de. *Os Direitos Fundamentais na Constituição Portuguesa de 1976*, 5ª edição, Coimbra, Almedina, 2017, p. 247).

[296] Para alguns autores, como Canotilho, as categorias *poder privado* ou *poder social* "não são juridicamente assimiláveis a «poderes públicos»" e, com isso, contesta a validade deste critério para determinar a vinculação imediata dos direitos, liberdades e garantias aos particulares (cfr. CANOTILHO, J. J. Gomes. *Direito Constitucional e Teoria da Constituição*, 7ª edição, Coimbra, Almedina, 2003, p. 1293).

[297] Em análise aos riscos decorrentes de uma possível instalação de um governo de juízes por forçada aplicação das normas de direito privado em substituição ao legislador, sob o pretexto da aplicabilidade imediata dos direitos constitucionais, Vieira de Andrade entende que a vinculação, "além de ser limitada às situações de poder (em regra, de pessoas coletivas), há de ser entendida como uma vinculação *gradativa*, pelo que o juiz não pode deixar de ponderar os valores em jogo, tendo em conta o diferente peso dos direitos e da liberdade nas situações concretas" (cfr. ANDRADE, José Carlos Vieira de. *Os Direitos Fundamentais na Constituição Portuguesa de 1976*, 5ª edição, Coimbra, Almedina, 2017, p. 249).

[298] Nestas situações, "os particulares poderão, assim, de acordo com a natureza específica, a razão de ser e a intensidade do poder exercido (na falta ou insuficiência da lei ou contra ela, se inconstitucional), invocar os direitos fundamentais que asseguram a sua liberdade, por um lado, e exigir, por outro, uma igualdade de tratamento em relação a outros indivíduos nas mesmas circunstâncias, arguindo a invalidade dos atos e negócios jurídicos que ofendam os princípios constitucionais ou reclamando a indemnização dos danos causados"

A despeito da preocupação em torno do potencial *confisco substancial da autonomia privada* e da *liberdade negocial* decorrente da extensão da força conformadora dos direitos fundamentais às relações privadas[299], o que parece ser um ponto de coerência argumentativa é o que diz respeito ao *núcleo essencial* ou *irredutível* dos direitos fundamentais, por ser expressão do princípio da dignidade da pessoa humana que, ao passo que vincula o próprio titular dos direitos, em função da eficácia vertical das normas desta natureza, gera efeitos nas relações entre particulares[300].

Não se olvidando das raízes liberais dos direitos fundamentais, e apesar da adaptação do liberalismo a uma propositura socializadora de defesa da dignidade da pessoa humana, não se pode dizer que a liberdade tenha sido ultrapassada pela socialidade[301]. Ao contrário disso, os direitos, liberdades e garantias integram a categoria dos direitos fundamentais mais relacionada à liberdade e, por isso, deve ser ela preservada

(cfr. ANDRADE, José Carlos Vieira de. *Os Direitos Fundamentais na Constituição Portuguesa de 1976*, 5ª edição, Coimbra, Almedina, 2017, p. 248).

299 Neste sentido, cfr., CANOTILHO, J. J. Gomes. *Direito Constitucional e Teoria da Constituição*, 7ª edição, Coimbra, Almedina, 2003, p. 1293.

300 É como entende Vieira de Andrade, para quem "todos os atos de pura e simples violação do conteúdo essencial dos direitos fundamentais" são proibidos (cfr. ANDRADE, José Carlos Vieira de. *Os Direitos Fundamentais na Constituição Portuguesa de 1976*, 5ª edição, Coimbra, Almedina, 2017, p. 251). Assim, apesar de os efeitos dos preceitos constitucionais nas relações entre particulares não serem os mesmos da relação Estado-indivíduo, a aplicação e a própria validade dos direitos fundamentais naquele primeiro caso é mais ou menos intensa na proporção de sua ligação ao princípio da dignidade da pessoa humana, pois autonomia pessoal e autonomia do próprio direito privado não pode significar "independência em relação à Constituição que tem hoje como tarefa fundamental a garantia da unidade do ordenamento jurídico" (cfr. ANDRADE, José Carlos Vieira de. *Os Direitos Fundamentais na Constituição Portuguesa de 1976*, 5ª edição, Coimbra, Almedina, 2017, p. 251). Por esta razão, eventuais atos normativos de direito privado que desrespeitem ou contrariem preceitos de direitos fundamentais podem ser invalidados por vício de inconstitucionalidade e, em última análise, devem ter como parâmetro de aplicação e interpretação a Constituição. A propósito, a Constituição portuguesa, desde 1997, especifica, em seu art. 26º, n. 1, a existência de um direito *à proteção legal contra quaisquer formas de discriminação*, dando prevalência, neste ponto, ao princípio da igualdade a ser imposto por lei, limitando a liberdade geral ou negocial.

301 Cfr. ANDRADE, José Carlos Vieira de. *Os Direitos Fundamentais na Constituição Portuguesa de 1976*, 5ª edição, Coimbra, Almedina, 2017, p. 255.

nas relações entre iguais[302]. Apesar disso, há um *conteúdo essencial absoluto*[303], vinculado à dignidade da pessoa humana, que merece ser preservado ainda que nas interações intersubjetivas formalmente privadas, reprimindo condutas arbitrárias ou injustificadas, nomeadamente em suas causas mais frequentes, como as distinções em função do sexo, dentre outras categorias consideradas suspeitas[304], situações em que "há de exigir-se uma fundamentação mais clara da diferenciação, porventura até uma prova positiva da sua razoabilidade"[305] quando colocadas em causa. O que se espera, em verdade, é uma atuação ética e racional ainda que em relações entre iguais quando um desses critérios sejam utilizados para diferenciações e, sobretudo, quando direitos de personalidade, diretamente ligados à dignidade da pessoa humana, possam em alguma medida ser afetados.

De todo modo, a densificação jurídica de princípios abertos, como é o caso do princípio da igualdade, em muito depende da matéria de fundo que está em causa[306]. Em matéria de gênero, o tema assume importante

[302] Neste ponto, Vieira de Andrade considera a extensão do princípio constitucional da igualdade aos indivíduos – agindo na condição de iguais, e não nas situações que envolvam pessoas coletivas, grupos ou indivíduos com posição de prevalência social ou econômica, caso em que entende pela primazia da igualdade sobre a liberdade – como "imprópria, absurda e insuportável", pois considera a liberdade um limite imanente do princípio da igualdade, pois nas relações entre indivíduos deve tolerar-se "um certo espaço de espontaneidade e até de arbitrariedade". Apesar disso, faz a ressalva à aplicação deste último enquanto "*proibição de discriminações* que atinjam intoleravelmente a *dignidade humana* dos discriminados, *maxime*, que impliquem uma violação dos seus direitos de personalidade" (cfr. Andrade, José Carlos Vieira de. *Os Direitos Fundamentais na Constituição Portuguesa de 1976*, 5ª edição, Coimbra, Almedina, 2017, pp. 259 e ss.).

[303] Expressão de Vieira de Andrade, que a vincula a dignidade da pessoa humana a uma garantia mínima que se pode extrair da Constituição e nunca pode ser afetada (cfr. Andrade, José Carlos Vieira de. *Os Direitos Fundamentais na Constituição Portuguesa de 1976*, 5ª edição, Coimbra, Almedina, 2017, p. 256).

[304] Por exemplo, discriminações em função da cor, religião, convicção política, dentre outros.

[305] Cfr. Andrade, José Carlos Vieira de. *Os Direitos Fundamentais na Constituição Portuguesa de 1976*, 5ª edição, Coimbra, Almedina, 2017, p. 262.

[306] Neste caso, tratando-se de relação entre particulares é possível utilizar dos conceitos próprios do direito privado com o auxílio dos valores constitucionais, circunstância em que o juiz, ao analisar o caso concreto, partirá "dos princípios gerais, aplicando os princípios da harmonização e da ponderação, sempre que se possa afirmar que há um valor ou interesse

relevo no âmbito do direito de família, outrora construído sob o paradigma do patriarcado e por tantos anos regulado por uma construção jurídica de bases desiguais, afetando diretamente direitos de personalidade da mulher, excluída de uma série de direitos civis pelas anteriores legislações, como já visto. No direito do trabalho, o princípio da igualdade repercute não somente na diferença salarial, mas também nas condições de acesso ao trabalho e propriamente nas condições de trabalho, muitas vezes discriminatórias às mulheres. No direito público, sobretudo no regramento das candidaturas e eleições, na atuação dos partidos políticos e no acesso a cargos públicos e condições de promoção e crescimento vertical nas carreiras, o princípio da igualdade possui especial relevância e pode gerar questionamentos sobre seu confronto com a liberdade negocial e de atuação dos partidos políticos, principalmente quando debatida sua natureza jurídica, o que será objeto de análise específica no capítulo derradeiro. Enfim, uma vez que os direitos, liberdades e garantias são hoje considerados direitos subjetivos, "independentemente do caráter público ou privado"[307], a importância da igualdade, em maior ou menor grau, verifica-se, portanto, tanto nas relações jurídicas de direito público, como nas relações privadas[308], notadamente, neste último caso, em atividades que geram reflexos sociais, que

constitucionalmente relevante – será, paradigmaticamente, a autonomia privada – que se contrapõe à eficácia normativa absoluta do preceito constitucional" (cfr. Andrade, José Carlos Vieira de. *Os Direitos Fundamentais na Constituição Portuguesa de 1976*, 5ª edição, Coimbra, Almedina, 2017, p. 254).

307 É como afirmam Canotilho e Vital Moreira, que entendem que os direitos, liberdades e garantias "não se deduzem, com base em concepções imperativísticas, das normas legais" e, por isso, "nada impede que eles valham como direitos subjectivos públicos na sua aplicação ao direito civil, se esta caracterização lhes trouxer uma maior dimensão prática" (cfr. Canotilho, J. J. Gomes; Moreira, Vital. *Constituição da República Portuguesa Anotada*, v. I, 4ª edição, Coimbra, Coimbra Editora, 2007, p. 1295).

308 Para Canotilho e Vital Moreira, "a relevância do princípio da igualdade nas relações privadas, como expressão da «constitucionalização do direito civil», se é certo que implica uma correspondente limitação da autonomia privada e da liberdade negocial, não pode, porém, ir ao ponto de aniquilar estes esteios básicos do direito civil e da liberdade individual". Deste modo, para os autores, ressalvados os casos em que a aplicação da igualdade nas relações privadas resulta diretamente do texto constitucional, esta aplicação, de um modo geral, enquadra-se como um princípio constitucional norteador de todo o ordenamento jurídico e não propriamente de uma regra constitucional, de caráter impositivo (cfr.

é o caso das atividades partidárias, ou então sejam destinadas ou abertas ao público em geral.

2.2. Do direito das mulheres e da igualdade social

Antes de mais, é preciso compreender em que consiste o direito das mulheres. A ONU estabeleceu doze principais direitos das mulheres, sendo eles o direito à vida, à liberdade e segurança pessoal, à igualdade e a estar livre de todas as formas de discriminação, à liberdade de pensamento, à informação e à educação, à privacidade, à saúde e à proteção desta, a construir relacionamento conjugal e a planejar sua família, a decidir ter ou não ter filhos e quando tê-los, aos benefícios do progresso científico, à liberdade de reunião e participação política, a não ser submetida a torturas e maus tratos[309]. Em suma, tratam-se de direitos humanos e que, nesta concepção, podem ser considerados como cláusulas pétreas, imutáveis por ideologias partidárias, sendo abrangidos em diversos documentos internacionais, a exemplo da Carta das Nações Unidas, da Declaração Universal de Direitos Humanos e da Convenção sobre Eliminação de Todas as formas de Discriminação contra a Mulher realizada em 1979, doravante denominada Convenção da Mulher[310], em vigor desde 1981, sendo este o primeiro tratado internacional a abordar de forma abrangente os direitos humanos das mulheres. Esta Convenção, que "deve ser tomada como parâmetro mínimo das ações estatais na promoção dos direitos humanos das mulheres e na repressão às suas violações, tanto no âmbito público como no privado"[311], além dos avanços políticos e normativos trazidos, serviu como influência para diver-

Canotilho, J. J. Gomes; Moreira, Vital. *Constituição da República Portuguesa Anotada*, v. I, 4ª edição, Coimbra, Coimbra Editora, 2007, p. 349).

309 Cfr. http://www.onumulheres.org.br, acesso em 04 de fevereiro de 2021.

310 Esta convenção ficou amplamente conhecida pela sigla em inglês CEDAW. Resultado de iniciativas tomadas dentro da Comissão de Status da Mulher (CSW, sigla e inglês) da ONU, órgão criado dentro do sistema das Nações Unidas, em 1946, esta Convenção tornou-se fruto de anos de preocupação internacional com o tema, a fim de criar políticas e recomendações aos países signatários para melhoria da situação da mulher. Sobre o tema, cfr. http://www.onumulheres.org.br/wp-content/uploads/2013/03/convencao_cedaw.pdf, acesso em 19 de fevereiro de 2020.

311 Sobre o tema, cfr. http://www.onumulheres.org.br/wp-content/uploads/2013/03/convencao_cedaw.pdf, acesso em 19 de fevereiro de 2020.

sas outras conferências[312], dentro de sua proposta de busca da igualdade de gênero e repressão de quaisquer discriminações contra a mulher. Por isso, serve como fundamento para, em situações pontuais e fáticas, a adoção de medidas de discriminação positiva ou inclusiva, seja para reafirmação da igualdade, seja pelo destaque das diferenças. Não é por outra razão que, dentro de um contexto de eliminação de discriminações em razão do gênero, Tove Dahl justifica o surgimento de um direito das mulheres como disciplina jurídica, na qual a perspectiva feminina efetue "um corte transversal sistemático, através das normas legais existentes, visando aperceber-se de conexões significativas para todos os indivíduos, mas em especial e diretamente para as mulheres"[313]. Por isso, a autora defende que o direito das mulheres, como ciência e dogmática, "tem seu lugar entre todas as disciplinas, mas ao mesmo tempo constitui uma parte de cada uma delas"[314], o que o torna um campo bastante vasto se comparado com outras disciplinas jurídicas centradas na pessoa, que possuem características e questões jurídicas delimitadas, a exemplo do direito do consumidor, do direito das crianças e adolescentes, dentre outros. Afirma, deste modo, que o direito das mulheres possui poucos "indicadores formais na Lei", e que o fato de uma lei ser específica quanto ao gênero em sua formulação não significa que "seja particularmente importante para a posição das mulheres no Direito ou na sociedade"[315].

Neste aspecto, pode observar-se, no decorrer desta pesquisa, que os direitos das mulheres decorreram de uma série de conquistas de movimentos feministas ao longo da história, inicializado como resposta à exploração do trabalho feminino, subvalorizado, no espaço das fábricas

[312] Dentre os quais podemos citar a Convenção da Mulher, Conferência Mundial sobre Direitos Humanos, realizada em Viena, em 1993; a Conferência sobre População e Desenvolvimento, no Cairo, em 1994; a Cúpula Mundial sobre Desenvolvimento Social, em 1995, em Copenhague; e a IV Conferência das Nações Unidas sobre a Mulher, realizada em Pequim também em 1995.

[313] Cfr. DAHL, Tove Stang. *O Direito das Mulheres – uma introdução à teoria do direito feminista*, trad. de Teresa Beleza, Lisboa, Fundação Calouste Gulbenkian, 1993, p. 25.

[314] Cfr. DAHL, Tove Stang. *O Direito das Mulheres – uma introdução à teoria do direito feminista*, trad. de Teresa Beleza, Lisboa, Fundação Calouste Gulbenkian, 1993, p. 28.

[315] Cfr. DAHL, Tove Stang. *O Direito das Mulheres – uma introdução à teoria do direito feminista*, trad. de Teresa Beleza, Lisboa, Fundação Calouste Gulbenkian, 1993, p. 29.

durante a Revolução Industrial[316]. É verdade que antes disso as mulheres já trabalhavam em pequenas e grandes oficinas, durante a fase da manufatura, especialmente em atividades de cardagem, fiação e tecelagem de lã[317], todavia, "o trabalho de fiação, geralmente executado por mulheres e crianças, era o mais mal pago"[318]. Na divisão do trabalho e com sua separação do capital, a remuneração feminina era, portanto, inferior, sendo destacável o progressivo afastamento do homem adulto da fábrica, pois com a eliminação do "trabalho fatigante" e a introdução de um "trabalho de simples vigilância", uma "fraca mulher" ou até mesmo uma criança poderiam desempenhar a mesma atividade pelo terço ou metade do salário de um operário[319], situação que mudou completamente a vida das mulheres. Isto porque, com sua inserção no mercado de trabalho, em funções múltiplas e precárias, e de baixa remuneração, lhes foi imposta uma dupla jornada, uma vez que no âmbito doméstico as mulheres mantiveram suas funções reprodutivas e de cuidados com o lar[320]. A despeito da não intervenção estatal na atividade econômica

[316] A exploração do trabalho feminino não foi invenção da revolução industrial, pois na fase manufatureira que a antecedeu, as mulheres já trabalhavam em diversas atividades em pequenas e grandes oficinas. O trabalho feminino foi muito usado na cardagem, fiação e tecelagem de lã. Mas com a separação entre o capital e o trabalho, decorrente da evolução da divisão do trabalho, o trabalho executado por mulheres e crianças, na fiação, era o mais mal pago (cfr. MANTOUX, Paul. *A Revolução Industrial no século XVIII,* São Paulo, Editora da UNESP/Ucitec, s/d, p. 48).

[317] Cfr. MANTOUX, Paul. *A Revolução Industrial no século XVIII,* São Paulo, Editora da UNESP/ Ucitec, s/d, p. 48.

[318] Paul Mantoux ainda afirma que o salário de uma fiadeira era mais ou menos um terço do salário do jornaleiro (cfr. MANTOUX, Paul. *A Revolução Industrial no século XVIII,* São Paulo, Editora da UNESP/Ucitec, s/d, p. 48.

[319] Neste sentido, Engels ainda afirma: "[...] Nas fiações, encontramos nas *throstles* apenas mulheres e meninas; nas *mules*, um fiandeiro, homem adulto (que desaparece com o emprego da *self-actor*, e vários *piecers* para reparar os fios, na maioria das vezes mulheres e crianças, às vezes jovens de dezoito a vinte anos e, mais raramente, um fiandeiro mais velho que perdeu seu emprego anterior. No tear mecânico trabalham principalmente mulheres de quinze a vinte anos; há também alguns rapazes, mas estes raramente conseguem permanecer ali depois dos 21 anos. Nas máquinas que preparam o fio para a tecelagem, também só se encontram mulheres" (cfr. ENGELS, Friedrich. *A Situação da Classe Trabalhadora na Inglaterra*, trad. de B. A. Schumann, São Paulo, Boitempo, 2008, pp. 179-181).

[320] Cfr. MANTOUX, Paul. *A Revolução Industrial no século XVIII,* São Paulo, Editora da UNESP/ Ucitec, s/d, pp. 435-436.

decorrente do princípio liberal então vigente, no decorrer da história, leis foram criadas para assegurar condições mínimas de trabalho às mulheres, a exemplo das convenções n. 3 e 4 da Organização Internacional do Trabalho, ambas do ano de 1919[321], tendo a Inglaterra, antes disso, no ano de 1844, limitado a jornada de trabalho infantil e das mulheres nas fábricas e, mais tarde, proibido o trabalho noturno e perigoso para elas[322]. Apesar disso, o problema econômico decorrente da desigualdade salarial mesmo em condições de trabalho igual ainda persiste nas políticas de gestão empresariais, impactando diretamente sobre o gênero[323].

Neste contexto, as feministas do século XIX, dentro do ideal iluminista do indivíduo como detentor de direitos inalienáveis, e inspiradas pelas ideias individualistas do protestantismo, "ou apoiadas na valorização das especificidades femininas desenvolvidas com a crescente hegemonia da ideologia burguesa e a filantropia"[324], contruíram suas teorias em torno da igualdade e da diferença. Neste contexto, enquanto as igualitaristas se baseavam no reconhecimento da igualdade entre os seres humanos, homens e mulheres, as dualistas ressaltavam e valorizavam a diferença e as contribuições culturais feministas. Assim, em muitos assuntos, as feministas desta época "divergiam se queriam ou não que as mulheres recebessem um tratamento diferente do reser-

[321] Ambas as convenções trouxeram regulamentação sobre o assunto, garantindo, a primeira, à mulher trabalhadora uma licença remunerada compulsória de seis semanas antes e depois do parto e também previa dois intervalos de trinta minutos, durante a jornada de trabalho, para amamentação, além de assegurar que durante seu afastamento a mãe recebesse dos cofres públicos uma remuneração suficiente para garantir sua manutenção e de seu filho, mediante a comprovação do parto por atestado médico; e a segunda, proibindo o trabalho noturno da mulher nas indústrias públicas ou privadas.

[322] Cfr. Pinsky, Carla Bassanezi; Pedro, Joana Maria. "Mulheres – igualdade e especificidade", in Pinsky, Jaime; Pisnky, Carla Bassanezi (orgs.), *História da Cidadania,* São Paulo, Contexto, 2003, p. 282.

[323] Sobre o tema, cfr., Lopes, Margarida Chagas. "Trabalho de Valor Igual e Desigualdade Salarial – breve contributo na base dos pressupostos do capital humano", in *Ex aequo,* Revista anual, n. 2/3, fevereiro de 2000, pp. 107-116.

[324] Cfr. Pinsky, Carla Bassanezi; Pedro, Joana Maria. "Mulheres – igualdade e especificidade", in Pinsky, Jaime; Pisnky, Carla Bassanezi (orgs.), *História da Cidadania,* São Paulo, Contexto, 2003, p. 287.

vado aos homens"[325]. Já na atualidade, a questão da cidadania feminina passou a ser enfrentada – designadamente em países com contraste entre a grande concentração de riqueza com os altos níveis de desigualdade social, como é o caso do Brasil – com a segregação decorrente da pobreza, que atinge especialmente as mulheres, em geral mais pobres que os homens, com salários menores e com mais responsabilidades no âmbito doméstico, o que dificulta sua inserção no mercado de trabalho em condições paritárias. Mas de um modo geral, e aqui incluindo também países desenvolvidos, as mulheres se tornaram um dos grupos da sociedade que mais lutaram – e ainda lutam – pela universalização dos direitos sociais, políticos e civis[326].

De fato, o tratamento discriminado de fatos ou qualidades é, em situações determinadas e justificadas para tal fim, o mecanismo necessário para implementação da igualdade, muito embora o uso corriqueiro do termo "discriminação", "especialmente quando utilizado em conexão com sexo, raça ou certas características sociais de pessoas ou de grupos"[327], possa ter conotação negativa. Para Tove Dahl, entretanto, na maioria dos casos a mulher que desempenha papel sexual tradicional – aqui consideradas as mulheres que desempenham trabalhos domésticos e trabalhos remunerados, combinando-os em diferentes proporções nas

[325] A propósito, Carla Pinsky e Joana Pedro esclarecem, ainda, que em países europeus de grande disparidade econômica e política na época, como França, Alemanha, Áustria, Itália, e até mesmo a Rússia, desenvolveram-se movimentos femininos distintos, sendo um pelos direitos iguais, protagonizados pelas mulheres da classe média e liberal, que postulavam o sufrágio e os direitos civis, e outro da classe trabalhadora, de cunho socialista, centrado na luta econômica contra o capitalismo, acabando por unificarem-se na virada do século XIX para o século XX. Neste contexto, destacam as decepcionantes experiências das feministas nas revoluções desta época, que teria propiciado, entre elas, o crescimento de uma consciência de gênero, tendo, por conta disso, dedicado-se a lutas políticas e legais ou sociais e culturais, além de terem participado dos mais diversos movimentos existentes na época – "de independência, liberais, revolucionários, abolicionistas, pacifistas, socialistas, anarquistas" (cfr. Pinsky, Carla Bassanezi; Pedro, Joana Maria. "Mulheres – igualdade e especificidade", in Pinsky, Jaime; Pisnky, Carla Bassanezi (orgs.), *História da Cidadania,* São Paulo, Contexto, 2003, pp. 287-289).

[326] Cfr. Moraes, Maria Lygia Quartim de. "Cidadania no Feminino", in Pinsky, Jaime; Pisnky, Carla Bassanezi (orgs.), *História da Cidadania,* São Paulo, Contexto, 2003, p. 495.

[327] Cfr. Dahl, Tove Stang. *O Direito das Mulheres – uma introdução à teoria do direito feminista,* trad. de Teresa Beleza, Lisboa, Fundação Calouste Gulbenkian, 1993, p. 42.

distintas fases da vida – é a mais afetada pela discriminação"[328]. Por isso, a importância de conectar o estudo do direito das mulheres com a igualdade social, e do destaque ao fato de que a simples enunciação formal dos direitos das mulheres não lhes confere automaticamente a efetivação de seu exercício, já que tais espécies de direito teriam "poucos indicadores formais na lei"[329]. Somente com ações integradas do Legislativo, do Executivo e também do Judiciário é que os parâmetros igualitários internacionais podem ser adequados à legislação nacional, na elaboração de políticas públicas internas com a finalidade de proteção dos direitos da mulher, bem como utilizados como fundamento de decisões judiciais, lembrando que "a igualdade técnica pode ter a discriminação de fato como resultado, tal como a discriminação pode promover a igualdade de fato"[330].

2.2.1. A definição de grupos vulneráveis e a concepção de minorias

A designação científica de grupos identificados pela expressão "minoria"[331] nem sempre está atrelada a uma definição numérica e matemática. Ao contrário disso, sua concepção interliga-se mais à ideia de opressão histórica e cultural. Por isso, a coexistência entre maiorias e minorias deve ser analisada, sobretudo, pelo conflito existente entre a heterogeneidade da maior parte da sociedade e sua organização política que considera seus membros como pessoas detentoras de iguais direitos e deveres, desconsiderando, assim, divisões sociais internas, seja de ordem socioeconômica, que é o caso das classes profissionais,

[328] Cfr. Dahl, Tove Stang. *O Direito das Mulheres – uma introdução à teoria do direito feminista*, trad. de Teresa Beleza, Lisboa, Fundação Calouste Gulbenkian, 1993, p. 43.

[329] Cfr. Dahl, Tove Stang. *O Direito das Mulheres – uma introdução à teoria do direito feminista*, trad. de Teresa Beleza, Lisboa, Fundação Calouste Gulbenkian, 1993, p. 29.

[330] Cfr. Dahl, Tove Stang. *O Direito das Mulheres – uma introdução à teoria do direito feminista*, trad. de Teresa Beleza, Lisboa, Fundação Calouste Gulbenkian, 1993, p. 58.

[331] A proteção das minorias já preocupa a comunidade internacional há algum tempo, tendo florescido após o término da Segunda Guerra Mundial, sendo regulamentado em 1966, pelo Pacto Internacional sobre Direitos Civis e Políticos: "nos estados em que haja minorias étnicas, religiosas ou linguísticas, as pessoas pertencentes a essas minorias não poderão ser privadas do direito de ter, conjuntamente com outros membros de seu grupo, sua própria vida cultural, de professar e praticar sua própria religião e usar sua própria língua" (art. 27).

seja de ordem territorial, biológica e de identidade, a exemplo de grupos regionais, religiosos, raças, etnias, gênero, dentre outros[332]. Isto porque, a "evolução da cidadania começou na sociedade europeia, branca e cristã, sem divisões internas insuperáveis além das contradições de classe, e com poucas minorias raciais, nacionais ou religiosas"[333]. O consenso coletivo, social e, principalmente, político, encontra dificuldades em enfrentar as divergências provenientes de parcela da população com culturas, profecias e convicções distintas, e, por isso, não concebe previamente medidas de acomodação a esses grupos no meio social, o que leva a diversas discussões na filosofia política, sobretudo dentro das críticas à democracia representativa, que em grande parte julgam antidemocráticas as regras da maioria, além de perigosa, "porque minorias às quais continuamente são negadas acesso ao poder sentir-se-ão excluídas e discriminadas e perderão seu compromisso com o regime"[334]. E de fato, em diversas sociedades os grupos minoritários e inferiorizados acabam sendo excluídos do processo democrático e, por consequência, da própria tutela jurídica.

É importante ressaltar aqui que a ideia de minoria pode, como usualmente ocorre, estar configurada em números populacionais, que destaca parcela inferior de pessoas com culturas diferentes, mas também sob um enfoque de proteção jurídica institucional e de reconhecimento social, em que uma minoria predominante – econômica, histórica e cul-

[332] Sobre o tema, Peter Demant ainda afirma que ao emergir a ideia de cidadania na Europa do século XVIII, "a questão das identidades coletivas heterogêneas ficou inicialmente fora do olhar dos pensadores e políticos" (cfr. DEMANT, Peter. "Minorias – Direito para os Excluídos", in PINSKY, Jaime; PISNKY, Carla Bassanezi (orgs.), *História da Cidadania*, São Paulo, Contexto, 2003, p. 343).

[333] Cfr. DEMANT, Peter. "Minorias – Direito para os Excluídos", in PINSKY, Jaime; PISNKY, Carla Bassanezi (orgs.), *História da Cidadania*, São Paulo, Contexto, 2003, p. 345.

[334] É o que afirma Lijphart, para quem existem duas situações em que a democracia e o governo da maioria não são completamente incompatíveis: primeiro, "a exclusão da minoria é mitigada se as maiorias e as minorias se alternarem no governo, isto é, se a minoria de hoje puder se tornar a maioria na próxima eleição, em vez de ser condenada à oposição permanente"; segundo, quando verificada uma relativa homogeneidade entre os grupos e entre as perspectivas de política dos principais partidos destes. Invoca aqui, como exemplo, os sistemas bipartidários britânico e da Nova Zelândia (cfr. LIJPHART, Arend. *Democracies: Patterns of majoritarian and consensus government in twenty-one countries*, New Haven, Yale University Press, 1984, pp. 21-23 (tradução livre)).

turalmente – não reconhece a situação jurídica de uma parcela majoritária de uma nação. É o que ocorre, neste último caso, com as mulheres, de um modo geral, que apesar de uma evolução de conquistas e de sua equivalência numérica em termos populacionais, ainda não gozam em plenitude dos mesmos direitos dos homens, seja em termos de equiparação salarial, de participação política e até mesmo nas estruturas familiares. Outro exemplo, apesar de desdobramentos fáticos distintos, foi o que ocorreu na África do Sul, na ocasião em que a maioria negra foi subjugada e discriminada pela minoria de brancos durante o *apartheid*, demonstrando que a concepção de "minorias" não se resume a uma descrição numérica.

A teorização sobre a participação de grupos minoritários (ou minorizados?) no poder tem-se centrado, precipuamente, sobre a formatação do modelo de representação e seu destinatário. Afinal, os processos legislativos e as opções políticas são mais justos e mais democráticos porque decorrem de decisões das maiorias? Pode esta maioria estar equivocada? O episódio que retrata a opção de Pilatos por abrir um processo "democrático", consultando à multidão sobre o destino de Jesus é um importante exemplo histórico sobre o valor da democracia não como reflexo da verdade e da justiça, mas como produto de um processo transacional[335]. A representação da crucificação de Cristo aponta, de modo dramático, o antagonismo entre relativismo e absolutismo[336]

[335] A respeito do assunto, Thoreau aponta que "tendo o povo o poder na mão o entrega a uma maioria, que o conserva durante um longo período, não é porque essa maioria tenha razão, ou porque a minoria a considere justo, mas só porque a maioria dispõe de maior força" (cfr. THOREAU, Henry David. *A Desobediência Civil*, trad. de Manuel João Gomes, Lisboa, Antígona, 1966, p. 21).

[336] Falando sobre a postura de Pilatos de, como um romano acostumado a pensar democraticamente, iniciar um plebiscito sobre a sorte de Jesus, Kelsen afirma que "esta história simples, mas lapidar, em sua ingenuidade, pertence a maior coisa que a literatura universal produziu e, sem tentar, simboliza dramaticamente o relativismo e a democracia". O autor ainda destaca, em sua obra, a importância do princípio da maioria para se evitar a hegemonia de uma classe, mas que pelo seu próprio conceito, a maioria pressupõe a existência de uma minoria e, por conseguinte, "o direito da primeira também implica no direito da segunda a existir, decorrendo disso, ainda que não a necessidade, mas ao menos a possibilidade de uma proteção para a minoria frente a maioria" (cfr. KELSEN, Hans. *Esencia y Valor de la Democracia*, trad. de Rafael Luengo Tapia, 2ª edição, Barcelona, Editorial Labor, 1934, pp. 158 e 81 (tradução livre)). Zagrebelsky também se ocupou com detalhe deste episódio

e demonstra que "a verdade e a falsidade, o bem e o mal não podem depender, de fato, do número e das opiniões"[337]. Em verdade, na teorização deste assunto, a ênfase é mais sobre quais formas de democracia são mais apropriadas para relacionar as liberdades individuais e os direitos dos grupos minoritários e, claro, as diferenças entre os grupos também fazem parte dos debates, que buscam conciliar culturas, tradições e concepções de mundo levando em conta a possibilidade de um grupo representar membros de outro[338]. Pode um católico representar um muçulmano, ou um branco representar um índio, ou então, um homem representar uma mulher? Enfim, pode a decisão política da maioria – no recorte da investigação se perfazendo numa decisão tomada por homens resguardar os direitos das mulheres?

A preocupação aqui, a nosso ver, deve ser mais com as opções políticas tomadas na prática do que propriamente com a possibilidade de um grupo bem representar o outro. Mas pesquisas continuam crescendo sobre estes questionamentos e têm apontado variadas explicações para o problema. O objetivo desta investigação, contudo, não é desenvolver toda essa abordagem teórica, muito embora alguns destaques sejam importantes para o embasamento das ideias, sobretudo para amparar

e defendeu uma democracia crítica com espaço para conciliação. Para ele, "se considerarmos a condenação de Jesus por meio do conjunto de fatores que a determinaram, aparece com evidência que tanto o dogma quanto a *sképsis* podem conviver com a democracia, mas ambos fazem da democracia um instrumento. Tanto o dogmático quanto o cético podem ser amigos da democracia, mas somente falsos amigos. O dogmático pode aceitar a democracia somente se e até quando serve como força, uma força para impor a verdade. O cético, por sua vez, não acreditando em nada, pode aceitá-la ou rejeitá-la. Se for realmente cético, não encontrará nenhuma razão para preferir a democracia à autocracia. Ou melhor, encontrará uma razão não na fé em algum princípio, mas em uma conveniência" (cfr. Zagrebelsky, Gustavo. *A Crucificação e a Democracia*, trad. de Monica de Sanctis Viana, São Paulo, Saraiva, 2011, pp. 33-34).

337 Cfr. Zagrebelsky, Gustavo. *A Crucificação e a Democracia*, trad. de Monica de Sanctis Viana, São Paulo, Saraiva, 2011, p. 31.

338 Importante destaque dado por Phillips sobre esta perspectiva: "nisto, como em exemplos mais complexos, a representação da diversidade não é apenas uma sensível acomodação às exigências da estabilidade política. Ele reflete um reconhecimento mais humilde de que nenhum grupo possui o monopólio da virtude" (cfr. Phillips, Anne. "De uma Política de Idéias a uma Política de Presença?", trad. de Luís Felipe Miguel, in *Estudos Feministas*, Ano 9, 2º semestre de 2001, p. 282).

o desenvolvimento da representação política feminina no derradeiro capítulo. Então, numa curta retrospectiva, verifica-se que o modelo de governo representativo, do século XVII, teve inspiração liberal das teorias de Montesquieu e Rousseau[339], muito embora a representatividade existente na época era sobremaneira aristocrática, percebendo traços democráticos tão somente com o sufrágio universal, no século XIX. No século seguinte desponta uma série de debates sobre democracia participativa e pluralista, com especial destaque às concepções de contestação pública e a inclusividade (direito de participação) de Robert Dahl, como dimensões da democratização[340]. Rawls, em *O Liberalismo Político*, trata extensivamente destas questões e demonstra uma preocupação com a estabilidade das instituições democrático-representativas diante das ideias concorrentes na sociedade, "todas perfeitamente razoáveis", além de procurar uma concepção política de justiça que possa conquistar o apoio de um "consenso sobreposto" que abarque as doutrinas religiosas, filosóficas e morais razoáveis de uma sociedade regulada por ele[341]. Por isso, "se todos os cidadãos devem endossar livremente a concepção política de justiça, essa concepção deve ter condições de conquistar o apoio dos cidadãos que professam doutrinas abrangentes, diferentes e opostas, apesar de razoáveis e, nesse caso, temos um consenso sobreposto de doutrinas razoáveis"[342].

339 Cfr. Manin, Bernard. *The Principles of Representative Government*, Cambridge, Cambridge University Press, 2002, pp. 8-79 (tradução livre).

340 Dahl aponta três condições fundamentais, embora não suficientes, para a existência da democracia, consistentes na igualdade de condições dos cidadãos, indistintamente, terem oportunidade de formular suas preferências, manifestar publicamente estas preferências entre seus partidários e ante o governo, individual e coletivamente e a igualdade de trato por parte do Governo (cfr. Dahl, Robert. *La Poliarquía: participación y oposición*, trad. de Julia Moreno, Madrid, Tecno, 1989, pp. 14-15 (tradução livre)).

341 Cfr. Rawls, Jonh. *O Liberalismo Político*, trad. de Dinah de Abreu Azevedo, 2ª edição, São Paulo, Editora Ática, 2000, p. 52.

342 Cfr. Rawls, Jonh. *O Liberalismo Político*, trad. de Dinah de Abreu Azevedo, 2ª edição, São Paulo, Editora Ática, 2000, pp. 67-68. Rawls segue esta linha de raciocínio para concluir que "numa sociedade bem-ordenada, sustentada por um consenso sobreposto, os compromissos e valores políticos (mais gerais) dos cidadãos, que constituem parte de sua identidade não-institucional ou moral, são aproximadamente os mesmos", pois para ele "se dispusermos das concepções e princípios adequados às questões históricas básicas, essas concepções e princípios terão larga aplicação aos nossos próprios problemas" (cfr. Rawls,

A atribuição de direitos coletivos especiais a determinados grupos, seja por razões biológicas, de raça, religião ou gênero, não é, todavia, peremptoriamente compatibilizada com a concepção de cidadania, que além de negar "privilégios grupais e reconhecer como cidadão só o indivíduo destituído de (ou ao menos fazendo abstração de) suas identidades comunitárias"[343], provoca repulsa da maioria não beneficiária do direito e gera o risco de segmentação da sociedade em castas. Entretanto, a questão não deve focalizar nas demandas de grupos "minoritários", aqui associando o termo à sua concepção histórica e política de grupos culturalmente deixados ao largo das decisões políticas, por questões, dentre outras já nomeadas, de gênero. O destaque, ao nosso entender, deve ser para o problema de ordem política, cultural, social e econômica, que retira destas "minorias" a chance de sobreviver numa mesma sociedade partindo do mesmo patamar de crescimento das "maiorias". É a evidente vulnerabilidade do grupo considerado "minoritário", assim considerado pela evolução global de modo desigual e excludente, que ampara a denominação e categorização como grupo. Por outro lado, como bem salienta Peter Demant, "ceder às pressões minoritárias evocará medos existenciais na 'maioria'"[344]. E por considerar o conceito de maioria como uma realidade abstrata nas sociedades pós-modernas, afirma que "cada um busca proteção na 'conscientização' e organização de novas 'identidades discriminadas'"[345], situação que vai de encontro à imprescindível e adequada coexistência dos indivíduos dentro de numa vida em sociedade. Por isso, indica que tal qual um Estado multirregional sobrevive em função de seu respeito a uma forma partilhada de poder, que é o que ocorre com o federalismo, em que regiões territoriais possuem poderes especiais institucionalizados e recursos parcialmente autônomos, refletindo, em certa medida, um equilíbrio entre o centro

Jonh. *O Liberalismo Político*, trad. de Dinah de Abreu Azevedo, 2ª edição, São Paulo, Editora Ática, 2000, pp. 75 e 37).

343 Cfr. DEMANT, Peter. "Minorias – Direito para os Excluídos", in PINSKY, Jaime; PISNKY, Carla Bassanezi (orgs.), *História da Cidadania*, São Paulo, Contexto, 2003, p. 380.

344 Cfr. DEMANT, Peter. "Minorias – Direito para os Excluídos", in PINSKY, Jaime; PISNKY, Carla Bassanezi (orgs.), *História da Cidadania*, São Paulo, Contexto, 2003, p. 380.

345 Cfr. DEMANT, Peter. "Minorias – Direito para os Excluídos", in PINSKY, Jaime; PISNKY, Carla Bassanezi (orgs.), *História da Cidadania*, São Paulo, Contexto, 2003, p. 380.

e as regiões, com regras permanentes e previamente concordadas, os estados democráticos precisam assegurar às minorias não territoriais de algum modo sua autodeterminação[346] – cultural, econômica, política e de organização social.

Por fim e com base em concepções sociais, econômicas, políticas e culturais, em relatório elaborado pelo *Groupe d'Etudes sur la Division Sociale et Sexuelle du Travail* do Centre National de la Recherche Scientifique (CNRS), as mulheres já foram historicamente compreendidas em estudos de ciências sociais dentro da concepção minoria, porque tradicionalmente analisadas e socialmente construídas a partir do gênero masculino, considerado como modelo geral. Então, seu comportamento passou a ser analisado como grupo desviante e divergente da base considerada regra, que no caso são os homens. Daí sua referência como grupo de minorias, cuja análise factualmente pressupôs um parâmetro de análise a partir do comportamento masculino, o que, com o tempo, acabou por torná-las invisíveis no espectro social[347], razão pela qual, a despeito de concepções numéricas, para fins da pesquisa as consideramos como tal.

2.3. Ações político-institucionais em Portugal

O sufrágio feminino em Portugal acompanhou, de certa forma, o fenômeno civilizacional do ocidente liberal judaico-cristão, muito embora o feminismo português, à semelhança de toda Península Ibérica, não chegou a ser categorizado como um movimento efetivo, de reivindicação de direito ao voto, tal qual o impulso agressivo das sufragistas britânicas[348]. Apesar disso, a exemplo do que se passava em outros países, o debate, ainda que tímido, passou a fazer parte da agenda política nacional, com mais frequência a partir de 1892, quando a Nova Zelândia se tornou o

346 Cfr. DEMANT, Peter. "Minorias – Direito para os Excluídos", in PINSKY, Jaime; PISNKY, Carla Bassanezi (orgs.), *História da Cidadania*, São Paulo, Contexto, 2003, p. 381.

347 Cfr. COSTA, Albertina de Oliveira; BARROSO, Carmen; SARTI, Cynthia, "Pesquisa sobre mulher no Brasil: do limbo ao gueto?"; in HOLLANDA, Heloisa Buarque (org.), *Pensamento Feminista Brasileiro – formação e contexto*, Rio de Janeiro, Bazar do Tempo, 2019, p. 102.

348 Cfr. MARIANO, Fátima. "A Reivindicação do Voto Feminino na Península Ibérica: Convergências e Divergências", in PIRES, Ana Paula; MARIANO, Fátima; VEIGA, Ivo (orgs.), *Mulheres e Eleições*, Coimbra, Almedina, 2019, pp. 22 e ss..

primeiro país a dar o primeiro passo ao sufrágio feminino. A mulher portuguesa da época, apontada por suas compatriotas pelo traço tímido, agarrado à preocupação aos preconceitos então existentes e pouco disposta ao afronte às críticas exacerbadas, pouco reclamava a equiparação nos direitos civis dos dois sexos, submetendo-se, em sua grande maioria, à tradição secular de inferioridade, amparada pelos ordenamentos jurídicos existentes, também compreendida, no caso da Península Ibérica, em função da "elevada taxa de analfabetismo feminino[349], da interferência da Igreja Católica na vida dos cidadãos e dos Estados e da entrada tardia das mulheres das classes média e alta no mercado de trabalho, resultado de um desenvolvimento industrial lento"[350].

O despertar do movimento sufragista em toda a Península Ibérica esteve interligado ao investimento na educação formal feminina e no ingresso da mulher no mercado de trabalho, fatores estes que contribuíram para o gradual rompimento de sua tradicional imagem vinculada exclusivamente ao lar[351]. Assim, em 1909, debaixo da alçada do Partido Republicano Português, nasceu a Liga Republicana das Mulheres Portuguesas[352], mais importante organização política feminista do início do século XX, tendo duração de uma década. De uma cisão na Liga Republicana, surge a Associação de Propaganda Feminista no ano de 1911, em 11 de maio, fundada, dentre outras, por Ana de Castro Osório e Caro-

[349] No ano de 1900, a taxa de analfabetismo feminino em Portugal era de 85%, sendo de 69,9% em 1930 (cfr. MARIANO, Fátima. "A Reivindicação do Voto Feminino na Península Ibérica: Convergências e Divergências", in PIRES, Ana Paula; MARIANO, Fátima; VEIGA, Ivo (orgs.), *Mulheres e Eleições*, Coimbra, Almedina, 2019, p. 23).

[350] Cfr. MARIANO, Fátima. "A Reivindicação do Voto Feminino na Península Ibérica: Convergências e Divergências", in PIRES, Ana Paula; MARIANO, Fátima; VEIGA, Ivo (orgs.), *Mulheres e Eleições*, Coimbra, Almedina, 2019, p. 21.

[351] Cfr. MARIANO, Fátima. "A Reivindicação do Voto Feminino na Península Ibérica: Convergências e Divergências", in PIRES, Ana Paula; MARIANO, Fátima; VEIGA, Ivo (orgs.), *Mulheres e Eleições*, Coimbra, Almedina, 2019, p. 24.

[352] Sobre o assunto, João Esteves questiona se a associação possuía efetiva autonomia, ou então configurava mais um grupo de pressão, "conjunturalmente subsidiário do Partido Republicano" (cfr. ESTEVES, João. *A Liga Republicana das Mulheres Portuguesas: Uma Organização Política e Feminista (1909-1919)*, Lisboa, Organizações Não Governamentais do Conselho Consultivo da Comissão para a Igualdade e para os Direitos das Mulheres, 1999, p. 15).

lina Beatriz Ângelo[353]. Com propósito de libertação política, cívica e econômica, no ano de 1912 foi fundada em Portugal, por Matilde Simes e Alexandrina, a União das Mulheres Socialistas, ligada ao Partido Socialista[354], que, ao contrário das republicanas, não repudiavam a ideia de utilizarem "ações violentas caso o Parlamento não atendesse às suas pretensões de sufrágio"[355]. Os partidos políticos, então, compreenderam que o acolhimento de mulheres para seu grupo seria importante, considerando seu papel como "primeiras educadoras dos filhos (os futuros cidadãos) e a influência que tinham sobre os maridos"[356], fato este que poderia servir como importante veículo de propagação das ideologias partidárias.

A Primeira República, apesar de representar o fim de muitas das discriminações de gênero então existentes[357], não chegou a reconhecer capacidade eletiva às mulheres, e tão pouco o direito delas se apresentarem como candidatas a cargos políticos[358], sofrendo este paradigma,

[353] Cfr. Mariano, Fátima. "A Reivindicação do Voto Feminino na Península Ibérica: Convergências e Divergências", in Pires, Ana Paula; Mariano, Fátima; Veiga, Ivo (orgs.), *Mulheres e Eleições*, Coimbra, Almedina, 2019, p. 28.

[354] Cfr. Mariano, Fátima. "A Reivindicação do Voto Feminino na Península Ibérica: Convergências e Divergências", in Pires, Ana Paula; Mariano, Fátima; Veiga, Ivo (orgs.), *Mulheres e Eleições*, Coimbra, Almedina, 2019, p. 28.

[355] Cfr. Mariano, Fátima. "A Reivindicação do Voto Feminino na Península Ibérica: Convergências e Divergências", in Pires, Ana Paula; Mariano, Fátima; Veiga, Ivo (orgs.), *Mulheres e Eleições*, Coimbra, Almedina, 2019, p. 28.

[356] Cfr. Mariano, Fátima. "A Reivindicação do Voto Feminino na Península Ibérica: Convergências e Divergências", in Pires, Ana Paula; Mariano, Fátima; Veiga, Ivo (orgs.), *Mulheres e Eleições*, Coimbra, Almedina, 2019, p. 28.

[357] Após a introdução de um casamento civil pelo Código Civil de 1867, denominado Código Seabra, alterações legislativas ocorridas no período da Primeira República representaram avanços aos direitos das mulheres, dentre as quais podemos citar as Leis Civis de fundo, como a do divórcio (3 de novembro de1910), a do casamento (25 de dezembro de 1910) e a da separação das Igrejas (20 de abril de 1911).

[358] Em crítica à República "moderna e progressista", como a portuguesa se apresentava, por não ter conferido às mulheres os direitos que mereciam, Carmen de Burgos afirmava que "De espíritu liberal y culto, la mayor parte de las mujeres de la clase media eran republicanas. (...) las mujeres fueron las más activas propagandistas de las ideas republicanas y las que más eficazmente ayudaron a la proclamación de esa República que se implantó sin derramar sangre, em medio del júbilo de todo el pueblo" (cfr. Burgos, Carmen. *La Mujer Moderna y sus Derechos*, Madrid, Editora Biblioteca Nova, 2007, p. 301).

ao longo do período histórico subsequente vivenciado pela ditadura militar e pelo Estado Novo, profundas mudanças. Mesmo pautado na crença paradoxal de que as mulheres eram moral, intelectual e fisicamente inferiores aos homens, e, portanto, deveriam confinarem-se ao espaço doméstico de gestão da casa e educação do filhos, o não reconhecimento da capacidade eleitoral, ativa e passiva, à totalidade da população feminina portuguesa "gerou pouca controvérsia no seio da elite política e intelectual, mas originou um movimento crescente de crítica ao facto de todas as mulheres terem sido afastadas do processo de governo da cidade quando muitas das decisões lhes diziam diretamente respeito"[359]. Assim, no ano de 1931, em meio à Ditadura Militar então vivenciada a partir do golpe de 28 de Maio de 1926, por meio do Decreto 19.694, de 05 de maio, o direito ao voto foi concedido pela primeira vez às mulheres, mas restrito àquelas "com responsabilidade de chefes de família[360], domiciliados na freguesia há mais de seis meses" (art, 1º)[361]. Em 15 de julho do mesmo ano, o Decreto 20.073 concedeu

[359] Cfr. MARIANO, Fátima. "A Reivindicação do Voto Feminino na Península Ibérica: Convergências e Divergências", in PIRES, Ana Paula; MARIANO, Fátima; VEIGA, Ivo (orgs.), *Mulheres e Eleições*, Coimbra, Almedina, 2019, p. 22.

[360] O Decreto assim mencionava: Artigo 1.º Os vogais das juntas de freguesia são eleitos pelos cidadãos portugueses de um e de outro sexo, com responsabilidade de chefes de família, domiciliados na freguesia há mais de seis meses. § 1.º Têm responsabilidade de chefes de família para os efeitos do corpo deste artigo: 1.º Os cidadãos portugueses do sexo masculino com família constituída, se não tiverem comunhão de mesa e habitação com a família dos seus parentes até o terceiro grau da linha recta colateral, por consanguinidade ou afinidade; 2.º As mulheres portuguesas, viúvas, divorciadas ou judicialmente separadas de pessoas e bens com família própria e as casadas cujos maridos estejam ausentes nas colónias ou no estrangeiro, umas e outras se não estiverem abrangidas na última parte do número anterior. (...) Art. 2.º Os vogais das câmaras municipais são eleitos na proporção a estabelecer no Código Eleitoral: (...) 5.º Pelos cidadãos portugueses do sexo feminino, maiores de vinte e um anos, com curso secundário ou superior comprovado pelo diploma respectivo, domiciliados no concelho há mais de seis meses.

[361] A propósito, Fátima Mariano destaca que a atribuição do voto a algumas mulheres na década de 1930 "não configurou uma resposta às reivindicações feministas, mas, sim, uma estratégia para alargar a base política de apoio aos novos governos e transmitir uma mensagem de modernidade e de progresso para o exterior" (cfr. MARIANO, Fátima. "A Reivindicação do Voto Feminino na Península Ibérica: Convergências e Divergências", in PIRES, Ana Paula; MARIANO, Fátima; VEIGA, Ivo (orgs.), *Mulheres e Eleições*, Coimbra, Almedina, 2019, p. 29). Ainda, Maria Reynolds de Souza recorda entrevista publicada no jornal *O*

a capacidade eleitoral às mulheres emancipadas, sendo, dois anos mais tarde, abarcado o direito de votar nas eleições para as juntas de freguesia, pelo Decreto 23.406, à mulher solteira, maior de idade ou emancipada, com família própria e quando de reconhecida idoneidade moral, e para as câmaras também a mulher emancipada com curso especial, secundário e superior, com domicílio no concelho por mais de seis meses ou nele desempenhando função pública e que vivesse inteiramente sobre si e tenha a seu cargo ascendentes, descendentes ou colaterais. No mesmo ano de 1933, as mulheres portuguesas foram às urnas para, por meio de um plebiscito realizado em 19 de março, aprovarem o texto da Constituição de 1933, na condição de "chefes de família"[362]. Em 1934, o Decreto-Lei 24.631, de 6 de novembro, viabilizou o sufrágio feminino e o direito à elegibilidade, para a Assembleia Nacional e para a Câmara Corporativa, a todos os cidadãos portugueses que tivessem capacidade eleitoral e não incorressem nas causas de inelegibilidade previstas em seu art. 3º. Com isso, o direito a concorrer a uma vaga no Parlamento foi conferido às mulheres com mais de 21 anos, às solteiras com rendimento próprio ou que trabalhassem, às chefes de família e às casadas com diploma secundário ou que pagassem determinada contribuição predial. Este mesmo ano, a propósito, foi marcado pela eleição das três primeiras deputadas à Assembleia Nacional, Maria Guardiola, Domitília de Carvalho e Maria Cândida Parreira, escolhidas por Salazar[363], e também como sendo o ano em que o Estado Novo se tornou o primeiro regime português a abrir às mulheres a porta do Par-

Século, em 19 de novembro de 1934, em que Salazar dizia que o fato de algumas senhoras passarem a fazer parte da Assembleia Nacional e Câmara Corporativa não significava "ter-se o Estado ou elas próprias convertido ... ao feminismo" (cfr. Souza, Maria Reynolds. *A Concessão do Voto às Portuguesas*, Lisboa, Comissão para a Igualdade e para os Direitos das Mulheres, 2006, p. 17).

362 Cfr. Canotilho, Mariana. "A Constituição Portuguesa de 1933", in Paço, António Simões (org.), *Os Anos de Salazar*, v. 2, *A Constituição do Estado Novo*, Lisboa, Planeta de Agostini, 2008, p. 6.

363 As três mulheres compuseram a lista dos candidatos da União Nacional, único partido existente na época e em comum tinham como características serem católicas e solteiras (cfr. Mariano, Fátima. "A Reivindicação do Voto Feminino na Península Ibérica: Convergências e Divergências", in Pires, Ana Paula; Mariano, Fátima; Veiga, Ivo (orgs.), *Mulheres e Eleições*, Coimbra, Almedina, 2019, p. 33.

lamento e a conceder o voto a algumas delas, embora ainda persistisse uma desigualdade entre eleitores e eleitas. Em 1945, o Decreto-Lei n. 34.938, de 22 de setembro, reafirmou, no seu art. 4.º, os pressupostos do Decreto-Lei de 1933 segundo o qual só as mulheres com curso secundário ou superior podiam votar. Em 1946 o mesmo direito abrangeu as eleições legislativas e presidenciais, carregando, ainda, condicionantes restritivas[364].

Ao que se vê, sucessivos diplomas buscaram alargar o âmbito de abrangência do direito ao voto concedido em 1931 às mulheres, inicialmente direcionado às viúvas, divorciadas ou separadas de fato, mas com uma família a seu encargo, ou então às casadas cujos maridos estivessem no estrangeiro ou em colônias portuguesas, restringindo, todavia, esta capacidade eleitoral ativa a corpo administrativo inferior, que é o caso das juntas de freguesia. Em 1966, foi ratificada em Portugal, por meio do Decreto-Lei n. 47.302, de 4 de novembro, a Convenção n. 100 da OIT, relativa à igualdade de remuneração entre mão-de-obra feminina e masculina para trabalho de valor igual. No ano de 1968, ainda período ditatorial, mas agora sob a chefia de Marcello Caetano, por meio da Lei n. 2.137, de 26 de dezembro, buscou-se reduzir as discriminações em função do sexo para exercício do direito ao voto, com o alcance do direito ao voto a todas as pessoas – homens ou mulheres – que soubessem ler e

[364] Nestes termos, a Lei n. 2.015, de 28 de maio de 1946, assim dispunha: Artigo 1.º São eleitores do Presidente da República e da Assembleia Nacional: 1.º Os cidadãos portugueses do sexo masculino, maiores ou emancipados, que saibam ler e escrever português; 2.º Os cidadãos portugueses do sexo masculino, maiores ou emancipados, que, embora não saibam ler e escrever, paguem ao Estado e corpos administrativos quantia não inferior a 100$, por algum ou alguns dos seguintes impostos: contribuição predial, contribuição industrial, imposto profissional e imposto sobre aplicação de capitais; 3.º Os cidadãos portugueses do sexo feminino, maiores ou emancipados, com as seguintes habilitações mínimas: a) Curso geral dos liceus; b) Curso do magistério primário; c) Curso das escolas de belas-artes; d) Cursos do Conservatório Nacional ou do Conservatório de Música do Porto; e) Cursos dos institutos industriais e comerciais.4.º Os cidadãos portugueses do sexo feminino, maiores ou emancipados, que, sendo chefes de família, estejam nas demais condições fixadas nos n. 1.º ou n. 2.º; 5.º Os cidadãos portugueses do sexo feminino que, sendo casados, saibam ler e escrever português e paguem de contribuição predial, por bens próprios ou comuns, quantia não inferior a 200$.

escrever[365]. Com isso, foi proclamada formalmente a igualdade política em razão do gênero. No ano seguinte, 1969, introduziu-se no ordenamento jurídico português, por meio do Decreto-Lei n. 49.408, n.2, de 24 de novembro, o princípio "salário igual para trabalho igual".

Na sequência, apesar da alteração política e social oriunda do 25 de abril de 1974 que se repercutiu na capacidade eleitoral ativa das mulheres, também a Lei n. 621-A/74[366] tratou da questão na forma que a anterior legislação de 1968 a estabelecia. Este mesmo ano abriu, às mulheres, o acesso a todos os cargos da carreira administrativa local (por meio do Decreto-Lei n. 251/74, de 12 de junho), à carreira diplomática (Decreto-Lei n. 308/74, de 6 de julho) e à magistratura (Decreto-Lei n. 492/74, de 27 de setembro). Foi, entretanto, com a Constituição da República Portuguesa de 1976[367] que o sufrágio se tornou "universal, igual e secreto e reconhecido a todos os cidadãos maiores de 18 anos, ressalvadas as incapacidades da lei geral", sendo considerado seu exercício um "dever cívico"[368]. Entretanto, como seu texto originário não continha expressa previsão à proibição da discriminação de gênero, em sede de revisão constitucional, no ano de 1997, a Constituição Portuguesa pas-

365 Neste diploma legal foram excluídos apenas os cidadãos que não soubessem ler e escrever e nunca tivessem sido recenseados ao abrigo da Lei n.º 2015, de 28 de Maio de 1946, independente de serem do sexo feminino ou masculino.

366 Em seu art. 1º, a Lei dispunha: "São eleitores da Assembleia Constituinte os cidadãos portugueses de ambos os sexos, maiores de 18 anos, completados até 28 de Fevereiro de 1975, residentes no território eleitoral ou nos territórios ultramarinos ainda sob administração portuguesa, assim como os aí não residentes indicados no presente diploma".

367 Sobre este texto constitucional, Francisca Van Dunem afirma que "saída da ordem revolucionária, a Constituição de 1976 veio impor liberdades iguais, vinculando o legislador ordinário a construir o ambiente legislativo que as promovesse. E o artigo 13.º, na singeleza da sua expressão, impõe-se como referencial do modelo de exercício dos direitos fundamentais e também, na sua dimensão objetiva, como elemento estruturante do sistema constitucional global, na expressão comum da jurisprudência do Tribunal Constitucional" (cfr. DUNEM, Francisca Van. "Constituição de 1976, Género e Tribunais", in *Julgar*, n. 29, Lisboa, 2016, pp. 16).

368 A propósito, a Lei n.º 69/78, de 3 de novembro, dispunha em seu art. 1.º, que "O recenseamento eleitoral é oficioso, obrigatório e único para todas as eleições por sufrágio directo e universal". Com isso, a universalidade e, por consequência, a não discriminação de gênero da capacidade eleitoral ativa estendeu-se a todos os pleitos eleitorais, inclusive para os órgãos das autarquias locais, não se restringindo às eleições da Assembleia da República.

sou a prever, de forma específica, como tarefa fundamental do Estado a promoção da igualdade entre homens e mulheres (art. 9º, alínea *h*).

Foi notória a evolução legislativa e institucional em matéria de gênero ocorrida posteriormente à promulgação da Constituição de 1976, a começar pela revisão do Código Civil, por meio do Decreto-Lei n. 496/77, de 25 de novembro, que alterou o estatuto de dependência para a igualdade da mulher. Em 1978, o Decreto-Lei n. 392, de 20 de setembro, passou a garantir às mulheres igualdade com os homens em oportunidades e tratamento no trabalho e no emprego. Em 1980, Portugal ratificou a Convenção sobre a Eliminação de Todas as Formas de Discriminação contra as Mulheres – II Conferência da ONU para a Década da Mulher. Em 1983 entrou em vigor do Código Penal (Decreto-Lei n. 400/82, de 23 de setembro), trazendo importantes alterações, nomeadamente quanto aos maus tratos entre cônjuges e subtração de menores. O ano seguinte foi marcado pela Lei da Proteção da Maternidade e da Paternidade (Lei n. 4/84, de 5 de abril) e pela exclusão de ilicitude em alguns casos de interrupção voluntária da gravidez, por meio da Lei n. 6/84, de 11 de maio. Em 1988 passou a ser garantido os direitos das Associações de Mulheres por meio da Lei n. 95/88, de 17 de agosto. Em 1990, o Decreto-Lei n. 330/90, de 23 de outubro, aprovou o novo Código da Publicidade, proibindo publicidade que contenha qualquer discriminação em razão do sexo. Em 1991 entrou em execução o III Programa de Acção Comunitário sobre a Igualdade de Oportunidades entre Mulheres e Homens. No ano de 1993, por meio do Decreto-Lei n. 329/93, de 25 de setembro, houve uniformização da idade de reforma para as mulheres aos 65 anos e no ano seguinte, Resolução do Conselho de Ministros nº 32/94, de 17 de maio, sobre a promoção da igualdade de oportunidades para as mulheres. Em 1995, por meio de Revisão do Código Penal (Decreto-Lei n. 48/95, de 15 de março, agravaram-se as penas dos crimes de maus tratos do cônjuge e violação. O IV Programa Comunitário sobre Igualdade de Oportunidades entre Mulheres e Homens (1996-2000) foi aprovado por Decisão do Conselho de 22 de dezembro de 1995, sendo em 1997 aprovado o I Plano Global para a Igualdade por meio da Resolução do Conselho de Ministros nº 49/97, de 24 de março. A Lei n. 90/97, de 30 de julho, aumentou os prazos de exclusão da ilicitude nos casos de interrupção voluntária da gravidez, tendo neste mesmo ano a Lei n. 105, de 13 de setembro, garantido o direito à igualdade de tratamento no trabalho e no emprego, por meio de um regime, aplicável a entidades públicas e privadas, que visa "garantir a efectivação do direito dos indivíduos de ambos os sexos à igualdade de tratamento no trabalho e no emprego". Este mesmo diploma preocupou-se em definir a *discriminação indirecta* como sendo "uma medida, um critério ou uma prática aparentemente neutra que prejudiquem de modo desproporcionado os indivíduos de um dos sexos, nomeadamente por referência ao estado civil ou familiar, não sendo justificados objectivamente por qualquer razão ou condição necessária não relacionada com o sexo" (art. 2º). Dois anos mais tarde foi criado o Ministério da Igualdade que, entretanto, teve uma curta duração de apenas um ano durante a vigência do XIV Governo Constitucional.

Em verdade, numa perspectiva histórica, foi um longo caminho até obter-se pela primeira vez uma participação política das mulheres portuguesas equivalente a um terço do número de deputados, nas eleições de 2015, mantendo-se o mesmo percentual nas eleições autárquicas de 2017. Ainda assim, as eleições para o poder local continuaram a ser objeto de discussões, já que o número de mulheres eleitas como presidente das câmaras municipais neste mesmo ano foi de apenas 10,4% nas 308 câmaras municipais do país[369]. Assim, adveio a Lei Orgânica n. 1/2019, de 29 de março, que regulamentou o regime da representação equilibrada em órgãos do poder político e estabeleceu a paridade de gênero obrigatória para as listas de candidaturas apresentadas para a Assembleia da República, para o Parlamento Europeu e para os órgãos eletivos das autarquias locais, bem como a lista de candidatos a vogal das juntas de freguesia. Com isso, normatizou, de forma abrangente, a igualdade de gênero na política, o que será tratado na sequência.

[369] Das 308 Câmaras Municipais, apenas 32 delas tiveram mulheres como presidente nas eleições de 2017 (cfr. https://www.eleicoes.mai.gov.pt/autarquicas2017/candidatos.html, acesso em 24 de janeiro de 2021). Sobre o assunto, cfr., ALMEIDA, Maria Antónia Pires de. "As Mulheres no Poder Local em Portugal", in PIRES, Ana Paula; MARIANO, Fátima; VEIGA, Ivo (orgs.), *Mulheres e Eleições*, Coimbra, Almedina, 2019, p. 196.

2.3.1. A igualdade de gênero e os direitos políticos da mulher na Constituição de 1976

A entrada em vigor da Constituição Portuguesa de 1976 foi um marco para a demanda feminina, já que estabeleceu a igualdade entre homens e mulheres em todos os domínios. O primeiro Código Civil, datado de 1867, apesar de seu intuito inovador da legislação portuguesa até então existente, preservou o discurso oitocentista conservador sobre o papel da mulher no contexto familiar e social, mantendo a desigualdade jurídica, social, cultural e política entre os gêneros[370]. A Primeira República, apesar dos avanços alcançados, não se ocupou da supremacia patriarcal e das iniquidades daí decorrentes. O Estado Novo, sem qualquer ajuste substancial ao Código de 1867, preservou a identidade do homem como chefe de família, ao qual se submetiam os filhos e a esposa. A Constituição de 1933 trouxe uma dimensão formal ao princípio da igualdade, em seu art. 5º, que rechaça qualquer tipo de "privilégio de nascimento, nobreza, título nobiliárquico, sexo, ou condição social". Apesar disso, apresentou retrocessos no direito das mulheres, sobretudo ao ressalvar "quanto à mulher, as diferenças resultantes da sua natureza e do bem da família", o que fazia com inspiração na missão materna advinda da doutrina social da igreja[371], que direcionava a mulher ao espaço doméstico de dedicação ao lar. Dentro deste regime foi ainda aprovado, em 1966, um Código Civil que, apesar de progressista em alguns pontos, não pos-

[370] No entender de Francisca Van Dunem, a lei ordinária então vigente e o Código de 1867 "aspirava a moldar um mundo conservador, condicionado e retrógrado". A autora ainda afirma ter o Código Seabra inovado ao suprimir o regime dotal, "extinguindo um instituto que, no século XX, já tinha inscrição na galeria da indignidade", mas "as liberdades da mulher continuavam a ser limitadas e excepcionais" (cfr. DUNEM, Francisca Van. "Constituição de 1976, Género e Tribunais", in *Julgar*, n. 29, Lisboa, 2016, pp. 11-15).

[371] Abordando a igualdade formal da Constituição de 1933, Anne Covas destaca a particularidade do Salazarismo em permanecer no enraizado conceito da "natureza especial" feminina, inspirada na doutrina católica, que remete a mulher à ideia de natureza, ao passo que o homem alinha-se, implicitamente, à cultura. Com isso, o Estado Novo "manteve-se fiel às mensagens inalteravelmente repetidas, com um intervalo de quarenta anos, pela Igreja Católica, nas encíclicas *Rerum Novarum* (1891) e *Quadragesimo anno* (1931)", em que a natureza predispôs as mulheres a dedicarem-se aos cuidados domésticos e de educação dos filhos. Por isso, ao homem destinava-se à arte de gerir o Estado, ao passo que à mulher o "governo doméstico" (cfr. COVAS, Anne; PINTO, António Costa. "O salazarismo e as mulheres – uma abordagem comparativa", in *Penélope*, n. 17, 1997, p. 72).

suía condições para "protagonizar a ruptura com uma concepção de igualdade mutilada que a Constituição consentia"[372]. Assim, com relação aos direitos das mulheres, manteve a postura já existente da igualdade meramente formal, ou jurídica, que sustentava a desigualdade em razão do sexo. Em síntese, "mantinha o instituto do poder marital, reconhecendo ao marido a qualidade de chefe de família e atribuindo-lhe poder para representar e decidir em todos os atos da vida conjugal comum, administrar os bens do casal sem ressalva de qualquer obrigação de prestação de contas ou de mero reporte", reservando, ao cônjuge mulher, o "governo doméstico"[373].

Com a derrocada do Estado Novo, em abril de 1974, da revolução sobreveio uma nova ordem estrutural da política, da cultura e da sociedade, ao qual se enquadra o progresso da demanda feminina, sobretudo pelo seu direito à isonomia. No ano seguinte, o Decreto-lei n. 261/75, do IV Governo Provisório modificou diversos dispositivos do Código Civil sobre o divórcio e o casamento católico passou a ser regido, quanto aos seus efeitos, pelas leis do Estado e o fez por conta dos "largos reflexos sociais" e das "vivas críticas" que o sistema dual de regulação do matrimônio apresentava, conforme se tratasse de casamento civil ou católico, precipuamente por não ser o Estado português confessional[374]. Entendeu-se, na ocasião, que o legislador não devesse defender "valores especificadamente religiosos, impondo aos católicos o cumprimento de um dever – o dever de não pedirem o divórcio – que não deverá ser para eles mais do que um dever de consciência"[375]. Por isso, unificou a regulação do matrimônio unicamente pelas leis do Estado.

Surge, a seguir, a inovadora Constituição de 1976, provocando inúmeros avanços aos direitos das mulheres e estabelecendo uma exigência de readequação e atualização de toda legislação até então existente, na

372 Cfr. Dunem, Francisca Van. "Constituição de 1976, Género e Tribunais", in *Julgar*, n. 29, Lisboa, 2016, p. 15.

373 Cfr. Dunem, Francisca Van. "Constituição de 1976, Género e Tribunais", in *Julgar*, n. 29, Lisboa, 2016, p. 15.

374 Cf. Decreto-Lei n.º 261/75, de 27 de maio, in *Diário da República*, 1.ª série, nº 122, 27 de maio de 1975, p. 733.

375 Cf. Decreto-Lei n.º 261/75, de 27 de maio, in *Diário da República*, 1.ª série, nº 122, 27 de maio de 1975, p. 733.

medida em que previu a manutenção do direito anterior à sua entrada em vigor, "desde que não seja contrário à Constituição ou aos princípios nela consignados", bem como a necessidade de adaptação destas normas anteriores, no que respeita "ao exercício dos direitos, liberdades e garantias consignados na Constituição", até o final "da primeira sessão legislativa"[376]. Declarou constitucional o princípio da isonomia, não prevendo quaisquer tipos de ressalvas às mulheres e, com isso, conferiu plenitude à sua cidadania. Deu abrangência, no art. 13º, ao preceito da igualdade, aqui incluindo a escolha de profissão, de acesso ao trabalho, e de remuneração salarial, sem discriminação de gênero. Em seu artigo 36º passou a resguardar a igualdade de direitos e deveres dos cônjuges na "manutenção e educação dos filhos", além de subsidiar constitucionalmente a legislação relativa ao divórcio existente[377].

Considerado princípio estruturante do Estado de Direito, porque disciplina toda atividade pública em suas relações com os cidadãos, bem como as relações privadas nas quais os direitos fundamentais sejam diretamente aplicados (art. 18º/1)[378] e também por tratar-se, em última análise, uma regra de estatuto social dos cidadãos[379], o prin-

[376] Art. 293º, do texto originário da Constituição de 1976.

[377] Durante os debates da Assembleia Constituinte, o então deputado Vital Moreira, do Partido Comunista Português, referiu-se ao contido no que se tornou a versão final do artigo 36º do seguinte modo: "Ele contém por si só uma pequena revolução. Ele recupera as conquistas jurídicas feitas neste domínio em 1910 pela revolução republicana e que o fascismo tentou e conseguiu destruir na sua maior parte. Ele desenvolve essas conquistas em quadros jurídicos suscetíveis de promoverem e enquadrarem profundas transformações. Ele implica a inconstitucionalidade de numerosas disposições do Código Civil vigente, e só por si exige um novo Código da Família. Ele é uma peça de importância no desmantelamento da ordem jurídica fascista" (cfr. https://www.parlamento.pt/Parlamento/Paginas/cod-civil-direitos-mulheres.aspx, acesso em 26 de abril de 2022).

[378] A eficácia externa do princípio da igualdade, a fim de disciplinar as relações privadas, tem lugar nos casos de *abuso de direito* por parte das entidades privadas, designadamente quando o estatuto da igualdade jurídica conjugado com a dignidade da pessoa humana sejam abalados por regulações jurídico-civis, a exemplo de um eventual contrato de escravidão (cfr. CANOTILHO, J. J. Gomes; MOREIRA, Vital. *Constituição da República Portuguesa Anotada*, v. I, 4ª edição, Coimbra, Coimbra Editora, 2007, p. 338).

[379] Considerando a igualdade um princípio estruturante do Estado de direito democrático e social, cuja finalidade é alcançar uma igual dignidade social e 'validade cívica' de todos os cidadãos, Canotilho aponta suas três dimensões, sendo a primeira denominada *liberal*,

cípio da igualdade, designadamente em sua interligação com os princípios da liberdade e da justiça, como já visto, é característico do constitucionalismo ocidental do final do século XVIII, tendo como marco de desenvolvimento importante para o constitucionalismo português, e o ocidental de um modo geral[380], dentre outros, a Declaração de 1789, o Aditamento da Constituição dos Estados Unidos, a Constituição Mexicana, a Constituição de Weimar e a Constituição Italiana[381]. Ainda, sob inspiração na Declaração dos Direitos do Homem e do Cidadão, desde a Constituição de 1822, com a especificação de que "a lei é igual para todos", todas Constituições Portuguesas e a Carta Constitucional subsequentes contaram com a previsão do princípio da igualdade: os artigos 9º e 12º da Constituição de 1822; os artigos 14º, §12º e 145º, §13º e §16º da Carta Constitucional de 1826; os artigos 10º, 20º, § único, 24º e 30º da Constituição de 1838; o artigo 3º, n. 2 e n. 3, da Constituição de

por consubstanciar uma ideia de igual posição de todas as pessoas perante a lei, geral e abstrata; a dimensão *democrática*, por proibir discriminações na participação no exercício do poder político, seja em seu acesso ou relevância (proibição de voto censitário, por exemplo), e no acesso aos cargos públicos; e dimensão *social*, que impõe a eliminação de desigualdades fáticas econômicas, sociais e culturais. O autor lembra também a dimensão *corretiva*, cuja finalidade é atenuar, por meio de ações afirmativas, as "desigualdades reais no exercício de certos direitos ou na fruição de certos bens públicos" (cfr. Canotilho, J. J. Gomes; Moreira, Vital. *Constituição da República Portuguesa Anotada*, v. I, 4ª edição, Coimbra, Coimbra Editora, 2007, p. 337).

[380] Em sede de direito europeu, merecem destaque o artigo 20º e seguintes, da CDFUE, artigo 2º, TCE, bem como a Diretiva 75/117/CEE, que trata da preocupação com a igualdade de remuneração entre homens e mulheres no âmbito das legislações dos Estados-membros; a Diretiva 76/202/CEE, que cuida da aplicação da igualdade de gênero quanto ao acesso a empregos e condições de trabalho; a Diretiva 96/97/CE, preocupada com a igualdade de gênero em matéria de segurança social; a Diretiva 97/80/CE, relativa ao ônus da prova em questões de discriminação em função do sexo; a Diretiva 2000/78/CE, prevê um quadro geral de igualdade de tratamento no desempenho da atividade profissional; e a Diretiva 2004/113/CE, referente a igualdade entre homens e mulheres no acesso a bens e serviços, dentre eles a habitação (Cfr. Canotilho, J. J. Gomes; Moreira, Vital. *Constituição da República Portuguesa Anotada*, v. I, 4ª edição, Coimbra, Coimbra Editora, 2007, p. 333).

[381] Nestes termos, cfr., Miranda, Jorge. *Manual de Direito Constitucional*, v. II, tomo IV, Coimbra, Coimbra Editora, 2014, p. 271.

1911[382]; artigo 5º da Constituição de 1933[383] e, finalmente, o artigo 13º da Constituição de 1976[384]. Assim é que a Constituição da República Portuguesa de 1976 se tornou a mais inovadora das constituições portuguesas e o modo como foi tratado o princípio da igualdade em seu texto, somado às revisões constitucionais posteriores, além de reforçar esta afirmação, marca uma nova ordem social, política, legal e constitucional quanto ao assunto, transpondo a própria ruptura com o Estado Novo e sua Constituição de 1933[385]. Em diversos pontos, seu texto deixa claro que a igualdade é a finalidade para o Estado de Direito que se inicia a partir da reforma revolucionária. Expressões como "igualdade de oportunidades", "condições de igualdade" aparecem em vários contextos para além do trazido pelo art. 13º, reforçando o primado da igualdade como princípio constitucional e fundamento do Estado[386].

[382] Com relação à Constituição de 1911, Jorge Miranda destaca o esforço no estabelecimento de uma "igualdade basicamente jurídica, negando privilégios de nascimento e nobreza e extinguindo os títulos nobiliárquicos e de conselho e as ordens honoríficas", além de "equiparar direitos de portugueses e estrangeiros, apontar para uma igualdade política e civil de todos os cultos e vedar a privação de um direito ou a isenção de um dever por motivos de religião" (cfr., Miranda, Jorge. *Manual de Direito Constitucional*, v. II, tomo IV, Coimbra, Coimbra Editora, 2014, pp. 271-272).

[383] A Constituição de 1933, apesar de garantir a negação de qualquer privilégio decorrente do "sexo", de criar um ideário de igualdade social, ao determinar incumbir ao Estado "zelar pela melhoria de condições das classes sociais mais desfavorecidas" (art. 6º, n. 3) e de constitucionalizar uma igualdade de direitos e deveres dos cônjuges, "quanto à sustentação e educação dos filhos legítimos", ressalvou, quanto à mulher, "as diferenças resultantes de sua natureza e do bem de família" (art. 5º, parágrafo único). Neste ponto, Jorge Miranda menciona que a Constituição de 1933 deslocou a "referência à igualdade para a própria definição do regime político, declarando Portugal uma república corporativa" em seu artigo 5º, ao basear-se "na igualdade dos cidadãos perante a lei, no livre acesso de todas as classes aos benefícios da civilização e na interferência de todos os elementos estruturais da Nação na vida administrativa e na feitura das leis" (cfr., Miranda, Jorge. *Manual de Direito Constitucional*, v. II, tomo IV, Coimbra, Coimbra Editora, 2014, p. 272).

[384] Cfr. Miranda, Jorge. *Manual de Direito Constitucional*, v. II, tomo IV, Coimbra, Coimbra Editora, 2014, pp. 271-272.

[385] Cfr. Amaral, Maria Lúcia. "O princípio da igualdade na Constituição portuguesa", em *Estudos em Homenagem ao Prof. Doutor Armando M. Marques Guedes*, Coimbra, Coimbra Editora, 2004, pp. 35-57.

[386] Exemplificativamente, o art. 9º estabelece como tarefa fundamental do Estado, dentre outras, a promoção do bem-estar e a qualidade de vida do povo e a igualdade real entre os

Deste modo, como Estado Constitucional, submetido à uma Constituição, o Estado português assumiu, com a nova ordem iniciada a partir de 1976, o compromisso com a igualdade e vinculou-se, seja quanto aos meios, seja quanto aos fins, para consecução e manutenção deste princípio, também considerado uma "tarefa fundamental do Estado" (art. 9º). A propósito, as quatro primeiras alíneas do artigo 9º, da Constituição Portuguesa, definem tarefas, dentre elas a promoção da igualdade real entre os portugueses, para alcance dos princípios políticos da nação, instituídos pelos artigos 1º e 2º do texto constitucional, que são a independência nacional, por meio de uma República soberana com autodeterminação nacional (política, econômico-social e cultural), o Estado de direito, baseado na democracia e na defesa e garantia dos direitos e liberdades fundamentais[387] e Estado social, a fim de realizar uma democracia econômica, social e cultural para construção de uma sociedade justa e solidária[388]. A alínea h), do artigo 9º, introduzida pela revisão constitucional de 1997, estabeleceu uma norma-tarefa para garantia do direito fundamental à igualdade entre homens e mulheres, sem, todavia, configurar "uma simples refracção do princípio da igualdade"[389], ou então limitar-se a aspectos específicos do princípio da igualdade, como a questões salariais, por exemplo[390].

Dentro deste propósito de concretização da igualdade, pelo que se nota, a Constituição de 1976 garantiu diversos e específicos direitos

portugueses, bem como a promoção da igualdade entre homens e mulheres (alíneas *d* e *h*). Na sequência, na esteira de regulação dos direitos políticos, estabelece-se o direito do povo ao sufrágio universal e "igual" (art. 10º/1), bem como o direito ao acesso a cargos públicos "em condições de igualdade" a todos os cidadãos (art. 50º/1) e o dever do Estado em assegurar o direito ao trabalho promovendo, com "igualdade de oportunidades", a escolha da profissão ou o género do trabalho (art. 58º/2, b).

387 Sobre este ponto, Canotilho afirma que "não basta uma atitude passiva de sujeição, é necessária uma postura *activa* para os fazer valer como elemento objectivo da República e de um *Estado de direitos e liberdades*" (cfr. Canotilho, J. J. Gomes; Moreira, Vital. *Constituição da República Portuguesa Anotada*, v. I, 4ª edição, Coimbra, Coimbra Editora, 2007, p. 277).

388 Neste sentido, cfr. Canotilho, J. J. Gomes; Moreira, Vital. *Constituição da República Portuguesa Anotada*, v. I, 4ª edição, Coimbra, Coimbra Editora, 2007, pp. 276 e ss.

389 Cfr. Canotilho, J. J. Gomes; Moreira, Vital. *Constituição da República Portuguesa Anotada*, v. I, 4ª edição, Coimbra, Coimbra Editora, 2007, p. 281.

390 Cfr. Canotilho, J. J. Gomes; Moreira, Vital. *Constituição da República Portuguesa Anotada*, v. I, 4ª edição, Coimbra, Coimbra Editora, 2007, p. 281.

fundamentais de igualdade com variados âmbitos de proteção, que vão desde a regulação ao igual valor e peso dos direitos políticos, à isonomia entre homens e mulheres no ambiente familiar, buscando, assim, dar efetividade à igualdade material. Assim é que o direito à proteção contra qualquer forma de discriminação (art. 26º/1) abrangeu também o direito à igualdade dos cidadãos na constituição familiar e ao contraírem casamento (art. 36º/1), à igualdade dos cônjuges em direitos e deveres no que diz respeito à capacidade civil e política e à manutenção e educação dos filhos (art. 36º/3) e à igualdade dos filhos (art. 36º/4). Para além disso, o texto constitucional também previu o direito à igualdade no acesso à função pública (art. 47º), na escolha da profissão (art. 58º/2-b), assim como na participação na vida pública (art. 48º) e no acesso aos cargos públicos e cargos políticos (arts. 50º e 109º), e igualdade de oportunidades e tratamento nas diversas candidaturas (art. 113º-3, b). A promoção à igualdade de gênero tornou-se, portanto, um objetivo de ação do poder público, que deve empenhar-se em sua implementação, e ao mesmo tempo criou um limite negativo a todos os poderes do Estado, com dever de abstenção de atos que não estejam em conformidade com esta norma-tarefa constitucional.

A despeito dessa preocupação constitucional com a concretização da igualdade, ora a tratando como direito subjetivo, ora como imposição constitucional de implementação de ação afirmativa para atenuar e/ou eliminar as iniquidades fáticas, a proibição de discriminação quanto ao sexo não constou do texto inicial da Constituição de 1976. Foi apenas com a 4ª Revisão constitucional, de 1997, que proibições específicas, nomeadamente nos artigos 9º/*h*, 26º/1 e 109º, foram inseridas. Com isso, discriminações em função do gênero da pessoa passaram a ter de ser "justificadas (se necessário com inversão do *ônus da prova*) a fim de se combaterem as *discriminações indirectas*"[391]. Criou-se, com isso, uma exigência de articulação sistêmica de normas, na qual a igualdade se torna um fio condutor que transforma princípios políticos fundamentais gerais em tarefas concretas do Estado[392], uma vez que "a Constitui-

[391] Cfr. Canotilho, J. J. Gomes; Moreira, Vital. *Constituição da República Portuguesa Anotada*, v. I, 4ª edição, Coimbra, Coimbra Editora, 2007, p. 343.

[392] Cfr. Canotilho, J. J. Gomes; Moreira, Vital. *Constituição da República Portuguesa Anotada*, v. I, 4ª edição, Coimbra, Coimbra Editora, 2007, p. 276.

ção obrigou, desde logo, o legislador ordinário a um compromisso de adequação. A uma ação de conformidade que, no que concerne à igualdade entre os géneros teve o seu primeiro epicentro no Código Civil"[393]. Tais dispositivos trouxeram, deste modo, uma imposição constitucional aos poderes públicos para efetiva promoção da igualdade de gênero, e embasou a criação de normas de ação afirmativa para restauração de uma isonomia perdida naturalmente em prejuízo do sexo feminino.

Ao que se observa, a própria Constituição de 1976 se incumbiu de traçar um plano de ação aos poderes públicos, dentre os quais incluiu prementemente a igualdade entre homens e mulheres. De fato, a Constituição está longe de ser, nas palavras de Canotilho, um "cardápio de políticas públicas"[394], sobretudo no que diz respeito às políticas econômicas, inseridas na margem de discricionariedade da atividade pública, mas a responsabilidade constitucional pela realização dos objetivos traçados, dentre eles a igualdade de gênero, continua sendo do Estado. O ponto nodal do princípio da igualdade, neste ponto, é a verificação de um fundamento material bastante que justifique a diferenciação, o que não é de fácil averiguação, designadamente nos casos de discriminação indireta, em que "uma disposição, prática ou critério aparentemente neutral conduz a resultados desigualitários materialmente infundamentados"[395]. Assim é que a Constituição Portuguesa de 1976

[393] Cfr. Dunem, Francisca Van. "Constituição de 1976, género e tribunais", in *Julgar*, n.º 29, 2016, p. 17

[394] Cfr. Canotilho, J. J. Gomes; Moreira, Vital. *Constituição da República Portuguesa Anotada*, v. I, 4ª edição, Coimbra, Coimbra Editora, 2007, p. 282.

[395] Cfr. Canotilho, J. J. Gomes; Moreira, Vital. *Constituição da República Portuguesa Anotada*, v. I, 4ª edição, Coimbra, Coimbra Editora, 2007, p. 341. Sobre o tema, o Tribunal Constitucional no Acórdão 232, de 2003, de relatoria do Conselheiro Rui Moura Ramos, entendeu que "O princípio da igualdade, consagrado no artigo 13.º da Constituição da República e de que o artigo 47.º, n.º 2, consagra uma projecção específica em matéria de acesso à função pública, proíbe diferenciações de tratamento, salvo quando estas, ao serem objectivamente justificadas por valores constitucionalmente relevantes, se mostrem racional e razoavelmente fundadas". Ressaltou, todavia, que a "proibição não alcança assim as discriminações positivas, em que a diferenciação de tratamento se deve ter por materialmente fundada ao compensar desigualdades de oportunidades", mas "deve considerar-se que inclui ainda as chamadas "discriminações indirectas", em que, e sempre sem que tal se revele justificável de um ponto de vista objectivo, uma determinada medida, aparente-

se tornou um marco social revolucionário[396] para que o acesso a cargos e possibilidades individuais se desvinculasse da condição do gênero, já que todos os cidadãos passaram a ter a mesma dignidade social e serem iguais perante a lei (art. 13º/1), ninguém podendo ser privilegiado, beneficiado, prejudicado, privado de qualquer direito ou isento de qualquer dever em razão, dentre outras, do sexo (art. 13º/2). O impacto reformador da nova ordem constitucional restituiu a cerca de metade da população portuguesa da época[397] o pleno gozo da cidadania e dos direitos civis, alcançando inclusive a liberdade de escolha profissional e equiparação de direitos e deveres dentro do ambiente doméstico, que deixou de ter a mulher como exclusiva "governante". Ponto de extrema complexidade para este tema, todavia, é reconhecer a igualdade e ao mesmo tempo compreender que homens e mulheres não são, em diversos sentidos, iguais, sem que com isto se queira afirmar a primazia de um sobre o outro. Ou seja, a promoção da igualdade entre homens e mulheres não pressupõe a preferência de um deles, muito embora, por serem diferentes, em alguns momentos terão de, obrigatoriamente, possuir direitos que se conformem às suas desigualdades. O que não se pode admitir, e este parece ser o sentido fundamental do dispositivo, é que "sob o manto de desigualdades biológicas, fisiológicas, psicológicas e outras, possa encobrir-se uma verdadeira diferenciação de dignidade jurídica, moral e social entre ambos os sexos"[398]. Desde os debates sobre o tema,

mente não discriminatória, afecte negativamente, na prática, uma parte individualizável e distinta do universo de destinatários a que vai dirigida".

396 Segundo Francisca Van Dunem, "se é hoje difícil apreender a racionalidade da exclusão institucionalizada de acesso da mulher a determinadas profissões, categorias ou funções, facilmente se apreende que a ruptura revolucionária de 1975 estilhaçou os espaços de contenção e de silêncio pactuantes com a interdição, reconstruindo o padrão de relações sociais através da combinação de todas as representações da realidade" (cfr. Dunem, Francisca Van. "Constituição de 1976, género e tribunais", in *Julgar*, n. 29, 2016, p. 12).

397 Segundo Francisca Van Dunem, à época Portugal contava com uma população feminina equivalente a 52,8% do total (cfr. Dunem, Francisca Van. "Constituição de 1976, género e tribunais", in *Julgar*, n. 29, 2016, p. 12).

398 Cfr. Bastos, Celso Ribeiro. *Curso de Direito Constitucional*, 20ª edição, São Paulo, Saraiva, 1999, p. 156. Em suas implicações práticas, Canotilho e Vital Moreira destacam que esta norma-tarefa procura reconhecer a necessidade de proteção ao sexo insuficientemente representado no acesso aos postos de trabalho e até mesmo cargos públicos, bem como evitar mecanismos automáticos que não gerem quaisquer soluções eficazes para homens

a previsão da igualdade de gênero na Constituição de 1976, a revisão do Código Civil e a normatização do direitos das mulheres, quatro décadas se passaram, entretanto, nas palavras de Ricardo Revez, "as mentalidades e as práticas continuam, com frequência, e persistentemente, a não refletir o que as leis indicam – incluindo as que entretanto se foram elaborando sobre o assunto – fazendo dos direitos das mulheres, em Portugal, uma causa tão atual e urgente como no final dos anos 70"[399]. Por isso, o estudo evolutivo e comparativo não se resume a uma preocupação de caráter histórico e jurídico, mas sobretudo de (in) aplicabilidade social dos comandos constitucionais.

2.3.2. A revisão constitucional de 1997 e a igualdade de gênero

A Constituição de 1976, apesar da valorização humanista, preocupação com a dignidade da pessoa humana e formulação textual da cláusula geral da igualdade em seu art. 13º, nomeadamente seus itens 1º e 2º, desde sua aprovação pela Assembleia Constituinte de abril de 1976, não teve uma vigência tranquila, já que submetida a alterações através das revisões de 1982, 1989, 1992, 1997, 2001, 2004, 2005[400] agregando ao texto original demandas exigidas e compreendidas pela evolução histórica, social e até mesmo por questões meramente fáticas[401]. Seu texto inicial não previa expressamente a proibição à discriminação de gênero, apesar da menção genérica e a inclusão desta espécie por vias interpretativas ao art. 13º. Foi com a 4ª revisão constitucional, por meio da LC 1/1997, ao trazer "emendas significativas em quase todos os títulos da Constituição"[402], que passou a ser dado especial relevo ao tema, com a

e mulheres. Ainda, cfr. Canotilho, J. J. Gomes; Moreira, Vital. *Constituição da República Portuguesa Anotada*, v. I, 4ª edição, Coimbra, Coimbra Editora, 2007, p. 282.

399 Cfr. Revez, Ricardo. "A Revisão do Código Civil e os Direitos das Mulheres (1977)", in *comunicar*, Boletim da Assembleia da República, março 2019, p. 3.

400 Para uma análise geral sobre as revisões constitucionais e sua história, cfr. Miranda, Jorge. *Manual de Direito Constitucional*, Tomo I, 7ª edição, Coimbra, Coimbra Editora, 2003, pp. 380 e ss.

401 Neste sentido, cfr. Amaral, Maria Lucia. "O princípio da igualdade na Constituição Portuguesa", in *Estudos em Homenagem ao Prof. Doutor Armando M. Marques Guedes*, Coimbra, Coimbra Editora, p. 37.

402 Cfr. Canotilho, J. J. Gomes. *Direito Constitucional e Teoria da Constituição*, 7ª edição, Coimbra, Almedina, 2003, p. 211.

previsão de norma especial dedicada a este importante fator histórico-cultural que tantas iniquidades provocou e ainda provoca às mulheres, com a proibição expressa de discriminação de gênero no âmbito dos direitos cívicos e políticos. Assim é que a alínea *h*, do artigo 9º, introduzida nesta ocasião, estabeleceu uma norma-tarefa para garantia do direito fundamental à igualdade entre homens e mulheres e, com isso, passou a restringir as justificativas de tratamentos diferenciados a diferenças "exclusivamente biológicas que, de forma imperativa, postulam essa diferenciação (ex.: gravidez)"[403], colocando em causa as arcaicas concepções que vinculavam atividades, afazeres e até mesmo espaços ocupados ao gênero de cada pessoa. A partir daí, a norma-tarefa da igualdade de gênero passa a servir como substrato à vedação tanto aos privilégios quanto às desvantagens justificadas unicamente no sexo da pessoa e, portanto, sem qualquer legitimidade para a atribuição de direitos e/ou deveres. Ademais, foi previsto, com esta revisão, o direito aos trabalhadores, sem distinção, dentre outras, do sexo, à organização do trabalho em condições socialmente dignificantes, de forma a facultar a realização pessoal e a permitir a conciliação da atividade profissional com a vida familiar (art. 59º, n. 1, alínea *b*); garantiu-se, no respeito da liberdade individual, o "direito ao planeamento familiar", e o exercício de uma "maternidade e paternidade consciente", mediante a informação e o acesso aos métodos e aos meios que o assegurem a organizar as estruturas jurídicas e técnicas para tal exercício (art. 67º, n. 2, alínea *d*); estabeleceu-se, ainda, aos pais e mães, direitos de dispensa de trabalho por período adequado, de acordo com os interesses da criança e as necessidades do agregado familiar (art. 69º, n. 4).

Assim é que, tal qual as demais, a Lei Constitucional n. 1/97 teve a reforma do sistema político como tema central, assistindo a um "renovamento da 'questão constitucional'"[404] e dentre suas mais importantes novidades encontra-se "aos níveis da consciência ético-jurídica da

[403] Cfr. Canotilho, J. J. Gomes; Moreira, Vital. *Constituição da República Portuguesa Anotada*, v. I, 4ª edição, Coimbra, Coimbra Editora, 2007, p. 344.

[404] Cfr. Canotilho, J. J. Gomes. *Direito Constitucional e Teoria da Constituição*, 7ª edição, Coimbra, Almedina, 2003, p. 212.

comunidade"[405], uma vez que teve grande impacto no que diz respeito ao princípio da igualdade, sobretudo por ter considerado como direito pessoal a proteção legal contra quaisquer formas de discriminação (art. 26º/1, *fine*). Com isso, reforçou a proibição de discriminações que, apesar de não significar uma igualdade absoluta em todas as situações ou então em proibição de tratamento diferenciado, passou a ser referida de forma exemplificativa e enunciativa através da expressão "quaisquer formas", podendo englobar à proteção todo tipo de afronta à igualdade. Desta maneira, sempre que contrário à dignidade humana, arbitrário ou ofensivo ao Estado democrático de direito, o tratamento diferenciado passou a ser ilícito, exigindo-se que "as medidas de diferenciação sejam materialmente fundadas sob o ponto de vista da segurança jurídica, da proporcionalidade, da justiça e da solidariedade e não se baseiem em qualquer motivo constitucionalmente impróprio"[406]. Todavia, conforme alerta Canotilho, estes parâmetros nem sempre podem ser extraídos de forma autônoma do princípio da igualdade, sendo muitas vezes necessário recorrer a outras normas constitucionais de "direitos fundamentais, ao princípio da dignidade da pessoa humana, ao princípio da socialidade"[407] para avaliá-los.

A redação do artigo 109º da Constituição também foi alterada pela revisão de 1997, passando a constar que "a participação direta e ativa de *homens e mulheres* na vida política constitui condição e instrumento fundamental de consolidação do sistema democrático, *devendo a lei promover a igualdade no exercício dos direitos cívicos e políticos e a não discriminação em função do sexo no acesso a cargos políticos*[408]". Seu preceito originário, no

[405] Cfr. CANOTILHO, J. J. Gomes. *Direito Constitucional e Teoria da Constituição*, 7ª edição, Coimbra, Almedina, 2003, p. 212.

[406] Cfr. CANOTILHO, J. J. Gomes; MOREIRA, Vital. *Constituição da República Portuguesa Anotada*, v. I, 4ª edição, Coimbra, Coimbra Editora, 2007, p. 340).

[407] CANOTILHO, J. J. Gomes; MOREIRA, Vital. *Constituição da República Portuguesa Anotada*, v. I, 4ª edição, Coimbra, Coimbra Editora, 2007, p. 341

[408] A expressão «cargos políticos», segundo Canotilho e Vital Moreira, corresponde a "todos aqueles aos quais estão constitucionalmente confiadas funções políticas" (cfr. CANOTILHO, J. J. Gomes; MOREIRA, Vital. *Constituição da República Portuguesa Anotada*, 3ª edição, Coimbra, Coimbra Editora, 1993, p. 512), não abrangendo "os cargos públicos de natureza essencialmente administrativa, como por exemplo os dirigentes dos institutos públicos, das empresas públicas, além dos directores-gerais da Administração Pública" (cfr.

artigo 112º, limitava-se a uma declaração sobre a importância da participação direta e ativa dos cidadãos de forma geral, sem especificações. A denominação de cidadãos de forma diferenciada pelo gênero traz, deste modo, um novo enfoque da própria democracia pelo legislador, já que o que mudou, ao menos semanticamente, foi "o próprio conceito (constitucional) de povo", com alteração de sua estrutura identitária, não mais abstraindo as diferentes acepções de pessoas, mas englobando a diversidade de gêneros[409], dando concretude, portanto, ao preceito constitucional igualmente afirmativo de promoção da igualdade de gênero, trazido pela alínea *h*, de seu art. 9º[410]. Não configura, o dispositivo, uma mera "reedição do princípio da igualdade independentemente do sexo, no que se refere em particular aos direitos cívicos e políticos"[411], tendo sido deixado claro, pelo constituinte, que "todas as discriminações positivas a favor das mulheres que viessem a ser adotadas pelo legislador ordinário no domínio da

Moreira, Vital. "O artigo 109º da CRP e a igualdade de homens e mulheres no exercício de direitos cívicos e políticos", in *Democracia com mais Cidadania*, Lisboa, Presidência do Conselho de Ministros, 1998, p. 53).

[409] Cfr. Amaral, Maria Lúcia. "O Princípio da Igualdade na Constituição Portuguesa", in *Estudos em Homenagem ao Prof. Doutor Armando M. Marques Guedes*, Coimbra, Coimbra Editora, p. 48. Para a autora, ainda, "o fato de o termo ter sido substituído pela frase homens e mulheres – aliado ao fato de tal frase aparecer a propósito da enunciação de um princípio que cumpre uma função de concretização imediata do princípio democrático – leva a crer que o legislador de revisão tenha introduzido neste domínio mais do que uma simples reforma" (cfr. Amaral, Maria Lúcia. "O Princípio da Igualdade na Constituição Portuguesa", in *Estudos em Homenagem ao Prof. Doutor Armando M. Marques Guedes*, Coimbra, Coimbra Editora, p. 47).

[410] Lembra Vital Moreira que desse preceito, resultante de uma proposta de Os Verdes, "decorre inequivocamente em sentido de compensação material das desigualdades fácticas entre homens e mulheres, aliás não limitada ao campo dos direitos políticos". De forma mais específica, mais exigente e destinado a promover ações com o fim da igualdade no exercício de direitos, o artigo 109º sujeitou o legislador "a uma espécie de «obrigação de resultado», consistente em melhorar a proporção entre homens e mulheres no exercício de direitos cívicos e políticos" (cfr. Moreira, Vital. "O artigo 109º da CRP e a igualdade de homens e mulheres no exercício de direitos cívicos e políticos", in *Democracia com mais Cidadania*, Lisboa, Presidência do Conselho de Ministros, 1998, p. 52).

[411] Cfr. Moreira, Vital. "O artigo 109º da CRP e a igualdade de homens e mulheres no exercício de direitos cívicos e políticos", in *Democracia com mais Cidadania*, Lisboa, Presidência do Conselho de Ministros, 1998, p. 50.

representação política seriam toleradas (ou impostas?) pela própria constituição"[412]. Portanto, no novo conceito de democracia política[413], apresentado por este aditamento constitucional, foi elevado à tarefa de Estado o reconhecimento de uma democracia não apenas pluralista e representativa, mas também com paridade entre homens e mulheres ao acesso a cargos políticos[414]. Aliado à norma geral da igualdade do artigo 13º, da Constituição Portuguesa, o artigo 109º, conjugado com o artigo 9º, deixou claro que a promoção da efetiva igualdade entre homens e mulheres, no que concerne aos direitos cívicos[415]

[412] Cfr. AMARAL, Maria Lúcia. "O Princípio da Igualdade na Constituição Portuguesa", in *Estudos em Homenagem ao Prof. Doutor Armando M. Marques Guedes*, Coimbra, Coimbra Editora, p. 48. A propósito, Vital Moreira recorda que até esta 4ª Revisão Constitucional, "era assaz problemática a licitude constitucional de medidas de «acção positiva» destinadas a favorecer o acesso de mulheres aos cargos políticos mediante medidas de discriminação positiva" (cfr. MOREIRA, Vital. "O artigo 109º da CRP e a igualdade de homens e mulheres no exercício de direitos cívicos e políticos", in *Democracia com mais Cidadania*, Lisboa, Presidência do Conselho de Ministros, 1998, p. 48).

[413] Mencionando a reformulação do conceito de democracia política trazido pela Revisão de 1997, Jorge Miranda rememora fala da Deputada Isabel Castro (cfr. Deputada Isabel Castro. **Diário da Assembléia da República**. 7ª legislatura, 2ª sessão legislativa, 1ª série, nº. 34, reunião de 15 de julho de 1997 (p. 3377) *apud* MIRANDA, Jorge. "Igualdade e Participação Política da Mulher", in *Democracia com mais Cidadania*, Lisboa, Presidência do Conselho de Ministros, 1998, p. 37.

[414] Deputada Maria Eduarda Azevedo. **Diário da Assembléia da República**. 7ª legislatura, 2ª sessão legislativa, 1ª série, nº. 99, reunião de 22 de julho de 1997 (p. 3648) *apud* MIRANDA, Jorge. "Igualdade e Participação Política da Mulher", in *Democracia com mais Cidadania*, Lisboa, Presidência do Conselho de Ministros, 1998, p. 38).

[415] Destaca Vital Moreira que o conceito de «direitos cívicos» constitui uma inovação constitucional, uma vez que "não coincide com nenhuma das categorias de direitos fundamentais constantes das cartas e convenções internacionais de direitos do homem". Ou seja, esta categoria não é correlato ao conceito de «direitos civis» do Pacto das Nações Unidas de 1996 sobre «direitos civis e políticos», porque neste documento "os direitos civis correspondem aos «direitos, liberdades e garantias pessoais»" da Constituição Portuguesa. Então, o autor conclui que neste quadro poderiam ser inseridos direitos que expressem uma participação na vida cívica, tais como direitos de manifestação, reunião, associação, além de direitos a liberdade sindical. Por isso, sugere como medidas de ação positiva de efetivação da ordem constitucional a promoção, dentre outros, da "participação equilibrada de homens e mulheres na vida associativa e sindical, na composição de corpos directivos das associações e sindicatos, nas comissões de trabalhadores, etc." (cfr. MOREIRA, Vital. "O artigo 109º da CRP e a igualdade de homens e mulheres no exercício de direitos cívicos e

e políticos[416], não afronta ao princípio da igualdade formal. Entretanto, "o artigo 109º parece requerer a manutenção de uma certa relação de «concordância prática» com o art. 13º"[417], de forma que "qualquer medida de acção positiva tendente a promover a igualdade de homens e mulheres na política não pode ser uma medida de discriminação unilateral (só a favor das mulheres), mas sim bilateral, tendo por destinatários ambos os sexos"[418]. Por isso, presume-se adequada a norma que estabeleça cota mínima para cada um dos sexos indiferenciadamente figurarem em listas eleitorais, em vez de restringi-la ao sexo feminino. Sabe-se, é verdade, que o intuito constitucional é alterar a histórica predominância masculina na atividade política, dando margem à participação feminina, todavia, se num futuro houver inversão deste predomínio, nada obsta que a mesma norma favoreça um eventual grupo masculino.

Foi após 1997, portanto, que a Constituição Portuguesa passou a inserir-se "na classe de Constituições que contêm acções positivas com vista à participação política das mulheres"[419]. Até então uma lei que estabelecesse discriminações positivas para o acesso de mulheres a cargos políticos do Estado, das regiões autônomas e autarquias locais seria considerada inconstitucional. Por isso a relevância da Revisão de 1997 para o tema da igualdade política de gênero, já que a partir daí a adoção de medidas de ação positiva para combate à desigualdade real de gênero

políticos", in *Democracia com mais Cidadania*, Lisboa, Presidência do Conselho de Ministros, 1998, p. 53).

[416] No conceito de «direitos políticos», segundo Vital Moreira, inclui-se designadamente os direitos, liberdades e garantias de participação política previstos nos artigos 48º a 52º da Constituição Portuguesa, quais sejam, participação na vida pública, direito de sufrágio, direito de acesso a cargos públicos, liberdade de participar de associações e partidos políticos, direito de petição e direito de ação popular (cfr. MOREIRA, Vital. "O artigo 109º da CRP e a igualdade de homens e mulheres no exercício de direitos cívicos e políticos", in *Democracia com mais Cidadania*, Lisboa, Presidência do Conselho de Ministros, 1998, p. 53).

[417] Cfr. MOREIRA, Vital. "O artigo 109º da CRP e a igualdade de homens e mulheres no exercício de direitos cívicos e políticos", in *Democracia com mais Cidadania*, Lisboa, Presidência do Conselho de Ministros, 1998, p. 54.

[418] Cfr. MOREIRA, Vital. "O artigo 109º da CRP e a igualdade de homens e mulheres no exercício de direitos cívicos e políticos", in *Democracia com mais Cidadania*, Lisboa, Presidência do Conselho de Ministros, 1998, p. 54.

[419] Cfr. MIRANDA, Jorge. "Igualdade e Participação Política da Mulher", in *Democracia com mais Cidadania*, Lisboa, Presidência do Conselho de Ministros, 1998, p. 44.

quanto à participação política tornou-se uma tarefa de fundamento constitucional e para qual eventual inércia legislativa é passível de controle de inconstitucionalidade por omissão. Com isso, pretendeu-se a adoção de medidas para aproximação da estrutura dos órgãos políticos à efetiva estrutura da comunidade, que conta com pouco mais de sua metade composta por mulheres, "de tal sorte que a soberania do povo – una e indivisível (artigo 3º da Constituição) – se traduza em *cidadania* assumida em plenitude por todos os seus membros"[420].

2.3.3. Lei da Paridade, Regime da Representação Equilibrada em órgãos do poder político[421] e o acesso da mulher ao parlamento português

Segundo dados apresentados pela Comissão Nacional de Eleições Portuguesa, em 1976 as mulheres representavam cerca de 5% do número total de deputados, passando a 6,8% em 1980, a 7,2% em 1983, depois para 6,4% em 1985, e, em 1987, subindo para 7,6%, em 1991 para 8,7%, em 1995 para 12,2%, 17,8% em 1999 e para 19,6% no ano de 2002. Em 2005, a percentagem de mulheres eleitas nas eleições legislativas correspondeu a 21,3%, e em 2006 existia um total de sessenta e uma mulheres no Parlamento, correspondente a uma percentagem de 26% do número total de deputados[422]. Era inegável, até as transformações trazidas pela Revisão Constitucional de 1997, a baixa percentagem de deputadas do sexo feminino no Parlamento português[423], apesar do aumento da taxa de feminização nos antigos redutos masculinos, a exemplo das carreiras da magistratura, corpo diplomático, além do mercado de emprego,

[420] Cfr. MIRANDA, Jorge. "Igualdade e Participação Política da Mulher", in *Democracia com mais Cidadania*, Lisboa, Presidência do Conselho de Ministros, 1998, p. 43.

[421] Cfr. https://www.portugal.gov.pt/pt/gc21/comunicacao/comunicado?i=aprovadas-as-leis-da-paridade-e-da-representacao-equilibrada, acesso em 17 de fevereiro de 2021.

[422] Cfr. Disponível em www.cne.pt/index.cfm?sec=1001000000&step=2&letra=P&PalavraID=173, acesso em 03 de fevereiro de 2021.

[423] Vitalino Canas menciona o exíguo percentual de 12% a 13% na época, tanto que questiona o fato de a política, apesar da iniciativa no campo empresarial e sindical, ser "uma das últimas *no women's land* da sociedade portuguesa" (cfr. CANAS, Vitalino. "Um Passo Mais na Qualidade da Democracia", in *Democracia com mais Cidadania*, Lisboa, Presidência do Conselho de Ministros, 1998, pp. 7-9).

então ocupado por 50% de mulheres e das escolas secundárias e universidades, com presença maioritariamente feminina[424].

É, sem dúvida, desconfortável o apelo, em pleno século XXI, à cedência de um percentual mínimo de lugares elegíveis para superar o *déficit* democrático de mulheres na política, pois o desejável seria a paridade espontânea correspondente aos números de eleitores do sexo feminino, que ultrapassa à metade do total. Entretanto, em seu trabalho *Os Paradoxos da Situação das Mulheres em Portugal*, Virgínia Ferreira, em 1999, já havia constatado a sobrecarga das mulheres portuguesas com as tarefas domésticas, por serem elas das que menos contavam com a participação dos homens nestas atividades e, a despeito da feminização dos sistemas de ensino, formação e emprego, Portugal apresentava à época as menores taxas de participação das mulheres na vida pública e política da Europa[425]. Por isso, a introdução de medidas, temporárias, de incentivo para aproximação das mulheres dos postos de decisão foi, e ainda é, um instrumento tão importante para transformar os rumos da própria política. Neste contexto, em 2004 o Conselho Europeu, com o objetivo de "aplicar o princípio de igualdade de tratamento entre homens e mulheres no acesso a bens e serviços e seu fornecimento" e com a finalidade de alargar o princípio da igualdade de tratamento a outros domínios da vida cotidiana, para além da esfera do mercado de trabalho e da vida profissional, elaborou a Directiva 113[426], com fundamento nos artigos 2º, 3º,

[424] Cfr. Canas, Vitalino. "Um Passo Mais na Qualidade da Democracia", in *Democracia com mais Cidadania*, Lisboa, Presidência do Conselho de Ministros, 1998, p. 8.

[425] A autora destaca que enquanto Portugal contava, em 1997, com uma taxa de 10 a 12% de participação no Governo e nos órgãos políticos eleitos, a média dos países então pertencentes à União Europeia era de 20% de participação feminina nos Parlamentos locais. Dentro deste quadro, Virgínia Ferreira destaca que "não podemos esperar que a superação das desigualdades se produza exclusivamente ao nível da micropolítica e das interacções entre homens e mulheres, já que a sociedade se estrutura em torno do princípio da desigualdade ao nível do funcionamento das instituições e da organização da vida social e política". Por isso, alerta que "o desequilíbrio absoluto observado na divisão sexual do trabalho doméstico reflecte-se em todos os domínios", sendo ele, inclusive, apontado como um dos principais «condicionalismos» que impedem uma maior participação das mulheres na vida pública e política (cfr. Ferreira, Virgínia. "Os Paradoxos da Situação das Mulheres em Portugal", in *Revista Crítica de Ciências Sociais*, n. 52/53, nov. 1998-fev. 1999, p. 218).

[426] A Directiva n. 113/2004, ao considerar que a discriminação em razão do sexo pode constituir um obstáculo à integração plena e bem-sucedida dos homens e das mulheres na

nº 2 e 6º do Tratado da Comunidade Europeia e nos artigos 21 e 23 da Carta dos Direitos Fundamentais da União Europeia, que vedam discriminação, dentre outras, em razão do sexo e determinam a garantia da igualdade entre homens e mulheres em todos os domínios, além de indicar a possibilidade de manutenção ou adoção de medidas que "prevejam regalias específicas a favor do sexo sub-representado". Então, no âmbito do Estado Português, transpondo para o ordenamento jurídico interno a Directiva n. 113/2004, foi elaborado, inicialmente, o Projeto de Lei n. 160/X, de setembro de 2007, de iniciativa do governo, surgindo, posteriormente, a Lei n. 14, de 12 de março de 2008, cujo objeto, além de sancionar a discriminação em função do sexo no acesso a bens e serviços e seu fornecimento, era "prevenir e proibir a discriminação, directa e indirecta, em função do sexo, no acesso a bens e serviços e seu fornecimento e sancionar a prática de actos que se traduzam na violação do princípio da igualdade de tratamento entre homens e mulheres" (art. 1º). O seu âmbito de aplicação abarcava entidades públicas e privadas que fornecessem bens e prestassem serviços disponíveis ao público a título gratuito ou oneroso, excluindo bens e serviços oferecidos no quadro da vida privada e familiar, o conteúdo dos meios de comunicação e publicidade, o sector da educação e as questões de emprego e profissão, incluindo o trabalho não assalariado (art. 2º). Evidenciou-se, com isso, a preocupação do Conselho Europeu e do Estado Português com as consequências decorrentes de discriminações de gênero nas mais diversas áreas, além de demonstrarem o nítido prejuízo sofrido pelas mulheres em razão das práticas tradicionalmente implantas na sociedade em detrimento da igualdade.

Dentro do domínio da representação e participação política feminina, no Estado Português, surgiu a Lei Orgânica n. 3/2006, de 21 de

vida económica e social, entende como direta a discriminação "sempre que, em função do sexo, uma pessoa seja sujeita a tratamento menos favorável do que aquele que é, tenha sido ou possa vir a ser dado a outra pessoa em situação equivalente", e indireta a discriminação "sempre que uma disposição, critério ou prática aparentemente neutra coloque pessoas de um dado sexo numa situação de desvantagem comparativamente com pessoas de outro sexo, a não ser que essa disposição, critério ou prática se justifique objetivamente por um objetivo legítimo e que os meios utilizados para o alcançar sejam adequados e necessários".

agosto, como decorrência do projeto de Lei nº 224/X[427] do Partido Socialista[428], também denominada Lei da Paridade, com o fim de assegurar, no âmbito da Assembleia da República, do Parlamento Europeu e das autarquias locais, a composição de listas de candidatura com o resguardo de representação mínima de 33/prct. de cada um dos sexos. Entendeu-se, todavia, por paridade, para os fins de aplicação da lei, "a representação mínima de 33,3/prct. de cada um dos sexos nas listas" (art. 2º, n. 1). Para cumprimento desta disposição, a lei determinou que "as listas plurinominais apresentadas não podem conter mais de dois candidatos do mesmo sexo colocados, consecutivamente, na ordenação da lista" (art. 2º, n. 2). Dois anos mais tarde, em 2008, a percentagem de mulheres portuguesas em cargos políticos, de acordo com a Comissão para a Igualdade e para os Direitos das Mulheres – CIDM, era de 20% no Parlamento, 12% no Governo e 5% em Autarquias e Juntas de Freguesias, perfazendo um total de 37%[429].

Enfim, a Lei Orgânica n. 1/2019, de 29 de março, procedeu à segunda alteração à Lei Orgânica n.º 3/2006, de 21 de agosto, que aprovou a Lei

[427] Antes deste projeto de lei, outras propostas já haviam sido apresentadas na Assembleia da República Portuguesa, com base nas modificações trazidas pela revisão constitucional de 1997, quais sejam: a proposta de lei nº. 169/VII, que propunha, no acesso a cargos parlamentares, um mínimo de 25% de candidatos de cada sexo; a proposta de lei nº. 194/VII que instaurava um sistema de quotas nas eleições para o Parlamento Europeu e para a Assembleia da República e fixava um limite máximo de 66,7% e mínimo de 33,3% para a participação de qualquer dos sexos, limitando a suas aplicações aos quatro atos eleitorais posteriores à sua entrada em vigor; e a proposta nº. 388/VII, que fixava uma representação mínima de 33,3% para cada sexo nas listas de candidatura para a Assembleia da República, Parlamento Europeu, assembleias legislativas regionais e autarquias locais. Nenhuma delas, todavia, chegou a ser aprovada.

[428] Importante observar que em 1998 o Partido Socialista era o que indicava a menor taxa de filiação feminina (21,4%), lembrando Virgínia Ferreira, em 1999, que "foi precisamente o partido que menor proporção tem de mulheres filiadas que estabeleceu como norma uma quota mínima de 25% de mulheres para a composição dos seus órgãos, no final dos anos 80, muito embora não a tenha nunca posto em prática. Ou ainda que seja o partido que apresentou uma proposta de lei que exige a observância de um mínimo de 25% para cada um dos sexos entre os parlamentares eleitos" (cfr. Ferreira, Virgínia. "Os Paradoxos da Situação das Mulheres em Portugal", in *Revista Crítica de Ciências Sociais*, n. 52/53, nov. 1998-fev. 1999, p. 219).

[429] Cfr. www.cidm.pt, acesso em 05 de fevereiro de 2021.

da Paridade, a fim de considerar paridade, para os fins legais, "a representação mínima de 40/prct. de cada um dos sexos, arredondada, sempre que necessário, para a unidade mais próxima", bem como proibir a colocação de mais de dois candidatos do mesmo sexo, consecutivamente, na ordenação da lista (alteração ao art. 2º, n. 1 e n. 2, da Lei n. 3/2006). Ainda, como efeito de seu incumprimento, determinou a rejeição de toda a lista em caso de não correção da lista de candidatura no prazo previsto na respetiva lei eleitoral determina (alteração do art. 4º, n. 1, da Lei n. 3/2006). Desta maneira, a Lei que modificou a denominada "Lei da Paridade", além de subir para 40% o limiar mínimo da paridade aplicável às listas de candidaturas apresentadas à Assembleia da República, ao Parlamento Europeu e aos órgãos eletivos das autarquias locais, bem como a vogal das juntas de freguesia, teve a fundamental alteração na sanção aplicável aos partidos descumpridores da correção de suas listas ao patamar mínimo. Buscando uma maior efetividade legislativa, ao contrário da anterior que punia o incumprimento do percentual mínimo com redução de subvenção para campanhas eleitorais, a atual Lei passou a determinar a rejeição completa das listas que não respeitem os 40%.

Para além disso, na sequência da Lei n.º 62/2017, de 1 de agosto, aplicável ao setor público empresarial e às empresas cotadas em bolsa, foi também aprovada a Lei n. 26/2019, de 28 de março de 2019, implementando o Regime da Representação Equilibrada[430] entre homens e mulheres no pessoal dirigente e nos órgãos da Administração Pública, direta e indireta, incluindo os institutos públicos e as fundações públi-

[430] Segundo Relatório sobre a aplicação da Lei 62/2017, feito pela Comissão para a Cidadania e a Igualdade de Género, a 31 de dezembro de 2019, em média, a proporção de pessoas de cada sexo nos órgãos de administração e de fiscalização das empresas do setor empresarial do Estado e das empresas cotadas em bolsa atingiu os limiares mínimos obrigatórios para 2019 (33,3% desde 1 de janeiro de 2018 para o setor público empresarial e 20% a partir da primeira assembleia geral eletiva após 1 de janeiro de 2018 para as empresas cotadas). Verificou-se um efetivo progresso de representação equilibrada em comparação com o ano de 2018, na qual a proporção de mulheres nos órgãos de administração das entidades do setor empresarial do Estado passou de 32% para 37% e nas empresas cotadas em bolsa de 17% para 22%, demonstrando a importância da lei para a mobilização em prol da igualdade de gênero nestes setores também (cfr. https://www.cig.gov.pt/2020/07/relatorio-da-lei-n-622017/, acesso em 18 de fevereiro de 2021).

cas, aos órgãos de governo e de gestão das instituições de ensino superior públicas e aos órgãos deliberativos, executivos, de supervisão e de fiscalização das associações públicas profissionais e de outras entidades públicas de base associativa (art. 2º, n. 1). A lei especificou, ademais, como limiar mínimo de representação equilibrada a proporção de 40% de pessoas de cada sexo nos cargos e órgãos nela referidos, devendo, nas situações envolvendo órgãos colegiais eletivos serem elaboradas listas de candidaturas alternando os candidatos de sexos distintos. Ainda, determinou-se a aprovação de planos de igualdade por parte das empresas do setor empresarial do Estado e das empresas cotadas em bolsa. Com isso, a legislação afirmou a importância da igualdade de tratamento e de oportunidades entre homens e mulheres nos mais variados setores, que vão desde a política ao mercado de trabalho, dando efetividade cada vez mais abrangente ao comando constitucional incorporado com a Revisão de 1997.

2.4. Ações político-institucionais no Brasil

A evolução da condição jurídica feminina num panorama geral foi bastante demorada, ainda mais se for levado em conta o tempo datado das primeiras civilizações e que, apesar disso, apenas nos últimos duzentos anos começaram a despontar movimentos em busca de direitos para as mulheres. No Brasil não foi diferente e a concepção de feminismo tem forte conotação ligada ao estilo de vida burguês e ideal importado, não sendo considerado assunto político ou social sério, tanto que até a década de 1970 pouco se pesquisava e estudava sobre as desigualdades de gênero e a posição de submissão da mulher na sociedade. Sua história não teve velocidade diferente, podendo ser apontado como marcos legislativos brasileiros básicos o Estatuto da Mulher Casada, que alterou o Código Civil; a Consolidação das Leis do Trabalho; a Consolidação das Leis da Previdência Social e as anteriores Cartas Magnas culminando com a atual Constituição Federal. O direito ao voto, exemplificativamente, não constou na Constituição da República, embora já tivesse sido defendido por alguns deputados constituintes[431]. O voto feminino no Brasil foi uma conquista datada de 1932, contudo com pequena utili-

[431] Cfr. Ribeiro, Antonio Sérgio. *A mulher e o voto,* São Paulo, ALESP, 2012, disponível em http://www.al.sp.gov.br/web/eleicao/mulher_voto.htm, acesso em 18 de fevereiro de 2021.

zação, dado o golpe de Estado 1937, ocasião em que a ditadura de Vargas inibiu a evolução dos manifestos femininos. Foi somente no desenrolar da Segunda Guerra Mundial, com a participação do Brasil por volta dos anos 1942, que as mulheres voltaram a reorganizarem-se, tendo inclusive lutado pela anistia de presos políticos[432]. Dentre as diversas *nuances* da desigualdade de gênero no Brasil, a existente nos cargos políticos das esferas de poder tem sido a mais expressiva, até mesmo se comparado com os demais países da América Latina. Paradoxalmente, a legislação brasileira é considerada avançada, seja para regular a demanda política da mulher, seja com as demais questões sociais e econômicas, sua proteção no espaço público, no ambiente de trabalho e no doméstico. Apesar disso, observa-se que tão somente a aplicação e a efetividade das políticas públicas, incluindo-se aqui a concretização do arcabouço normativo existente, é que podem fazer do Brasil um lugar seguro e isonômico para as mulheres.

Dentro deste tópico, seguindo a proposta de análise comparativa de medidas institucionais, legislativas e políticas adotadas em territórios luso-brasileiros, a pesquisa centrará na proteção jurídica multidisciplinar da mulher no Brasil, na evolução legislativa dos direitos políticos e na igualdade de gênero na forma atualmente preconizada na Constituição de 1988, levando em conta todo o histórico evolutivo destas conquistas.

2.4.1. Evolução legislativa da proteção multidisciplinar da mulher no Brasil

Assim como nos demais países do mundo, os sinais de transformação começaram a ser evidenciados no Brasil com os movimentos abolicionistas e republicanos, porém de forma isolada, pois no local não existiram manifestações intensas como em países europeus e nos Estados Unidos. A propósito da evolução legislativa de proteção da mulher, são escassos os registros da sua condição no período pré-colonial. Os documentos existentes já partem do olhar do colonizador, imbuído de valores morais e religiosos previamente formados de acordo com os padrões culturais europeus, sobre os nativos da Terra de Santa Cruz e também sobre as

[432] Cfr. Moraes, Maria Lygia Quartim de. "Cidadania no Feminino", in Pinsky, Jaime; Pisnky, Carla Bassanezi (orgs.), *História da Cidadania*, São Paulo, Contexto, 2003, p. 508.

mulheres que aqui habitavam. A concepções, deste modo, já se encontravam pré-definidas no período medieval que a Europa vivia. A própria legislação da época amparava e subsidiava a submissão feminina, como se observou anteriormente, não sendo extremo o destaque à expressa autorização feminicídio em legítima defesa da honra feita no Livro 5º, título XXXVIII, § 6º, das Ordenações Filipinas, que previa: "Achando o homem casado sua mulher em adultério, licitamente poderá matar tanto ela como o adúltero"[433]. Da indígena Tupinambá, descrita no primeiro capítulo, à mulher contemporânea, o fato é que a evolução dos direitos das mulheres no Brasil seguiu de forma lenta e muitas vezes atrasada com relação aos países europeus, em razão da grande diferença do estágio cultural existente.

Submetido ao regramento proveniente da metrópole, o Brasil Colônia teve o desenvolvimento de suas normas jurídicas intimamente ligado ao Direito Português[434], especialmente por conta da vinda da família real para o Brasil, não sendo diferente no que diz respeito aos direitos relativos à mulher. Quando o Brasil se tornou independente em 1822, ano seguinte ao regresso de Dom João VI a Portugal, a submissão às regras da Coroa rompeu-se, entrando em vigor no ano de 1824 a primeira Constituição Brasileira, considerada outorgada, como já antes mencionado. O regramento constitucional, entretanto, não fez qualquer ressalva à situação das mulheres. Em contrapartida, no ano de 1830 entrou

[433] Originalmente, "Achando o homem casado sua mulher em adulterio, licitamente poderá matar assi a ella, como o adultero", disponível em: http://www2.senado.leg.br/bdsf/item/id/242733, acesso em 22 de abril de 2020. Atualmente, o delito de adultério encontra-se revogado pela Lei n. 11.106/05, que trouxe muitas modificações para o Código Penal Brasileiro.

[434] Sobre o tema, Silvia Pimentel observa que: "O Brasil-colônia regulava-se pelas leis portuguesas. Quando se tornou independente politicamente, não possuindo capacidade de organização necessária para se autorregular, continuou valendo-se de leis alienígenas. Isso passou a ser tradição. [...] Grande número de leis brasileiras são transplantes das legislações europeia e americana. Historicamente, o fato se liga à condição colonial do Brasil. Faltando no país escolas especializadas, grande parte dos filhos de brasileiros importantes e ilustres estudava fora do Brasil, e, ao voltar, trazia uma bagagem cultural que nada tinha a ver com a grande maioria dos problemas da realidade subdesenvolvida brasileira" (cfr. PIMENTEL, Silvia. *Evolução dos Direitos da Mulher: Norma, Fato, Valor*, São Paulo, Revista dos Tribunais, 1978, p. 14).

em vigor o Código Criminal brasileiro, escancarando o paradigma patriarcal com a vinculação da aplicação legislativa à situação social da mulher. Exemplificativamente, seu art. 219 dispunha sobre o estupro ao punir o "defloramento" de mulher "virgem", menor de dezesseis anos. Par e passo à essência sexista da lei penal, o seu art. 220 punia a cópula carnal da "mulher honesta" por meio de violência ou ameaça. Em ambos, como se vê – seja exigindo a virgindade feminina, seja reverenciando sua "honestidade" – expunha ainda mais as mazelas de sua vulnerabilidade social. Por outro lado, o Código Criminal do Império deixou de legitimar a morte da mulher adúltera, como o fazia as Ordenações Filipinas. Entretanto, punia, em seu art. 250, com pena de prisão com trabalho a mulher casada que praticasse adultério. Este mesmo dispositivo, em contrapartida, também trazia punição ao homem adúltero, todavia exigia, para configuração delitiva, que ele sustentasse a amante, afastando da tipificação penal as relações extraconjugais ocasionais.

Na seara do ensino, a Lei 15 de outubro de 1827 mandava criar escolas de "primeiras letras", destinadas às mulheres, em todas as cidades, vilas e lugares mais populosos do Império. Enquanto aos meninos era ensinado a ler, escrever, operações matemáticas, noções de geometria, gramática, leituras da Constituição do Império e História do Brasil, além de princípios de moral cristã e da doutrina da religião católica (art. 6º), às meninas destinavam-se "escolas de meninas", nas quais as professoras deveriam ensinar "as prendas que servem à economia doméstica" (art. 11º). Somente o Decreto n. 7247, de 1879, viabilizou o acesso ao ensino superior às mulheres.

Após a Proclamação da República, alterações legislativas ocorreram, dentre elas a reforma penal. O então novel Código Penal de 1890 deixou de vincular a adequação típica do estupro à virgindade feminina. Assim, seu art. 268 passou a criminalizar o estupro de "mulher virgem ou não, mas honesta". Na sequência, marcando a transição da Monarquia para a República, foi promulgada, em 1891, a primeira Constituição do sistema republicano de governo, cujo principal avanço foi estabelecer que "todos são iguais perante a lei". A despeito disso, foi no século XX que se intensificou a luta pela efetivação dos direitos das mulheres, a exemplo da luta sufragista. Este período foi marcado pelas inúmeras mudanças constitucionais. Basta lembrar que cinco Constituições Brasileiras foram elaboradas no século XX, sendo a Constituição de 1934 a primeira a acrescentar ao preceito "todos são iguais perante a lei", que "não haverá privilégios, nem distinções, por motivo de nascimento, sexo, raça, profissões próprias ou dos pais, classe social, riqueza, crenças religiosas ou ideias políticas" (art. 113, 1).

No âmbito trabalhista, a Consolidação das Leis do Trabalho, de 1943, no Título III, que trata das "Normas Especiais de Tutela do Trabalho" trouxe, em seu Capítulo III, regras de proteção à trabalhadora mulher, vedando as seguintes práticas: a publicidade ou oferta de emprego, com referência ao sexo; a promoção, dispensa ou recusa de emprego pela mesma razão; considerar o sexo como variável determinante para remuneração; a exigência de comprovação de esterilidade ou gravidez para admissão ou permanência no emprego; a adoção de critérios subjetivos para deferimento de inscrição ou aprovação em concurso de empresas privadas por conta do sexo; bem como realização de revistas íntimas nas empregadas (art. 373-A, com redação dada pela Lei n. 9.799/99). Também obrigou à empresa em que trabalhem mais de trinta mulheres com mais de dezesseis anos a manutenção de local apropriado em que elas possam guardar sob vigilância e assistência os seus filhos no período da amamentação (art. 389, §1º, com redação dada pelo Decreto-Lei n. 229/67), e vedou ao empregador empregar a mulher em serviço que demandasse o emprego de força muscular superior a 20 (vinte) quilos para o trabalho continuo, ou 25 (vinte e cinco) quilos para o trabalho ocasional (art. 390). Trouxe, ademais, a possibilidade de a pessoa jurídica associar-se a entidade de formação profissional, sociedades civis, sociedades cooperativas, órgãos e entidades públicas ou entidades sindicais, bem como firmar convênios para o desenvolvimento de ações conjuntas, visando à execução de projetos relativos ao incentivo ao trabalho da mulher (art. 390-E, com redação dada pela Lei n. 9.799/99). Regulou, ainda, a proteção à maternidade na seção V do mesmo capítulo, estipulando a estabilidade da mulher grávida, bem como a licença maternidade de cento e vinte dias (art. 392), e que a empregada deve, mediante atestado médico, notificar o seu empregador da data do início do afastamento do emprego, que poderá ocorrer entre o 28º (vigésimo oitavo) dia antes do parto e ocorrência deste, sendo a ela garantido, durante a gravidez, sem prejuízo do salário e demais direitos, a transferência de função, quando as condições de saúde o exigirem, assegurada a retomada da função anteriormente exercida, logo após o retorno ao trabalho e a dispensa do horário de trabalho pelo tempo necessário para a realização de, no mínimo, seis consultas médicas e demais exames complementares (§1º e §4º). Estendeu, ainda, o mesmo direito à empregada que adotar ou obtiver guarda judicial para fins de adoção de criança ou adolescente (art. 392-A). Passou a vedar, a partir de 2017, a realização de atividade insalubre pela mulher gestante, independente do grau de insalubridade e de apresentação de atestado médico (art. 394-A, III, com redação dada pela Lei n. 13.467/17 e ADI 5938). Ao final, definiu a legislação como objeto ilícito de convenção coletiva ou acordo coletivo de trabalho a supressão ou redução, dentre outros, do direito a proteção do mercado de trabalho da mulher, mediante incentivos específicos (art. 611-B, com redação dada pela Lei n. 13.467/17).

Na sequência, surge o Estatuto da Mulher Casada, de 1962, que mudou sensivelmente o *status* da mulher da época, já que o até então vigente Código Civil de 1916[435] preservava princípios patriarcais da época da Proclamação da República e do Império, tanto que equiparava as mulheres aos pródigos, silvícolas e menores de idade, ao considerar todos como relativamente incapazes. Assim, apesar de manter o homem como chefe e representante legal da família, o Estatuto afastou a mulher do rol dos relativamente incapazes, modificando o art. 6º do então vigente Código Civil de 1916. Ou seja, a despeito da cidadania conquistada em 1932, a mulher brasileira só obteve capacidade civil em 1962, com o Estatuto da Mulher Casada. Afora isso, o Código Civil de 1916, ao longo de seu texto, superava todas as expectativas discriminatórias contra a mulher, a começar pela determinação da prevalência da vontade paterna nos casos de discordância entre os cônjuges (art. 186), ao conferir ao pai a administração dos bens do filho e à mãe (art. 385), autori-

435 Sobre o tema, Karina Cabral afirma que "O Código Civil de 1916 foi muito aguardado, porém para as mulheres em quase nada revolucionou, pois acabou confirmando a tendência conservadora do Estado e da Igreja, e consagrou a superioridade do homem, dando o comando unido da família ao marido, e delegando a mulher casada a incapacidade jurídica relativa, equiparada aos índios, aos pródigos e aos menores de idade. [...] Devido ao Código Civil o marido se constituiu o chefe da sociedade conjugal e o administrador exclusivo dos bens do casal, tendo somente ele o direito de fixar o domicílio da família, do qual se a mulher dele se afastasse por qualquer motivo poderia ser acusada de abandono de lar, com perda do direito a alimentos e à guarda dos filhos" (cfr. CABRAL, Karina Melissa. *Manual de Direitos da Mulher*, São Paulo, Mundi Editora, 2008, p. 40).

zando o exercício do pátrio poder pela esposa apenas na falta ou impedimento do marido (art. 380). E a legalização da inferioridade do gênero feminino não parava por aí. O diploma legal ainda previa que a mulher assumiria, pelo casamento, com os apelidos do marido, a condição de companheira, consorte e "auxiliar" nos encargos da família (art. 240), além de restringir uma série de atos praticados pela mulher sem anuência do marido (art. 242). É inegável, deste modo, que o Estatuto da Mulher Casada trouxe uma perspectiva mais "alforriadora", assim digamos, ao proclamar que a mulher poderia livremente exercer o direito que lhe competisse sobre as pessoas e os bens dos filhos de casamento anterior, o que antes era vedado pelo art. 393, do Código Civil de 1916. Ao alterar a redação do art. 380 acima citado, passou a estabelecer que durante o casamento competiria a ambos os pais o exercício do então denominado "pátrio poder", acrescentando que havendo divergência quanto a isto, prevaleceria a decisão do pai, todavia passou a ressalvar à mãe o direito de recorrer ao juiz, para solução da divergência. Ainda assim, mesmo com as conquistas obtidas pela lei de 1962, designadamente a revogação da incapacidade civil relativa da mulher, o quadro de iniquidades manteve-se. Basta recordar-se da possibilidade de o marido promover a anulação do casamento por erro essencial sobre a esposa, em razão do "defloramento" dela, por ele ignorado (art. 219, IV, do Código Civil de 1916) e da autorização legal de deserdação da filha "desonesta" que vivia na casa paterna (art. 1.744, do Código Civil de 1916).

Neste ínterim, a Lei n. 6.515/77 passou a regular os casos de dissolução da sociedade conjugal, introduzindo o inciso I, do art. 100, do Código de Processo Civil, que tornou o local da residência da mulher o competente para ajuizamento de ação de separação dos cônjuges e a conversão desta em divórcio, e para a anulação de casamento. Com isso, trouxe amparo, ainda que mínimo, à mulher, ao facilitar acesso à justiça, seja na qualidade de requerente ou requerida, para os casos de dissolução da sociedade conjugal.

Em 1995, a Lei n. 9.100, em seu art. 11, § 3º, estabeleceu que vinte por cento, no mínimo, das vagas de cada partido ou coligação deveriam ser preenchidas por candidaturas de mulheres e, dois anos depois, surge a Lei n. 9.504, estabelecendo normas para as eleições, dentre as quais encontram-se as cotas eleitorais de gênero para os cargos eleitos sob o critério da proporcionalidade, ou seja, para a Câmara dos Deputados, a Câmara Legislativa, as Assembleias Legislativas e as Câmaras Municipais. Nestes casos, cada partido ou coligação preencherá o mínimo de 30% (trinta por cento) e o máximo de 70% (setenta por cento) para candidaturas de cada sexo (art. 10, §3º)[436]. Esta última legislação foi posteriormente alterada pela Lei n. 12.034/2009, que acrescentou que do número de vagas resultante das regras previstas no artigo 10, segundo o qual cada partido ou coligação poderá registrar candidatos para a Câmara dos Deputados, a Câmara Legislativa, as Assembleias Legislativas e as Câmaras Municipais no total de até 150% (cento e cinquenta por cento), cada partido ou coligação preencherá o mínimo de 30% (trinta por cento) e o máximo de 70% (setenta por cento) para candidaturas de cada sexo.

Já no atual século XXI, o Código Civil brasileiro de 2002, no esteio da igualdade de gênero consagrada pela Constituição de 1988, muda a forma de retratar juridicamente a mulher. Aos poucos, a sociedade conservadora e patriarcal cede espaço para uma versão atualizada do ser humano, considerado no seio familiar com identidade de direitos e deveres, deixando ao largo a antiga visão civilista da submissão feminina à autoridade masculina. A anterior prevalência da vontade paterna, revelada na versão "pátrio poder", perde espaço para o "poder familiar", agora conjugado e compartilhado por ambos os sexos em igualdade de condições. Se antes era a esposa que adquiria o nome do marido, agora este tem a faculdade de adotar o nome de família da mulher (parágrafo primeiro do artigo 1.565). As profundas alterações na forma de se enxer-

[436] A Lei foi objeto de ação direta de inconstitucionalidade no Supremo Tribunal Federal, proposta pela Procuradoria-Geral da República para questionar o artigo 9º da Lei 13.165/2015 (Minirreforma Eleitoral de 2015) que estabelece percentuais mínimo e máximo de recursos do Fundo Partidário para aplicação em campanhas eleitorais de mulheres, fixando prazo de vigência da regra. Em 2018, o Supremo decidiu, por maioria de votos, que a distribuição de recursos do Fundo Partidário destinado ao financiamento das campanhas eleitorais direcionadas às candidaturas de mulheres deve ser feita na exata proporção das candidaturas de ambos os sexos, respeitado o patamar mínimo de 30% de candidatas mulheres previsto em seu artigo 10, parágrafo 3º. Ainda, o Plenário decidiu excluir que é inconstitucional a fixação de prazo para esta regra, como determina a lei, e que a distribuição não discriminatória deve perdurar enquanto for justificada a necessidade de composição mínima das candidaturas femininas (cfr. http://www.stf.jus.br/portal/cms/verNoticiaDetalhe.asp?idConteudo=372485, acesso em 02 de junho de 2020).

gar as relações civis, alcançadas através da evolução da história e amadurecimento da sociedade, vislumbradas na nova legislação civil, já vinham sendo trilhadas com a Constituição de 1988, que fortaleceu o princípio da igualdade entre homens e mulheres[437]. Os reflexos da nova lei civil no cotidiano feminino são dos mais variados, a começar pela opção legislativa em utilizar a expressão "toda pessoa", ao invés de "homem", como a anterior o fazia, para designar a generalidade do ser humano tutelado dentro do direito privado. Assim, destaca os direitos de personalidade, inerentes à pessoa humana, como aptidão para adquirir direitos e contrair obrigações. A universalidade representada pela palavra "pessoa" ao invés da designação dos gêneros por meio da expressão "homem" como se esta fosse o genérico demonstra o intuito de abolição da distinção de sexo, credo, idade ou raça, nos moldes do preceituado pela Constituição Federal, nomeadamente seus artigos 1º, inciso III, 3º, inciso IV, 5º, incisos I, VI, XLI, XLII, e 19, inciso I. A par de retirar a visão da mulher como imagem e semelhança do homem e se desligando do complexo da costela de Adão, o legislador civil especificou que o casamento estabelece comunhão plena de vida, com base na igualdade de direitos e deveres dos cônjuges (art. 1.511). Passou a prever a mesma idade para contrair núpcias, para homens e mulheres, aos dezesseis anos, condicionando à autorização parental enquanto não atingida a maioridade civil (art. 1517). Foi suprimida, a destempo, a já ultrapassada norma do antigo Código de 1916 que autorizava anulação do casamento, por erro essencial, no caso de defloramento da mulher desconhecido pelo marido. Viabilizou-se, por meio do parágrafo primeiro do art. 1.565, a qualquer dos cônjuges a adoção do nome de família do outro, alterando-se a tradição jurídica de preponderância do sobrenome do marido na formação familiar, muito embora os costumes o mantiveram. A direção da sociedade conjugal passou a ser exercida, distintamente do que previa a lei anterior, de forma equânime pelo marido e pela esposa, em regime de

[437] Lembrando das lutas femininas pela igualdade de gênero, Anacleto Faria afirma que "uma posição, dita realista, reconhece que os homens são desiguais sob múltiplos aspectos, mas também entende ser supremamente exato descrevê-los como criaturas iguais, pois cada em um deles, o mesmo sistema de características inteligíveis proporciona a realidade individual, a aptidão para existir" (cfr. FARIA, Anacleto de Oliveira. *Do princípio da Igualdade Jurídica*, São Paulo, Editora RT/EDUSP, 1973, p. 43)

colaboração, "sempre no interesse do casal e dos filhos" (art. 1567). Em caso de divergência, todavia, quaisquer dos cônjuges têm a possibilidade de se socorrer à autoridade judicial para considerar e decidir sobre tais interesses (parágrafo único do art. 1567). Com isso, a antiga ideia de chefe de família dirigida ao homem desapareceu e o pátrio poder foi substituído pelo poder familiar, agora compartilhado pelo casal, em mútua colaboração. Pela mesma razão, os deveres também passaram a ser partilhados, cabendo a ambos os cônjuges os encargos familiares[438]. Modificando-se a concepção de que o marido era o chefe da sociedade conjugal, a fixação do domicílio do casal desvinculou-se de sua pessoa, possibilitando sua fixação "por ambos os cônjuges" (art. 1569). Extinguiu-se, também, a prevalência legal da mãe para a guarda dos filhos nos casos de separação e desquite sem discussão de culpa, não podendo ser esquecido aqui a disfunção familiar gerada pela antiga imposição legal do art. 326, do anterior Código de 1916, ao determinar que, em caso de desquite judicial, na qual invariavelmente debatia-se a culpa, a guarda dos menores ficava com o cônjuge inocente, salientando que havendo culpa de ambos os cônjuges, a mãe teria o direito de ficar com as filhas enquanto menores e com os filhos até seis anos de idade, sendo que, após completarem esta idade, os meninos seriam entregues aos cuidados do pai. Esta prática obsoleta, além de ofensiva a direitos mínimos de melhor interesse da criança e adolescente, foi substituída pela regra do art. 1584, segundo o qual "decretada a separação ou o divórcio, sem que haja entre as partes acordo quanto à guarda dos filhos, será ela atribuída a quem revelar melhores condições de exercê-la", podendo, ainda, ao juiz determinar que a guarda seja exercida por terceira pessoa com capacidade para tanto, quando os pais não se encontrarem aptos a desempenhá-la. Ademais, o dever de alimentos passou a ser obrigação de ambos os cônjuges, com observância da necessidade do alimentando e capacidade econômica do alimentante. Igualmente, mantendo a concepção de igualdade jurídica entre marido e mulher, o legislador definiu a possibi-

[438] É o que diz o art. 1565: "Pelo casamento, homem e mulher assumem mutuamente a condição de consortes, companheiros e responsáveis pelos encargos da família...". Ainda, o art. 1568: "Os cônjuges são obrigados a concorrer, na proporção de seus bens e dos rendimentos do trabalho, para o sustento da família e a educação dos filhos, qualquer que seja o regime patrimonial".

lidade de quaisquer dos cônjuges, em caso de dissolução da sociedade conjugal, requerer alimentos ao outro, se comprovada necessidade (art. 1694).

Toda essa atualização normativa não representa apenas o reconhecimento da igualdade jurídica no ambiente doméstico, entre marido e mulher, mas principalmente o formal registro de uma igualdade universal que deve espraiar seus efeitos em todas as searas da vida em sociedade. Certamente, como considerada a base da sociedade, a família acaba por ser a célula mãe que deve ser replicada em cada segmento da comunidade. Por isso, a importância de o princípio da igualdade ser tratado e reconhecido a partir daí[439]. Todas essas mudanças indicam, ainda que a passos lentos, a tentativa de modificar a realidade e, em última análise, desligar-se de um paradigma patriarcal tão arraigado nas relações sociais. Apesar destes inegáveis avanços legais de proteção às mulheres, as dificuldades ainda por elas enfrentadas continuam a revelar que a discriminação, a despeito do esforço dos poderes constituídos, demandará um grande empenho social para sua diminuição. A violência enfrentada, os salários recebidos a menor e a representatividade política desproporcional são algumas das situações fáticas que revelam o caráter mais simbólico do que efetivo das tentativas legislativas em preservar-se a isonomia. Ainda assim, fundado em estatísticas alarmantes de altos índices de violência doméstica contra a mulher, o legislador infraconstitucional brasileiro criou, em 2006, a Lei n. 11.340, também conhecida como Lei Maria da Penha[440], cuja finalidade foi gerar mecanismos para

[439] Lembrando sempre que "a igualdade dos indivíduos sujeitos a ordem pública, garantida pela Constituição, não significa que aqueles devem ser tratados por forma igual nas normas legisladas com fundamento na Constituição, especialmente nas leis. Não pode ser uma tal igualdade aquela que se tem em vista, pois seria absurdo impor os mesmos deveres e conferir os mesmos direitos a todos os indivíduos sem fazer quaisquer distinções, por exemplo, entre crianças e adultos, sãos de espírito e doentes mentais, homens e mulheres" (cfr. KELSEN, Hans. *Teoria Pura do Direito*, trad. de João Baptista Machado, Coimbra, Arménio Amado, 1974, p. 203.)

[440] A questão da violência doméstica, até 1995, era tratada pelo Código Penal de 1940 o qual, devido ao preceito secundário que tinha como sanção uma pena ínfima, quase sempre estava fadado à prescrição. Foi em 1995 que, com intuito despenalizador e de maior agilidade da justiça, criou-se os Juizados Especiais, destinados ao julgamento de crimes de menor potencial ofensivo, com penas reduzidas, aos quais se enquadravam, na época,

coibir e prevenir a violência doméstica e familiar contra a mulher, nos termos do § 8º do art. 226 da Constituição Federal e daquilo que foi pretendido pela Convenção sobre a Eliminação de Todas as Formas de Violência contra a Mulher, pela Convenção Interamericana para Prevenir, Punir e Erradicar a Violência contra a Mulher e por outros tantos tratados internacionais ratificados pela República Federativa do Brasil. A lei, ainda, teve por finalidade a criação dos Juizados de Violência Doméstica e Familiar contra a Mulher, bem como estabelecer medidas de assistência e proteção às mulheres em situação de violência doméstica e familiar.

A legislação de combate e prevenção à violência doméstica, todavia, não surgiu no Brasil como iniciativa espontânea do legislador infraconstitucional ou então como fruto de uma preocupação dos poderes constituídos. Ela adveio da submissão do caso emblemático de violência sofrida por Maria da Penha Maia Fernandes, que deu nome à lei, à Comissão Interamericana de Direitos Humanos – Organização dos Estados Americanos, sustentando a tolerância da República Federativa do Brasil para com a violência cometida por seu ex-esposo em seu lar[441]. Somente a partir deste julgamento surgiu a Lei n. 11.340, tam-

as lesões corporais praticadas em relações domésticas. Em 2004, o legislador infraconstitucional, sob pressões internacionais, inseriu, na lei penal, os parágrafos nono e décimo no artigo 129, por meio da Lei n. 10.886, criando novos tipos penais para tratar do assunto. Apesar disso, foi somente em 2006, com a publicação da Lei Maria da Penha, que o trato legislativo da violência doméstica se tornou mais duro.

[441] No Relatório n. 54, de 2001, proveniente do julgamento do caso, n. 12.051, destacou-se que a impunidade do agressor contrariava a obrigação internacional voluntariamente assumida por parte do Estado ao ratificar a Convenção de Belém do Pará e que a falta de julgamento e condenação do agressor responsável em circunstâncias como a vivida por Maria da Penha configura ato de tolerância, por parte do signatário, e essa omissão dos tribunais de justiça brasileiros agravava as consequências diretas das agressões sofridas pela Senhora Maria da Penha Maia Fernandes. Salientou-se que esta tolerância em casos de violência doméstica era uma pauta sistemática que permitia a perpetuação das raízes e fatores psicológicos, sociais e históricos que mantêm e alimentam a violência contra a mulher. Por conta desta negligência e falta de efetividade estatal, nas três esferas de poder brasileiro, no combate à violência doméstica e práticas degradantes contra a mulher e não havendo evidência socialmente percebida da vontade e efetividade do Estado como representante da sociedade para punir esses atos, a Organização o condenou por violação aos direitos e deveres prescritos na Convenção de Belém do Pará. Assim, recomendou à República Federativa do Brasil, dentre outras coisas, a adoção das medidas necessárias para que o Estado assegure à

bém denominada Lei Maria da Penha. Em 2015, a Lei n. 13.239 assegurou às mulheres vítimas de violência grave, no âmbito do Sistema Único de Saúde (SUS), a oferta e a realização de cirurgia plástica reparadora de sequelas de lesões causadas por atos de violência contra a mulher. No mesmo ano foi ainda sancionada a Lei n. 13.104, denominando o homicídio de vítima mulher por razões das condições de seu sexo como feminicídio, bem como o tornando circunstância qualificadora e crime hediondo. Em 2019, a Lei n. 13.931 passou a obrigar profissionais de saúde a registrar no prontuário médico da paciente e comunicar à polícia, em 24 horas, indícios de violência contra a mulher. Esta normativa decorreu do Projeto de Lei n. 3.837/2015 (PLC 61/2017, no Senado), aprovado pelos parlamentares em setembro. O texto chegou a ser vetado pelo Executivo, mas voltou a ter efeito após a derrubada do veto pelo Congresso, em novembro[442]. Depois que Senado e Câmara derrubaram vetos presidenciais, novas leis reforçaram as medidas de cuidado com as mulheres em 2019. É o caso da Lei 13.894/2019, que voltou a prever a competência dos Juizados de Violência Doméstica e Familiar contra a Mulher para ações de divórcio, separação, anulação de casamento ou dissolução de união estável, nos casos de violência.

Ainda neste contexto, e nitidamente destinada a regular situações vivenciadas por mulheres no ambiente laboral, a Lei nº 10.224, de 15 de maio de 2001, que ineditamente dispôs sobre o crime de assédio sexual, passou a criminalizar no Brasil o constrangimento de qualquer pessoa com o intuito de obter vantagem ou favorecimento sexual, prevalecendo-se o agente da sua condição de superior hierárquico ou ascendência inerentes ao exercício de emprego, cargo ou função. No âmbito civil, a Lei n. 13.112, de 2015, reconheceu às mulheres o direito de pro-

vítima adequada reparação simbólica e material pelas violações sofridas, particularmente por sua falha em oferecer um recurso rápido e efetivo e o prosseguimento e intensificação do processo de reforma que evite a tolerância estatal e o tratamento discriminatório com respeito à violência doméstica contra mulheres no Brasil (cfr. https://www.cidh.oas.org/annualrep/2000port/12051.htm, acesso em 27 de maio de 2020).

[442] Informação disponível em: https://www12.senado.leg.br/noticias/materias/2020/01/16/senado-fecha-2019-com-35-projetos-aprovados-em-favor-das-mulheres, acesso em 25 de abril de 2020.

ceder, em igualdade de condições aos homens, ao registro de nascimento de seus filhos. No ano de 2016, a Lei n. 13.257 passou a assegurar, a todas as mulheres, o acesso aos programas e às políticas de saúde da mulher e de planejamento reprodutivo e, às gestantes, nutrição adequada, atenção humanizada à gravidez, ao parto e ao puerpério e atendimento pré-natal, perinatal e pós-natal integral no âmbito do Sistema Único de Saúde, além de diversas medidas em favor da gestante, parturiente e nutriz, a exemplo da indicação legal para que o poder público, as instituições e os empregadores propiciem condições adequadas ao aleitamento materno. Esta mesma lei alterou a redação do Código de Processo Penal e passou a autorizar a conversão da prisão preventiva em prisão domiciliar para gestantes e mulheres com filho (s) com idade de até doze anos incompletos.

No ano de 2019, a Lei n. 13.877, que alterou a lei dos partidos políticos, Lei n. 9.096/96, passou a estabelecer que os recursos do Fundo Partidário destinados à candidatura feminina poderão ser acumulados em diferentes exercícios financeiros, mantidos em contas bancárias específicas, para utilização futura em campanhas eleitorais de candidatas do partido. Ainda, a critério da secretaria da mulher ou, inexistindo esta, a critério da fundação de pesquisa e de doutrinação e educação política, tais recursos poderão ser acumulados em diferentes exercícios financeiros, mantidos em contas bancárias específicas, para utilização futura em campanhas eleitorais de candidatas do partido (art. 44, §4º e §7º). Quatro anos antes, todavia, veio a Lei n. 13.165, determinando aos partidos, em seu art. 9º, que nas três eleições seguintes à sua publicação – de 2015, a reserva, em contas bancárias específicas, de no mínimo 5% (cinco por cento) e no máximo 15% (quinze por cento) do montante do Fundo Partidário destinado ao financiamento das campanhas eleitorais para aplicação nas campanhas de suas candidatas mulheres, incluídos nesse valor os recursos a que se refere o inciso V do art. 44 da Lei 9.096, de 19 de setembro de 1995.

Enfim, são inúmeras as legislações de proteção à mulher, em diversos segmentos da vida, que foram conquistadas e construídas ao longo dos anos, como decorrência de muita luta e reivindicação. Não significa, todavia, que a previsão formal por lei torne de fato a mulher protegida em sua integridade física e psíquica ou então assegure a redução da discriminação contra si, favorecendo sua participação na vida política, social e econômica do país. O reconhecimento da necessária igualdade de gênero pelo legislador e o fornecimento de mecanismos legais para seu alcance e de punição para seu desrespeito é um passo importante na evolução da sociedade. É verdade que muitas são as leis de caráter simbólico[443], elaboradas pelo clamor público ou para saciar a opinião pública, gerando na comunidade uma expectativa de eficácia e acabando por cair no vazio da ineficácia, por não dispor o Estado de mecanismos de controle e de fiscalização de seu cumprimento ou então pela falta de comprometimento comunitário. Por isso, Marcelo Neves afirma que a "legislação simbólica aponta para o predomínio, ou mesmo hipertrofia, no que se refere ao sistema jurídico, da função simbólica da atividade legiferante e do seu produto, a lei, sobretudo em detrimento da função jurídico-instrumental"[444]. São casos, portanto, em que a representação da lei transcende sua própria eficácia jurídica e prática, demonstrando, com isso, que a atividade legiferante não dispensa o comprometimento de cada cidadão, da sociedade civil e também de cada esfera do governo para sua aplicação e efetividade e, sobretudo, para aproximação da desejada isonomia de gênero.

[443] Falando sobre legislação constitucional simbólica, Marcelo Neves explica que "a questão refere-se à discrepância entre a função hipertroficamente simbólica e a insuficiente concretização jurídica de diplomas constitucionais. O problema não se reduz, portanto, à discussão tradicional sobre ineficácia das normas constitucionais. Por um lado, pressupõe-se a distinção entre texto e norma constitucionais; por outro, procura-se analisar os efeitos sociais da legislação constitucional normativamente ineficaz. Nesse contexto, discute-se a função simbólica de textos constitucionais carentes de concretização normativo-jurídica" (cfr. Neves, Marcelo. *A Constitucionalização Simbólica*, São Paulo, Editora Acadêmica, 1994, p. 1).

[444] O autor acrescenta ainda que "embora Direito e Política tenham sempre uma dimensão simbólica, há variáveis instrumentais relevantes em ambos sistemas. A própria força normativa da legislação depende de uma combinação de variáveis instrumentais e simbólicas. E todo sistema jurídico funciona com base em ambas variáveis. O problema surge quando há efeitos hipertroficamente simbólicos da legislação, em detrimento de sua eficácia instrumental-normativa" (cfr. Neves, Marcelo. "Constitucionalização simbólica e desconstitucionalização fática: mudança simbólica da Constituição e permanência das estruturas reais de poder", in *Revista de Informação Legislativa*, Brasília, a. 33, n. 132, out./dez. 1996, pp. 321-330, p. 325).

2.4.2. A igualdade de gênero na Constituição Federal de 1988

Como se observou, a luta por igualdade de gênero no Brasil – e no mundo todo – passou por uma evolução lenta e gradual, sendo evidente o caráter progressivo da temática no constitucionalismo brasileiro. O tema foi tratado de forma distinta ao longo do desenrolar das Constituições Brasileiras e nem sempre foi objeto de preocupação do legislador, tendo sido o constituinte de 1934, dois anos após a mulher ter conquistado seu direito ao voto, o primeiro a atentar à condição jurídica feminina ao proibir, de forma expressa, privilégios ou distinção por motivos de sexo. Após anos de ditadura, em que a questão da igualdade jurídica de gênero foi suprimida, a Constituição de 1967 retomou a assunto, fixando, no espírito da Declaração Universal dos Direitos Humanos, o preceito de igualdade para todos perante a lei sem distinção de sexo.

Sabe-se que o texto das Constituições reflete os anseios da sociedade da época, ou na lição de Lassalle, traz a "soma dos fatores reais do poder que regem o país"[445], que adquirem expressão escrita ao juntarem-se numa folha de papel. Assim, mesmo quando omissa a Constituição, ela gera efeitos na sociedade, demonstrando, designadamente, que a ausência de debate e a exclusão do tema na constituinte interliga-se ao período histórico vivenciado. Não é por acaso que no período da ditadura houve completa negligência da igualdade de gênero. Então, após décadas de exclusão da participação feminina da vida política, adveio a atual Constituição de 1988, explicitando que "a soberania popular será exercida pelo sufrágio universal e pelo voto direto e secreto, com valor igual para todos" (art. 14). Este dispositivo tornou-se o símbolo constitucional do princípio da democracia representativa, na qual todo poder emana do povo, que o exercerá por meio de representantes eleitos através do voto. Nesta toada, trouxe sua preocupação com a democracia participativa, inserindo mecanismos de participação popular direta em seu texto, ao prever o plebiscito, o referendo e a iniciativa popular de leis (arts. 1º, parágrafo único, e 14), posteriormente regulamentados pela Lei n. 9.709/98, incentivando a participação das pessoas nas entidades coletivas e comunitárias, a exemplo da participação dos trabalhadores e

[445] Cfr. LASSALLE, Ferdinand. *A Essência da Constituição*, trad. de Walter Stonner, 2ª edição, Rio de Janeiro, Liber Juris, 1988, p. 29.

empregadores nos colegiados dos órgãos públicos em que seus interesses profissionais ou previdenciários sejam objeto de discussão e deliberação (art. 10); da previsão, como objetivo da seguridade social, do caráter democrático e descentralizado da administração, mediante gestão quadripartite, com participação dos trabalhadores, dos empregadores, dos aposentados e do Governo nos órgãos colegiados (art. 194, VII); e da participação da comunidade nas ações e serviços públicos de saúde (art. 198, III).

Ademais, foi com a Constituição Federal de 1988 que a igualdade entre homens e mulheres, para direitos e obrigações, passou a ser categorizada como direito fundamental, no art. 5º, inciso I, imprescindível à cidadania, à sociedade e ao Estado brasileiro[446]. Aliás, o próprio *caput* do dispositivo que traz um rol não exaustivo de direitos fundamentais já inicia afirmando que "todos são iguais perante a lei, sem distinção de qualquer natureza, garantindo-se aos brasileiros e residentes no País a inviolabilidade do direito à vida, à liberdade, à igualdade, à segurança e à propriedade, nos termos seguintes: I – homens e mulheres são iguais em direitos e obrigações, nos termos desta Constituição". O dispositivo abrange, assim, tanto a igualdade em seu sentido impeditivo, de garantia de tratamento igualitário perante a lei aos brasileiros e residentes no país, com vedação a tratamentos distintos não fundamentados nos valores constitucionais e, por isso, arbitrários, visando a limitação da atuação legislativa, dos demais poderes e do particular, bem como a igualdade em sentido promocional, considerando as particularidades e diferenças de cada pessoa e, na medida dessas desigualdades, concede ferramentas individuais aptas a identificar essa situação e corrigir o sistema, com a finalidade de promover igual acesso de oportunidades a todos[447]. Com

[446] Segundo José Afonso da Silva, as constituições anteriores somente conheciam a igualdade jurídico-formal, isto é, perante a lei. Com a Constituição de 1988, o direito à igualdade se fortaleceu, em especial, a igualdade entre homens e mulheres (cfr. Silva, José Afonso da. *Curso de Direito Constitucional Positivo*, 23ª edição, São Paulo, Malheiros, 2002, p. 206).

[447] De um modo geral, o princípio da igualdade foi previsto na Constituição de 1988 em diversos dispositivos, a exemplo do art. 4º, inciso VIII, que trata da igualdade racial; do artigo 5º, I, que fala sobre igualdade entre os sexos; do artigo 5º, inciso VIII, que dispõe sobre a igualdade de credo religioso; do artigo 5º, inciso XXXVIII, que fala da igualdade jurisdicional; do artigo 7º, inciso XXXII, que versa sobre a igualdade nas atividades dos

isso, o constituinte não ignorou as diferenças entre homens e mulheres, tanto que em situações específicas adotou tratamento diferenciado em favor da mulher, como é o caso da licença maternidade com duração superior à da licença de paternidade (art. 7º, incisos XVIII e XIX), do incentivo ao trabalho da mulher, mediante normas protetoras (art. 7º, inciso XX), bem como a previsão de menor prazo para a aposentadoria por tempo de serviço da mulher (art. 40, inciso III, letras a, b, c e d; art. 202, I, II, III e § 1º). A primeira norma de discriminação positiva ou compensatória em benefício da mulher se justifica por razões biológicas, já que as transformações da gestação, o pós-parto, amamentação e cuidados primários para a sobrevivência do recém nascido são por ela suportadas. O segundo caso decorre da evidente preferência e privilégio masculino no mercado de trabalho, sobretudo no que diz respeito a questões salariais, estatisticamente inferiores quando se trata de funcionário do sexo feminino. Por fim, o tempo de aposentadoria, inserida pela primeira vez no texto constitucional de 1967, encontrava justificativa pela formatação das sociedades conjugais brasileiras da época, em que à mulher cabia a exclusiva dedicação nos afazeres domésticos. Por isso, quando optava por ter um trabalho externo, sofria com uma dupla jornada. Ainda, promoveu a concessão de outros direitos e garantias ligados à demanda feminina, como o direito à permanência da presidiária com seus filhos durante o período de amamentação e à assistência gratuita aos filhos e dependentes desde o nascimento, até 6 anos de idade em creches e pré-escolas e, desta maneira, o constituinte reconheceu que o gênero não deve amparar a discriminação negativa, ou seja, não pode servir de critério para concessão ou não de direitos e deveres para um ou outro, mas pode subsidiar um específico tratamento em favor da mulher e, com isso, buscou o reconhecimento, independentemente do gênero, de iguais oportunidades e, em sendo necessário, correção de desajustes com a concessão de ferramentas para persecução e conquista do desenvolvimento com o fim de promoção da justiça. Não foi por outra razão que o constituinte deu um valor tão alto à igualdade, a tratando ao mesmo tempo como direito fundamental e como garantia

trabalhadores; do artigo 14, ao tratar da igualdade política, bem como art. 150, inciso II, ao vedar tratamento desigual entre contribuintes que se encontrem em situação equivalente.

e a equiparando a bens igualmente caros ao ser humano, como a vida, a liberdade, a segurança e a propriedade.

Ao lado do citado art. 5º, I, a Constituição Federal de 1988 também esclarece que "os direitos e deveres referentes à sociedade conjugal são exercidos igualmente pelo homem e pela mulher", no § 5º do art. 226[448], reafirmando a importância dada à igualdade de gênero tanto na esfera pública quanto na privada. Por isso, eleva a objetivo da República Federativa do Brasil a promoção do bem de todos, sem distinção e preconceitos em função do sexo (art. 3º, IV). E assim, o princípio da igualdade é reafirmado em diversos dispositivos constitucionais, não podendo ser olvidado o art. 7º, incisos XXX e XXXI, que traz regras proibitivas de distinções de salários, de exercício de funções e de critérios de admissão por motivo de sexo, idade, cor ou estado civil e qualquer discriminação no tocante a salário e critérios de admissão do trabalhador portador de deficiência. Assim é que, nas palavras de Paulo Bonavides, imprimindo uma "latitude sem precedentes" aos direitos sociais básicos, "dotados agora de uma substantividade nunca conhecida nas Constituições anteriores, a partir da de 1934"[449], a última versão dada por uma Constituinte republicana marca a segunda metade do século XX, de um modo geral pela introdução no ordenamento jurídico brasileiro de um título dedicado aos "Direitos e Garantias Fundamentais" e, no tocante às mulheres, pela expansão normativa de medidas de garantia de direitos. Entretanto, todo esse caráter democrático, inclusivo e inovador não foi espontâneo, mas resultado de movimentos femininos fortemente presentes nos bastidores e preliminares à constituinte. Em novembro de 1985, o Conselho Nacional dos Direitos da Mulher lançou a campanha "Mulher e Cons-

[448] A respeito, Leila Linhares Barsted afirma que "a Constituição Federal brasileira de 1988 está em sintonia com os tratados, convenções e declarações das Nações Unidas ao reconhecer a igualdade entre homens e mulheres na vida pública e privada. Esse reconhecimento tem repercussões importantes no direito de nosso país, particularmente, no direito civil. Até 1988, o Código Civil orientava todos os seus artigos relativos à família marcando a superioridade do homem em relação à mulher, seja na parte geral, no capítulo específico sobre família ou na parte relativa ao direito das sucessões" (cfr. Barsted, Leila Linhares. "A Legislação civil sobre família no Brasil", in *As Mulheres e os Direitos Civis,* Coletânea Traduzindo a legislação com a perspectiva de gênero, Rio de Janeiro, Cepia, 1999, p. 12).

[449] Cfr. Bonavides, Paulo. *Curso de Direito Constitucional*, São Paulo, Malheiros, 2004, p. 374.

tituinte", ouvindo mulheres de diversas partes do país e aumentando a comunicação entre esses movimentos sociais e os mecanismos de decisão política. Então foi redigida a "Carta das Mulheres Brasileiras aos Constituintes"[450], requerendo-se o pleno exercício da cidadania, dentro de um sistema político igualitário e uma vida civil livre de autoritarismos. Com isso, contrariando a crença da desunião feminina, as mulheres foram coesas neste momento histórico do Brasil, e buscaram o direito à representatividade democrática e voz ativa na vida pública, bem como direitos inerentes à dignidade da pessoa humana, como educação, saúde, segurança na vida em sociedade e também na vida familiar[451]. Muitas das reivindicações foram incorporadas pelo constituinte, tendo a ação organizada pelo movimento feminista da época surtido inúmeros efeitos, como a conquista de direitos humanos, designadamente os relacionados à igualdade, em especial no seio da família, ao repúdio a qualquer tipo de violência contra mulher, ao reconhecimento da união estável como unidade familiar, direito ao título de domínio e à concessão de uso da terra, independente de seu estado civil, tanto na área urbana como rural, dentre outros já antes mencionados.

Ao que se vê, o processo de redemocratização do Brasil pós-constituinte configurou um marco para o reconhecimento e proteção de direitos humanos no país, desencadeando, a partir daí, um processo de integração e ratificação de diversos tratados internacionais versando sobre o

[450] O movimento que também ficou conhecido como "Lobby do Batom" dedicou-se a colocar na pauta da Assembleia Constituinte os direitos de cidadania da mulher. Na ocasião, dos 559 parlamentares, 26 eram mulheres, que se agruparam de forma coesa para fazer valer as reivindicações nacionais decorrentes do documento elaborado com a iniciativa do Conselho Nacional dos Direitos da Mulher e tornou-se um marco histórico no combate à discriminação de gênero. Essas mulheres destacaram uma dupla reivindicação: igualdade dentro do sistema político e vida civil livre de autoritarismo e, com isso, deram enfoque a conquistas de direitos políticos e de direitos civis (cfr. https://www12.senado.leg.br/noticias/materias/2018/03/06/lobby-do-batom-marco-historico-no-combate-a-discriminacoes, acesso em 01 de julho de 2020).

[451] Cfr. https://www2.camara.leg.br/atividade-legislativa/legislacao/Constituicoes_Brasileiras/constituicao-cidada/a-constituinte-e-as-mulheres/arquivos/Constituinte%201987-1988-Carta%20das%20Mulheres%20aos%20Constituintes.pdf, acesso em 20 de junho de 2020.

tema[452]. Este período, portanto, destaca-se, pela progressiva implementação de mecanismos democráticos no país, através de uma normatização reforçada por parâmetros internacionais de proteção, com conquistas tanto de direitos civis quanto de direitos políticos para as mulheres. O destaque inicial do rol de direitos fundamentais no sentido de que "homens e mulheres são iguais em direitos e obrigações", além de tudo, abriu uma brecha para um possível e justificado tratamento diferenciado em benefício das mulheres para fins de alcance da igualdade de gênero, como de fato ocorreu nas situações antes mencionadas. Entretanto, apesar dos avanços, os dados da realidade social, política e cultural brasileira ainda destacam o distanciamento dos padrões normativos conquistados com o cotidiano, na qual as práticas discriminatórias por motivação do gênero continuam frequentes. Na arena política, objeto específico da nossa pesquisa, o número de mulheres participantes do processo eleitoral na qualidade de candidatas ainda é reduzido, apesar de leis regulamentando cotas, e o número delas efetivamente eleitas ínfimo se comparado ao percentual maioritário do gênero feminino votante. E as iniquidades não se centralizam na vida política propriamente dita. No âmbito os três poderes e em diversos cargos de chefia ainda é bastante reduzido o número de mulheres, tornando a efetividade e aplicação constitucional, em especial do princípio da igualdade de gênero estabelecida, um dos grandes desafios tanto para os poderes constituídos

[452] A exemplo da Convenção Interamericana para Prevenir e Punir a Tortura, de 1989, da Convenção contra a Tortura e outros Tratamentos Cruéis, Desumanos ou Degradantes, de 1989, da Convenção sobre os Direitos da Criança, e de 1990, do Pacto Internacional dos Direitos Civis e Políticos, de 1992, do Pacto Internacional dos Direitos Econômicos, Sociais e Culturais, de 1992, da Convenção Americana de Direitos Humanos, de 1992, da Convenção Interamericana para Prevenir, Punir e Erradicar a Violência contra a Mulher, de 1995, do Protocolo à Convenção Americana em matéria de Direitos Econômicos, Sociais e Culturais (Protocolo de San Salvador), de 1996, do Estatuto de Roma, que cria o Tribunal Penal Internacional, em 2002, do Protocolo Facultativo à Convenção sobre a Eliminação de todas as formas de Discriminação contra a Mulher, de 2002 (cfr. PIOVESAN, Flávia. *Igualdade de Gênero na Constituição Federal: Os Direitos Civis e Políticos das Mulheres no Brasil*, disponível em https://www12.senado.leg.br/publicacoes/estudos-legislativos/tipos-de-estudos/outras-publicacoes/volume-i-constituicao-de-1988/principios-e-direitos-fundamentais-igualdade-de-genero-na-constituicao-federal-os-direitos-civis-e-politicos-das-mulheres-do-brasil, acesso em 22 de junho de 2020).

do Estado quanto para a própria sociedade civil, que é igualmente elementar para o processo emancipatório da capacidade política e civil das mulheres e a disseminação de valores democráticos no mundo atual, em que se busca a quebra de um antigo paradigma e a reconstrução da visão dos gêneros sob a ótica da igualdade. Para isso, a emancipação precisa igualmente acontecer no ambiente público como no privado, com a plenitude de exercício e respeito aos direitos humanos dos diferentes grupos de mulheres, que exigem atenção e políticas públicas distintas para consecução da equidade. Esta interseccionalidade, que volta os olhos às necessidades específicas de grupos distintos de mulheres, aqui considerando as demandas peculiares de mulheres negras, indígenas, trans e das diversas classes sociais é uma forma de concatenar ações políticas e públicas voltadas ao desenvolvimento das capacidades individuais de cada uma delas e, com isso, ir de encontro aos ideais de uma sociedade efetivamente igualitária e atenta ao bem-estar e liberdade de todos.

2.4.3. A evolução dos direitos políticos da mulher no Brasil

No Brasil, como se verificou, o movimento feminista está em grande parte inserido no período ditatorial, e interligado com a vida acadêmica. Tal qual a concepção de gênero, que decorre de uma construção sobre as visões masculina e feminina, a aquisição de direitos políticos pela mulher desenvolveu-se num lento processo de evolução democrática, historicamente embasado em movimentos sociais que provocaram no legislador e, sobretudo, no Constituinte de 1988 a premência de mudança e de concretização de direitos inerentes à cidadania feminina. Foi no início do século XIX que as mulheres começaram a organizar-se em busca de sua emancipação[453], com a finalidade de reivindicar seu espaço no ambiente público, designadamente nas áreas da educação, no mercado de trabalho e na política. O movimento sufragista brasileiro surgiu a partir do sufragismo norte-americano em meio ao movimento abolicionista lá crescente, oportunidade em que a libertação

[453] Nas palavras de Branca Moreira Alves, "a histórica do movimento sufragista é a história da resistência masculina à emancipação da mulher, ainda hoje viva em maior ou menor grau em toda parte, o que justifica a continuidade da luta feminista" (cfr. ALVES, Branca Moreira. "A Luta das Sufragistas", in HOLLANDA, Heloisa Buarque (org.), *Pensamento Feminista Brasileiro – formação e contexto*, Rio de Janeiro, Bazar do Tempo, 2019, p. 48).

do negro passou a ser associada à libertação da mulher, especialmente quando as líderes abolicionistas começaram a encontrar resistência na atuação pública, fato este que as despertaram "para sua própria situação de inferioridade"[454]. E assim, com a sucessão de diversas situações de clara resistência à emancipação feminina e de relutância à conquista de direitos pelas mulheres[455], passou a ser despertado cada vez mais nessas mulheres um desejo coletivo de mudança, uma vontade intergeracional de luta pela causa feminista contra a condição de subalternidade por elas tradicionalmente experimentada. Esta vontade emancipatória inicia-se com a demanda sufragista justamente pela crença de que o voto é instrumento de participação política e social no meio que se vive.

O Brasil, herdando os costumes trazidos da Europa, manteve por anos a fio a condição de inferioridade da mulher, tanto que em mais de quinhentos anos de história de civilização, somente em 1932 o direito ao voto feminino se tornou uma realidade, sendo no ano seguinte eleita a primeira deputada federal, a médica, pedagoga e escritora Carlota Pereira de Queirós. Os séculos de silêncio e do vazio da presença feminina para além do ambiente do lar, todavia, foi quebrado no final do século XIX, quando mulheres começaram a ocupar aos poucos específicos nichos públicos. Assim é que, a despeito da conquista de 1932, a dentista Isabel de Mattos Dillon, invocando a Lei Saraiva[456], obteve

[454] Cfr. ALVES, Branca Moreira. "A Luta das Sufragistas", in HOLLANDA, Heloisa Buarque (org.), *Pensamento Feminista Brasileiro – formação e contexto*, Rio de Janeiro, Bazar do Tempo, 2019, p. 50.

[455] Lembra aqui, Branca Alves, situação vivenciada por essas americanas abolicionistas quando, em 1840, participaram, na Inglaterra, da Convenção Antiescravagista Internacional, ocasião em que os membros ingleses do evento proibiram as líderes americanas de misturarem-se aos demais participantes homens, e as compeliram a sentarem-se em local isolado na plateia, fato este que alertou para a sujeição vivenciada (cfr. ALVES, Branca Moreira. "A Luta das Sufragistas", in HOLLANDA, Heloisa Buarque (org.), *Pensamento Feminista Brasileiro – formação e contexto*, Rio de Janeiro, Bazar do Tempo, 2019, p. 50).

[456] A denominada Lei Saraiva, Decreto n. 3.029, de 9 de janeiro de 1881, instituiu, pela primeira vez, o Título de Eleitor, vedando o direito ao voto a analfabetos. Passou a admitir eleições diretas para todos os cargos eletivos do Império brasileiro: senadores, deputados à Assembleia Geral, membros das Assembleias Legislativas Provinciais, vereadores e juízes de paz e considerava eleitor todo cidadão brasileiro que detinha uma determinada renda líquida anual, contabilizada por bens de raiz, indústria, comércio ou emprego (cfr. http://www.tse.jus.br/eleitor/glossario/termos/lei-saraiva, acesso em 06 de julho de 2020).

seu alistamento eleitoral no Rio Grande do Sul em 1880, após recurso à segunda instância. Myrtes de Campos, que se tornou a primeira advogada brasileira em 1898, em meados de 1910 também solicitou seu alistamento eleitoral sob o mesmo argumento, todavia tendo-lhe sido negado. Em 1905, três mulheres conseguiram o direito de votar no Estado de Minas Gerais[457]. Em 1927, o direito ao voto, independente do sexo, chegou a ser previsto na Constituição do Estado do Rio Grande do Norte, pelo empenho do senador Juvenal Lamartine, sendo naquele Estado, na cidade de Lages, eleita a primeira prefeita brasileira, Alzira Soriano[458], levando este precedente a requerimentos de alistamento feitos por diversas mulheres de outros Estados brasileiros. Neste meio tempo, período bastante conturbado no país, ocorreu a Revolução de 1930, cristalizando uma fase de rupturas sociais, a exemplo da organização da classe operária, que culminou com a fundação do Partido Comunista. Na mesma época foi fundada a já citada Federação Brasileira pelo Progresso Feminino, por Bertha Lutz, grande expoente na luta sufragista brasileira.

Essa oscilação casuística no enfrentamento do tema levou décadas até ser legislativamente definida, contadas a partir da constituinte de 1891, primeira Constituição do sistema republicano brasileiro, já que a anterior, de 1824[459], nada havia mencionado sobre os direitos das mulheres. Até a efetiva previsão legal do voto feminino confrontavam-se os argumentos favoráveis e os contra à extensão deste direito às mulheres.

[457] Cfr. Alves, Branca Moreira. "A Luta das Sufragistas", in Hollanda, Heloisa Buarque (org.), *Pensamento Feminista Brasileiro – formação e contexto*, Rio de Janeiro, Bazar do Tempo, 2019, p. 55.

[458] Cfr. Alves, Branca Moreira. "A Luta das Sufragistas", in Hollanda, Heloisa Buarque (org.), *Pensamento Feminista Brasileiro – formação e contexto*, Rio de Janeiro, Bazar do Tempo, 2019, p. 59.

[459] Ao trazer o histórico do direito ao voto das mulheres, o Tribunal Superior Eleitoral Brasileiro esclarece que "a Constituição monárquica, de 1824, não trazia proibição expressa ao voto feminino. Limitava-se a conceder o sufrágio, inicialmente, no primeiro grau, com as restrições de renda, à 'massa dos cidadãos ativos, em assembleias paroquiais' (art. 90) e, em segundo grau, a todos os que podiam votar naquelas assembleias (art. 94), mas não se deveria concluir, daí, fosse possível, por lei ordinária, a concessão do sufrágio às mulheres" (cfr. http://www.tse.jus.br/eleitor/glossario/termos/voto-da-mulher, acesso em 16 de julho de 2020).

Seus defensores argumentavam que a Constituição de 1891, ao estipular como eleitores os "cidadãos maiores de 21 anos" não fazia qualquer distinção de sexo, englobando-se, portanto, as mulheres, na gramática do plural masculino definido como "cidadãos". Já os opositores alegavam que o constituinte tanto não tinha intenção de incluir as mulheres dentre os alistáveis que sequer cogitou incluí-la dentre os impedidos de votar[460]. Após anos de pressão e movimentos feministas[461], o então presidente Getúlio Vargas acabou por nomear uma comissão de análise da reforma eleitoral, que resultou, por fim, no Código Eleitoral de 1932 (Decreto n. 21.076, de 24 de fevereiro do mesmo ano), admitindo o voto secreto e feminino, o que foi mantido pela Constituição de 1934. O direito ao exercício da cidadania à época, entretanto, era facultativo às mulheres[462], tornando-se obrigatório o alistamento e o voto para cidadãos de ambos os sexos apenas com a Constituição de 1946[463]. Apesar disso, foi apenas com a Constituição de 1967 que a igualdade para todos perante a lei sem distinção de sexo passou a ser prevista[464], clara-

[460] Cfr. ALVES, Branca Moreira. "A Luta das Sufragistas", in HOLLANDA, Heloisa Buarque (org.), *Pensamento Feminista Brasileiro – formação e contexto,* Rio de Janeiro, Bazar do Tempo, 2019, p. 55.

[461] Fazendo um cotejo entre o sufragismo brasileiro e o americano, Branca Alves destaca o importante papel das religiões do desenrolar dos movimentos. Afirma que, diferentemente da cultura americana, ligada ao protestantismo inglês, baseada numa tradição de ampla participação do indivíduo na comunidade desde a época das treze colônias, que geravam uma noção de autogoverno e explícita elaboração de ideias liberais, a política brasileira formou-se a partir da herança do absolutismo português e da estrutura familiar cristã-moura, estruturada na rigidez hierárquica da Igreja Católica e no poder autoritário seja das relações políticas, seja das relações senhor-escravo, marido-mulher, pai-filho. Daí o acanhado desenrolar do movimento sufragista brasileiro, com baixa adesão e mobilização, e com apelo elitista a influências pessoais e formação de lobby no meio político (Cfr. ALVES, Branca Moreira. "A Luta das Sufragistas", in HOLLANDA, Heloisa Buarque (org.), *Pensamento Feminista Brasileiro – formação e contexto,* Rio de Janeiro, Bazar do Tempo, 2019, pp. 61-62).

[462] Dispunha o art. 121 que "os homens maiores de sessenta anos e as mulheres em qualquer idade podem isentar-se de qualquer obrigação ou serviço de natureza eleitoral".

[463] O art. 133, da Constituição de 1946, passou a estabelecer que "o alistamento e o voto são obrigatórios para os brasileiros de ambos os sexos, salvo as exceções previstas em lei".

[464] O art. 150, § 1º, da Constituição de 1967, dispunha serem todos iguais perante a lei, sem distinção, de sexo, dentre outras razões.

mente sob a influência da Declaração Universal dos Direitos Humanos, de 1948.

Entretanto, a conquista do direito de exercer a cidadania acabou por se tornar elitista, abarcando as mulheres pertencentes a um segmento mais alto da estrutura social com acesso a educação, já que por via reflexa grande parte do público feminino teve o acesso ao voto excluído pela via do analfabetismo. Somente em 1985 o direito de votar também alcançou os analfabetos, sendo estes impedidos ainda nos dias de hoje da capacidade eleitoral passiva, que é a de se alistarem como candidato. Como em toda luta pela conquista de direitos, que precisa ser entendida em conformidade com sua dinâmica evolutiva e dentro de um enquadramento histórico, o caminho percorrido sujeita-se a avanços e retrocessos, não havendo linearidade, portanto, nas históricas demandas femininas. Coexistindo entre as diferentes realidades da ditadura e da democracia, as mulheres brasileiras desempenharam suas ações políticas de acordo com cada momento social e econômico vivido, consubstanciando um agir e uma vontade conjunta. Em suma, para obterem direitos de cidadania, as mulheres tiveram que se unir e desempenhar na prática uma cidadania dinâmica, com associações, mobilizações, debates e manifestações nos espaços públicos, demonstrando que o Estado foi feito para concretizar os direitos conclamados por seus cidadãos, de forma que este precede àquele. Por isso, a evolução do cenário legislativo e a implementação de políticas públicas está associada à ação política feminina e ao seu movimento de resistência ao bloqueio emancipatório.

Neste contexto, quatro grandes conferências das Nações Unidas tiveram importante influência nos movimentos feministas brasileiros de conquista dos direitos inerentes à cidadania. A Conferência de Direitos Humanos, que ocorreu em Viena, em 1993, foi marcada pela designação do caráter inalienável, universal e indivisível dos direitos humanos e pela inclusão dos direitos das mulheres dentre eles, servindo de embasamento para a Convenção de Belém do Pará, de 1994, que assentou referências para a posterior Lei Maria da Penha, de 2006. A Conferência de População e Desenvolvimento de 1994, que aconteceu no Cairo, apresentou um novo parâmetro para os debates sobre direitos reprodutivos da população do campo, introduzindo conceitos de gênero e reconhecendo diferentes formatações familiares. Enfim, a Conferência das Mulheres, ou Conferência para a Igualdade, Desenvolvimento e Paz, realizada em 1995 em Beijing, assentando questões sobre a desigualdade feminina no mercado de trabalho, acesso à educação e aos serviços de saúde, bem como à tomada de decisões[465]. Na evolução dos direitos políticos da mulher no Brasil, sob o peso de um contexto internacional preocupado com o estímulo ao equilíbrio de gênero na participação no poder político, em especial após a citada Conferência de Beijing de 1995, também denominada IV Conferência Mundial sobre a Mulher[466-467], e de campanhas nacionais como a "Mulheres sem Medo do Poder", promovida pela bancada feminina do Congresso Nacional, com o apoio do Conselho Nacional dos Direitos da Mulher[468], algumas conquistas legislativas se destacaram pelo intuito libertário e regulador de um compor-

[465] Cfr. PITANGUY, Jacqueline, "A Carta das Mulheres Brasileiras aos Constituintes: memórias para o futuro", in HOLLANDA, Heloisa Buarque (org.), *Pensamento Feminista Brasileiro – formação e contexto*, Rio de Janeiro, Bazar do Tempo, 2019, pp. 90-91.

[466] A Conferência definiu o conceito de gênero para a agenda internacional, empoderamento das mulheres e transversalidade das políticas públicas com a perspectiva de gênero, afirmando o direito das mulheres como direitos humanos e considerando a igualdade de gênero uma questão universal, de interesse de todos (cfr. http://www.onumulheres.org.br/planeta5050-2030/conferencias/, acesso em 21 de julho de 2020).

[467] De acordo com Clara Araújo e José Alves, no ano de 1945 "havia 26 parlamentos em funcionamento na comunidade internacional. Este número mais do que dobrou nos dez anos seguintes e, em 2008, chegou a 189 parlamentos. Em 1945 a participação feminina na política parlamentar era de apenas 3% no mundo e zero no Brasil. Em 1975, quando se instituiu o Ano Internacional da Mulher, o percentual feminino no parlamento brasileiro era próximo de zero, enquanto no resto do mundo era pouco superior a 10%. De 1975 a 1995 a diferença entre as taxas de participação de ambos os sexos se reduziram entre o Brasil e o mundo. Após 1995, quando ocorreu a IV Conferência Internacional da Mulher, a participação feminina cresceu em geral, mas as taxas cresceram mais rápido no mundo do que o Brasil" (cfr. ALVES, José Eustáquio; ARAÚJO, Clara. "A politica de cotas no Brasil, o sistema eleitoral e a sub-representação feminina", artigo preparado para apresentação no Congresso de 2009 da LASA (Associação de Estudos Latino-Americanos), no Rio de Janeiro, Brasil, de 11 a 14 de junho de 2009, p. 5, disponível em https://www.gov.br/mdh/pt-br/navegue-por-temas/politicas-para-mulheres/arquivo/assuntos/poder-e-participacao-politica/referencias/politica-e-genero/a_pol_tica_de_cotas__o_sist.pdf, acesso em 25 de março de 2022).

[468] Cfr. Relatório Nacional Brasileiro sobre a Implementação da Plataforma de Ação da IV Conferência Mundial da Mulher (Pequim, 1995) à Sessão Especial da Assembleia Geral das Nações Unidas "Mulher 2000: Igualdade de Gênero, Desenvolvimento e Paz para o Século XXI", Brasília, 2000, p.43.

tamento que deveria partir da própria sociedade civil, e ser nela sedimentado.

Assim, no mesmo ano de 1995, sob autoria da então deputada federal Marta Suplicy, entrou em vigor a Lei n. 9.100, primeira proposta a adoção de ação afirmativa[469] para estimular a presença feminina na política[470], porém restrita às Câmaras Municipais. Esta lei previa que um mínimo de 20% da lista de candidatos de cada partido deveria ser preenchido por candidatas mulheres. Na sequência, com a intenção de unificar o sistema eleitoral e torná-lo permanente, foi criada a Lei n. 9.504/97[471], que instituiu cotas em partidos políticos, exigindo que, nas eleições a serem realizadas no ano seguinte (1998), nenhum dos sexos possuísse mais de 75% ou menos de 25% das vagas (art. 80). Decorrente da desproporcional quantidade de mulheres no poder legislativo em comparação tanto com o número de homens nos mesmos cargos como em cotejo com o número de eleitoras do sexo feminino, ligeiramente superior ao percentual masculino, foram modificadas as regras eleitorais de modo a proporcionar uma maior presença de mulheres nas listas de candidaturas e, quiçá, dentre os cargos eleitos. A normativa passou a ter

[469] Nas palavras de Rui Barbosa "a regra da igualdade não consiste senão em quinhoar desigualmente aos desiguais na medida em que se desigualam" (cfr. BARBOSA, Ruy. *Oração dos Moços*, São Paulo, Reitoria da Universidade de São Paulo, 1949, pp. 10-11). Por isso, a discriminação positiva de gênero, em favor das mulheres, justifica-se pelo contexto histórico de opressões, sofrimentos e discriminações por elas vivenciados.

[470] Comparando a evolução do número de mulheres candidatas, nota-se um expressivo aumento após a lei de cotas. Em 1994, eleições anteriores à legislação citada, 189 mulheres candidataram-se para a Câmara dos Deputados, ao passo que na eleição subsequente, de 1998, esse número ampliou-se para 352. Apesar disso, o número de mulheres eleitas, que em 1994 foi de 32 mulheres, nas eleições de 1998 reduziu para 29 (cfr. VOGEL, Luiz Henrique. "A Histórica Sub-Representação das Mulheres na Câmara dos Deputados: Desigualdades e Hierarquias Sociais nas Eleições", *Estudo Técnico*, março de 2019, Câmara dos Deputados, 2014, p. 33). Na luta de uma vaga para as Assembleias Legislativas Estaduais, tiveram 572 candidatas em contraposição aos 7.405 candidatos homens (cfr. https://www1.folha.uol.com.br/fsp/1994/9/29/caderno_especial/4.html, acesso de 21 de julho de 2020).

[471] "A lei é muito pouco eficaz. Entre os quatro maiores países de língua portuguesa (Angola, Brasil, Moçambique e Portugal), o parlamento brasileiro é o que menos tem mulheres. Agora chegou em 18%, mas Angola, por exemplo, já tem 39% de representantes femininas", diz Monica Sapucaia (cfr. https://exame.abril.com.br/brasil/as-leis-brasileiras-sobre-direitos-das-mulheres-e-os-avancos-necessarios/, acesso em 06 de abril de 2020)

aplicação às eleições brasileiras de caráter proporcional, que são as realizadas para as casas legislativas, agora em todos os níveis da federação (Câmaras Municipais, Assembleias Estaduais e Congresso Nacional). Entretanto, a legislação carregava grandes debilidades que, em certa medida, a tornava inócua, pois o percentual legal reservado calculava-se sobre o total de candidaturas que o partido ou coligação poderia lançar em cada circunscrição eleitoral e não propriamente sobre o número de candidatos efetivamente inscritos. Bastava que lançasse um número de inscritos aquém do permitido e deitasse fora possíveis candidaturas femininas, já que não havia a obrigatoriedade do cumprimento do percentual reservado. Com isso, permitia que as vagas legalmente destinadas ao gênero feminino ficassem sem inscritos, caindo por terra toda ideia que deveria ser proposta e estimulada pela ação afirmativa.

Somente em 2009, por meio da Lei n. 12.034, tão questionada pelos partidos políticos, foi que a cota mínima de gênero, agora ampliada para 30% passou a ser obrigatória, embora restrita ao preenchimento das listas de candidatura. Apesar disso, o número de mulheres eleitas não teve um aumento significativo, pois a formatação da ação afirmativa preconizada abria as portas para candidaturas meramente formais de mulheres, inscritas com a única finalidade de cumprir o percentual legal exigido[472].

[472] Segundo informações constantes no Relatório Nacional de Revisão do Estado Brasileiro da implementação da Declaração e Plataforma de Ação de Pequim, p. 7, "apesar dos avanços obtidos, ainda permanece o desafio de ampliar o número de mulheres eleitas para além da garantia da cota mínima de 30% de mulheres candidatas aos cargos proporcionais, conforme estabelecido por lei. Nas eleições de 2010, poucos partidos cumpriram a cota de candidatas, já em 2012 a cota foi cumprida no caso das candidaturas para o cargo de vereador (31,9% de candidatas do sexo feminino), porém os resultados das eleições demonstram que ainda persiste um nível de sub-representação feminina em cargos políticos. Nas eleições de 2014, aumentou o número de candidaturas de mulheres, 38% em relação ao pleito anterior. No processo eleitoral para os cargos municipais de prefeito e vereador em 2016, a quantidade de candidatas mulheres manteve-se um pouco maior do que no pleito anterior (31,50% em 2012 e 32% em 2016), porém em ambas o percentual de mulheres eleitas seguiu baixo" (cfr. https://www.gov.br/mdh/pt-br/navegue-por-temas/atuacao-internacional/relatorios-internacionais-1/RelatrioNacionaldeRevisodoEstadoBrasileirodaimplementaodaDeclaraoePlataformadeAodePequim..pdf). Sobre a temática, José Eustáquio Diniz e Clara Araújo consideram questionável a atual política de cotas, e sugerem parcimônia na relação entre o aumento do número de candidaturas femininas e maior chance de eleição, pois uma série de variáveis interferem no sucesso da candidatura. Dentro de uma análise de

Demonstrou-se, a partir daí, que além da dificuldade em candidatarem-se, as mulheres enfrentavam a barreira partidária[473], nomeadamente formada por uma estrutura patriarcal, sem qualquer interesse no estímulo à integração política feminina[474]. Ainda, por meio do art. 45, IV, os

diversos dados, apontam, dentre outras, a existência de uma Taxa Relativa de Sucesso para candidatas femininas em distritos menores e partidos de pequena magnitude (cfr. ALVES, José Eustáquio; ARAÚJO, Clara. "A politica de cotas no Brasil, o sistema eleitoral e a sub-representação feminina", artigo preparado para apresentação no Congresso de 2009 da LASA (Associação de Estudos Latino-Americanos), no Rio de Janeiro, Brasil, de 11 a 14 de junho de 2009, p. 5, disponível em https://www.gov.br/mdh/pt-br/navegue-por-temas/politicas-para-mulheres/arquivo/assuntos/poder-e-participacao-politica/referencias/politica-e-genero/a_pol_tica_de_cotas__o_sist.pdf, acesso em 25 de março de 2022).

473 Com relação à "resistência partidária" à inclusão de mulheres na competição eleitoral, Clara Araújo afirma que esta "abordagem, quando é centrada de maneira genérica nas resistências partidárias, tende a diluir as diferenças efetivamente existentes nos níveis de compromissos e investimentos entre os distintos partidos". Por isso, para a autora "a análise da inserção das mulheres no mundo da política parlamentar pode ser enriquecida com a inclusão deste olhar, considerando-se este e outros aspectos, para além de um enfoque centrado apenas na manifestação da 'resistência masculino-partidária'" (cfr. ARAÚJO, Clara. "Potencialidades e Limites da Política de Cotas no Brasil", in *Estudos Feministas*, ano 9, 2º semestre de 2001, p. 239).

474 José Eustáquio Diniz e Clara Araújo, em avaliação à participação feminina na política parlamentar brasileira, designadamente aos dados das eleições nacionais de 2002 e 2006, destacaram uma análise multivariada que justificaria a sub-representação feminina. Em suas pesquisas, concluíram ser a reeleição a principal variável a explicar a vitória eleitoral de um candidato, o que dificulta o ingresso de mulheres na política, devido ao ambiente de hegemonia masculina desde a criação do parlamento. Desassociam altos índices de desenvolvimento econômico à maior participação da mulher na política, citando exemplo de países como Estados Unidos e Japão, com baixa representatividade feminina se comparados aos países nórdicos. No caso do Brasil, destacaram as diferenças nas taxas de participação das mulheres nas diversas Unidades da Federação, mesmo estando todas sujeitas a uma legislação eleitoral única e concluíram que a heterogeneidade entre níveis de desenvolvimento econômico e humano e a participação feminina na política é muito grande, o que sugere que as causas da baixa inserção das mulheres em cargos eletivos é complexa e não tem uma explicação simples e geral. Neste contexto multivariado, afirmaram, com base em dados eleitorais, que nas menores unidades da federação, com menos e menor número de vagas em disputa, as chances das mulheres tendem a ser maiores. Em contrapartida, nas unidades da federação maiores, a exemplo do Estado de São Paulo, onde estão concentradas as maiores proporções da população, há maior fragmentação partidária na disputa eleitoral, ou seja, há um número maior de partidos disputando e elegendo e os partidos tendem a eleger bancadas proporcionalmente menores em razão da maior dispersão de votos, difi-

partidos passaram a ser compelidos a promover e difundir a participação política feminina, "dedicando às mulheres o tempo que será fixado pelo órgão nacional de direção partidária, observado o mínimo de 10% (dez por cento)". Em 2017, todavia, a Lei n. 13.487 extinguiu a propaganda partidária no rádio e na televisão, revogando o dispositivo.

No mesmo contexto, considerando as barreiras intrapartidárias enfrentadas pelas mulheres candidatas que, sem apoio financeiro, perdem a chance de concorrer em igualdade de condições aos demais candidatos do sexo masculino e obter sucesso nas eleições, a Lei n. 13.165, de 2015, decorrente de uma mini Reforma Política, passou a tornar obrigatória também a aplicação de parte dos recursos partidários em campanhas e inclusão e participação feminina na política, já que sem orçamento estas mulheres, inscritas como candidatas e frequentemente anuladas dentro do próprio partido, não teriam como participar de forma efetiva do pleito eleitoral. O artigo 9º da lei, em seu texto original, estabelecia que nas três eleições que se seguissem à publicação da Lei, os partidos deveriam reservar, em contas bancárias específicas para este fim, "no mínimo 5% (cinco por cento) e no máximo 15% (quinze por cento) do montante do Fundo Partidário destinado ao financiamento das campanhas eleitorais para aplicação nas campanhas de suas candidatas", o que acabou por gerar outro descompasso, na medida em que restringiu a 15% o limite máximo do fundo partidário a ser destinado ao mínimo de 30% das mulheres candidatas. Por isso, o dispositivo foi objeto da Ação Direta de Inconstitucionalidade n. 5617 no Supremo Tribunal Federal, que o declarou inconstitucional. No julgamento do mérito da ADI, tendo em vista a incongruência quantitativa decor-

cultando a representatividade feminina. Aliam a isto ainda a magnitude partidária, concluindo que os partidos de médio e pequeno porte dão mais acesso à participação feminina, pois buscam se legitimar diante dos eleitores através de uma maior absorção de mulheres como candidatas e, avaliando o perfil ideológico partidário, constataram que os partidos com perfil de esquerda ou centro-esquerda são mais abertos ao ingresso de mulheres (cfr. Alves, José Eustáquio; Araújo, Clara. "A politica de cotas no Brasil, o sistema eleitoral e a sub-representação feminina", artigo preparado para apresentação no Congresso de 2009 da LASA (Associação de Estudos Latino-Americanos), no Rio de Janeiro, Brasil, de 11 a 14 de junho de 2009, p. 5, disponível em https://www.gov.br/mdh/pt-br/navegue-por-temas/politicas-para-mulheres/arquivo/assuntos/poder-e-participacao-politica/referencias/politica-e-genero/a_pol_tica_de_cotas__o_sist.pdf, acesso em 25 de março de 2022).

rente da legislação questionada, o Plenário decidiu que a distribuição de recursos do Fundo Partidário destinados ao financiamento das campanhas eleitorais direcionadas às candidaturas de mulheres deve ser feita na exata proporção das candidaturas de ambos os sexos, de maneira a respeitar o patamar mínimo de 30% de candidatas mulheres, previsto no artigo 10, parágrafo 3º, da Lei n. 9.504/1997 (Lei das Eleições)[475]. Ainda, julgou inconstitucional a fixação de prazo para esta regra, como determinava a redação original da lei ao restringir a regra às três eleições subsequentes à data de sua publicação, decidindo que a distribuição não discriminatória da verba partidária deve perdurar enquanto for justificada a necessidade de composição mínima das candidaturas femininas. A questão, todavia, foi objeto da Emenda Constitucional n. 117/2022, que alterou a redação do art. 17, da Constituição Federal, com acréscimo do§7º e do§8º, estabelecendo que "os partidos políticos devem aplicar no mínimo 5% (cinco por cento) dos recursos do fundo partidário na criação e na manutenção de programas de promoção e difusão da participação política das mulheres, de acordo com os interesses intrapartidários" e que "o montante do Fundo Especial de Financiamento de Campanha e da parcela do fundo partidário destinada a campanhas eleitorais, bem como o tempo de propaganda gratuita no rádio e na televisão a ser distribuído pelos partidos às respectivas candidatas, deverão ser de no mínimo 30% (trinta por cento), proporcional ao número de candidatas, e a distribuição deverá ser realizada conforme critérios definidos pelos respectivos órgãos de direção e pelas normas estatutárias, considerados a autonomia e o interesse partidário".

Em 2017, a Emenda Constitucional n. 97, com o intuito de fortalecer os grandes partidos e dificultar que os pequenos alcançassem o quociente eleitoral para eleição de seus candidatos, passou a vedar, a partir das eleições de 2020, a celebração de coligações partidárias para as eleições proporcionais para as Casas Legislativas, bem como estabeleceu normas sobre acesso dos partidos políticos aos recursos do fundo partidário e ao tempo de propaganda gratuito no rádio e TV. Com isso, além de dificultar o pleito eleitoral de candidatos filiados a partidos pequenos, a alteração constitucional acabou por refletir nas cotas de gênero,

[475] Cfr. http://www.stf.jus.br/portal/cms/verNoticiaDetalhe.asp?idConteudo=391666&tip=UN, acesso em 16 de julho de 2020.

já que se antes o percentual mínimo de 30% de candidatura de cada gênero levava em conta a lista geral das coligações e agora, com sua proibição para as eleições proporcionais, o percentual deve ser atentado em cada partido individualmente. Neste ponto, a mudança traz um alento ao incremento partidário à participação feminina, todavia somente com a efetiva aplicação do novo regramento nas próximas eleições é que poderão ser avaliados seus efeitos práticos, até mesmo porque há pesquisas que apontam uma barreira partidária para candidatura feminina superior em partidos de grande magnitude[476].

No ano de 2021 as Leis n. 14.192/2021 e n. 14.197/2021 criaram o crime de Violência Política de Gênero e, em 2022, a Emenda Constitucional n. 117 alterou o art. 17 da Constituição Federal para impor aos partidos políticos a aplicação de recursos do fundo partidário na promoção e difusão da participação política das mulheres, bem como a aplicação de recursos desse fundo e do Fundo Especial de Financiamento de Campanha e a divisão do tempo de propaganda gratuita no rádio e na televisão no percentual mínimo de 30% (trinta por cento) para candidaturas femininas.

Ao que se observa, conjugando a normatividade internacional, designadamente a Convenção sobre a Eliminação de Todas as Formas de Discriminação contra a Mulher, ratificada pelo Brasil em 1984, que, em seu art. 7º, preconiza o dever dos Estados-partes de adotar todas as medidas apropriadas para eliminar a discriminação contra a mulher na vida política e pública do País, e fomentar essa participação, bem como a IV Conferência Mundial sobre a Mulher, de 1995, que serviu de suporte ao

[476] Numa averiguação de dados das eleições de 2002 e 2006 e correlacionando o percentual de mulheres eleitas com o percentual total de eleitos e o percentual de mulheres candidatas com o percentual total de candidatos em cada partido, Clara Araújo e José Eustáquio Diniz concluíram serem maiores as Taxas de Sucesso das mulheres em partidos pequenos, que apresentaram elevados índices de candidaturas femininas, a exemplo do PRONA, PC do B, PSOL, PTC, PSB (cfr. Alves, José Eustáquio; Araújo, Clara. "A politica de cotas no Brasil, o sistema eleitoral e a sub-representação feminina", artigo preparado para apresentação no Congresso de 2009 da LASA (Associação de Estudos Latino-Americanos), no Rio de Janeiro, Brasil, de 11 a 14 de junho de 2009, p. 5, disponível em https://www.gov.br/mdh/pt-br/navegue-por-temas/politicas-para-mulheres/arquivo/assuntos/poder-e-participacao-politica/referencias/politica-e-genero/a_pol_tica_de_cotas__o_sist.pdf, acesso em 25 de março de 2022).

incremento à atividade legiferante interna (constitucional e infraconstitucional) de melhoria ao exercício dos direitos políticos pela mulher, vê-se que a igualdade de gênero e a vedação de qualquer discriminação contra a mulher, ao menos no âmbito jurídico, resta assegurada e amparada, apesar da necessidade de alguns retoques para intensificação da efetividade legislativa. Entretanto, apesar de todo este arcabouço e estímulo legislativo, e de inúmeros avanços, não se percebe, ao menos no Brasil, um substancial aumento da participação decisória feminina e na ocupação de cargos elegíveis, demonstrando que, apesar de serem plenas em potencialidades e capacidades, as mulheres ainda mantêm o status social de cidadã de segunda classe. A consolidação plena de sua cidadania ainda depende do rompimento com antigo padrão de construção da identidade feminina e, em especial, pela rejeição da visão da mulher com demandas universais, unificadas e generalizadas em suas necessidades.

3. A REPRESENTAÇÃO POLÍTICA FEMININA E SUAS ESPECIFICIDADES NO CENÁRIO LUSO-BRASILEIRO

Os paradoxos democráticos remontam ao próprio surgimento da Democracia, já que sua civilização natal, a grega, deixava ao largo da *eklesia* de suas Cidades-Estados uma parcela substancial de sua população, composta nomeadamente por mulheres, escravos, estrangeiros, dentre outros excluídos da vida pública. Os *concilia* romanos e toda a Idade Média mantiveram a mesma tradição[477]. A masculinidade elitista do sistema político, inclusive, já levou à intitulação de *démocracie exclusive*[478], devido à monopolização pelos homens de um espaço pertencente a todos, apesar da evolução numérica de alguns países em comparação com outros na presença política feminina, o que, invariavelmente, decorre de adoção de políticas públicas e legislativas de promoção à igualdade de gênero. O panorama predominante, ainda de desigualdade, acarreta claros prejuízos à sociedade, gerando um déficit de justiça, democracia, igualdade, cidadania, e até mesmo de desenvolvimento humano, social e econômico. Mesmo "quando existe igualdade na lei,

[477] Neste sentido, cfr. RAPOSO, Vera Lúcia Carapeto. *O Poder de Eva – O princípio da igualdade no âmbito dos direitos políticos, problemas suscitados pela discriminação positiva*, Coimbra, Almedina, 2004, p. 83.

[478] Expressão de Geneviéve Fraisse, ao tratar da exclusão histórica das mulheres na democracia francesa (cfr. FRAISSE, Geneviéve. "La démocratie exclusive: un paradigme français", in *Pouvoirs 82*, Femmes en politique, septembre 1997, pp. 5-16), o que foi analogamente incorporado, por Vitalino Canas, à situação portuguesa da época (cfr. CANAS, Vitalino. "Um Passo Mais na Qualidade da Democracia", in *Democracia com mais Cidadania*, Lisboa, Presidência do Conselho de Ministros, 1998, p. 7).

todas as sociedades consagram papéis diversos a homens e a mulheres, sendo os destas considerados inferiores", impedindo as mulheres de disporem de igual acesso aos recursos e de fruição de igual estatuto na família e na sociedade[479].

Para além disso, todo estudo que se faça sobre democracia moderna interliga-se, em alguma medida, ao contratualismo, não porque esta doutrina obteve sempre êxitos democráticos, e neste ponto basta recordar o absolutismo defendido por Thomas Hobbes, mas por configurar, nas palavras de Norberto Bobbio, "um dos momentos decisivos para a fundação da teoria moderna da democracia"[480]. De um modo amplo, o contratualismo, que floresceu na Europa entre os séculos XVII e XVIII, compreende as teorias políticas que invocam a existência de um contrato entre a maior parte das pessoas, para justificar o poder político e a origem da sociedade, caracterizando, assim, um "acordo que assinalaria o fim do estado natural e o início do estado social e político"[481]. Entretanto, enquanto a doutrina contratualista vê o contrato social como mecanismo formalizador da igualdade civil e de liberdades, a serem asseguradas pelo Estado, "a inclusão da categoria 'gênero' permite entendê-lo como definidor de assimetrias e exclusões"[482]. Nessa

[479] Cfr. Plataforma Portuguesa para os Direitos das Mulheres (Projecto Capacita), *Afinal, o que é a Democracia Paritária? a participação de mulheres e homens na organização social*, p. 20, disponível em http://plataformamulheres.org.pt/site/wp-content/ficheiros/2016/04/PpDM-Argumentario-afinal-o-que-e-a-democracia-paritaria.pdf, acesso em 24 de março de 2022.

[480] Para Bobbio, ademais, "do mesmo modo que nem todo o CONTRATUALISMO é democrático, assim nem todo o democratismo é contratualista". Ainda, para o autor, a teoria da soberania popular e a teoria do contrato social conectam-se nomeadamente por dois motivos: "o *populus* concebido como *universitas civium* é ele mesmo, na sua origem, o produto de um acordo (o chamado *pactum societatis*); uma vez constituído o povo, a instituição do Governo, quaisquer que sejam as modalidades da transmissão do poder, total ou parcial, definitivo ou temporário, irrevogável ou revogável, acontece na forma própria de contrato (o chamado *pactum subjectionis*)" (cfr. Bobbio, Norberto; Matteucci, Nicola; Pasquino Gianfranco. *Dicionário de Política*, v. 1, trad. de Carmen C. Varriale *et. al.*, 11ª edição, Brasília, Editora Universidade de Brasília, 1998, p. 322).

[481] Cfr. Bobbio, Norberto; Matteucci, Nicola; Pasquino Gianfranco. *Dicionário de Política*, v. 1, trad. de Carmen C. Varriale *et. al.*, 11ª edição, Brasília, Editora Universidade de Brasília, 1998. p. 272.

[482] Cfr. Miguel, Luis Felipe. "Carole Pateman e a Crítica Feminista do Contrato", in R*evista Brasileira de Ciências Sociais*, v. 32, n. 93 fevereiro/2017, p. 2.

toada, Carole Pateman revela uma concepção de "contrato sexual", enfatizando que a produção de contratos por indivíduos civilmente livres somente revela-se através da sujeição das mulheres na esfera privada, destacando que o patriarcado não é puramente familiar[483]. Para ela, "o contrato original é um pacto sexual-social, mas a história do contrato sexual tem sido sufocada"[484] e este outro lado da história também trata do surgimento do direito político e explica como seu exercício é legitimado, mas revela o direito político enquanto direito patriarcal[485] e que a sociedade civil criada através de um contrato original, em verdade, é uma "ordem social patriarcal"[486]. Então, enquanto "o contrato social é uma história de liberdade, o contrato sexual é uma história de sujeição" e o contrato original cria ambas, "a liberdade e a sujeição"[487] e o real sen-

483 Cfr. PATEMAN, Carole. *O Contrato Sexual*, trad. de Marta Avancini, Rio de Janeiro, Paz e Terra, 1988, pp. 28-29.

484 Cfr. PATEMAN, Carole. *O Contrato Sexual*, trad. de Marta Avancini, Rio de Janeiro, Paz e Terra, 1988, p. 15.

485 Neste ponto, em especial, Pateman destaca que o direito paterno não é fundamental ao poder patriarcal, mas uma dimensão deste e que o poder de um homem enquanto pai é posterior do poder patriarcal de um homem enquanto marido sob sua mulher enquanto esposa. Lembra que os teóricos contratualistas não tinham a intenção de focar neste direito patriarcal original em seu ataque ao direito paterno, mas "incorporaram o direito conjugal em suas teorias e, ao fazê-lo, deram ao preceito do direito sexual masculino sua forma contratual moderna", de forma que a sociedade moderna não esteja estruturada no poder dos pais, mas de modo que as mulheres estejam subordinadas aos homens "*enquanto homens* ou enquanto fraternidade", revelando um patriarcado fraternal moderno criado pelo contrato original, depois da derrota política do pai (cfr. PATEMAN, Carole. *O Contrato Sexual*, trad. de Marta Avancini, Rio de Janeiro, Paz e Terra, 1988, p. 18).

486 Cfr. PATEMAN, Carole. *O Contrato Sexual*, trad. de Marta Avancini, Rio de Janeiro, Paz e Terra, 1988, p. 16.

487 Pateman explica que o fato de as teorias contratualistas excluírem as mulheres se deve ao fato de que, ao tempo em que pressupõem a liberdade e a igualdade de todos os indivíduos em seu estado natural, e com isso encaram o contrato como um paradigma de livre acordo, consideram que as mulheres não nascem livres e, portanto, "não têm liberdade natural". Por isso, as mulheres não participaram do contrato original, na qual os homens transformaram sua liberdade em segurança civil, mas tornaram-se objeto deste contrato, de modo que este contrato sexual trata-se do "meio pelo qual os homens transformam seu direito natural sobre as mulheres na segurança do direito patriarcal civil" (cfr. PATEMAN, Carole. *O Contrato Sexual*, trad. de Marta Avancini, Rio de Janeiro, Paz e Terra, 1988, pp. 16-21). A preocupação com o estado de sujeição experimentado pelas mulheres já havia

tido da liberdade civil não pode ser analisado sem esta metade esquecida da história, por ter sido enquadrado na esfera privada da vida e, com isso, considerado como irrelevante politicamente.

Assim é que os contornos da cidadania e democracia femininas atuais foram traçados a partir de um contexto de liberdade dos homens e dominação das mulheres, o que afeta direta ou indiretamente todas as concepções de justiça que partem do mesmo pressuposto contratualista. Ao que se nota, as barreiras democráticas vêm sendo derrubadas ao longo dos anos para grupos não abrangidos pelo contrato social. Entretanto, por mais bem-intencionada ou inovadora que seja uma iniciativa democrática, pode conter uma exclusão, ainda que indireta, de uma parcela da população. A própria Declaração de Independência dos Estados Unidos, de 1776, marco na democracia moderna por considerar a soberania popular como fundamental[488], e apesar de reconhecer direitos inalienáveis de "todos os seres humanos", nomeadamente a fruição da vida e da liberdade, com os meios de adquirir e possuir a propriedade de bens, bem como de procurar e obter a felicidade e a segurança, teve de seu texto a supressão do trecho que condenava o tráfico negreiro, de forma que, apesar da frente democrática, manteve um grupo da população ao largo do direito à liberdade, que somente cem anos mais tarde foi conquistada[489]. Decorreu mais de um século desde a revolução americana para que o sufrágio universal fosse efetivamente alcançado, já que, nos moldes iniciais, grande parcela da população não tinha direito ao voto. As mulheres, por exemplo, somente em 1920 o alcançaram nos Estados Unidos, sem contar uma espécie de voto censitário então existente escondido na exigência de um imposto eleitoral que a população negra não podia arcar. Foi apenas com a 24ª emenda, em 1964, que res-

sido exposta no século XIX, em cfr., Mill, Stuart. *A Sujeição das Mulheres*, trad. de Benedita Bettencourt, Coimbra, Almedina, 2006.

[488] Sobre o tema, Fábio Comparato considera a Declaração de 1776 como peça inaugural de princípios democráticos na política moderna que combinou, sob regime constitucional, "a representação popular com a limitação de poderes governamentais" (cfr. Comparato, Fábio Konder. *A afirmação histórica dos Direitos Humanos*, 6ª edição, São Paulo, Saraiva, 2008, pp. 95-102).

[489] Cfr. Comparato, Fábio Konder. *A afirmação histórica dos Direitos Humanos*, 6ª edição, São Paulo, Saraiva, 2008, p. 101.

tou definido que nenhum Estado poderia condicionar o direito ao sufrágio a qualquer imposto[490].

Treze anos mais tarde, o contexto revolucionário europeu de liberdade e igualdade decorrente da Revolução Francesa, de 1789, como já visto anteriormente, apesar de romper com o absolutismo e iniciar uma era republicana através da Declaração dos Direitos do Homem e do Cidadão[491], também foi uma história de exclusão e submissão no que se refere ao gênero e à raça. A luta contra as desigualdades foi o grande ponto de convergência do movimento revolucionário francês, que conseguiu de fato derrubar uma série de iniquidades arraigadas na sociedade[492], só não conseguindo, afinal, eliminar a barreira da desigualdade entre os sexos, mantendo-se a situação de injusta inferioridade em que as mulheres se encontravam em relação aos homens. Não foi por outra razão o já citado manifesto de Olympe de Gouges[493], criticando o universalismo excludente do documento, que não abarcou o estatuto jurídico da mulher, cuja emancipação, na vida civil, passou a ser verificada, em alguns países, somente no século XX.

Sem o intuito da redundância, até mesmo porque a análise da construção social das relações de gênero feita no primeiro capítulo já traz

[490] Cfr. Silva, José Afonso da. *Curso de Direito Constitucional Positivo*, 37ª edição, São Paulo, Editora Malheiros, 2013, p. 158.

[491] A mesma ideia de liberdade e igualdade dos seres humanos da Declaração de Independência dos Estados Unidos foi reafirmada e reforçada no ato de abertura da Revolução Francesa por meio do art. 1º, da Declaração dos Direitos do Homem e do Cidadão ("Os homens nascem e permanecem livres e iguais em direitos").

[492] Fábio Comparato destaca dentro deste ideal revolucionário de igualdade a extinção de todas as servidões feudais que vigoravam por séculos, a emancipação dos judeus e a abolição de todos os privilégios religiosos em 1791, além da proibição do tráfico de escravos nas colônias em 1792 (cfr. Comparato, Fábio Konder. *A afirmação histórica dos Direitos Humanos*, 6ª edição, São Paulo, Saraiva, 2008, p. 133).

[493] Comparato recorda que "na Europa, a primeira manifestação em favor da igualdade entre os sexos foi a de Poulain de la Barre, num opúsculo publicado em 1673. Em 1739, sob o pseudônimo de Sophia, a *Person of Quality*, apareceu em Londres, editada por John Hawkins. uma obra com extenso título: *Woman not Inferior to Man: or A Short and modest Vindication of the natural Right of the Fair-Sex to a perfect Equality of Power Dignity and Esteem, with the Men*. De 1792 é a obra de Mary Wollstonecraft, *A Vindication of the Rights of Women*, que estava em Paris quando do início da Revolução" (cfr. Comparato, Fábio Konder. *A afirmação histórica dos Direitos Humanos*, 6ª edição, São Paulo, Saraiva, 2008, p. 133).

todo esse restrospecto, o fato é que a história aponta para um esquecimento das mulheres mesmo após os ideais de liberdade e igualdade acesos com as revoluções liberais, sendo pertinentes as considerações sobre a dominação feminina no Estado Liberal feitas por Carole Pateman. Aliás, Nancy Fraser, ao abordar a queda da "civilização do século XIX"[494] e os movimentos emancipatórios que se sucederam, e preocupando-se com a atuação em um campo também povoado pelas forças da mercantilização em concomitância com a busca pela emancipação feminina, faz uma abordagem de três pontos sucessivos, correlacionando-os, dentro da segunda onda do feminismo[495], a um momento específico da história do capitalismo. O primeiro ponto refere-se aos primórdios do movimento no contexto que denomina "capitalismo organizado pelo Estado"[496]. O segundo ponto diz respeito ao processo da evolução do

[494] Cfr. FRASER, Nancy. *Fortunes of Feminism – from state-managed capitalism to neoliberal crisis,* London/New York, Verso, 2013, p. 233.

[495] Para Fraser, "o que foi verdadeiramente novo sobre a segunda onda foi o modo pelo qual ela entrelaçou, em uma crítica ao capitalismo androcêntrico organizado pelo Estado, três dimensões analiticamente distintas de injustiça de gênero: econômica, cultural e política". Em sua concepção, o movimento de emancipação feminista revela uma forma específica em que as proteções sociais podem ser opressivas, o que se verifica por meio de hierarquias de status firmemente estabelecidas, que negam alguns dos incluídos em princípio como membros da sociedade as condições sociais necessárias para a plena participação na interação social, que é o clássico exemplo da hierarquia entre os sexos, na qual se atribui à mulher um status inferior ao homem. Em todos estes casos, afirma Fraser, "as proteções sociais beneficiam o localizado no topo da hierarquia de status, oferecendo menos vantagens (ou nenhuma) para aqueles abaixo". O que se protege, segundo a autora, é mais a própria hierarquia do que a sociedade em si. Por isso, dentro dessa crítica de Fraser, movimentos feministas, antirracistas, ao mobilizarem-se contra tais hierarquias, acabam por rejeitar a proteção que supostamente oferecem, insistindo no desmantelamento de soluções que lhes neguem pré-requisitos sociais para uma paridade participativa. Em verdade, Fraser propõe uma interpretação atual da história do feminismo, ao tempo em que apresenta uma teoria social de larga escala, combinando sua teoria da justiça que engloba a redistribuição, o reconhecimento e a representação, com a finalidade de transformar o contexto existente (cfr. FRASER, Nancy. *Fortunes of Feminism – from state-managed capitalism to neoliberal crisis,* London/New York, Verso, 2013, pp. 211 e 234 (tradução livre)).

[496] Aqui, Fraser reconstrói a crítica da segunda onda feminista ao capitalismo androcêntrico organizado pelo Estado em relação à integração com as três perspectivas sobre justiça – redistribuição, reconhecimento e representação. Destaca quatro características definidoras do capitalismo organizado pelo Estado – economicismo, estatismo, Westfalianismo

feminismo no contexto social drasticamente modificado pelo crescente neoliberalismo[497]. O terceiro ponto, por sua vez, faz referência a uma possível reorientação do feminismo no atual contexto de crise capitalista e realinhamento político estadunidense, que poderia marcar os primórdios do neoliberalismo a uma nova forma de organização social[498]. Assim é que Fraser identifica, na totalidade social como uma forma historicamente específica, que a sociedade capitalista organizada pelo Estado de forma androcêntrica estrutura-se por três ordens inter-relacionadas de

e androcentrismo, seguindo, com relação a este último, a cultura política do Estado que visualizava "o cidadão de tipo ideal como um trabalhador masculino pertencente à maioria étnica – chefe e homem de família, sendo amplamente suposto, também, que o salário deste trabalhador deveria ser o principal, se não o exclusivo, sustento econômico de sua família, enquanto quaisquer salários ganhos pela sua esposa deveriam ser meramente suplementares", revelando a ideia do "salário família" o que gerou uma ilusão nas famílias, já que raramente o salário dos maridos eram suficientes para o sustento familiar. Neste contexto do pós-guerra, designadamente entre as décadas de 1950 a 1960, "por valorizar o trabalho assalariado, a cultura política do capitalismo organizado pelo Estado obscureceu a importância social do trabalho não-assalariado de atenção à família e do trabalho reprodutivo. Institucionalizando compreensões androcêntricas de família e trabalho, naturalizou injustiças de gênero e as removeu da contestação política". Por isso, as feministas de segunda onda se uniram a outros movimentos emancipatórios para romper o imaginário restritivo do capitalismo organizado pelo Estado, politizando "o pessoal" e, com isso, "desvendaram injustiças localizadas em outros lugares – na família e em tradições culturais, na sociedade civil e na vida cotidiana" e "focando não apenas no gênero, mas também na classe, na raça, na sexualidade e na nacionalidade, elas foram precursoras de uma alternativa "interseccional" que é amplamente aceita hoje", ampliando, portanto, os eixos que poderiam abrigar a injustiça. Deste modo, ampliaram efetivamente o conceito de injustiça para abranger não apenas as desigualdades econômicas, mas também as hierarquias de status e assimetrias do poder político, englobando, assim, economia, cultura e política na visão de justiça (cfr. FRASER, Nancy. *Fortunes of Feminism – from state-managed capitalism to neoliberal crisis*, London/New York, Verso, 2013, pp. 211-213 (tradução livre)).

497 Neste ponto, a autora esboça a desintegração desta constelação e o recrutamento seletivo de algumas de suas tendências para legitimar o capitalismo neoliberal (cfr. FRASER, *Nancy. Fortunes of Feminism – from state-managed capitalism to neoliberal crisis*, London/New York, Verso, 2013, p. 211 (tradução livre)).

498 Aqui, Fraser aponta as perspectivas para recuperar a promessa emancipatória do feminismo no presente momento de crise econômica e abertura política (cfr. FRASER, Nancy. *Fortunes of Feminism – from state-managed capitalism to neoliberal crisis*, London/New York, Verso, 2013, p. 211 (tradução livre)).

subordinação: (má) distribuição, (falta de) reconhecimento e (falta de) representação[499].

No contexto de democracia liberal[500] discutida ao longo do século XIX, o processo de democratização, que consiste no cumprimento cada vez mais pleno da soberania popular, se insere na estrutura do Estado liberal entendido como Estado de garantias. Por outras palavras, "ao longo de todo o curso de um desenvolvimento que chega até nossos dias, o processo de democratização, tal como se desenvolveu nos Estados, que hoje são chamados de Democracia liberal, consiste numa transformação mais quantitativa do que qualitativa do regime representativo"[501], configurando, assim, um complemento a este último. A propósito, o cerne da democracia representativa e liberal[502], nas pala-

[499] Cfr. Fraser, Nancy. *Fortunes of Feminism – from state-managed capitalism to neoliberal crisis*, London/New York, Verso, 2013, p. 215.

[500] No que se refere à relação de concepção liberal do Estado, o ponto de partida do processo de democratização, conforme destaca Norberto Bobbio, foi o célebre discurso de Benjamin Constant sobre *A liberdade dos antigos comparada com a dos modernos*, segundo o qual "a liberdade dos modernos, que deve ser promovida e desenvolvida, é a liberdade individual em sua relação com o Estado, aquela liberdade de que são manifestações concretas as liberdades civis e a liberdade política (ainda que não necessariamente estendida a todos os cidadãos) enquanto a liberdade dos antigos, que a expansão das relações tornou impraticável, e até danosa, é a liberdade entendida como participação direta na formação das leis através do corpo político cuja máxima expressão está na assembleia dos cidadãos" (cfr. Bobbio, Norberto; Matteucci, Nicola; Pasquino Gianfranco. *Dicionário de Política*, v. 1, trad. de Carmen C. Varriale *et. al.*, 11ª edição, Brasília, Editora Universidade de Brasília, 1998, p. 323). Esta *liberdade dos modernos*, vista como exigência de autonomia diante do Estado, implica, numa concepção atual, em "expressão dos direitos das minorias perante ou contra as maiorias" (cfr. Miranda, Jorge. *Manual de Direito Constitucional*, v. III, tomo VII, Coimbra, Coimbra Editores, 2014, p. 10).

[501] Cfr. Bobbio, Norberto; Matteucci, Nicola; Pasquino Gianfranco. *Dicionário de Política*, v. 1, trad. de Carmen C. Varriale *et. al.*, 11ª edição, Brasília, Editora Universidade de Brasília, 1998, p. 323. Jorge Miranda recorda, ademais, que Locke, Montesquieu e Constant são exemplos de pensadores que formaram a doutrina subjacente da representação política, ao passo que Rosseau a contestou (cfr. Miranda, Jorge. *Manual de Direito Constitucional*, v. III, tomo VII, Coimbra, Coimbra Editores, 2014, p. 14).

[502] Neste ponto, importante destacar que, a despeito de serem tratadas como expressões equivalentes, democracia representativa não pode ser confundida com representação política. A representação política liberal corresponde à legitimação dos governantes pela concordância dos governados que, na passagem do século XIX para o século XX cede espaço

vras de Jorge Miranda, "consiste no direito de todos os partidos chegarem ao poder, mediante eleições e no reconhecimento da liberdade de

à democracia representativa, na qual são inseridas as reformas do Estado social de Direito (cfr. Miranda, Jorge. *Manual de Direito Constitucional*, v. III, tomo VII, Coimbra, Coimbra Editores, 2014, p. 17). Aliás, a expressão "democracia representativa liberal" expõe uma fusão histórica problemática, já que o liberalismo surge como um movimento político e social em oposição ao regime absolutista e, neste ponto, progressista, mas que também se opõe à concepção de democracia como autogoverno do povo, já que defendia um governo do tipo republicano e representativo. Em *O Federalista,* James Madison trazia a diferença entre República e Democracia (aqui por ele considerada a Democracia pura, "composta de um pequeno número de cidadãos, que se reúnem todos e governarão por si mesmos"), entendendo que esta última gera efeitos de instabilidade e injustiça, porque esta levaria à formação de "facções humanas", por ele definidas como uma "reunião de cidadãos, quer formem a maioria ou a minoria do todo, uma vez que sejam unidos e dirigidos pelo impulso de uma paixão ou interesse contrário aos direitos pelos outros cidadãos, ou ao interesse constante e geral da sociedade". Em suas palavras, "a República aparta-se da Democracia em dois pontos essenciais: não só a primeira é mais vasta, e muito maior o número de cidadãos, mas os poderes são nela delegados a um pequeno número de indivíduos que o povo escolhe. O efeito desta segunda diferença é de depurar e de aumentar o espírito público, fazendo-o passar [por] um corpo escolhido de cidadãos, cuja prudência saberá distinguir o verdadeiro interesse da sua pátria e que, pelo seu patriotismo e amor da justiça, estarão mais longe de o sacrificar a considerações momentâneas ou parciais. Em um tal governo é mais possível que a vontade pública, expressa pelos representantes do povo, esteja [mais] em harmonia com o interesse público do que no caso de ser ela expressa pelo povo mesmo, reunido para este fim" (cfr. Hamilton, Alexander; Madison, James; Jay, John. *O Federalista*, Tomo Primeiro, Rio de Janeiro, Typ. Imp. e Const. de J. Villeneuve e Comp., 1840, pp. 72-78). Assim, por considerarem que em corpos deliberativos numerosos dificultariam o bom uso da razão para tomada de decisão e, com isso, gerasse insegurança e até mesmo violência, a preocupação era de que esse espírito democrático poderia levar ao surgimento da tirania e ao fim das liberdades individuais e, em última análise, o fim da propriedade, em especial quando pertencentes a uma minoria. Isso explica porque, na visão de Gabriel Vitullo, "o exercício do poder político pela maioria seja tão ou mais perigoso do que um cenário onde uma minoria tome conta do governo" (cfr. Vitullo, Gabriel. "Representação política e democracia representativa são expressões inseparáveis? Elementos para uma teoria democrática pós-representativa e pós-liberal", in *Revista Brasileira de Ciência Política,* n. 2, Brasília, julho-dezembro de 2009, p. 274). Em verdade, a preocupação dos Federalistas em proteger as minorias contra a tirania das maiorias seria a de criar mecanismos constitucionais que resguardassem os grandes latifúndios, os banqueiros, e os comerciantes, contra "a anarquia e o caos" promovidos pela "camada inferior" da população (cfr. Losurdo, Domenico. *Democracia ou bonapartismo: triunfo e decadência do sufrágio universal*, Rio de Janeiro, UFRJ/Unesp, 2004, pp. 96-99).

acção política da oposição", de modo que a minoria se submeta às decisões de uma maioria que compõe o Governo, podendo os papéis inverterem-se no futuro[503].

Em verdade, o processo de prevalência das formas de Governo sacramentadas em Constituições escritas, em confronto com os resquícios da Monarquia ainda vivenciados no século XIX, viu a forma republicana predominar e o sufrágio tornar-se universal[504] apenas no século XX[505], após as duas guerras mundiais. Entretanto, apesar de as Constituições vigentes no século XIX não terem expressamente excluído as mulheres do direito ao sufrágio, os paradigmas socioculturais prevalentes "levavam os textos a serem lidos como se elas estivessem fora da política"[506]. Foi um longo percurso até elas alcançarem, ao menos formalmente, a cidadania ativa tal qual a desempenhada pelos homens, processo este que, reconhecendo o protagonismo feminista, resultou de "um entendimento mais exigente do princípio da igualdade"[507], assim como se sucedeu nas áreas do direito de família e direito do trabalho.

[503] Cfr. MIRANDA, Jorge. *Manual de Direito Constitucional*, v. III, tomo VII, Coimbra, Coimbra Editores, 2014, p. 24.

[504] Cfr. MIRANDA, Jorge. *Manual de Direito Constitucional*, v. III, tomo VII, Coimbra, Coimbra Editores, 2014, p. 11. Ainda, Jorge Miranda salienta que foi o século XVIII que soube ao menos "alicerçar a ideia de representação política" a despeito da existência de fenômenos análogos precedentes (cfr. MIRANDA, Jorge. *Manual de Direito Constitucional*, v. III, tomo VII, Coimbra, Coimbra Editores, 2014, p. 13).

[505] Esta virada de século corresponde às grandes transformações do Estado e da sociedade, que, nas palavras de Jorge Miranda, "levam a que o governo representativo ceda lugar à democracia representativa, dele distinta nas ideologias e nas tensões a que dá vazão, a despeito da continuidade de princípios e da coincidência formal de institutos", sendo neste contexto inseridas as reformas do Estado social de Direito. Ainda, destaca o autor que nesta nova forma de governo a soberania é encarada como princípio da titularidade do poder do povo, manifestando este sua vontade através de colégios de cidadãos com direitos políticos em concorrência com órgãos governativos representativos, não servindo mais a eleição apenas como escolha de um governante, mas também visando suas opções programáticas, dentro de um contexto de sufrágio universal e com a existência de partidos políticos (cfr. MIRANDA, Jorge. *Manual de Direito Constitucional*, v. III, tomo VII, Coimbra, Coimbra Editores, 2014, p. 17).

[506] Cfr. MIRANDA, Jorge. *Manual de Direito Constitucional*, v. III, tomo VII, Coimbra, Coimbra Editores, 2014, p. 21.

[507] Cfr. MIRANDA, Jorge. *Manual de Direito Constitucional*, v. III, tomo VII, Coimbra, Coimbra Editores, 2014, p. 21.

Nesta toada, a Constituição Brasileira de 1988 consagrou o sufrágio universal dentro de uma democracia semidireta, combinando representação e participação direta, na forma de seu artigo 1º, parágrafo único: "todo o poder emana do povo, que o exerce por meio de representantes eleitos ou diretamente, nos termos desta Constituição". A Constituição portuguesa, de 1976, após conclamar, em seu art. 2º, a criação de um Estado de direito democrático, "baseado na soberania popular, no pluralismo de expressão e organização política democráticas, no respeito e na garantia de efetivação dos direitos e liberdades fundamentais e na separação e interdependência de poderes, visando a realização da democracia económica, social e cultural e o aprofundamento da democracia participativa", igualmente estabeleceu que "o povo exerce o poder político através do sufrágio universal, igual, direto, secreto e periódico, do referendo e das demais formas previstas na Constituição" e que "A República Portuguesa é um Estado de direito democrático" (art. 10º). Apesar disso, observa-se que a democracia[508], atravessando os filtros e ordens inter-relacionadas de subordinação e dominação, gera suas assimetrias, ainda que se trate de um "processo de convivência social em que o poder emana do povo, há de ser exercido, direta ou indiretamente, pelo povo e em proveito do povo"[509], embora, dentro de uma concepção pluralista, cada vez mais frequentemente, possa ser definida como "regime policrático oposto ao regime monocrático"[510]. Sabe-se, ademais, que o sufrágio, designadamente o universal, é o que, em linhas gerais, legitima o exercício dos poderes dentro de um Estado Democrático, fato que, por si só, não torna a cidadania emancipatória. Então, muito embora a participação política feminina, seja votando ou sendo eleita, configure mecanismo de intervenção no processo político do Estado,

[508] Lembrando que, para Pinto Ferreira, a democracia, em sua acepção ampla e dialética, é "o governo constitucional das maiorias que, sobre as bases de uma relativa liberdade e igualdade, pelo menos a igualdade civil (a igualdade diante da lei), proporciona ao povo o poder de representação e fiscalização dos negócios públicos" (cfr. Ferreira, Pinto. *Curso de Direito Constitucional*, 12ª edição, São Paulo, Saraiva, 2002, p. 79).

[509] Cfr. Silva, José Afonso da. *Curso de Direito Constitucional Positivo*, 23ª edição, São Paulo, Malheiros, 2002, p. 128.

[510] Cfr. Bobbio, Norberto; Matteucci, Nicola; Pasquino Gianfranco. *Dicionário de Política*, v. 1, trad. de Carmen C. Varriale *et. al.*, 11ª edição, Brasília, Editora Universidade de Brasília, 1998, p. 322.

inclusive para resguardo e conquista de direitos, não se pode descurar a importância de garantir-se, materialmente, o direito à representação política às mulheres, em igualdade de condições não apenas no próprio pleito eletivo, mas no percurso que leva até ele. Assim, serão levantadas neste capítulo algumas discussões de ordem filosófica-política preliminares aos debates jurídicos subsequentes, estes centrados na efetivação da representação política feminina dentro de um contexto comparado entre Brasil e Portugal.

3.1. Aspectos político-filosóficos preliminares sobre o tema

Os estudos sobre representação política têm questionado o significado da participação e da representatividade democrática, bem como abordado seus mecanismos e procedimentos e sua preocupação central tem sido a formatação do modelo de representação e seu destinatário, assim como investigar quais fatores influenciam o acesso aos cargos políticos e qual a razão da sub-ocupação feminina. Muitos argumentos são veiculados, desde a falta de interesse e engajamento das mulheres pelos assuntos da política até a falta de habilidades por elas desenvolvidas para este fim. Diversos fatores, todavia, contribuem para esta deficiência participativa, envolvendo características culturais e educacionais de cada país, sistemas eleitorais, partidos políticos e regulamentação legislativa. As pesquisas continuam crescendo sobre o assunto, trazendo as mais diversas explicações para o problema. O objetivo desta investigação, contudo, não é o desenvolvimento de toda essa abordagem teórica, muito embora alguns destaques sejam importantes para a estruturação das ideias. Entretanto, estas observações são fundamentais para o desenvolvimento do trabalho. Assim, fazendo um breve retrospecto, observa-se que o modelo de governo representativo do século XVII foi influenciado pelos pensamentos liberais e sobretudo pelas teorias de Montesquieu e Rousseau[511], muito embora na época, a representação fosse eminentemente aristocrática, obtendo contornos democráticos somente no século XIX, com o sufrágio universal. O século XX, por sua vez, iniciou com uma série de debates sobre democracia participativa e pluralista, com especial contribuição, dentre outros, de Robert Dahl, que destaca a contesta-

[511] Cfr. Manin, Bernard. *The Principles of Representative Government,* Cambridge, Cambridge University Press, 2002, pp. 8-79 (tradução livre).

ção pública e a inclusividade (direito de participação) como dimensões da democratização[512].

Conforme balanço apontado por Phillips, nas décadas de 1960 e 1970, a política do movimento feminista contemporâneo emergiu de um período de insatisfação generalizada com a insubstancialidade da democracia liberal, sendo compartilhado "com praticamente todos os grupos a visão de uma democracia mais ativa e participativa"[513], o que levou o movimento feminista a identificar-se, num primeiro momento, com os valores da democracia local e descentralizada[514]. Contudo, em

[512] Dahl aponta três condições fundamentais, embora não suficientes, para a existência da democracia, consistentes na igualdade de condições dos cidadãos, indistintamente, terem oportunidade de formular suas preferências, manifestar publicamente estas preferências entre seus partidários e ante o governo, individual e coletivamente e a igualdade de trato por parte do Governo (cfr. DAHL, Robert. *La Poliarquía: participación y oposición*, trad. de Julia Moreno, Madrid, Tecno, 1989, pp. 14-15 (tradução livre)).

[513] Cfr. PHILLIPS, Anne, "¿Deben las Feministas Abandonar la Democracia Liberal?", in CASTELLS, Carme (comp.), *Perspectivas Feministas en Teoría Política*, Barcelona, Paidós, 1996, p. 79 (tradução livre). Dentro desta ideia de democracia participativa, Carole Pateman aborda a crise da democracia representativa e defende a criação de mecanismos que propiciem uma maior participação da população nos processos políticos decisórios. Menciona que a igualdade política, na teoria, refere-se "ao sufrágio universal e à existência de igualdade de oportunidades de acesso aos canais de influência sobre os líderes" enquanto que a participação, no que diz respeito à maioria, "constitui a participação na escolha daqueles que tomam as decisões". Por isso conclui que a função da participação, nesta teoria, seria apenas de proteção contra decisões arbitrárias dos eleitos e dos interesses privados, residindo aqui o método democrático. Para a autora, "a justificativa para um sistema democrático em uma teoria da democracia participativa reside primordialmente nos resultados humanos que decorrem do processo participativo. Pode-se caracterizar o modelo participativo como aquele onde se exige o *input* máximo (a participação) e onde o *output* inclui não apenas as políticas (decisões), mas também o desenvolvimento das capacidades sociais e políticas de cada indivíduo, de forma que existe um *feedback* do *output* para o *input*" (Cfr. PATEMAN, Carole. *Participação e Teoria da Democracia*, trad. de Luiz Paulo Rouanet, Rio de Janeiro, Paz e Terra, 1992 (tradução), 1970 (original), pp. 25 e 62).

[514] Pateman defende, neste contexto, que o amadurecimento da democracia e da representação depende da ampliação da participação dos cidadãos na esfera pública e que "os indivíduos e suas instituições não podem ser considerados isoladamente", pois "a existência de instituições representativas em nível nacional não é suficiente para a democracia". Assim, para que a função educativa da participação seja cumprida, é necessário que o máximo de participação de todas as pessoas ou o "treinamento social" ocorra em outras esferas, para que os indivíduos desenvolvam atitudes e qualidades psicológicas dentro do procedi-

décadas posteriores, em especial em 1980, a teorização das perspectivas feministas sobre a democracia se desenvolveu mais para o terreno da cidadania e da igualdade política. Assim, a autora equaciona que a primeira fase do pensamento feminista coincidiu com uma explosão de democracia participativa, enquanto a segunda ocorreu em um momento de crescente desdém pelo "fetiche da democracia direta" e pelo ressurgimento da confiança nos mecanismos da democracia liberal. Em sua concepção, essa mudança reproduz uma divisão que caracterizou toda a literatura crítica sobre democracia liberal, pois "para muitos democratas, a fraqueza decisiva da democracia liberal é a maneira como ela restringiu o alcance e a intensidade do engajamento dos cidadãos, distanciando-se tanto dos ideais clássicos da democracia que algumas dúvidas são levantadas sobre o uso do termo"[515]. Philips aponta, ademais, a controvérsia que existe por trás da ideia de que a representação proporcional de acordo com as características sociais, como etnicidade e gênero reflete a justiça, mas julga que "a sub-representação de certas categorias de pessoas é muitas vezes tão completa que sua injustiça parece fora de questão", de forma que ao se verificar mulheres ocupando, por exemplo, meros cinco por cento das cadeiras numa assembleia legislativa, torna-se necessário "apenas reverter a posição dos sexos para demonstrar o déficit democrático"[516]. Apesar disso, entende que "a relação entre democracia e justiça é, sem dúvida, perenemente conturbada, e mesmo se nós acreditarmos que uma assembleia constituída de forma mais democrática alcançaria decisões mais justas (por ser menos aberta a favoritismo

mento democrático, com aprimoramento das instituições públicas representativas. Por isso conclui que "a principal função da participação na teoria da democracia participativa é a função educativa" (Cfr. Pateman, Carole. *Participação e Teoria da Democracia*, trad. de Luiz Paulo Rouanet, Rio de Janeiro, Paz e Terra, 1992 (tradução), 1970 (original), p. 60).

515 Cfr. Phillips, Anne, "¿Deben las Feministas Abandonar la Democracia Liberal?", in Castells, Carme (comp.), *Perspectivas Feministas en Teoría Política*, Barcelona, Paidós, 1996, p. 80 (tradução livre).

516 Cfr. Phillips, Anne, "¿Deben las Feministas Abandonar la Democracia Liberal?", in Castells, Carme (comp.), *Perspectivas Feministas en Teoría Política*, Barcelona, Paidós, 1996, p. 85 (tradução livre).

e viés), dificilmente poderíamos estar confiantes de que todas as suas decisões seriam justas"[517].

A despeito disso, o enfoque dado por Phillips para uma democracia direta e participativa que refletia uma suposta homogeneidade do universo feminino, sob a crença de que as assembleias poderiam expressar uma vontade geral das mulheres, foi prontamente questionado por feministas do terceiro mundo, também denominadas pós-colonialistas. A feminista indiana Chandra Talpade Mohanty, por exemplo, aponta a problemática sobre uso do termo 'mulheres' como uma categoria estável de análise, já que "ele pressupõe uma unidade a-histórica e universal entre mulheres baseada em uma noção generalizada de sua subordinação"[518]. Entende, assim, que em vez de observá-las analiticamente como grupos políticos socioeconômicos dentro de contextos locais específicos, "esse movimento analítico limita a definição do sujeito feminino à identidade de gênero, ignorando completamente as identidades de classe social e étnica"[519]. Por isso, recusa uma concepção transcultural e homogênea de mulher, com interesses e vontades comuns, e se opõe a generalizações de questões historicamente específicas, com realidades complexas[520]. Já Rawls, que aborda em sua obra *O Liberalismo Político* a estabilidade das instituições democrático-representativas diante das grandes divergências existentes na sociedade, procura uma concepção política de justiça que possa conquistar o apoio de um "consenso sobreposto" que abarque as doutrinas religio-

[517] A autora conclui que "É na relação entre ideias e presença que nós podemos depositar nossas melhores esperanças de encontrar um sistema justo de representação, não numa oposição falsa entre uma e outra" (cfr. Phillips, Anne, "¿Deben las Feministas Abandonar la Democracia Liberal?", in Castells, Carme (comp.), *Perspectivas Feministas en Teoría Política*, Barcelona, Paidós, 1996, pp. 85 e 89 (tradução livre)).

[518] Cfr. Mohanty, Chandra Talpade. *Feminism without Borders: decolonizing theory, practicing solidarity*, Londres, Duke University Press, 2003, pp. 30-31 (tradução livre).

[519] Cfr. Mohanty, Chandra Talpade. *Feminism without Borders: decolonizing theory, practicing solidarity*, Londres, Duke University Press, 2003, pp. 30-31 (tradução livre).

[520] Por isso para a autora "coalizões estratégicas que constroem identidades políticas de oposição por si mesmas são baseadas em unidades generalizadas e provisórias, mas a análise dessas identidades de grupo não pode ser baseada em categorias universalistas e a-históricas" (cfr. Mohanty, Chandra Talpade. *Feminism without Borders: decolonizing theory, practicing solidarity*, Londres, Duke University Press, 2003, p. 37 (tradução livre)).

sas, filosóficas e morais razoáveis de uma sociedade regulada por ele[521]. Por isso aponta que "a sociedade em questão é uma sociedade onde há diversidade de doutrinas abrangentes, todas perfeitamente razoáveis" e que "se todos os cidadãos devem endossar livremente a concepção política de justiça, essa concepção deve ter condições de conquistar o apoio dos cidadãos que professam doutrinas abrangentes diferentes e opostas, apesar de razoáveis e, nesse caso, temos um consenso sobreposto de doutrinas razoáveis"[522-523]. Deste modo, quando desenvolve a concepção de "autonomia racional", artificial, não política, Rawls não invoca uma necessária equivalência de representação com os diferentes grupos que compõem uma sociedade, já que para ele, "seguindo a ideia de que os próprios cidadãos (por meio dos seus representantes) devem especificar os termos equitativos de sua cooperação (e deixando de lado, por enquanto, o critério do equilíbrio reflexivo), o resultado da posição original produz os princípios de justiça apropriados para cidadãos livres e iguais"[524].

A despeito de toda a construção de Ralws, e em especial em razão da existência de sociedades cada vez mais fluidas e multiculturais, percebe-se uma tendência em apontar o caráter excludente das regras de representação e também em relacionar os processos democráticos comunicativos a deliberações. Ademais, as democracias têm por muitas décadas afastado-se da discussão quanto à composição de gênero, o que no fundo revela uma preocupação com a estabilidade política. Apesar disso, na década de 90, auge da terceira onda feminista, a reivindicação foi para uma maior presença das mulheres nos espaços públicos e decisórios, numa proposta mais substantiva, inclusiva e deliberativa de democracia, com integração de ambos os sexos, em igualdade de condições e de liberdade participativa. Assim é que muitas propostas defen-

[521] Cfr. RAWLS, Jonh. *O Liberalismo Político*, trad. de Dinah de Abreu Azevedo, 2ª edição, São Paulo, Editora Ática, 2000, p. 52.

[522] Cfr. RAWLS, Jonh. *O Liberalismo Político*, trad. de Dinah de Abreu Azevedo, 2ª edição, São Paulo, Editora Ática, 2000, pp. 67-68.

[523] A propósito, cfr. RAWLS, Jonh. *O Liberalismo Político*, trad. de Dinah de Abreu Azevedo, 2ª edição, São Paulo, Editora Ática, 2000, pp. 75 e 37.

[524] Cfr. RAWLS, Jonh. *O Liberalismo Político*, trad. de Dinah de Abreu Azevedo, 2ª edição, São Paulo, Editora Ática, 2000, p. 117.

deram e ainda defendem a introdução no processo democrático de mecanismos que ampliem a representação de grupos sub-representados, notadamente as mulheres, cuja desigualdade decorre, como visto, de uma espécie de "herança aristotélica" que define os papéis sociais sempre pelos olhos dos "chefes de família". Young, neste contexto, propõe três modos gerais de representação: de interesses, de opiniões e de perspectivas e acrescenta que "a explanação sobre a representação da perspectiva, em particular, provê argumentos para a representação especial de grupos sociais oprimidos ou desfavorecidos, na medida em que evita o problema de atribuir opiniões ou interesses comuns a todos os membros desses grupos"[525]. A autora coloca firmemente a representação de grupo na pauta política e defende que a injustiça deste tipo de desigualdade deve ser corrigida com o rompimento do círculo mediante o qual "a democracia política formal tende a reproduzir a desigualdade social" e acredita que, para promover a inclusão de todas as perspectivas sociais nas discussões e tomadas de decisão, "os partidos precisam então dedicar especial atenção aos grupos e a medidas compensatórias à sua sub-representação"[526]. No pensamento de Young, desta forma, o cidadão se sente melhor representado quando seu representante compartilha das suas perspectivas sociais e, muito embora não haja uma fórmula exata para efetivar isto, "cotas em listas partidárias, representação proporcional, cadeiras parlamentares reservadas e delimitação de distritos eleitorais especiais", entre outros, têm sido mecanismos propostos e implementados para promover a representação de grupos[527].

Ademais, levando em conta a sub-representação de mulheres e outros grupos minoritários na política, Mansbridge afirma que "a representação proporcional de interesses por si só não pode criar legitimidade democrática, mas em combinação com interesses transversais ou partilha de poder, e com fortes proteções para os direitos das

[525] Cfr. YOUNG, Iris Marion. *Inclusion and Democracy*, Oxford, Oxford University Press, 2000, p. 133 (tradução livre).

[526] Cfr. YOUNG, Iris Marion. *Inclusion and Democracy*, Oxford, Oxford University Press, 2000, pp. 141 e 151 (tradução livre).

[527] Cfr. YOUNG, Iris Marion. *Inclusion and Democracy*, Oxford, Oxford University Press, 2000, p. 141 (tradução livre).

minorias, chega suficientemente perto"[528]. Para ela, todavia, o maior custo na "representação descritiva seletiva" seria "a suposição de que os membros de certos grupos têm uma identidade essencial que todos os membros desse grupo compartilham e da qual nenhum outro pode participar"[529]. Entretanto, insistir que as mulheres representem mulheres ou os negros representem negros, por exemplo, destacaria uma certa essencialidade comum e universal destes grupos, de tal modo que membros de grupos distintos não lhes poderiam representar, o que já foi criticado por feministas pós-colonialistas, como acima apontado, que refutam a ideia de uma concepção feminina universal. Além disso, a insistência de que outros grupos não representariam adequadamente mulheres ou negros, seguindo a situação acima, poderia levar à conclusão inversa, no sentido de que estes também não poderiam fazê-lo a contento.

Outrossim, é viável também a abordagem da contingência política de outro ângulo, verificando se as características do processo eleitoral têm relação com a desproporção entre os grupos eleitos e seu percentual na população, fato este que alertaria a uma eventual situação de opressão social, que pode ser constatado em diversos agrupamentos, incluindo mulheres, negros, pessoas portadoras de deficiência ou economicamente desfavorecidas[530]. Assim, citando o caso Brasileiro, a des-

[528] Cfr. MANSBRIDGE, Jane. "Should Blacks Represent Blacks and Women Represent Women? A Contingent "Yes"", in *The Journal of Politics*, v. 61, n. 3, August, 1999, p. 635 (tradução livre).

[529] A autora ainda aponta que formas seletivas de representação descritiva são necessárias quando alguma forma de seleção adversa opera dentro de um sistema existente para reduzir as proporções de certos grupos abaixo do que eles alcançariam por acaso. Caso contrário, seria de se esperar que todas as características da população fossem duplicadas, mais ou menos, na legislatura proporcionalmente à sua ocorrência na população. Assim, "a representação seletiva deve, portanto, ser concebida como uma compensação pelos efeitos de algum outro processo que interfere com uma proporcionalidade esperada" (Cfr. MANSBRIDGE, Jane. "Should Blacks Represent Blacks and Women Represent Women? A Contingent "Yes"", in *The Journal of Politics*, v. 61, n. 3, August, 1999, pp. 632-637 (tradução livre)).

[530] Neste contexto, distinguindo entre «nacionalidades minoritárias» e «grupos étnicos minoritários» dentro de um Estado nação, Kymlicka afirma que "as vulnerabilidades e desvantagens enfrentadas pelas minorias não são fáceis de avaliar ou corrigir e, se apelarmos para a história, a história e a diversidade, podemos chegar a conclusões contraditórias" e aponta a necessidade de uma equidade no processo de tomada de decisão, que implica,

conformidade entre o percentual de mulheres eleitoras (52%) com o de eleitas (cerca de 18% na Câmara dos Deputados e no Senado, na última eleição) sugere esta possibilidade. Outros dois pontos importantes deste pensamento seria primeiramente observar se as mulheres se consideram capazes de serem representantes de si e, segundo, se há evidências de que grupos dominantes compostos por homens historicamente dificultaram e ainda dificultam, através de estruturas sociais, políticas, culturais e econômicas, que elas o façam. Sendo afirmativos ambos questionamentos, a implementação por lei de mecanismos de inclusão de grupos excluídos parece perfeitamente justificável[531]. Uma objeção comum,

entre outras coisas, "escutar e levar em conta os interesses e as perspectivas da minoria, e para alcançar esse objetivo, os direitos políticos clássicos que fornecem os direitos comuns de cidadania são de suma importância". Apesar de não defender expressamente a representação descritiva para grupos étnicos e mulheres, acredita que "quando as minorias têm o direito de votar e se candidatar, de se organizar politicamente e de defender publicamente seus critérios, é praticamente certo que seus interesses recebam a devida atenção". Alerta sobre a baixa representatividade dos processos eleitorais e legislativos, que não reflete a realidade populacional, e aponta que "o problema da representação insuficiente não diz respeito apenas a minorias étnicas, raciais e nacionais. Também é notória a insuficiência de representação de pessoas portadoras de deficiência física, bem como de pessoas economicamente desfavorecidas" (cfr. Kymlicka, Will. *Ciudadanía Multicultural: una teoría liberal de los derechos de las minorías*, trad. de Carme Castells Auleda, Barcelona, Ediciones Paidós Ibérica, 1995, pp. 183-185 (tradução livre)).

531 Após afirmar que a implementação de mecanismos de inclusão de membros de grupos excluídos deve ser temporária, Young defende a democracia representativa, pois "ninguém pode estar presente em todas as decisões ou em todos os órgãos de decisão cujas ações afetam sua vida, porque elas são inúmeras e tão variadas". Acredita que ainda que haja uma democracia direta, esta não pode impedir a representação e mesmo em assembleias, a maioria das pessoas será mais passiva e mesmo em unidades pequenas de tomada de decisão política "a igualdade política pode ser melhor servida por instituições de representação formal, porque as regras relativas a quem está autorizado a falar por quem são públicas e há normas de prestação de contas". Menciona, ainda, que levar a sério a democracia de massa em larga escala implica descartar a presença de cidadãos ou de seus representantes, mas defende que as perspectivas dos grupos sejam levadas ao debate político (cfr. Young, Íris Marion. *Inclusion and Democracy*, Oxford, Oxford University Press, 2000, pp. 123-127 (tradução livre)). Este pensamento reflete sua inspiração em Jacques Derrida, por ela tantas vezes referido, que identifica a «metafísica da presença» como um signo, uma espécie de presença original diferida, ou seja, "o desejo exigente, potente, sistemático e irreprimível, de um tal significado". Mais à frente, a equipara com a «ideologia política» e faz referência aos traços de sua pertença "a metafísica da presença, de Platão a Hegel, pela articulação da

apontada pela doutrina, ao basear a política nas diferenças de etnicidade, raça ou gênero é quanto ao favorecimento de uma "balcanização da pólis, que mina a aliança ou a coesão sociais"[532], o que pode encorajar as pessoas a centralizarem-se nas diferenças políticas que os dividem, ao invés das alianças que os protegem. Ora, homens não só podem como devem unirem-se às mulheres para promoção das políticas de igualdade sexual. Uma divisão até pode ser intransigente, mas deve proteger a coexistência de grupos distintos sem barrar a mudança social.

Por outro lado, Cynthia Ward, apesar de afirmar, dentro da realidade estadunidense, que nenhuma teoria política poderia ou deveria ser levada a sério se não se comprometesse com o fim da desigualdade e da discriminação, insiste que as políticas separatistas baseadas em grupos e a cidadania republicana não se mesclam, mas ela age "como uma corrosão no metal, corroendo os laços de conexão que nos unem como nação"[533]. Já Sunstein declara que a representação proporcional ou de grupos pode, em alguns contextos, ser uma reforma altamente desejável, sendo consistente com o sistema republicano e justifica que "os processos deliberativos seriam melhorados, não minados, se mecanismos fossem instituídos para assegurar que múltiplos grupos, particularmente os desfavorecidos, tivessem acesso ao processo"[534]. É que para Sunstein, a representação de grupos assegura que os processos de deliberação não sejam distorcidos pela aparência equivocada de um conjunto comum de interesses por parte de todos os envolvidos, mas aumenta a probabilidade de que os resultados políticos incorporem algum entendimento da perspectiva de todos os afetados. Assim, a representação

presença como presença a si" (cfr. Derrida, Jacques. *Gramatologia*, trad. de Miriam Schnaiderman, São Paulo, Perspectiva, Editora da Universidade de São Paulo, 1973, pp. 60, 161 e 300).

[532] Cfr. Phillips, Anne. "De uma Política de Ideias a uma Política de Presença?", trad. de Luís Felipe Miguel, in *Estudos Feministas*, ano 9, 2º semestre de 2001, p. 287.

[533] Cfr. Ward, Cynthia V. "The Limits of "Liberal Republicanism": why group-based remedies and republican citizenship don't mix", in *Faculty Publications,* Paper 273, 1991, p. 598 (tradução livre), disponível em http://scholarship.law.wm.edu/cgi/viewcontent.cgi?article=1293&context=facpubs, acesso em 17 de julho de 2018.

[534] Cfr. Sunstein, Cass. "Beyond the Republican Revival", in *Yale Law Journal*, 97, 1988, pp. 1588-1589 (tradução livre), disponível em https://chicagounbound.uchicago.edu/cgi/viewcontent.cgi?article=12192&context=journal_articles, acesso em 17 de julho de 2018.

proporcional funcionaria como uma espécie de "freios e contrapesos do federalismo"[535]. E de fato, em diversas coletividades os grupos minoritários e inferiorizados acabam sendo excluídos do processo democrático, encontrando na representação proporcional uma forma de inclusão e de igualdade política substancial, já que a mera igualdade formal, decorrente do direito ao voto, não foi suficiente. É preciso reconheccr a existência de diferenciações e divisões dentro das comunidades e, a partir daí, encarar medidas que estimulem e viabilizem o acesso político a estas camadas da população como uma espécie de mecanismo contra majoritário das democracias, o que fortalece o processo de decisão pública. Além disso, qualquer medida que vise ampliar a presença feminina, e de "grupos minoritários", na política poderá aumentar as chances de que grupos heterogêneos – de mulheres e minorias – façam parte da consciência eleitoral dos indivíduos e, com isso, tenham maiores chances de tornarem-se eleitos[536]. Para isto, funcionaria um asseguramento temporário de vagas parlamentares, até que as proporções de representatividade se insiram na sociedade.

Desta forma, esta "abordagem diferenciada" é plenamente justificável pelo histórico dos contextos sociais, pois "é difícil perceber como

[535] Cfr. SUNSTEIN, Cass. Beyond the Republican Revival, 97, *Yale Law Journal*, 1988, pp. 1588-1590 (tradução livre), disponível em https://chicagounbound.uchicago.edu/cgi/viewcontent.cgi?article=12192&context=journal_articles, acesso em 17 de julho de 2018.

[536] Inclusive, sobre este tema, a pesquisa "Equidade de Gênero na Política 2016", realizada pelo *DataSenado* em parceria com a Procuradoria da Mulher, no Brasil, com candidatos e candidatas que concorreram em eleições passadas, concluiu-se pelo papel impulsionador das cotas. Destaca-se da pesquisa que "três em cada quatro políticos afirmam que sua candidatura se deveu mais a iniciativa própria do que a esforço do partido, na última eleição em que concorreram. Esse é o caso da grande maioria dos entrevistados do sexo masculino (80%). Já entre as candidatas, expressivos 44% atribuem suas candidaturas à ação dos partidos políticos, contra apenas 18% de homens nessa condição. A iniciativa dos partidos para a participação de mulheres nas eleições é resultado da Lei de Cotas, que obriga os partidos a lançarem o mínimo de 30% de candidatos de cada um dos sexos para concorrer aos cargos nas eleições proporcionais. Com efeito, 78% dos entrevistados afirmaram que essa lei ajuda a eleição das mulheres" (cfr. informações disponíveis em https://www12.senado.leg.br/institucional/procuradoria/proc-publicacoes/pesquisa-equidade-de-genero-na-politica-2016, acesso em 19 de julho de 2018).

uma sociedade poderia ser inteiramente cega para o sexo"[537]. Mackinon, por exemplo, fala em "abordagem da diferença" porque o discurso principal sobre discriminação sexual se baseia justamente na igualdade e na diferença e ironiza a obsessão pela afirmação reiterada de que "nós somos iguais", à qual contrapõe afirmando "mas nós somos diferentes". A partir daí, afirma que o impulso moral desta abordagem diferenciada seria "fazer com que as regras normativas se conformem a essa realidade empírica, concedendo às mulheres acesso ao que os homens têm acesso"[538]. É claro que existe uma política para esta finalidade, em que a igualdade feminina é julgada pela proximidade com a sua medida, e esta é o homem. Assim, "oculto é o modo substantivo pelo qual o homem se tornou a medida de todas as coisas. Sob o mesmo critério, as mulheres são medidas de acordo com a nossa correspondência com o homem"[539]. Desta maneira, a "neutralidade de gênero" é vista a partir do padrão masculino. Ele é a medida e o parâmetro para se aferir a necessidade de especial proteção ao feminino. O acesso da mulher a tudo àquilo de que foi excluída, sua valorização e desenvolvimento de capacidades que sempre lhe fora denegada depende de uma negociata embasada nas atividades desempenhadas pelos homens – estes, o parâmetro e a meta para elas. Apesar disso, a abordagem da diferença, que impulsiona mulheres a alcançar papéis desenhados *pelos homens* e *para os homens* vem conferindo a elas acesso a cargos públicos, privados, à educação e à cultura, com inserção num contexto social e político anteriormente de monopólio masculino. Contudo, "seus sucessos são limitados, pois ela ignora as desigualdades de gênero embutidas na própria definição destes cargos"[540]. A igualdade, no entanto, "não pode ser alcançada permitindo que os homens construam instituições sociais segundo seus interesses e, depois, ignorando o gênero dos candidatos ao decidir quem preenche

[537] Para Kymlicka, "uma sociedade não seria discriminadora se a raça e o gênero humano nunca entrassem na concessão de benefícios" (cfr. Kymlicka, Will. *Filosofia Política Contemporânea*, trad. de Luís Carlos Borges, São Paulo, Martins Fontes, 2006, p. 307).

[538] Cfr. MacKinnon, Catherine. *Feminism Unmodified: discourses on life and law,* Cambridge/Massachusetts/London, Harvard University Press, 1987, pp. 33-35 (tradução livre).

[539] Cfr. MacKinnon, Catherine. *Feminism Unmodified: discourses on life and law,* Cambridge/Massachusetts/London, Harvard University Press, 1987, pp. 33-35 (tradução livre).

[540] Cfr. Kymlicka, Will. *Filosofia Política Contemporânea*, trad. de Luís Carlos Borges, São Paulo, Martins Fontes, 2006, p. 307.

os papéis nestas instituições"[541]. Por isso, é tão elementar a representação feminina no parlamento, na normatização das políticas públicas, na delimitação e na definição dos papéis sociais, enfim, do enquadramento político e pessoal de acordo com as peculiaridades de cada sexo, já que "tudo o que os homens escreveram sobre as mulheres deve ser suspeito, porque eles são, a um tempo, juiz e parte"[542].

É nítido, portanto, o papel ativo das mulheres nas transformações sociais e a promoção de seu bem-estar como critério de justiça social, extravasando sua importância ao núcleo familiar, pois "a ação e a voz das mulheres, sob influência da educação e do emprego, pode alterar a natureza do debate público acerca duma série de temas sociais, desde as taxas de fertilidade razoáveis (não apenas na família particular dessas mulheres) às prioridades ambientais"[543]. Como se vê, por muito tempo tem-se lutado pela igualdade sexual nos espaços públicos e os teóricos contemporâneos têm manifestado uma espécie de "senso comum" na igualdade de direitos nesse ambiente. A mulher tem conquistado, ainda que em medida variável em conformidade com o contexto vivido, seu espaço político. É verdade, todavia, que toda teoria de justiça e igualdade entre gênero refere-se sobretudo ao ambiente público e aqui os estudiosos modernos, ao menos expressamente, afirmam a igualdade sexual e não aceitam a ideia de que somente os homens têm capacidade para atividades. E a despeito das incessantes discussões acerca do

541 Cfr. Kymlicka, Will. *Filosofia Política Contemporânea*, trad. de Luís Carlos Borges, São Paulo, Martins Fontes, 2006, p. 307.

542 Frase da feminista Poulain de la Barre, no Séc. XVII, citada por Beauvoir ao afirmar que "o simples fato de ser a mulher o Outro contesta todas as justificações que os homens lhe puderam dar: eram-lhes evidentemente ditadas pelo interesse" (cfr. Beauvoir, Simone de. *O Segundo Sexo: I. Os fatos e os mitos*, trad. de Sergio Milliet, 4ª edição, São Paulo, Difusão Europeia do Livro, 1970, pp. 15-16).

543 Assim, Sen aponta que "o resultado da participação das mulheres não consiste simplesmente em gerar rendimento para as mulheres, mas sim proporcionar igualmente os benefícios sociais que decorrem do reforço do estatuto e independência das mulheres (como a redução das taxas de mortalidade e de fertilidade). A participação econômica das mulheres é, assim, quer um lucro em si mesma (pela redução, que lhe está associada, dos preconceitos de gênero relativos às mulheres no tratamento das decisões familiares), quer genericamente um contributo crucial para a mudança social" (cfr. Sen, Amartya. *O Desenvolvimento como Liberdade*, trad. de Joaquim Coelho Rosa, Lisboa, Gradiva, 1999, pp. 205 e 212).

modelo de representação proporcional e de democracia deliberativa, a adoção de mecanismos de suplantação da carência representativa e de maior presença feminina no cenário social e político têm sido aceites de forma bastante tranquila. O caminho inverso a este percurso, entretanto, de uma maior participação do homem no ambiente doméstico, vem sendo negligenciado pelos especialistas da justiça, pela suposição de que estes cuidados estão englobados por um costume geral, de consentimento tácito das mulheres[544].

A grande questão que envolve a justiça social e a igualdade sexual talvez, de certo modo, tropece no espaço doméstico, pois na medida em que se verifique uma clareza no apoio para o seu desenvolvimento nos ambientes públicos, o mesmo não ocorre nas relações dentro das famílias, que continuam sendo ignoradas. O próprio Rawls, apesar de reconhecer a família como uma instituição social, parte do seu "chefe de família" para as interpretações que constituem a posição original[545]. Assim é que "os limites de qualquer abordagem da igualdade sexual que negligencie a família tornaram-se cada vez mais claros"[546], levando apenas o universo feminino, via de regra, ao apelo da "dupla jornada de trabalho", demonstrando que a escolha entre família e carreira sempre foi destinada às mulheres, não aos homens. A afirmação de que "a antinomia privado/público é uma outra expressão das divisões natural/civil e mulheres/homens", de Pateman, reflete esta ideia. Para ela, a esfera feminina e natural é contrária à masculina e civil e quando desenvolve a concepção do "contrato sexual" está a enfatizar que o patriarcado não é

[544] Mill e Mill, por exemplo, compartilham expressamente a suposição sobre este papel da mulher no ambiente doméstico: "Como um homem ao escolher uma profissão, quando uma mulher se casa, geralmente é entendido que ela escolhe a administração de uma casa e a criação de uma família como a prioridade de seus esforços por tantos anos de sua vida quanto for necessário para ela este objetivo. O esforço real, de modo habitual ou sistemático, das ocupações externas ou daquelas que não podem ser feitas no lar, seria praticamente proibido por este princípio para a maioria das mulheres casadas" (cfr. MILL, Jonh Stuart; MILL, Harriet Taylor. *Ensayos sobre la Igualdad Sexual*, trad. de Carmen Martínez Gimeno, Madrid, Ediciones Cátedra, 2001, pp. 200-201 (tradução livre)).

[545] Cfr. RAWLS, Jonh. *Uma Teoria da Justiça*, trad. de Carlos Pinto Correia, 4ª edição, Lisboa, Editorial Presença, 1993 (tradução), 1971 (original), p. 157.

[546] Cfr. KYMLICKA, Will. *Filosofia Política Contemporânea*, trad. de Luís Carlos Borges, São Paulo, Martins Fontes, 2006, p. 319.

puramente familiar, mas que "o significado do que é ser um 'indivíduo', produtor de contratos e civilmente livre, é revelado através da sujeição das mulheres dentro da esfera privada"[547]. Nussbaum também já avaliou esta dicotomia público-privada e seus reflexos para a justiça política e parte da reforma legal da família para consecução deste fim, defendendo que "a família é parte da estrutura básica da sociedade política, no sentido de que ela está entre as instituições legalmente moldadas que moldaram de forma mais penetrante as capacidades dos indivíduos para prosperar"[548].

Como se observa, os debates acerca das teorias feministas invariavelmente recaem na dicotomia público e privado, ao passo que esta divisão é mais ou menos intensa de acordo com uma configuração social de igualdade formal ou material, nesta mesma ordem de comparação. E dentro destas concepções de igualdade e de liberdade, o feminismo acaba tendo que compatibilizar um espaço privado de não intervenção estatal com um espaço em que esta interferência se faz necessária, nomeadamente para coibir práticas sexistas. Não se pretende, dada a delimitação do tema, adentrar nesta seara, mas inevitavelmente muitos países tiveram que adotar medidas penais específicas para coibir a violência ocorrida no ambiente doméstico[549], com a interferência direta do Estado no espaço de vida privada dos indivíduos. De qualquer modo, é impossível apontar uma conclusão absoluta sobre este ponto da investigação, mas pode afirmar-se que a justiça social se perfectibiliza na medida em que as leis e as políticas encarem o gênero como um fator neutro, e isto somente seria viável com o aperfeiçoamento das igualdades sexuais nas estruturas públicas e, sobretudo, seu desenvolvimento no espaço doméstico das famílias.

[547] Cfr. PATEMAN, Carole. *O Contrato Sexual*, trad. de Marta Avancini, Rio de Janeiro, Paz e Terra, 1988, pp. 28-29.

[548] Por isso, para Nussbaum a teoria política liberal não precisa abdicar de seu compromisso de proteção das esferas de escolha para resguardar "um ponto de partida justo para crianças do sexo masculino e feminino através de reformas legais apropriadas" (cfr. NUSSBAUM, Martha C. *Sex and Justice Social*, New York/Oxford, Oxford University Press, 1999, pp. 20-21 (tradução livre)).

[549] Citamos o exemplo aqui da Lei Brasileira n. 11340/06, denominada Lei Maria da Penha, que criou mecanismos para coibir a violência doméstica e familiar contra a mulher.

3.1.1. A representação política como presença: a relação entre representação descritiva e substantiva

Os estudos sobre representação política, no âmbito da teoria política feminista, encontram sua categorização feita por Pitkin[550], que define os termos em que a representação política é concebida. Para tanto, identifica quatro visões alternativas da representação, sendo que a primeira delas, denominada formalista, se concentra nos processos de autorização e responsabilidade. Aqui inclui tanto a representação por autorização prévia, oriunda de Hobbes, quanto a representação por responsividade «accountability» posterior do representante[551]. A segunda, a representação descritiva, leva em conta as características do representante, que devem ser semelhantes ou compartilhar experiências com os representados[552]. A terceira, denominada representação simbólica, examina a resposta emocional do representado ao representante, pois leva em conta que *repraesentare* significa tornar presente algo que não está de fato presente[553]. Por fim, a representação substantiva, que se concentra na atividade de defesa dos interesses dos representados independente da correspondência entre suas características com as do representante. Focando na divisão entre representação descritiva e substantiva, destaca-se que a primeira, preocupada com a criação, no parlamento, de um microcosmo que imite as proporções sociais de representantes em cor-

[550] Cfr. Pitkin, Hannah Fenichel. *The Concept of Representation*, Berkley/Los Angeles/London, University of California Press, 1967 (tradução livre).

[551] Para Pitkin, essa visão significa que o representante recebeu um direito de agir que ele não tinha antes, enquanto o representado tornou-se responsável pelas consequências desta ação como se ele próprio o tivesse feito. É, em suma, uma visão fortemente enviesada em favor do representante, na qual o representado, em contrapartida, adquire novas responsabilidades, desistindo de alguns dos seus direitos. Por centrar-se esta visão de autorização nas formalidades desta relação entre representante e representado foi que a autora a denominou visão 'formalista'. Se o representante ultrapassar os limites, ele deixa de representar (cfr. Pitkin, Hannah Fenichel. *The Concept of Representation*, Berkley/Los Angeles/London, University of California Press, 1967, pp. 38 e 39 (tradução livre)).

[552] Cfr. Pitkin, Hannah Fenichel. *The Concept of Representation*, Berkley/Los Angeles/London, University of California Press, 1967, pp. 60 e ss. (tradução livre).

[553] Cfr. Pitkin, Hannah Fenichel. *The Concept of Representation*, Berkley/Los Angeles/London, University of California Press, 1967, pp. 92 e ss. (tradução livre).

respondência aos representados[554], acaba por fixar suas bases em números, considerando a melhoria da democracia um esforço para o aumento da quantidade de mulheres na política. Tal pensamento, inclusive, compõe as bases de inúmeras reformas institucionais, como cotas de lista partidária e cotas de gênero, destinadas, designadamente, ao aumento do número de representantes femininas, e, neste ponto, teve impactos variados sobre a proposta inclusiva em cada país[555]. Neste ponto, o Brasil parece um caso desviante desta tentativa[556], uma vez que a elaboração de lei de cotas não significou um aumento na representação feminina[557]. A representação substantiva, por sua vez, leva em conta o conteúdo da representação, extraída do conceito de *acting for*, consistente em agir pelos interesses das pessoas representadas, independente das características pessoais do representante. Assim, enquanto a representação descritiva tem um foco "pré-eleitoral", a avaliação da representação substantiva é posterior à eleição. Ao que se observou, a maior parte dos estudos elaborados destina-se a analisar a primeira delas, sobretudo as barreiras institucionais e políticas que dificultam o acesso das mulheres aos cargos políticos, sendo menor a quantidade de pesquisas destinadas a avaliar se os interesses das mulheres são efetivamente promovidos pelos parlamentares, independente do sexo.

[554] Cfr. Pitkin, Hannah Fenichel. *The Concept of Representation*, Berkley/Los Angeles/London, University of California Press, 1967, p. 61 (tradução livre).

[555] Cfr. Josefsson, Cecilia. "Who benefits from gender quotas? Assessing the impact of election procedure reform on Members of Parliament's attributes of Uganda", in *International Political Science Review*, v. 35, n. 1, 2004, pp. 93-105 (tradução livre); Tan, Netina. "Ethnic quotas and unintended effects on women's political representation in Singapore", in *International Political Science Review*, v. 35, n. 1, 2004, pp. 27-40 (tradução livre).

[556] Cfr. Lijphart, Arend. "Comparative politics and comparative method", in *The American Political Science Review*, v. 65, n. 3, 1971, pp. 682-693 (tradução livre).

[557] Moisés e Sanchez fazem uma análise sobre a sub-representação feminina brasileira, as implicações deste impacto, se estão limitadas às consequências da exclusão política para as mulheres ou se elas repercutem sobre o funcionamento do regime democrático como um todo (cfr. Moisés, José Álvaro; Sanchez, Beatriz Rodrigues. "Representação Política das Mulheres e Democracia de Qualidade: o caso do Brasil", in Moisés, José Álvaro (org.), in *O Congresso Nacional, Os Partidos Políticos e O Sistema de Integridade*, Rio de Janeiro, Fundação Konrad Adenauer, 2014, pp. 89-115).

Na mesma direção de Pitkin caminha Mansbridge[558] que, todavia, desenvolve contextos em que os grupos desfavorecidos ganham vantagens com a representação descritiva e, portanto, sugere às cidadãs americanas a preferência por representantes mulheres nos casos em que se busquem: promover uma comunicação adequada em contextos de desconfiança; promover o pensamento inovador em contextos de interesses não cristalizados; para criar um significado social de 'capacidade de governar' em contextos de subordinação política histórica; e para aumentar a legitimidade de fato da política em contextos de discriminação no passado[559]. Entretanto, embora útil para identificar diferen-

[558] Destaque-se que Mansbridge subdivide a representação descritiva em dois tipos: a representação microcósmica e a representação seletiva. Na primeira toda a assembleia é projetada para formar um microcosmo, ou amostra representativa, do eleitorado. Trata-se de um método alcançável, segundo a autora, por sorteio, sem necessidade de eleição, o que implicaria em alto custo, na medida em que a escolha dos governantes aleatoriamente na população produziria legisladores com menos habilidade, experiência e possivelmente compromisso com o bem público do que se daria por meio de eleição. Já a segunda, representação descritiva seletiva, busca selecionar grupos na legislatura para mais perto de seus percentuais na população e deve ser concebida como uma "compensação para os efeitos de algum outro processo que interfere na proporcionalidade esperada". Neste caso, os custos tendem a ser menores, já que os representantes seletivos não tendem a ser menos habilitados em comparação aos que possam ser eleitos por outras razões (cfr. MANSBRIDGE, Jane. "Should Blacks Represent Blacks and Women Represent Women? A Contingent "Yes"", in *The Journal of Politics*, v. 61, n. 3, August 1999, pp. 631-633 (tradução livre)).

[559] Para a autora, dentro de contextos de desconfiança do grupo e interesses não cristalizados, a melhor comunicação e experiência e o conhecimento dos representantes descritivos aumenta sua representação substantiva dos interesses do grupo, melhorando a qualidade da deliberação. Em contextos de subordinação política histórica e baixa legitimidade de fato, a representação descritiva ajuda a criar um significado social de "capacidade de governar" e aumenta o apego à política dos membros do grupo. Quando a implementação da representação descritiva envolve alguns custos em outros valores, pagar estes custos faz mais sentido em contextos históricos específicos. Ainda, entende que o cerne da representação descritiva advém da virtude da experiência compartilhada ao "perguntarmos como melhorar a deliberação – tanto verticalmente, entre constituintes e representantes, e horizontalmente, entre os representantes" (Cfr. MANSBRIDGE, Jane. "Should Blacks Represent Blacks and Women Represent Women? A Contingent "Yes"", in *The Journal of Politics*, v. 61, n. 3, August 1999, p. 628 (tradução livre)). Para Dovi, a representação descritiva só vai ser melhor que a substantiva no primeiro e segundo contextos, já que considera que o terceiro e o quarto contextos promovem outros bens além da representação substantiva. Para ela, a tentativa em aumentar a representação descritiva de um grupo não pode ser promulgado

tes formas que as mulheres podem ser representadas, esta análise não especifica quais mulheres ou se elas efetivamente podem ser adequadamente representadas[560]. A representação adequada das mulheres, seja-o para o Brasil, seja em Portugal, não se vincula com exclusividade aos órgãos legislativos, já que dependem também de atores não governamentais, a exemplo dos movimentos dentro da sociedade civil, direito de associação, bem como da disponibilidade de recursos políticos[561]. Para além disso, a melhoria na representação das mulheres, ou ao menos o aumento no número de mulheres eleitas, não significa automaticamente que as instituições democráticas irão se aproximar melhor do ideal de democracias[562]. Afinal, a representação política não é necessariamente democrática[563] e, por isso, melhorar a representação de algumas mulheres não torna, necessariamente, a sociedade mais democrática[564], já que o número de funcionárias públicas por si só não serve como medida da democratização.

Este contexto de representação descritiva, no entanto, enfrenta os riscos do essencialismo, decorrentes da suposição de uma identi-

se marginalizar ainda mais outros subgrupos vulneráveis de mulheres (cfr. Dovi, Suzanne. "Theorizing Women's Representation in the United States", in *Politics & Gender*, 3, 2007, pp. 310-311 (tradução livre)).

560 Dovi sugere que, para avaliar a representação adequada das mulheres dos Estados Unidos, é preciso examinar, primeiramente, como as instituições representativas conferem benefícios a algum grupo ou grupos dos homens em detrimento de conferir os mesmos ou diferentes benefícios às mulheres. Segundo, como as instituições representativas conferem benefícios a alguns grupos de mulheres às custas de conferir os mesmos ou diferentes benefícios a outros grupos de mulheres. Terceiro, como as instituições representativas impactam a maioria das mulheres e, por fim, como as instituições representativas impactam as mulheres mais vulneráveis (cfr. Dovi, Suzanne. "Theorizing Women's Representation in the United States", in *Politics & Gender*, 3, 2007, p. 312 (tradução livre)).

561 Cfr. Weldon, S. Laurel. 2002. "Beyond Bodies: Institutional Sources of Representation for Women in Democratic Policymaking", in *Journal of Politics*, 64, pp. 1153-1174 (tradução livre).

562 Cfr. Dovi, Suzanne. "Theorizing Women's Representation in the United States", in *Politics & Gender*, 3, 2007, p. 302 (tradução livre).

563 Cfr. Rehfeld, Andrew. 2006. "Toward a General Theory of Political Representation", in *Journal of Politics*, 68 (February), pp. 1-21 (tradução livre).

564 Cfr. Dovi, Suzanne. "Theorizing Women's Representation in the United States", in *Politics & Gender*, 3, 2007, p. 302 (tradução livre).

dade única compartilhada pelo grupo das mulheres[565], preocupação esta que pode ser contemporizada com as reflexões sobre as diversidades internas de todos os grupos que foram historicamente excluídos dos espaços de poder e sob o argumento da *perspectiva social*, de Iris Young, segundo o qual as pessoas estão sintonizadas com determinados tipos de significados e relacionamentos sociais, conforme suas posições sociais, com os quais outras pessoas estão menos sintonizadas. Por isso, para a autora, "a diferenciação de grupos propicia recursos para um público democrático comunicativo que visa estabelecer a justiça, uma vez que pessoas diferentemente posicionadas têm diferentes experiências, histórias e compreensões sociais, derivadas daquele posicionamento"[566]. Nesta linha, Mansbridge, assinalando o aspecto contingente da representação descritiva e o processo histórico existente em contrapartida a uma natureza essencial, acredita que a necessidade de medidas afirmativas para assegurar a representação descritiva desaparecerá quando "as barreiras sistêmicas à participação forem eliminadas por meio de reformas e evolução social"[567]. Ademais, a identificação dos grupos que precisam de representação descritiva depende de uma avaliação de um contexto de discriminação vivenciado ao longo da história[568], desempenhando as instituições de representação, na visão

[565] Neste passo, Dovi alerta que "se quisermos levar a heterogeneidade de gênero a sério (e os perigos do secundário marginalização), em seguida, avaliações da representação das mulheres, não podemos tratar todas as mulheres da mesma forma", sendo necessário "compreender as condições que dividem e unem diferentes grupos de mulheres" (cfr. Dovi, Suzanne. "Theorizing Women's Representation in the United States", in *Politics & Gender*, 3, 2007, p. 313 (tradução livre)).

[566] Cfr. Young, Iris Marion. *Inclusion and Democracy*, Oxford, Oxford University Press, 2000, p. 136 (tradução livre).

[567] Cfr. Mansbridge, Jane. "Should Blacks Represent Blacks and Women Represent Women? A Contingent "Yes"", in *The Journal of Politics*, v. 61, n. 3, August 1999, p. 639 (tradução livre).

[568] Para Dovi, entretanto, novos modos de dominação e formas existentes de exclusão são relevantes para avaliar quem precisa de representação descritiva. Para a autora, grupos que foram marginalizados por várias gerações não são os únicos que carecem de representação adequada. Então, entende que se a necessidade de representação descritiva é contingente, os teóricos precisam confrontar o fato de que as formas atuais de exclusão podem às vezes superar as históricas. Assim, acredita que detectar quais são os subgrupos mais vulneráveis de mulheres seja prioridade, para avaliar se elas estão sendo representadas de forma ade-

de Melissa Willians, o papel de viabilizar aos "grupos marginalizados" a exposição de suas perspectivas distintas sobre assuntos públicos, não por escolha ou concessão dos "grupos privilegiados", mas por direito[569].

Este argumento, existente na legitimação da representação especial de grupos desfavorecidos pelas estruturas sociais que, no caso desta pesquisa, se centra nas mulheres, advém de uma perspectiva que busca interligar a democracia com a inclusão política, reconhecendo que a justiça depende da participação política dos membros desses grupos nos processos político-decisórios dos Estados, além de avaliar a desigualdade existente nas disputas eleitorais entre homens e mulheres e, com isso, vislumbra a correlação existente entre a figura do legislador e o conteúdo legislado. Em verdade, não há um consenso doutrinário acerca da efetiva ligação entre a identidade do representante e a qualidade da representação[570], e o fato de existirem mulheres no parlamento não

quada (cfr. Dovi, Suzanne. "Theorizing Women's Representation in the United States", in *Politics & Gender*, 3, 2007, p. 314 (tradução livre)).

569 Já que, para a autora, "a igualdade cega à diferença pressupõe que, enquanto nenhuma atenção for dada à diferença social, ela não terá efeito. Na verdade, enquanto não prestarmos atenção à diferença, nunca superaremos as desigualdades que a diferença tem usado para justificar" (cfr. Willians, Melissa S. *Voice, Trust, and Memory: Marginalized Groups and the Failings of Liberal Representation*, Princeton, Princeton Unuversity Press, 1998, pp. 238-239 (tradução livre)).

570 Melissa Willians, para quem a democracia liberal tem sido deficitária com estes "grupos marginalizados", entende que a sub-representação perpetua desigualdades, prejudicando a igualdade e a justiça. Considera, portanto, que uma "representação legislativa justa é uma peça central da democracia representativa moderna" e que os grupos historicamente marginalizados, quando "cronicamente sub-representados nos corpos legislativos", não recebem uma representação justa (cfr. Willians, Melissa S. *Voice, Trust, and Memory: Marginalized Groups and the Failings of Liberal Representation*, Princeton, Princeton Unuversity Press, 1998, pp. 4 e ss. (tradução livre)). Por esta razão, Anne Phillips, ao desenvolver seus estudos sobre "as políticas de presença", revalida a importância da representação descritiva para a representação adequada das mulheres. Para ela, apesar de reconhecer as diferenças que podem e quase certamente existem, entre os representantes, que muitas vezes não compreendem os interesses de seus constituintes, entende que estes devam preencher uma condição de prontidão potencial de responder às necessidades dos representados. Acredita ser difícil ignorar a suspeita de que "a sub-representação de grupos historicamente marginalizados está relacionada à história de discriminação contra eles" e, por este motivo, julga como necessária a alternativa pela política de presença junto à política de ideias, já que a heterogeneidade das sociedades é uma das características definidoras da democracia libe-

significa, necessariamente, um movimento de aprovação de temas de seu interesse, mas reflete o não esquecimento de questões dessa natureza, indicando ao menos a necessidade de que façam parte dos debates políticos. Por isso, os conceitos de perspectiva social e interesse são de extrema importância para as lutas feministas, já que embasou a adoção de ações afirmativas sem pôr em causa as questões individuais do representante.

ral (cfr. PHILLIPS, Anne. *The Politics of Presence – the political representation of gender, ethinicity and race*, Oxford, Claredon Press, 1995, pp. 5 e ss e 57 e ss. (tradução livre)). Esta concepção embasou a adoção de medidas corretivas para aumentar a participação de mulheres na política e tem por finalidade corrigir os desvios da representação política, diferenciando os interesses, que podem ser defendidos por grupos distintos, de perspectivas sociais, somente representável pelos semelhantes. Apesar disso, esta vinculação e ligação entre o perfil do representante e a defesa dos direitos dos representantes pode levar a uma expectativa frustrada, já que a própria concepção de direitos e interesses não é unânime entre as mulheres, possuindo conceitos variáveis, pois a multiplicidade constitutiva do corpo político é formada por seres humanos concretos, socialmente e culturalmente diferenciados (cfr. VARIKAS, Eleni. "Une représentation en tant que femme? Réflexions critiques sur la demande de ala parité des sexes", in *Nouvelles Questions Féministes*, v. 16, n. 2, LA PARITÉ "contre", 1995/mai, p. 94 (tradução livre)). Nesta toada, Young desenvolve a concepção de perspectiva social, em que as pessoas, conforme suas posições sociais, estão sintonizadas com determinados tipos de significados e relacionamentos sociais, com os quais outras pessoas estão menos sintonizadas. A partir das suas posições sociais as pessoas têm compreensões diferenciadas dos eventos sociais e de suas consequências. Uma vez que suas posições sociais derivam parcialmente das construções que outras pessoas fazem delas, assim como das construções que elas fazem de outras pessoas em diferentes posições, pessoas diferentemente posicionadas podem interpretar de modos diferentes o significado de ações, eventos, regras e estruturas. Assim, as posições sociais estruturais produzem experiências particulares, relativas ao posicionamento, e compreensões específicas dos processos sociais e de suas consequências. Cada grupo diferentemente posicionado tem uma experiência ou um ponto de vista particular acerca dos processos sociais precisamente porque cada qual faz parte desses processos e contribui para produzir suas configurações. Esta posição, ocupada pelo individuo no estrato social, é anterior a própria ideia de interesse, aqui definido pela autora como "aquilo que afeta ou é importante para os horizontes de vida dos indivíduos ou para as metas das organizações. Um agente individual ou coletivo tem interesse naquilo que é necessário ou desejável para que sejam alcançados os fins que ele almeja. Isso inclui tanto os recursos materiais quanto a habilitação para exercer capacidades, por exemplo, de expressão cultural, de influência política, de interferência nas decisões econômicas" (cfr. YOUNG, Iris Marion. *Inclusion and Democracy*, Oxford, Oxford University Press, 2000, pp. 134-136 (tradução livre)).

O que se nota, ademais, é um enfoque dado à construção social que levou à exclusão e aos mecanismos para serem resolvidas as sub-representações, muito embora as justificativas para a adoção de medidas para o aumento do número de mulheres na política sejam das mais variadas, partindo da invocação de sua "sensibilidade" e, com isso, enfatizando uma hierarquia estereotipada de gênero, pautada na "fragilidade" feminina, até a preocupação com os resultados legislativos, que seriam direcionados à proteção da mulher com o aumento de sua representatividade. A despeito disso, a escassez de estudos empíricos sobre esta relação impede uma avaliação sistemática sobre uma efetiva relação entre a presença feminina no parlamento, a qualidade das medidas legislativas adotadas e sua efetividade para a promoção da igualdade de gênero[571]. Existem apontamentos, todavia, no sentido de que o aumento do número de parlamentares mulheres elevaria a "massa crítica" e facilitaria a formação de coalizões[572], o que invariavelmente provocaria uma maior discussão sobre a demanda feminina e ocasionaria uma maior preocupação legislativa com a igualdade de gênero[573].

[571] Em pesquisa feita por Susan Mezey, observou-se que as mulheres legisladoras tinham maior inclinação do que os homens para exigir mudanças sociais em busca de tratamento com igualdade (cfr. MEZEY, Susan Gluck. "Does Sex Make a Difference? A Case Study of Women in Politic", in *The Western Political Quarterly,* v. 31, n. 4 (Dec., 1978), p. 498 (tradução livre)).

[572] Cfr. THOMAS, Sue. *How Women Legislate,* New York, Orford University Press, 1994.

[573] Sarah Childs e Mona Lena Krook, por sua vez, ao tratarem da concepção de "massa crítica" no contexto da relação entre o número de mulheres eleitas e a aprovação de legislação a elas benéfica, explicam que o fato de as mulheres nem sempre parecerem representá-las quando ocupam cargos políticos se justifica pelo número muito maior de homens eleitos nas assembleias de quase todo o mundo. Trazem estudos concluindo, empiricamente, que "legislaturas com altas proporções de mulheres apresentam e aprovam mais projetos de lei sobre questões femininas do que suas contrapartes femininas em legislaturas de baixa representação" (cfr. CHILDS, Sarah; KROOK, Mona Lena. "Critical Mass Theory and Women's Political Representation", in *Political Studies,* v. 56, 2008, pp. 725-736 (tradução livre)). Neste contexto, Susan Franceschet, observando a política de cotas na Argentina, aborda a representação substantiva como processo, em que as mulheres mudam a agenda legislativa, e representação substantiva como resultado, em que legisladores do sexo masculino conseguem aprovar as leis dos direitos das mulheres no Congresso argentino. Avaliou eventual conexão entre as ações dos legisladores e resultado das políticas, constatando que as mulheres que adotam as normas masculinas e os domínios da política masculina

A conexão entre representação substantiva e descritiva, ao nosso ver, depende do filtro da igualdade de gênero, de modo que restará configurada a representação substantiva por parte de parlamentares quando seu desempenho legislativo esteja pautado no respeito à igualdade de gênero, o que não significa que a política prescinda da presença de mulheres para o desenvolvimento da democracia, uma vez que esta também deve ser analisada de acordo com o grau de envolvimento e de participação social na vida política da nação. A política, assim como os demais espaços públicos, retrata uma estrutura hierarquizada de desigualdade, como lembra Bourdieu[574], o que torna a presença e articulação feminina prejudicada. Em tempos vivenciados por um Ocidente orgulhoso de seu universalismo republicano, "a minorização política de um grupo numericamente maioritário de cidadãos constitui um sinal mais visível e mais certo dos limites da verdadeira democracia"[575], até mesmo

são acusadas de não representarem as mulheres, enquanto as mulheres que permanecem femininas ou com foco feminino perdem o status necessário para se legalizar com sucesso. Por isso, para ela "as legisladoras podem, assim, representar substantivamente mulheres em contextos onde alguns, ou mesmo todos, de seus esforços transformativos falham". Ainda, afirma que as cotas de gênero dos candidatos legislados podem gerar efeitos de mandato sob certas condições, além de transformar a agenda legislativa, devendo ser avaliadas as circunstâncias específicas de cada processo de *policymaking* (cfr. Franceschet, Susan. "Gender Quotas and Women's Substantive Representation: Lessons from Argentina", in *Politics & Gender*, 4, 2008, pp. 393-425 (tradução livre)). Há, também, quem suponha que o aumento da bancada feminina pode levar ao aumento de apoio legislativo masculino para a demanda de gênero (cfr. Bratton, Kathleen. "Critical mass theory revisited: the behavior and success of token women in state legislatures", in *Politics & Gender*, v. 1, March 2005, pp. 97-125 (tradução livre)), assim como há um pensamento de que a presença feminina no parlamento pode levar a um sentimento de preocupação entre os homens legisladores, o que poderia provocar um comportamento obstrutivo das práticas femininas (cfr. Hawkesworth, Mary. "Congressional Enactments of Race-Gender: Toward a Theory of Raced-Gendered Institutions", in *The American Political Science Review*, v. 97, n. 4, Nov/2003, pp. 529-550 (tradução livre)).

[574] Bordieu ainda destaca que "a ordem social funciona como uma imensa máquina simbólica que tende a ratificar a dominação masculina sobre a qual se alicerça" (cfr. Bourdieu, Pierre. *A Dominação Masculina: a condição feminina e a violência simbólica*, Rio de Janeiro, Bertrand Brasil, 2019, p. 24).

[575] Cfr. Varikas, Eleni. "Une représentation en tant que femme? Réflexions critiques sur la demande de ala parité des sexes", in *Nouvelles Questions Féministes*, v. 16, n. 2, La Parité "contre", 1995/mai, p. 82 (tradução livre).

porque a sub-representação das mulheres é uma constante no cenário político desde a conquista do direito ao voto. A exigência de paridade *ne fait pas dans le détail*, como diz Varikas, pois coloca-se como princípio próprio e sinônimo de "igualdade perfeita na representação democrática", sendo desnecessário submeter à discussão os princípios políticos e pressupostos teóricos da qual procede[576]. A sub-representação das mulheres, deste modo, é um flagrante exemplo da sub-representação de uma série de grupos sociais. E o processo democrático, em contrapartida, torna-se efetivo e mais justo, também, na medida da inclusão progressiva de diferentes grupos sociais no processo de tomada de decisão política.

Em verdade, são as ideias que deveriam ser levadas em conta na política, ao invés da identidade pessoal de seus componentes, cabendo aos partidos políticos a tarefa de representar e transmitir essas ideias por meio de seus programas[577]. Entretanto, a crescente abstenção na maioria das democracias ocidentais (no caso daquelas que não contam com a compulsoriedade do voto), a situação de crise econômica e desordem social e a formação do que se chama sintomaticamente como *classe política*, ao invés de *representantes do povo*, "estão cavando o abismo que separa o corpo político de seus eleitos"[578]. A inicial ideia de que o governo representa uma espécie de consenso popular sobre o interesse geral, ao invés de interesses especiais, parece, nas palavras de Varikas, cada vez mais uma *mauvaise plaisanterie*[579]. Então, neste contexto de obstáculos que impedem diversos grupos sociais, dentre os quais se encontram as mulheres, de acederem ao exercício do poder político, são per-

[576] Cfr. VARIKAS, Eleni. "Une représentation en tant que femme? Réflexions critiques sur la demande de ala parité des sexes", in *Nouvelles Questions Féministes*, v. 16, n. 2, LA PARITÉ "contre", 1995/mai, p. 89 (tradução livre).

[577] Cfr. VARIKAS, Eleni. "Une représentation en tant que femme? Réflexions critiques sur la demande de ala parité des sexes", in *Nouvelles Questions Féministes*, v. 16, n. 2, LA PARITÉ "contre", 1995/mai, p. 90 (tradução livre).

[578] Cfr. VARIKAS, Eleni. "Une représentation en tant que femme? Réflexions critiques sur la demande de ala parité des sexes", in *Nouvelles Questions Féministes*, v. 16, n. 2, LA PARITÉ "contre", 1995/mai, p. 90 (tradução livre).

[579] Cfr. VARIKAS, Eleni. "Une représentation en tant que femme? Réflexions critiques sur la demande de ala parité des sexes", in *Nouvelles Questions Féministes*, v. 16, n. 2, LA PARITÉ "contre", 1995/mai, p. 91 (tradução livre).

cebidos na atualidade com a mesma noção de legítima injustiça que se tinha sobre a sua exclusão do direito ao voto no século passado. Não fora isso, os debates, a credibilidade, a propositura de leis, os argumentos, dentre outros pontos, acabam invariavelmente sofrendo a influência do gênero do parlamentar atuante, ainda que sob a égide de um princípio da igualdade.

Ademais, do ponto de vista das mulheres, não é difícil perceber que as instituições democráticas podem servir como ferramentas de opressão, já que formalmente têm sido uma forma de governança sobre mulheres, a exemplo da proibição de sua participação na política por muitos anos ao longo da história, e não por mulheres. Ou também pela forma desigual em que governam e são governadas, dado a desproporção representativa significativamente menor em relação aos homens. Além disso, os bastidores da democracia, como grupos de interesses e partidários, parecem não funcionar tão bem para as mulheres quanto o fazem para os homens, o que levanta uma certa desconfiança sobre as próprias instituições democráticas[580]. Por não se poder assumir que tais instituições podem beneficiar todas as mulheres, até mesmo porque os interesses ou preferências de algumas delas se contrapõem aos de outras, é preciso encontrar um mecanismo democrático que funcione para preservar uma justa distribuição de benefícios entre homens e mulheres e uma das formas encontradas para pressupor um adequado funcionamento deste sistema foi a representação democrática descritiva, na qual a composição das instituições representativas deve ser correspondente às características demográficas daquela nação. Dentro desta concepção, levando em conta que as mulheres hoje correspondem a pouco mais da maioria da população mundial, deveriam igualmente ocupar um percentual correlato nas cadeiras dos parlamentos. Com algumas reservas, a maioria das cientistas políticas feministas são atraídas pelo potencial de representação descritiva para fornecer pelo menos uma medida de substância à representação[581], até mesmo por força do argumento dos *interesses esquecidos*, na qual os "representantes masculinos não

[580] Neste sentido, cfr., Dovi, Suzanne. "Theorizing Women's Representation in the United States", in *Politics & Gender*, 3, 2007, p. 297 (tradução livre).

[581] Cfr. Campbell, Rosie; Childs, Sarah; Lovenduski, Joni. "Do Women Need Women Representative?", in *British Journal of Political Science*, 40, n. 1, 2010, p. 173 (tradução livre).

estão sempre cientes de como as políticas públicas afetam as mulheres cidadãs"[582]. Apesar disso, há quem argumente que a presença de grupos específicos de mulheres na política seja insuficiente para garantir a representação substantiva, já que "os indivíduos raramente podem fornecer uma conta completa ou análise dos obstáculos que o grupo enfrenta sem interagir com outros do grupo"[583].

3.1.1.1. Devem as mulheres defender os direitos das mulheres?

Invocando a tipologia de Pitkin, as teóricas feministas procuram explicar as conexões entre representação descritiva (presença) e substantiva, lembrando que a autora descreveu a representação substantiva como "agir no interesse dos representados de uma maneira que atenda a eles"[584]. A representação substantiva, deste modo, é mais comumente operacionalizada como "capacidade de resposta da política"[585], ao passo que a representação descritiva apresenta um espelhamento das origens dos representados. Já a problemática da representação descritiva das mulheres é levantada por conta da demanda defendida pela representante eleita, no sentido de se questionar se esta deve sempre estar atrelada a uma posição favorável ao direito das mulheres e aos ideais feministas, para presumirem-se, ou não, como substancialmente defendidos os interesses das mulheres[586]. Por isso, feitas as considerações

[582] Cfr. Dovi, Suzanne. "Theorizing Women's Representation in the United States", in *Politics & Gender*, 3, 2007, p. 309 (tradução livre).

[583] Cfr. Weldon, S. Laurel. "Beyond Bodies: Institutional Sources of Representation for Women in Democratic Policy Making", in *The Journal of Politics*, v. 64, n. 4 (Nov., 2002), p. 1156 (tradução livre).

[584] Cfr. Pitkin, Hannah Fenichel. *The Concept of Representation*, Berkley/Los Angeles/London, University of California Press, 1967, p. 209 (tradução livre).

[585] Cfr. Campbell, Rosie; Childs, Sarah; Lovenduski, Joni. "Do Women Need Women Representative?", in *British Journal of Political Science*, 40, n. 1, 2010, p. 172 (tradução livre).

[586] Para Dovi, "aqueles que estudam a representação das mulheres devem cuidar das maneiras pelas quais as representantes femininas podem perpetuar desigualdades", pois para ela "a primeira forma do problema de inclusão resulta das diferenças significativas entre as mulheres", já que a tentativa de se aumentar a representação descritiva de um grupo pode levar à marginalização de outros subgrupos mais vulneráveis de mulheres, como é o caso de mulheres negras, indígenas e *trans* (cfr. Dovi, Suzanne. "Theorizing Women's Representation in the United States", in *Politics & Gender*, 3, 2007, p. 311 (tradução livre)).

sobre a relação existente entre representação descritiva e substantiva, cumpre apurar se as mulheres, quando desempenhando função legislativa, vinculam-se à defesa daquilo que costumeiramente se identifica como direitos e/ou interesses das mulheres e, para além disso, verificar o que se pretende, afinal, com a representação feminina.

Primeiramente, importante esclarecer que o conceito de direitos ou interesses das mulheres, já trabalhado anteriormente, não é unívoco, além de possuir um conteúdo ideológico e subjetivo que dificulta não só sua categorização mas a própria definição. A despeito disso, pode invocar-se, para estes fins, direitos humanos básicos, à prova de ideologias e partidarismos, como é o caso do direito à vida, à liberdade e segurança pessoal, à igualdade e a estar livre de todas as formas de discriminação, à liberdade de pensamento, à informação e à educação, à privacidade, à saúde e à proteção desta, a construir relacionamento conjugal e a planejar sua família, a decidir ter ou não ter filhos e quando tê-los, aos benefícios do progresso científico, à liberdade de reunião e participação política, a não ser submetida a torturas e maus tratos, rol este, inclusive, especificado pela Organização das Nações Unidas – ONU[587]. Daí a importância de petrificação de um núcleo de direitos e valores fundantes da vida humana e de sua dignidade, reconhecidos universalmente e que decorram da condição humana, pertencentes a *consciência jurídica geral*[588] e ao senso coletivo dos cidadãos, intérpretes que também são dos princípios constitucionais fundamentais, a fim de limitar a ação das instituições, dos próprios indivíduos e a própria atuação político-partidária do representante eleito, seja homem ou mulher.

Neste contexto, há estudos que apontam a ausência de relação direta entre a presença de mulheres na política e a promoção de seus interesses[589], de modo que a presença de mulheres no parlamento não satisfaria

[587] Cfr. http://www.onumulheres.org.br/, acesso em 05 de agosto de 2021.

[588] Adotando a expressão de Castanheira Neves, que a utiliza para designar a "síntese de todos os valores e princípios normativos que nessa comunidade dão sentido fundamental ao direito ou que verdadeiramente lhe conferem o *sentido de direito*", ou seja, "a *sintéresis* axiológico-jurídica dessa comunidade" (cfr. NEVES, António Castanheira. "Fontes do Direito – Contributo para a revisão do seu problema", in *Digesta – Escritos acerca do Direito, do Pensamento Jurídico, da sua Metodologia e Outros,* v. 2, Coimbra, Coimbra Editora, 1995, p. 65).

[589] Cfr. MIGUEL, Luis Felipe; BIROLI, Flávia. *Feminismo e política: Uma introdução*, São Paulo, Boitempo Editorial, 2014.

a representação substantiva. Apesar disso, há quem compreenda que, ainda que existisse um manual de instruções sobre a forma de representar as mulheres (ou outro grupo), e mesmo sem partilha das mesmas preferências e vivências, a presença feminina na representação política ampliaria o debate democrático, pois sustentar uma política representativa apenas com base em ideias, ignorando a importância de representantes descritivos de grupos presentes na sociedade[590], designadamente as mulheres, que compõem, ainda que observada sua interseccionalidade, um grupo que já ultrapassa a maioria da população mundial, seria insuficiente[591]. Como já visto, são inúmeros os argumentos elaborados para sustentar a imperiosa representatividade democrática equilibrada entre os gêneros, dentre as quais se encontra a importância da presença física para debates e implementação de determinadas políticas públicas[592]. Temas corriqueiramente negligenciados, como a preocupação com o público infanto-juvenil, com implementação de equipamentos públicos destinados a fins socioeducativos e de guarda de crianças e adolescentes, dentre outros, podem receber uma maior atenção quando mulheres ocupam cargos políticos, situação que serve para aprimoramento do debate democrático[593]. Ademais, a presença de representantes políticas do sexo feminino pode contribuir para a feminização da própria agenda política, mediante a articulação das inquietudes, demandas e perspectivas das mulheres em debates públicos, além da preocupação dos efeitos da própria legislação sobre elas[594].

590 Cfr. SAPIRO, Virginia. "Feminist Studies and Political Science – and Vice Versa", in PHILLIPS, Anne (orgs.). *Feminism and Politics*, Oxford, Oxford Universiy Press, 1998, p. 72 (tradução livre).

591 Cfr. PHILLIPS, Anne. *The Politics of Presence – The Political Representation of Gender, Ethnicity and Race*, Oxford, Claredon Press, 1995, p. 157 (tradução livre).

592 Cfr. ESPÍRITO-SANTO, Ana; FREIRE, André; SERRA-SILVA, Sofia. "A Representação Descritiva das Mulheres é Importante para as Preferências Políticas? O Papel dos Partidos Políticos", in PIRES, Ana Paula; MARIANO, Fátima; VEIGA, Ivo, *Mulheres e Eleições*, Coimbra, Almedina, 2019, p. 237.

593 Cfr. DOVI, Suzanne. "Theorizing Women's Representation in the United States", in *Politics & Gender*, 3, 2007, p. 309 (tradução livre).

594 Cfr. CHILDS, Sarah. "The Complicated Relationship between Sex, Gender and the Substantive Representation of Women", in *European Journal of Women's Studies*, SAGE Publications (UK and US), 2006, 13 (1), p. 9 (tradução livre).

De fato, a presença de mulheres na política tende a melhorar a qualidade das deliberações democráticas, designadamente porque são elas que se preocupam com mais acurácia que os homens representantes com a demanda feminina[595]. Ter mais mulheres no cargo, assim, pode tornar as políticas governamentais mais responsivas aos interesses da maioria das mulheres. A representação descritiva proporcional refletiria uma gama ainda mais ampla de pontos de vista entre as mulheres, produzindo uma sensibilidade mais matizada às diferenças dentro desse grupo. Sob o ponto de vista partidário, existe um certo consenso na ideia de que são os partidos de esquerda que mais veiculam temas de igualdade social e de defesa dos direitos das mulheres[596]. São eles que geralmente estão "na linha de frente na defesa de medidas de conciliação da vida profissional com a vida familiar, bem como na defesa de posições pró-escolha em questões de aborto", podendo-se considerar, assim, como cristalizados estes temas nos partidos de esquerda[597]. Há, assim, uma tendência em considerar que "os temas que afetam particularmente as mulheres estão menos cristalizados para a família de partidos conservadores e/ou partidos de direita do que para os partidos de esquerda"[598]. Neste segmento, Heidar e Pedersen concluíram que as mulheres, enquanto grupo, sentem-se mais fortes em expressar suas convicções dentro de um parlamento que conta com uma representação feminina expressiva, designadamente para se oporem às posições parti-

[595] Não é por outra razão que alguns estados norte-americanos obrigam mulheres presidiárias a darem à luz algemadas, já que os representantes políticos do sexo masculino, responsáveis pela criação deste tipo de regramento normativo, não fazem ideia das dificuldades e extrema inconveniência que ele provoca (cfr. Dovi, Suzanne. "Theorizing Women's Representation in the United States", in *Politics & Gender*, 3, 2007, p. 309 (tradução livre)).

[596] Cfr. Phillips, Anne. *The Politics of Presence – The Political Representation of Gender, Ethnicity and Race*, Oxford, Claredon Press, 1995, p. 42 (tradução livre).

[597] Cfr. Espírito-Santo, Ana; Freire, André; Serra-Silva, Sofia. "A Representação Descritiva das Mulheres é Importante para as Preferências Políticas? O Papel dos Partidos Políticos", in Pires, Ana Paula; Mariano, Fátima; Veiga, Ivo, *Mulheres e Eleições*, Coimbra, Almedina, 2019, p. 250.

[598] Cfr. Espírito-Santo, Ana; Freire, André; Serra-Silva, Sofia. "A Representação Descritiva das Mulheres é Importante para as Preferências Políticas? O Papel dos Partidos Políticos", in Pires, Ana Paula; Mariano, Fátima; Veiga, Ivo, *Mulheres e Eleições*, Coimbra, Almedina, 2019, p. 250.

dárias[599]. Assim, "representar mulheres não implica somente ser feminista e a noção de «interesses das mulheres» é muito contestada"[600], por isso não se espera que a relação entre representação descritiva e substantiva siga um padrão binário, ainda mais se levar em conta a plural concepção de direitos e interesses das mulheres.

Neste contexto, torna-se elementar a análise das diferenças ideológicas e religiosas entre as mulheres, a fim de compreender de que forma mulheres conservadoras podem promover os interesses de outros grupos ideológicos femininos, e vice-versa, apesar de concepções opostas. Então, nesta conjuntura interligada entre política de presença e de ideias, é importante preservar-se um núcleo irrenunciável de "interesses/direitos" independente do grupo de mulheres que outras mulheres representem. Não que isto torne dispensável a política de presença, mas um pouco mais "controlável" sob o ponto de vista da identidade e ideologias do representante, fazendo da representação um instrumento mais próximo ao adequado. Apesar disso, a avaliação da representação substantiva das mulheres não é suficiente para considerá-la como adequada, já que a caracterização de "direitos/interesses" é algo absolutamente ideológico[601] e discutível. Por isso, quanto mais grupos de mulheres tiverem suas perspectivas, interesses e opiniões presentes[602],

[599] Cfr. HEIDAR, Knut; PEDERSEN, Karina. "Party Feminism: Gender Gaps within Nordic Political Parties", in *Scandinavian Political Studies*, v. 3, september 2006, pp. 192-218 (tradução livre).

[600] Cfr. ESPÍRITO-SANTO, Ana; FREIRE, André; SERRA-SILVA, Sofia. "A Representação Descritiva das Mulheres é Importante para as Preferências Políticas? O Papel dos Partidos Políticos", in PIRES, Ana Paula; MARIANO, Fátima; VEIGA, Ivo, *Mulheres e Eleições*, Coimbra, Almedina, 2019, p. 246.

[601] Para Dovi, "A forma como identificamos interesses reflete nosso compromisso (ou a falta dele) com feminismo" (cfr. DOVI, Suzanne. "Theorizing Women's Representation in the United States", in *Politics & Gender*, 3, 2007, p. 305 (tradução livre)).

[602] Sobre o assunto, cfr., PHILLIPS, Anne. "De uma Política de Ideias a uma Política De Presença?", in *Estudos Feministas*, 2º semestre 2001, pp. 268-290 (tradução livre). A autora reconhece que embora não haja "plausibilidade empírica ou teórica" para a ideia de que mulheres compartilham experiências ou que as experiências compartilhadas por mulheres traduzem em crenças ou objetivos compartilhados, elas possuem preocupações particulares de que derivam das experiências de gênero das mulheres (cfr. PHILLIPS, Anne. *The Politics of Presence – the political representation of gender, ethinicity and race*, Oxford, Claredon Press, 1995, pp. 53-55 (tradução livre)). Para Mansbridge, a experiência compartilhada

maiores as chances de uma política ser estruturada em valores que promovam a igualdade de gênero. Entretanto, a inclusão de diversos grupos de mulheres na política, apesar de indicar, não corresponde necessariamente a um avanço democrático, como já dito, já que a maneira de condução das instituições é que as tornam libertadoras ou opressoras. Por isso, são as normas e práticas institucionais, bem como o contexto político experimentado, interna ou externamente à estrutura estatal, que devem ser avaliados. Deste modo, as mulheres são consideradas representadas quando as deliberações sobre políticas públicas consideram o impacto potencial em diferentes grupos de mulheres, verificando a representação descritiva quando os representantes eleitos espelham as origens dos representados[603]. Por outro lado, há um certo consenso sobre a inexistência de "relação direta entre representação descritiva e substantiva das mulheres"[604], fato este que coloca em causa a existência

imperfeitamente capturada pela representação descritiva facilita a comunicação vertical entre representantes e representados, de forma que os sinais externos de ter vivido as mesmas experiências podem favorecer a comunicação, forjando laços de confiança baseados especificamente na "experiência compartilhada de subordinação" (cfr. Mansbridge, Jane. "Should Blacks Represent Blacks and Women Represent Women? A Contingent 'Yes'", in *The Journal of Politics*, v. 61, n. 3, August, 1999, 641 (tradução livre)). Da mesma forma, Iris Young fala em termos de um social feminino compartilhado em perspectiva, o que decorreria do fato de as mulheres estarem 'posicionadas de forma semelhante' na sociedade, o que significa que as mulheres "estão sintonizadas com determinados tipos de significados sociais" e compartilham afinidade umas com as outras (cfr. Young, Iris Marion. *Inclusion and Democracy*, Oxford, Oxford University Press, 2000, pp. 123 e 136-137 (tradução livre)).

[603] Cfr. Mansbridge, Jane. "Should Blacks Represent Blacks and Women Represent Women? A Contingent 'Yes'", in *The Journal of Politics*, v. 61, n. 3, August, 1999, pp. 628-657 (tradução livre).

[604] Cfr. Espírito-Santo, Ana; Freire, André; Serra-Silva, Sofia. "A Representação Descritiva das Mulheres é Importante para as Preferências Políticas? O Papel dos Partidos Políticos", in Pires, Ana Paula; Mariano, Fátima; Veiga, Ivo, *Mulheres e Eleições*, Coimbra, Almedina, 2019, p. 241. Jane Mansbridge argumentou que o sexo de um candidato não importa, contanto que os interesses de homens e mulheres estejam representados nos parlamentos nacionais (cfr. Mansbridge, Jane. "Rethinking Representation", in *The American Political Science Review*, v. 97, n. 4, nov, 2003, pp. 515-528 (tradução livre)). Para Young, por outro lado, as mulheres são representadas quando seus interesses, opiniões e as perspectivas estão sendo avançadas (cfr. Young, Iris Marion. *Inclusion and Democracy*, Oxford, Oxford, 2000. pp. 121 e ss. (tradução livre)).

de uma noção global de temas feministas e a própria noção de "interesses das mulheres"[605], já que dentro das concepções complexas de realidades distintas vivenciadas por inúmeras pessoas do sexo feminino, uma abordagem mais realística corresponderia a um levantamento das diferentes nuances daquilo que as mulheres efetivamente precisam[606]. É verdade que não se pode confundir as concepções de feminismo com a representação feminina, todavia há estudos indicando uma tendência maior das mulheres na política saírem em defesa da igualdade de gênero, em comparação com os homens[607]. Existem alguns temas, como, por exemplo, maternidade, aborto, violência de gênero, presença de mulheres na política, dentre outros, que, invariavelmente geram maior preocupação para as mulheres do que para os homens, por afetarem mais diretamente a vida delas[608].

Mas afinal, o que justifica a presença de mulheres na política? São apontados, por Dovi, pelo menos seis argumentos[609] distintos para explicar por que as mulheres representantes são necessárias para a represen-

[605] Sobre a ideia de interesses das mulheres, cfr. DOVI, Suzanne. "Theorizing Women's Representation in the United States", in *Politics & Gender*, 3, 2007, p. 304 (tradução livre)).

[606] Cfr. CELIS, Karen, CHILDS, Sarah, KANTOLA, Joana. "Constituting Women's Interests Throungh Representative Claims", in *Politics & Gender*, 10, n. 2, 2014, 149-174 (tradução livre).

[607] Cfr. CAMPBELL, Rosie; CHILDS, Sarah; LOVENDUSKI, Joni. "Do Women Need Women Representative?", in *British Journal of Political Science*, 40, n. 1, 2010, pp. 171-194 (tradução livre).

[608] Cfr. ESPÍRITO-SANTO, Ana; FREIRE, André; SERRA-SILVA, Sofia. "A Representação Descritiva das Mulheres é Importante para as Preferências Políticas? O Papel dos Partidos Políticos", in PIRES, Ana Paula; MARIANO, Fátima; VEIGA, Ivo, *Mulheres e Eleições*, Coimbra, Almedina, 2019, p. 243; cfr. PHILLIPS, Anne. *The Politics of Presence – The Political Representation of Gender, Ethnicity and Race*, Oxford, Claredon Press, 1995, p. 68 (tradução livre).

[609] Cfr. DOVI, Suzanne. "Theorizing Women's Representation in the United States", in *Politics & Gender*, 3, 2007, p. 307 (tradução livre). Já Anne Phillips identifica quatro argumentos principais para a representação: interesses negligenciados, justiça, democracia revitalizada e argumento exemplar (cfr. PHILLIPS, Anne. "Democracy and Representation: Or, Why Should It Matter Who Our Representatives Are?", in PHILLIPS, Anne (orgs.), *Feminism and Politics*, Oxford, Oxford Universiy Press, 1998, pp. 224-240 (tradução livre)), que são englobados pelos argumentos de Dovi. Observa-se que o argumento de confiança e o argumento de legitimidade sugere que a representação descritiva traz certos benefícios para o sistema político, e isso sugere que a representação adequada das mulheres depende da qualidade de todo o sistema político.

tação adequada: o argumento do modelo[610], o argumento da justiça[611], o argumento da confiança[612], o argumento da legitimidade[613], o argumento transformador[614] e o argumento de interesses esquecidos[615]. Além disso,

[610] Para a autora, o argumento do modelo de comportamento afirma que a presença de mulheres representantes no sistema político dos EUA melhora a autoestima das mulheres cidadãs e o senso de eficácia política. Ver mulheres em posições de liderança, como foi o caso de Hillary Clinton, aumenta o senso do possível, inspirando outras mulheres cidadãs a imitarem seus caminhos de carreira (cfr. Dovi, Suzanne. "Theorizing Women's Representation in the United States", in *Politics & Gender*, 3, 2007, p. 308 (tradução livre)).

[611] Phillips afirma ser "evidente e grotescamente injusto os homens monopolizarem a representação" (cfr. Phillips, Anne. "Democracy and Representation: Or, Why Should It Matter Who Our Representatives Are?", in Phillips, Anne (orgs.), *Feminism and Politics*, Oxford, Oxford Universiy Press, 1998, p. 229 (tradução livre)). Dentro deste argumento, a representação descritiva de mulheres compensa as desigualdades existentes e combate as barreiras à sua participação, complementando o acesso das mulheres a arena política.

[612] Para Dovi, aumentar o número de representantes femininas é necessário para que as cidadãs possam confiar nas instituições políticas. Assim, considera que ter mais representantes femininas nos parlamentos provavelmente aumentará o número de mulheres que votam, fazem *lobby* e se envolvem na política (cfr. Dovi, Suzanne. "Theorizing Women's Representation in the United States", in *Politics & Gender*, 3, 2007, p. 308 (tradução livre)).

[613] O argumento da legitimidade afirma que a presença de mulheres representantes aumenta a legitimidade das instituições democráticas. Para Dovi, a legitimidade da representação depende de quem desempenha a função, pois um congresso só de mulheres não poderia representar adequadamente os homens, assim como um parlamento exclusivamente masculino não teria legitimidade para representar as mulheres (cfr. Dovi, Suzanne. "Theorizing Women's Representation in the United States", in *Politics & Gender*, 3, 2007, p. 308 (tradução livre)). A grande crítica feita a este ponto seria com relação à quantidade de categorias de mulheres (negras, indígenas, latinas, dentre outras) que seria necessário para aumentar a legitimidade do governo.

[614] Este argumento sustenta que a presença de representantes do sexo feminino melhora as instituições democráticas, permitindo-lhes melhor aproximação de seus ideais democráticos (cfr. Dovi, Suzanne. "Theorizing Women's Representation in the United States", in *Politics & Gender*, 3, 2007, p. 308 (tradução livre)). Para Phillips, a presença de representantes femininas não muda apenas as normas e práticas políticas dessas instituições, mas muda o sistema político substancialmente (cfr. Phillips, Anne. "Democracy and Representation: Or, Why Should It Matter Who Our Representatives Are?", in Phillips, Anne (orgs.), *Feminism and Politics*, Oxford, Oxford Universiy Press, 1998, pp. 224-240 (tradução livre)).

[615] De acordo com esta linha de raciocínio, os representantes masculinos nem sempre estão cientes do quanto as políticas públicas afetam as mulheres cidadãs (Cfr. Childs, Sarah. "The Complicated Relationship between Sex, Gender and the Substantive Representation of Women", in *European Journal of Women's Studies*, 13, 2006, p. 9 (tradução livre)).

também porque existiram certas funções e matérias, como as anteriormente mencionadas, na qual as representantes do gênero feminino estariam mais propensas a desempenhar do que os homens representantes, o que justificaria a representação descritiva de mulheres[616]. Assim, uma vez que Phillips defendeu de forma tão eficaz uma "política de presença", as teóricas feministas passaram a defender a presença de mulheres em órgãos de tomada de decisão como condição necessária para representação feminina[617].

A propósito, Vital Moreira já destacou que, a partir da redação do art. 109º, da Constituição Portuguesa, incorporada pela 4ª Revisão Constitucional, a "cidadania passou a ter sexo", ressaltando que foi opção constitucional a diferenciação do *demos* em homens e mulheres, para efeito de acesso aos cargos políticos[618], mas ressalva a manutenção dos princípios da unidade e universalidade indivisível do sufrágio ativo, bem como do princípio do mandato representativo, de modo que, a despeito da existência de cotas mínimas de candidatura e/ou representação, "os eleitores votam em todos os candidatos independentemente do sexo; os representantes representam todos os cidadãos independentemente do sexo"[619]. Com isso, ainda que os interesses e direitos das mulheres tendencialmente possam ser promovidos com mais eficácia com a presença feminina no parlamento, não pode ser admitida uma "representação separada dos sexos, tal como a não pode haver de grupos econômicos, sociais, étnicos, religiosos ou territoriais", já que «democracia compartilhada» não se confunde com «democracia dividida», ainda que paritária[620].

[616] Cfr. Dovi, Suzanne. "Theorizing Women's Representation in the United States", in *Politics & Gender*, 3, 2007, p. 307 (tradução livre).

[617] Cfr. Phillips, Anne. T*he Politics of Presence – the political representation of gender, ethinicity and race*, Oxford, Claredon Press, 1995 (tradução livre).

[618] Cfr. Moreira, Vital. "O artigo 109º da CRP e a igualdade de homens e mulheres no exercício de direitos cívicos e políticos", in *Democracia com mais Cidadania*, Lisboa, Presidência do Conselho de Ministros, 1998, p. 59.

[619] Cfr. Moreira, Vital. "O artigo 109º da CRP e a igualdade de homens e mulheres no exercício de direitos cívicos e políticos", in *Democracia com mais Cidadania*, Lisboa, Presidência do Conselho de Ministros, 1998, p. 60.

[620] Cfr. Moreira, Vital. "O artigo 109º da CRP e a igualdade de homens e mulheres no exercício de direitos cívicos e políticos", in *Democracia com mais Cidadania*, Lisboa, Presidência do Conselho de Ministros, 1998, p. 60.

A democracia representativa, portanto, ainda que busque formar um corpo de representantes o mais próximo do universo dos representados, não pode levar a uma democracia paralela, de *apartheid sexual* da representação política, nas palavras de Vital Moreira[621]. De qualquer modo, mais importante que a defesa de direitos das próprias mulheres é que a presença feminina na política traga o realce às diferentes perspectivas de experiência, de conhecimentos, valores e sensibilidade decorrentes da vivência de cada gênero sobre as mais variadas demandas que a democracia carrega e, para além disso, possa superar uma democracia excludente que mais da metade da população seja do Brasil seja de Portugal possa acusá-los de ser.

3.2. Aspectos jurídicos da representação política feminina

Enfrentados alguns debates preliminares e necessários, de fundo filosófico e político, cumpre adentrar agora nas discussões jurídico-constitucionais que circundam a representação política feminina. Neste ponto, será mais uma vez feita uma análise comparativa dos ordenamentos jurídicos de Portugal e do Brasil, para identificar seus pontos de convergência e divergência, os obstáculos e os mecanismos de asseguramento da presença feminina na política, bem como os desafios para o cenário atual em cotejo com a experiência vivenciada em cada contexto.

[621] Cfr. Moreira, Vital. "O artigo 109º da CRP e a igualdade de homens e mulheres no exercício de direitos cívicos e políticos", in *Democracia com mais Cidadania*, Lisboa, Presidência do Conselho de Ministros, 1998, p. 60. Neste ponto, Vitalino Canas sugere que sejam evitadas duas vertentes mais radicais, a do essencialismo e a da procura obstinada de diferenças que, dentro de um estatuto minimizador da mulher, legitimariam o *apartheid sexual* mencionado por Vital Moreira, bem como a ideia de que as mulheres agem e são na política como os homens (cfr. Canas, Vitalino. "Um Passo Mais na Qualidade da Democracia", in *Democracia com mais Cidadania*, Lisboa, Presidência do Conselho de Ministros, 1998, p. 14). A expressão já tinha sido utilizada por Gisèle Halimi, em sentido distinto, questionando um futuro decorrente da passagem de um mundo político na qual se opera um *apartheid sexual* em benefício dos homens para um mundo onde os dois componentes da humanidade – homem e mulher – enfrentem juntos os grandes desafios do terceiro milênio – paz, partilha de riquezas, armas nucleares, explosão populacional, desemprego, dentre outros (cfr. Halimi, Gisèle. *La Nouvelle Cause des Femmes*, Paris, Seuil, 1997, p. 17 – tradução livre).

3.2.1. Considerações acerca do princípio representativo

Da relação entre a liberdade e o exercício do poder, na formulação proposta por Benjamim Constant, é possível afirmar que a democracia direta correspondia à noção de liberdade dos antigos[622] e neste modelo a mulher não ocupava espaço democrático algum, assim como outros grupos impedidos de exercer cidadania ativa, que pressupunha justamente igualdade e liberdade. De outro lado, a democracia representativa equivaleria à liberdade dos modernos[623], qualificada pela não interferência do Estado na esfera de liberdade individual e nesta roupagem, a igualdade formalmente prevista no conjunto normativo não tem garantido a plena cidadania feminina, que tem demandado, de forma até mesmo paradoxal, intervenção estatal, seja por medidas legislativas, seja por políticas públicas, para fomento à igualdade democrática representativa. A forma representativa de governar, com o decorrer dos anos, passou a ser o modelo praticado dentre as nações democráticas, sendo que a representação política "tem desempenhado o notável papel de mola-mestra da legitimação do exercício do poder político[624]. Na definição de Jorge Miranda, a representação política é "o modo de o povo, titu-

[622] Nas palavras de Constant, a liberdade dos antigos consistia num "exercício coletivo, mas direto, de diversas facetas da soberania no seu todo, em deliberar na praça pública sobre a guerra e a paz ou sobre a conclusão de tratados de aliança com países estrangeiros, em votar as leis, em proceder a julgamentos, em examinar as contas, os atos, a gestão dos magistrados, em fazê-los comparecer perante todo o povo, em acusá-los, em condená-los ou absolvê-los. Mas, ao mesmo tempo que os antigos a apelidavam de liberdade, entendiam ser compatível com esta liberdade colectiva a sujeição completa do indivíduo à autoridade do conjunto" (cfr. CONSTANT, Benjamim. *De la Liberté des Anciens Comparée à celle des Modernes*, Paris, Editions Vassade, 2013, p. 4 (tradução livre)).

[623] A liberdade dos modernos, como explicou Benjamin Constant, é uma liberdade negativa, já que "a liberdade moderna é essencialmente individual" (cfr. CONSTANT, Benjamim. *De la Liberté des Anciens Comparée à celle des Modernes*, Paris, Editions Vassade, 2013, p. 22 (tradução livre)). Pode-se entender a liberdade moderna, portanto, como autonomia, como liberdade de menor restrição e, neste sentido, "não é o obrigatório, nem mesmo o do autonomamente consentido, mas sim o que se encontra na esfera do não-impedimento" (cfr. LAFER, Celso. *Ensaios sobre a Liberdade*, São Paulo, Editora Perspectiva, 1980, p. 18).

[624] Cfr. CAGGIANO, Monica Herman Salem. "Sistemas eleitorais x representação política", in *Tese de Doutorado em Direito*, Faculdade de Direito, Universidade de São Paulo, São Paulo, 1987, p. 9.

lar do poder, agir ou reagir relativamente aos governantes"[625], de forma que se a democracia é o governo pelo povo, a democracia representativa é o governo pelos representantes do povo[626] e, no que diz respeito aos regimes democráticos, é inquestionável que "no sistema representativo encontra-se a base da vida política contemporânea"[627].

Diferentemente do que ocorre nas democracias diretas, e até mesmo nas monarquias, a representação política pressupõe, nas palavras de Jorge Miranda, «inidentidade» e «relação», provocando um "fenómeno de relação e de comunicação", de modo que "só é representação política em sentido restrito e próprio a representação do povo, e do povo todo[628], fundada num acto de vontade (a eleição) e destinada a institucionalizar, com variável amplitude, a sua participação no poder"[629]. Nas palavras de Constant, o sistema representativo é "uma procuração dada a um certo número de homens pela massa do povo que quer que

[625] Cfr. MIRANDA, Jorge. *Manual de Direito Constitucional*, v. III, Tomo VII, Coimbra, Coimbra Editora, 2014, p. 72.

[626] Cfr. LIJPHART, Arend. *Modelos de Democracia: Desempenho e Padrões de Governo em 36 Países*, trad. de Roberto Franco, 2ª edição, Rio de Janeiro, Civilização Brasileira, 2008, p. 17

[627] Cfr. PINTO FERREIRA, Luiz. *Direito Constitucional Resumido*, Rio de Janeiro, Rio, 1979, p. 30.

[628] E como tal, a representação política implica "consideração unitária do povo e realização de fins e interesses públicos (com relevância ou não de outros interesses que realmente existam na sociedade, muitas vezes em conflito)", situação esta, entretanto, que não contraria a possibilidade de divisão do território eleitoral em círculos, as eleições parciais a meio da legislatura em sistemas de círculos uninominais e os sistemas de representação proporcional (cfr. MIRANDA, Jorge. "A Eleição e a Democracia Representativa", in *Revista Populus*, Salvador, n. 6, junho 2019, p. 35).

[629] Miranda ainda destaca três importantes pontos sobre o tema: primeiro, que representação política não se trata de representação do Estado, mas do povo, para torná-lo presente no exercício do poder por meio da pessoa que ele escolha; segundo, que a representação política envolve toda a coletividade, de maneira que "são *todos* os deputados que representam *todo* o povo"; terceiro, a exigência de um elemento volitivo existente na eleição, que habilita o eleito a falar num mandato, dinamizando a competência constitucional dos órgãos (cfr. MIRANDA, Jorge. *Manual de Direito Constitucional*, v. III, Tomo VII, Coimbra, Coimbra Editora, 2014, pp. 71-73). Quanto ao segundo ponto, Miranda, ainda em outra ocasião, salienta que "o Parlamento é, sim, uma assembleia deliberativa de uma única nação, com um só interesse, o do todo, e que deve guiar-se não pelos interesses locais, mas pelo bem geral, resultado da razão geral do todo" (cfr. MIRANDA, Jorge. "A Eleição e a Democracia Representativa", in *Revista Populus*, Salvador, n. 6, junho 2019, p. 33).

os seus interesses sejam por eles defendidos"[630], mas é uma procuração a tempo certo, que varia de país para país e, muito embora não possa ser deliberadamente revogado pelos representados, possui uma periodicidade que evita a inamovibilidade. Assim, qualquer diferença ou até mesmo conflito de interesses entre representante eleito e representado será temporária, impedindo uma subordinação substancial. Deste modo, ao contrário da representação civil, fundada na autonomia da vontade, a representação política advém de uma imposição constitucional, muito embora ela também dependa de um elemento volitivo – mais restrito e sem equiparação de vontades como na anterior – que no caso é exteriorizado no ato de eleger. Distinguem-se, portanto, pelo fundamento, pela forma e até mesmo intensidade de expressão da liberdade individual, o que impacta diretamente na revogabilidade do mandato. Sua relevância se coloca, portanto, diante da inquietante e particular relação verificada entre o exercício da liberdade individual pelos governados e o exercício do poder pelos governantes.

Assim é que a eleição, periódica, considerada procedimento de implementação da representação política, trata-se, segundo Luhmann, de um "método de recrutamento para os cargos políticos, sobretudo para ocupação do parlamento" e, com isso, converte-se "num processo em que o sistema político se *pode orientar pela sua própria história*" e tam-

[630] Cfr. CONSTANT, Benjamim. *De la Liberté des Anciens Comparée à celle des Modernes*, Paris, Editions Vassade, p. 24 (tradução livre). A propósito desta definição, Rousseau, no livro II, capítulo I, em sua obra *Do Contrato Social*, manifesta sua oposição à representação quando afirma que a soberania, por ser exercício da vontade geral, não pode ser alienada e que o soberano, que é apenas um ser coletivo, só pode ser representado por si mesmo, pois o poder pode ser transmitido, mas não a vontade. No livro III, capítulo XV, afirma que pela mesma razão a soberania não pode ser representada, já que "a vontade não é representada: é o mesmo ou é diferente; Não há meio termo. Os deputados do povo não são, portanto, e não podem ser seus representantes, são apenas seus comissários; eles não podem concluir nada definitivamente. Qualquer lei que o próprio povo não tenha ratificado é nula; não é uma lei. Os ingleses pensam que são livres; ele está muito errado, ele está apenas durante a eleição dos membros do parlamento; assim que são eleitos, ele é um escravo, não é nada. Nos breves momentos de sua liberdade, vale a pena perder o uso que faz dela" (cfr. ROUSSEAU, Jean-Jacques. *Du Contrat Social ou Principes du Droit Politique*, Par J.J. Rousseau, Citoyen De Genève, Édité par la bibliothèque numérique romande, 1762, pp. 31 e 117, disponível em http://www.ebooks-bnr.com/). Por isso, nesta concepção, o princípio representativo não faz sentido.

bém "num mecanismo por meio do qual o sistema político se auto-sanciona e a decisão político-administrativa do passado confirma ou rejeita" e, por isso, "cria condições prévias e realizações parciais para o processo de autolegitimação do sistema político"[631]. Sem eleições democráticas ou um equivalente funcional, na visão de Marcelo Neves, "parece impossível, na sociedade complexa de hoje, que os sistemas político e jurídico não se identifiquem excludentemente com concepções ideológicas globalizantes e interesses de grupos privilegiados", pois isto levaria a um Estado com grupos determinados e "à indiferenciação do sistema jurídico, inadequada à complexidade da conexão de comunicações, expectativas e interesses constitutivos da sociedade"[632]. Por isso, o governo representativo foi o modelo adotado após as grandes revoluções liberais, e mesmo sem elas, inicialmente com uma roupagem mais restrita quanto ao sufrágio e à própria natureza da eleição, com o mero fim de escolher um representante, mas posteriormente alcançando a democracia representativa, sob o enfoque do Estado Social de Direito, por meio do "sufrágio universal e, com ou sem constitucionalização, o papel dos partidos políticos" e com a eleição servindo não apenas para a escolha dos governantes, como inicialmente, mas também "para a escolha de grandes opções programáticas"[633]. Não que as eleições não ocorram em regimes totalitários ou autoritários, mas usualmente tem por fim chancelar uma escolha imposta à população e tem caráter meramente formal[634], o que não será objeto desta pesquisa, dado o pressuposto de uma democracia representativa para a representação política das mulheres.

[631] Cfr. Luhmann, Niklas. *Legitimação pelo Procedimento,* trad. de Maria da Conceição, Brasília, UNB, 1980, pp. 131 e 140-141. Ainda, neste contexto, Marcelo Neves ressalta que "a eleição democrática atua como apoio descarregante para o sistema político, na medida em que esse 'assume a responsabilidade integral pelo Direito' na sociedade moderna" (cfr. Neves, Marcelo. *A Constitucionalização Simbólica*, São Paulo, Editora Acadêmica, 1994, p. 73).

[632] Cfr. Neves, Marcelo. *A Constitucionalização Simbólica,* São Paulo, Editora Acadêmica, 1994, pp. 73-74.

[633] Nas palavras de Jorge Miranda que traça um panorama das «traves-mestras» do governo representativo e da democracia representativa, cfr., Miranda, Jorge. "A Eleição e a Democracia Representativa", in *Revista Populus,* Salvador, n. 6, junho 2019, pp. 36 e 37.

[634] Para maiores detalhamentos, cfr., Miranda, Jorge. "A Eleição e a Democracia Representativa", in *Revista Populus,* Salvador, n. 6, junho 2019, p. 37.

Foi neste contexto, ligado ao constitucionalismo moderno, que surgiram, em países de regimes liberais, embora com variáveis de cunho político, cultural, econômico e social, os partidos políticos[635]. A propósito, como a própria nomenclatura faz supor, partido significa parte, fração, ou, nas palavras de Radbruch, "verdade parcial, unilateralidade", cuja principal característica é propiciar a alternância e sucessão no governo, graças à qual "complementam-se as verdades parciais e unilaterais"[636], formando, assim, um equilíbrio a partir da pluralidade partidária, com suas, muito embora contraditórias, necessárias diferentes demandas, razão pela qual sua existência tornou-se elementar para o funcionamento das eleições e, em última análise, da própria democracia, cuja essência "consiste no fato de que a autoridade do Estado emana do povo, isto é, todas as funções do Estado devem resultar mediata ou imediatamente da eleição popular", o que demanda um agrupamento prévio para viabilizar a escolha de candidatos[637].

[635] Aqui, Jorge Miranda explica que o surgimento dos partidos políticos não ocorreu imediatamente após as revoluções liberais, designadamente a Revolução Francesa e recorda os "clubes políticos" existentes nesta ocasião, a exemplo dos jacobinos e girondinos, mas que foram os *tories* e os *whigs* da Inglaterra dos séculos XVII e XVIII e os federalistas e republicanos dos Estados Unidos pós-independência os precursores dos partidos (cfr. MIRANDA, Jorge. "A Eleição e a Democracia Representativa", in *Revista Populus*, Salvador, n. 6, junho 2019, p. 41).

[636] Cfr. RADBRUCH, Gustav. *Introdução à Filosofia do Direito*, trad. de Prof. Jacy de Souza Mendonça, pp. 89-90, disponível em: https://www.valorjustica.com.br/introducao.pdf. Para Radbruch, "se o partido deixa de ser apenas parte e se transforma no todo, corre o perigo de se converter na pior de todas as formas de despotismo". Por isso, é importante o pensamento por partes, encarando a visão de vários partidos, porquanto "apenas através da pluralidade e riqueza das diferentes e entre si contraditórias exigências dos partidos pode o espírito colectivo achar a sua genuína e completa expressão. Todo o partido carece doutro partido para achar um equilíbrio, sob pena de recairmos em todos os perigos do partido único" (cfr. RADBRUCH, Gustav. *Filosofia do Direito*, trad. de L. Cabral de Moncada, v. 1, 4ª edição, Coimbra, 1961, p. 215).

[637] Por isso, para Radbruch "democracia é democracia partidária. Quem é contra o funcionamento dos partidos é contra a democracia" (cfr. RADBRUCH, Gustav. *Introdução à Filosofia do Direito*, trad. de Prof. Jacy de Souza Mendonça, p. 890, disponível em: https://www.valorjustica.com.br/introducao.pdf). Neste ponto, Ana Belchior apresenta a estrutura do processo representativo em torno dos eleitores, dos eleitos e dos partidos políticos, que são "mediadores" do processo e "constituem o canal privilegiado e legítimo de conexão entre a vontade popular e a respectiva representação parlamentar" (cfr. BELCHIOR, Ana Maria.

Dito isto, como conclui Canotilho, ao lado dos princípios da soberania popular, da democracia semidireta e da participação, o princípio representativo corresponde à concretização constitucional do princípio democrático, além de possuir uma dimensão formal e outra material, na qual a primeira corresponde à "autorização e legitimação jurídico-formal concedida a um órgão «governante» (delegação de vontade para exercer o poder político)", ao passo que a segunda se verifica no «conteúdo justo» dos atos do órgão representativo, presente quando "os cidadãos (povo), para além das suas diferenças e concepções políticas, se podem reencontrar nos actos dos representantes em virtude do conteúdo justo desses actos"[638]. Neste ponto, Dworkin destaca que "nenhum governo é legítimo a menos que demonstre igual consideração pelo destino de todos os cidadãos sobre os quais se afirme seu domínio e aos quais reivindique fidelidade. A consideração igualitária é a virtude soberana da comunidade política – sem ela o governo não passa de tirania"[639]. Por isso, a representação política implica também uma responsabilidade política, ou seja, "o dever de prestar contas por parte dos governantes, a sujeição a um juízo de mérito sobre os seus atos e atividades por parte dos governados e a possibilidade da sua substituição por

Democracia e Representação Partidária – a elite parlamentar e os cidadãos, Lisboa, Instituto de Ciências Sociais, 2010, pp. 70 e ss). Norberto Bobbio acrescenta que os partidos políticos, que têm função "de selecionar, de agregar e de transmitir, as demandas provenientes da sociedade civil e destinadas a se tornar objeto de decisão política" e, portanto, estruturar a própria democracia, têm subjacente uma função pública de "legitimação das organizações que através da agregação de interesses homogêneos facilitam a formação de uma vontade coletiva numa sociedade caracterizada pela pluralidade de grupos e por fortes tensões sociais" (cfr. Bobbio, Norberto. *Estado, Governo e Sociedade – Para uma Teoria Geral da Política*, trad. de Marco Aurélio Nogueira, São Paulo, Editora Paz e Terra, 2007, pp. 34 e 153-154).

[638] Cfr. Canotilho, José Joaquim Gomes. *Direito Constitucional e Teoria da Constituição*, 7ª edição, Coimbra, Almedina, 2003, pp. 293 e ss.

[639] Cfr. Dworkin, Ronaldo. *A Virtude Soberana: a teoria e a prática da igualdade*, trad. de Jussara Simões, 2ª edição, 4ª tiragem, São Paulo, Martins Fontes, 2019, p. IX. A propósito, Paulo Bonavides alerta que no Brasil falta ao povo, atraiçoado de elites falsamente representativas, recobrar a razão libertária de seu destino (cfr. Bonavides, Paulo. *As bases da democracia participativa*, disponível em http://www.achegas.net/numero/vinteesete/p_bonavides_27.htm, acesso em 08 de abril de 2022).

ato destes"[640], nomeadamente para que o poder exercido por representação não seja "sobre o povo", mas "pelo povo", sob os riscos de se abrir espaço para uma autocracia[641].

3.2.2. Considerações acerca dos direitos políticos

3.2.2.1. Noções gerais de direitos políticos

Distinguem-se como categorias de direitos, de acordo com sua origem, os direitos civis, políticos e os sociais[642], sendo os primeiros também conhecidos como direitos individuais. Há também uma distinção, em outra perspectiva, entre *direitos de defesa*, ligados à liberdade individual e que implicam uma abstenção por parte do Estado, *direitos a prestações*, que impõem ao Estado um dever de agir e os *direitos de participação*, que mesclam os anteriores, mas se destacam pela garantia à participação do indivíduo na vida política da comunidade[643]. Numa visão similar, pode-se mencionar a tricotomia *direitos pessoais*, que reportam à proteção dos direitos de personalidade moral e física do indivíduo, atrelados à liberdade, autonomia e segurança da pessoa, *direitos sociais*, destinados às relações sociais que a pessoa desenvolve para realizar sua vida em todas as potencialidades, com fins de promoção, de comunicação e de cultura e *direitos políticos*, que são direitos de participação na vida pública e política do país[644]. A propósito, a Declaração dos Direitos do Homem e do Cidadão, de 1789, já havia levantado a distinção entre os direitos pertencentes ao homem enquanto indivíduo dos direitos a ele pertencentes, trazendo a referência de que "o binômio homem-cidadão assenta

[640] Cfr. Miranda, Jorge. "A Eleição e a Democracia Representativa", in *Revista Populus*, Salvador, n. 6, junho 2019, p. 45.

[641] Por isso, para Sartori, a representação, sem vigilância, e sem controle por parte dos cidadãos, é o calcanhar de Aquiles da democracia (cfr. Sartori, Giovanni. *Qué Es la Democracia*, San Juan Tlihuaca, Tribunal Federal Electoral y Editorial Patria, 1993).

[642] Cfr. Raposo, Vera Lúcia Carapeto. *O Poder de Eva – O princípio da igualdade no âmbito dos direitos políticos, problemas suscitados pela discriminação positiva*, Coimbra, Almedina, 2004, p. 67.

[643] Para críticas às classificações e variedades de tipos de direitos fundamentais, cfr., Andrade, José Carlos Vieira de. *Os Direitos Fundamentais na Constituição Portuguesa de 1976*, 5ª edição, Coimbra, Almedina, 2017, pp. 167 e ss.

[644] Cfr. Miranda, Jorge. *Manual de Direito Constitucional*, v. II, Tomo IV, Coimbra, Coimbra Editora, 2014, pp. 125-126.

no pressuposto de que a sociedade civil, separada da sociedade política e hostil a qualquer intervenção estadual, é, por essência, apolítica"[645], o que levou à oposição, feita por Benjamim Constant, entre a liberdade dos antigos, ligada a uma soberania social plena, de participação direta dos indivíduos nas decisões políticas, mas com desconsideração de seus direitos individuais, e a liberdade dos modernos, identificada pela valorização dos direitos individuais, mesmo que à custa da soberania política plena[646].

Os direitos políticos, numa acepção objetiva, formam um conjunto de normas e princípios que norteiam o funcionamento e organização do Estado e do governo, regulando o acesso ao poder político e seu exercício, ao passo que, numa acepção subjetiva, são considerados como direitos subjetivos dos indivíduos em intervir no domínio político[647]. Assim, dentro desta última acepção, que é a que possui relevância para esta pesquisa, os direitos políticos podem ainda ser definidos através das prerrogativas e direitos inerentes à cidadania, uma vez que "asseguram a participação do indivíduo no governo de seu país, seja votando ou sendo votado"[648] e, portanto, permitindo que os cidadãos participem, de forma ativa, da formação dos poderes públicos[649]. Para Jorge Miranda, os direi-

645 Cfr. Canotilho, José Joaquim Gomes. *Direito Constitucional e Teoria da* Constituição, 7ª edição, Coimbra, Almedina, 2003, p. 394.

646 Para Constant, "o objetivo dos antigos era a partilha do poder social entre todos os cidadãos de uma mesma pátria. Era isso o que eles chamavam de liberdade. O objetivo dos modernos é a segurança dos prazeres privados; e eles chamam de liberdade as garantias concedidas pelas instituições a tais prazeres" (cfr. Constant, Benjamim. *De la Liberté des Anciens Comparée à celle des Modernes*, Paris, Editions Vassade, p. 18 (tradução livre)).

647 Cfr. Denquin, Jean-Marie. *Les droits politiques*, Préparation au c.r.f.p.a., Paris, Montcherestien, 1996, p. 3 (tradução livre). Mesclando as duas acepções, Alexandre de Moraes define direitos políticos como "o conjunto de regras que disciplina as formas de atuação da soberania popular, conforme preleciona o caput do art. 14 da Constituição Federal. São direitos públicos subjetivos que investem o indivíduo no status *activae civitatis*, permitindo-lhe o exercício concreto da liberdade de participação nos negócios políticos do Estado, de maneira a conferir os atributos da cidadania" (cfr. Moraes, Alexandre de. *Direito Constitucional*, 33ª edição, São Paulo, Atlas, 2017, p. 187).

648 Cfr. Ferreira, Pinto. *Curso de direito constitucional*,12ª edição, São Paulo, Saraiva, 2002, p. 166.

649 Aqui o autor invoca os ensinamentos de Sieyès, cfr. Ferreira, Pinto. *Curso de direito constitucional*,12ª edição, São Paulo, Saraiva, 2002, p. 173. Neste contexto, Jorge Miranda

tos políticos dos cidadãos decorrem de um "incindível nexo entre participação política e liberdade e entre princípio democrático e Estado de Direito"[650], lembrando que o sufrágio é o "direito político *máximo*", pois é através dele que os cidadãos escolhem seus governantes e as próprias coordenadas políticas do Estado, ainda que de forma indireta, encontrando-se, entretanto, ao seu lado um rol de outros direitos, a que denomina "direitos políticos *menores*"[651], aos quais se inclui o direito de ser eleito ou, por outra forma, ser designado para cargos políticos[652]. Entretanto, o sufrágio, para funcionar como forma de moldar a sociedade e o próprio Estado, deve corresponder ao conceito democrático de sufrágio universal[653].

Esta concepção de direitos políticos, assim, está interligada à própria ideia de cidadania, considerando-se cidadão, portanto, o indivíduo que participa das atividades políticas de sua comunidade, não somente por meio do voto, mas também através do direito e da oportunidade de ser eleito[654]. O direito de votar, também denominado capacidade eleitoral ativa e o de ser votado, definido como capacidade eleitoral pas-

destaca que "é o direito de sufrágio, o *jus suffragii* que faz os cidadãos *optimo jure* ou cidadãos activos (na fórmula de Sieyès) e que melhor define o *status activae civitatis* (a que se refere Jellinek), lembrando que a palavra *suffragium* significa aprovação, favor, estima, voto" (cfr. MIRANDA, Jorge. *Manual de Direito Constitucional*, v. III, Tomo VII, Coimbra, Coimbra Editora, 2014, p. 102, nota 1).

650 Cfr. MIRANDA, Jorge. *Manual de Direito Constitucional*, v. III, Tomo VII, Coimbra, Coimbra Editora, 2014, p. 99.

651 Jorge Miranda inclui, dentre os denominados "direitos políticos *menores*", os direitos de petição, de informação política, de participação em atividades subordinadas ao Estado, de iniciativa (aqui incluindo desde direito de ação popular ao direito de candidatura), de acesso a cargos públicos ("direito de eleição") e de participação em assembleia popular ou de governo direto (cfr. MIRANDA, Jorge. *Manual de Direito Constitucional*, v. III, Tomo VII, Coimbra, Coimbra Editora, 2014, p. 109).

652 Cfr. MIRANDA, Jorge. *Manual de Direito Constitucional*, v. III, Tomo VII, Coimbra, Coimbra Editora, 2014, pp. 100-101.

653 Sobre o exercício do sufrágio, cfr., MIRANDA, Jorge. *Manual de Direito Constitucional*, v. III, Tomo VII, Coimbra, Coimbra Editora, 2014, pp. 104 e ss.

654 José Afonso da Silva considera a cidadania como o direito de participar no governo e o direito de ser ouvido pela representação política (cfr. SILVA, José Afonso da. *Curso de Direito Constitucional Positivo*, 37ª edição, São Paulo, Editora Malheiros, 2013, p. 350).

siva[655], devem ser assegurados de forma universal para garantia da soberania popular, muito embora seu exercício possa sofrer limitações. Nesta linha, os direitos políticos dividem-se em positivos e negativos, sendo os primeiros, caracterizados pela capacidade eleitoral ativa, correspondente aos direitos de ser eleitor, se alistar e votar, e capacidade eleitoral passiva, referente ao direito de ser votado e as condições de elegibilidades[656], responsáveis pela garantia do voto, do plebiscito, do referendo, e da iniciativa popular, e, como tais, considerados direitos humanos e, portanto, universais, ao passo que os direitos políticos negativos, na definição de José Afonso da Silva, são justamente aqueles que afastam tais garantias, levando à cassação, à perda e à suspensão e, com isso, "consistem no conjunto de regras que negam, ao cidadão, o direito de eleger, ou de ser eleito, ou de exercer atividade político partidária ou de exercer função pública"[657]. Entretanto, sempre que o legislador pretender restringir o direito de sufrágio, assim como outros direitos fundamentais, o fará, na senda da doutrina germânica mencionada por Canotilho, "a *limites de limites* «Schranken der Schranken»", que trata das restrições às restrições, por meio de uma operação metódica para "se evitar a aniquilação dos direitos, liberdades e garantias através de leis restritivas do respectivo âmbito de proteção"[658].

Tanto a Constituição da República Portuguesa quanto a Brasileira, desta maneira, tratam os direitos políticos como direitos fundamentais e, portanto, com natureza de direitos, liberdades e garantias e, por isso, todas as normas que os preveem são "preceptivas, incondicionadas, não sujeitas à «reserva económica do pessoal», não dependentes de factores económicos e financeiros", muito embora muitas delas não sejam auto-exequíveis e, com isso, dependam de uma regulamentação e integração

655 Acerca da capacidade eleitoral ativa e passiva, cfr., Miranda, Jorge. *Manual de Direito Constitucional*, v. III, Tomo VII, Coimbra, Coimbra Editora, 2014, pp. 123 e ss.

656 Cfr. Lenza, Pedro. *Direito Constitucional Esquematizado*, 11ª edição, São Paulo, Editora Método, 2007, pp. 668-671.

657 Cfr. Silva, José Afonso da. *Curso de Direito Constitucional Positivo*, 28ª edição, São Paulo, Malheiros, 2007, p. 348.

658 Cfr. Canotilho, José Joaquim Gomes. *Direito Constitucional e Teoria da Constituição*, 7ª edição, Coimbra, Almedina, 2003, p. 452.

por meio de normas infraconstitucionais[659]. Com isso, se beneficiam do inerente regime aplicável a este grupo normativo – direitos, liberdades e garantias – art. 17º e ss. da Constituição Portuguesa e art. 5º e ss. da Constituição Brasileira, dentre os quais se incluem a aplicabilidade imediata e caráter vinculativo[660] a todas "entidades públicas e privadas" (art. 18, n. 1, da Constituição Portuguesa), em geral auto-aplicáveis[661], reserva

[659] Cfr. MIRANDA, Jorge. *Manual de Direito Constitucional*, v. III, Tomo VII, Coimbra, Coimbra Editora, 2014, p. 121.

[660] É preciso partir da ideia de que a eficácia vinculativa prevista no art. 18, n. 1, da Constituição não basta, por si só, para resolver a questão da aplicabilidade dos preceitos constitucionais, até mesmo porque muitas vezes a construção normativa sobre direitos, liberdades e garantias, apesar de sua aplicação direta, recorre a "cláusulas gerais e a conceitos vagos ou fortemente indeterminados" (cfr. ANDRADE, José Carlos Vieira de. *Os Direitos Fundamentais na Constituição Portuguesa de 1976*, 5ª edição, Coimbra, Almedina, 2012, p. 192), tornando indispensável a tarefa legislativa de implementar esses preceitos. É certo, contudo, que o princípio da constitucionalidade, previsto no art. 3º, n. 3, da Constituição, não admita que a existência fática e jurídica dos direitos fundamentais fique a mercê de implementações legislativas, mas não são poucas as situações nas quais o constituinte deixa ao legislador ordinário a incumbência de regulamentar e, até mesmo, efetivá-los. Ainda nessa esteira, Vieira de Andrade esclarece que "a Constituição Portuguesa, como as outras, continua a conferir ao Parlamento o poder de concretizar, de regular, de harmonizar e de restringir os direitos fundamentais e impõe-lhe mesmo deveres de proteção contra outros particulares, em termos de interferir restritivamente na liberdade destes" (cfr. ANDRADE, José Carlos Vieira de. *Os Direitos Fundamentais na Constituição Portuguesa de 1976*, 5ª edição, Coimbra, Almedina, 2012, p. 192). Ademais, destacando o caráter paradoxal do sistema dos direitos fundamentais, Vieira de Andrade diz que "embora a *ideia* dos direitos fundamentais tenha surgido para *defesa* dos cidadãos contra o Estado, pressupõe (e sempre pressupôs) a existência de um *poder estadual* que os assegure" (Cfr. ANDRADE, José Carlos Vieira de. *Os Direitos Fundamentais na Constituição Portuguesa de 1976*, 5ª edição, Coimbra, Almedina, 2012, p. 192).

[661] Em termos jurídico-dogmáticos, as normas que versam sobre direitos, liberdades e garantias são, a princípio, autoaplicáveis, ou seja, independem de lei reguladora e possuem força vinculativa às entidades públicas e privadas, o que inclui o legislador, mas podem existir "pressupostos de aplicabilidade direta": primeiro, porque esta característica não revela a existência de um direito absoluto e, segundo, porque exige um "grau suficiente de determinabilidade", consistente num conteúdo determinável do direito, por interpretação constitucional, quanto "aos pressupostos de fato, consequências jurídicas e âmbito do direito invocado", casos em que a própria Constituição exige uma lei concretizadora. Tais expressões são utilizadas por Canotilho e Vital Moreira, que posteriormente acrescentam que a aplicabilidade direta transporta, em regra, direitos subjetivos, o que permite: "1) invocar as normas consagradoras de direitos, liberdades e garantias *na ausência de lei*;

de competência legislativa no Parlamento português (art. 164º, alíneas *a, h, j, l* e *o* – reserva absoluta – e art. 165º, n. 1, alíneas *b, p* e *q* – reserva relativa, da Constituição Portuguesa)[662]; sendo considerados como *limite material de reforma constitucional* ou, na denominação brasileira, *cláusula pétrea*[663], o sufrágio universal, direto, secreto e periódico, a separação e a interdependência dos órgãos de soberania[664], e, de um modo geral, todos os direitos, liberdades e garantias dos cidadãos, distinguindo-se

2) invocar a invalidade dos actos normativos que, de forma directa, ou mediante interpretação, infrinjam os preceitos consagradores de direitos, liberdades e garantias, impondo-se, assim, na solução dos casos concretos, *contra a lei e em vez da lei*, ou contra *determinada interpretação da lei*" (cfr. Canotilho, José Joaquim Gomes; Moreira, Vital. *Constituição da República Portuguesa Anotada*, v. I, 4ª edição, Coimbra, Coimbra Editora, 2007, pp. 381-382). São fartos os casos em que a Constituição remete ao legislador a definição geral do âmbito de aplicação do direito, mas em todos eles, independente do grau de intensidade e especificação constitucional do direito a ser concretizado, há um conteúdo mínimo do preceito que deve ser preservado pela lei. Neste ponto, Canotilho e Vital Moreira explicam que "a liberdade de conformação legislativa tem como limite a garantia de um *mínimo de conteúdo útil e constitucionalmente relevante* do direito legalmente delimitado" (cfr. Canotilho, José Joaquim Gomes; Moreira, Vital. *Constituição da República Portuguesa Anotada*, v. I, 4ª edição, Coimbra, Coimbra Editora, 2007, p. 389). Ainda que não haja expressa menção, em muitos dos casos, o exercício de direitos, liberdades e garantias pode depender de regulamentação legislativa, a exemplo do direito de greve (art. 51, n. 1), que necessita ao menos de regramentos mínimos sobre sua procedimentalização.

662 No ordenamento jurídico-constitucional brasileiro, o artigo 24 da Constituição Federal estabelece que vários direitos fundamentais são objeto da competência legislativa concorrente entre União, Estados e Distrito Federal, dentre os quais se encontram, por exemplo, a educação, o ensino e a proteção à infância e à juventude. Por outro lado, elenca um grupo de matérias objeto de competência legislativa exclusiva da União em seu art. 22, aos quais se encontram, dentre outros, direito civil, comercial, penal, processual, eleitoral, agrário, marítimo, aeronáutico, espacial e do trabalho, nacionalidade, cidadania e naturalização, seguridade social, diretrizes e bases da educação nacional.

663 A principal função dos limites materiais é a de preservar os denominados, por Jonh Rawls, *elementos constitucionais essenciais,* na qual reside um núcleo de consenso sobreposto razoável (cfr. Rawls, Jonh. *O Liberalismo Político*, trad. de Dinah de Abreu Azevedo, 2ª edição, São Paulo, Editora Ática, 2000, pp. 67 e 126), que busca resguardar a permanência e estabilidade do sistema, em especial do núcleo essencial da obra do constituinte originário, ressalvada a possibilidade de substituição da constituição por uma nova.

664 A Constituição Portuguesa expressamente considera órgãos de soberania o Presidente da República, a Assembleia da República, o Governo e os Tribunais (art. 110º, n. 1). Nas palavras de Jean Bodin, "a soberania é o poder absoluto e perpétuo de uma República"

a Constituição Portuguesa da Brasileira por acrescentar, ainda, o sistema de representação proporcional e a forma republicana de governo, ao passo que nesta última consta como limite material também a forma federativa de Estado (art. 288º , da Constituição Portuguesa e art. 60, §4º, da Constituição Brasileira).

3.2.2.2. Direitos políticos no ordenamento jurídico-constitucional português

Canotilho recorda que a expressão "Direitos Civis e Direitos Políticos dos Cidadãos Portugueses" se encontra na Carta Constitucional de 1826, época em que a doutrina identificava os primeiros como direitos exercidos no domínio privado, ao passo que os segundos, na esfera de interesses públicos e, por isso, pertencentes apenas aos cidadãos ativos[665]. A atual Constituição Portuguesa confere grande importância aos direitos políticos, a começar pelo art. 9º, *c*, que estabelece como tarefa fundamental do Estado a defesa da democracia política, bem como o asseguramento e incentivo à participação democrática dos cidadãos na resolução dos problemas nacionais. Além disso, tais direitos são explicitados através da afirmação de que "a participação direta e ativa de homens e mulheres na vida política constitui condição e instrumento fundamental de consolidação do sistema democrático" (art. 109º). Aliás, o conceito de ***participação na vida pública***, na forma posta pelo art. 48º foi acrescida pela Lei Constitucional n.º 1/82, e não pelo texto constitucional originário. Ademais, a Constituição de 1976 institucionalizou a democracia representativa na República portuguesa, implementando um Estado de Direito democrático[666], baseado na soberania popular e

(cfr. Bodin, Jean. *Os Seis Livros da República*, Livro I, Capítulo VIII, trad. de José Carlos Orsi Morel, São Paulo, Editora Ícone, 2011, p. 195).

665 Cfr. Canotilho, José Joaquim Gomes. *Direito Constitucional e Teoria da Constituição*, 7ª edição, Coimbra, Almedina, 2003, p. 395.

666 Na inter-relação do princípio democrático e Estado de Direito, Jorge Miranda salienta que, apesar de ambos não se confundirem, a democracia participativa postula Estado de Direito, "pela sua complexidade organizatória e procedimental, traduzida na separação dos poderes e no princípio da competência; pela exigência dos direitos fundamentais", já que direito de sufrágio e demais direitos políticos valem por si mesmos pelo valor da participação e, sobretudo, quando colocados a serviço da realização das pessoas. Assim, o princípio da soberania popular e direitos fundamentais interagem entre si e mediatizam com

no pluralismo (art. 2º), declarando que a soberania, una e indivisível, *reside* no povo (art. 3º, n. 1) e que o poder político *pertence* ao povo (art. 108º)[667], dispondo que o exercício do poder político pelo povo, aqui considerados todos os cidadãos maiores de dezoito anos, ressalvadas as incapacidades legais, se dá através do sufrágio universal, igual, direto, secreto e periódico (art. 10º, n. 1 e art. 49º, n. 1), mas que os partidos políticos concorrem para a organização e para a expressão da vontade popular (art. 10º, n. 2), estabelecendo, ainda, eleições, por este critério, à Presidência da República, à Assembleia da República, Assembleias Legislativas Regionais e assembleias das autarquias locais (art. 121º, n. 1, art. 149º, art. 231º, n. 2 e art. 239º, n. 2), com adoção do sistema de representação proporcional com o método HONDT[668]. Com isso, a participação política dos cidadãos pode se dar de forma direta (democracia direta) ou mediante representantes livremente eleitos (democracia indireta).

Os direitos políticos, portanto, compreendem, na acepção constitucional portuguesa, os direitos que têm todo cidadão de tomar parte

os princípios da constitucionalidade e da legalidade, formando, num equilíbrio constantemente renovado e atualizado, de princípios, valores e interesses, o "Estado de Direito democrático" (cfr. MIRANDA, Jorge. *Manual de Direito Constitucional*, v. III, Tomo VII, Coimbra, Coimbra Editora, 2014, p. 68).

[667] Aqui, Jorge Miranda explica a diferenciação existente entre legitimidade do poder de sua titularidade, lembrando que tais dispositivos já existiam nas Constituições de 1822, 1838, 1911 e 1933 (cfr. MIRANDA, Jorge. *Manual de Direito Constitucional*, v. III, Tomo VII, Coimbra, Coimbra Editora, 2014, p. 65).

[668] O método Hondt é um modelo matemático utilizado para converter votos em mandatos com vista à composição de órgãos de natureza colegial. Este método tem o nome do seu criador, o advogado Belga Victor D'Hondt, nascido em 1841 e falecido em 1901, que se tornou professor de Direito Civil na Universidade de Gand em 1885. Os dois tipos de sistemas eleitorais são o sistema Maioritário e o sistema de Representação Proporcional (RP). O sistema de RP caracteriza-se, essencialmente e de modo simples, pelo facto de o número de eleitos por candidatura concorrente a uma determinada eleição ser proporcional ao número de eleitores que escolheram votar nessa mesma candidatura. O método de Hondt integra a categoria dos métodos de divisores, por contraposição à categoria dos métodos de maiores restos, pois a operação matemática consiste precisamente na divisão do número total de votos obtidos por cada candidatura por divisores previamente fixados, no caso 1, 2, 3, 4, 5, e assim sucessivamente (cfr. https://www.cne.pt/content/metodo-de-hondt, acesso em 26 de agosto de 2021).

na vida política e na direção dos assuntos públicos do país, diretamente ou por intermédio de representantes livremente eleitos, bem como de ser esclarecido objetivamente sobre atos do Estado e demais entidades públicas e de ser informado pelo Governo e outras autoridades acerca da gestão dos assuntos públicos. Além disso, incluem-se o já mencionado direito ao sufrágio, que inclusive é considerado um dever cívico (art. 49º), o direito de acesso, em condições de igualdade e liberdade, aos cargos público (art. 50º), o direito de constituir ou participar em associações e partidos políticos (art. 51º), o direito de apresentar petição e de promover ação popular (art. 52º), além do direito de apresentação de candidaturas a cargos eletivos.

No atual ordenamento jurídico-constitucional português, todos os cidadãos, a partir dos dezoito anos, independentemente do sexo, raça, língua, território de origem, religião, convicções políticas ou ideológicas, instrução, situação económica, condição social ou orientação sexual são detentores do direito ao sufrágio, que é regido, como se pode observar, pelos princípios da generalidade, universalidade e igualdade (arts. 12º e 13º, da Constituição Portuguesa), o que não afasta a possibilidade de restrição, pelo legislador, em casos excepcionais, nos casos expressamente previstos na Constituição, limitando-se "ao necessário para salvaguardar outros direitos ou interesses constitucionalmente protegidos" (art. 18º, n. 2), não podendo "diminuir a extensão e o alcance do conteúdo essencial dos preceitos constitucionais" (art. 18º, n. 3).

3.2.2.3. Direitos políticos no ordenamento jurídico-constitucional brasileiro

A exemplo do ordenamento jurídico português, no brasileiro, além do direito ao sufrágio universal, concretizado pelo exercício do voto[669], seja

[669] O voto na Constituição Brasileira, exercido de forma direta, e que apresenta diversas características constitucionais, como personalidade, liberdade, sigilosidade, igualdade, periodicidade e obrigatoriedade (cfr. MORAES, Alexandre de. *Direito Constitucional*, 13ª edição, São Paulo, Atlas, 2003, p. 234), distinguindo-se, neste último ponto, da Constituição portuguesa, na qual o voto, apesar de considerado um «dever cívico», não é obrigatório aos eleitores. Aliás, neste ponto, o voto é obrigatório no ordenamento constitucional brasileiro aos cidadãos maiores de dezoito anos e menores de setenta, idade a partir da qual o voto se torna facultativo, o sendo também aos analfabetos e aos maiores de dezesseis e menores de dezoito anos (art. 14, §1º, I e II, da CF/88). A propósito, a Constituição de 1988 estabe-

em eleições, seja em plebiscitos e referendos[670], também constituem direitos políticos previstos na Constituição Federal o direito de iniciativa popular e o direito de organizar e participar de partidos políticos, refletindo, com isso, a aplicabilidade do preceito constitucional de que "todo o poder emana do povo, que o exerce por meio de representantes eleitos ou diretamente, nos termos desta Constituição" (art. 1, parágrafo único). Da mesma maneira, tais direitos foram inseridos, pela Constituição de 1988, na categoria de "direitos e garantias fundamentais", ao lado dos direitos individuais e coletivos, dos direitos sociais dos trabalhadores, da nacionalidade e dos partidos políticos, lembrando que os direitos políticos já foram conceituados pelo legislador, por meio da já revogada Lei n. 818/49, art. 38, que os definia, precipuamente, pelo direito de votar e de ser votado. Todavia, se viu que este conceito é demasiado redutor. Afora isso, embora os direitos políticos estejam constitucionalmente consagrados, em determinadas hipóteses o cidadão brasileiro, assim como ocorre em terras lusitanas, pode vir a ser privado de tais direitos, temporária ou permanentemente[671], excepcionalidades que

lece como limite material de alteração constitucional, ou seja, como *cláusula pétrea*, o voto direto, secreto, universal e periódico (art. 60, §4º, II), sendo que a periodicidade é decorrência da própria forma de governo republicana, que pressupõe a alternância e temporariedade de mandatos eletivos. Esta é, nas palavras de Pinto Ferreira, a "essência da República" (cfr. FERREIRA, Maurício Pinto. *Comentários à Constituição Brasileira*, v. 3, São Paulo, Saraiva, 1992, p. 212).

670 A este respeito, José Afonso da Silva destaca que, apesar das palavras "sufrágio" e "voto" serem empregadas comumente como sinônimos, "a Constituição, no entanto, dá-lhes sentidos diferentes, especialmente, no seu artigo 14, por onde se vê que o sufrágio é universal e o voto é direto e secreto e tem valor igual. A palavra voto é empregada em outros dispositivos, exprimindo a vontade num processo decisório. Escrutínio é outro termo com que se confundem as palavras sufrágio e voto. É que os três se inserem no processo de participação do povo no governo, expressando: um, o direito (sufrágio), outro, o seu exercício (o voto), e o outro, o modo de exercício (o escrutínio)" (cfr. SILVA, José Afonso da. *Curso de Direito Constitucional Positivo*, 23ª edição, São Paulo, Malheiros, 2002, p. 104).

671 A suspensão ou privação temporária dos direitos políticos decorre: a) da recusa de cumprir obrigação a todos imposta ou prestação alternativa, nos termos do art. 5º, VIII, da Constituição Federal; b) da incapacidade civil absoluta; c) de condenação criminal transitada em julgado, enquanto perdurarem os seus efeitos; e d) da Improbidade administrativa nos termos do artigo 37, §4º. Ainda, é possível incluir por meio de interpretação sistêmica da Constituição Federal, as seguintes situações não expressas no art. 15: renúncia voluntá-

encontram regulamentação no art. 15, da Constituição Federal e indicam alguma forma de inidoneidade civil, penal ou administrativa.

A plenitude dos direitos políticos[672] tem implicações práticas, uma vez que considerado requisito para legitimação ativa em ação popular (art. 5º, LXXIII da CF/88); para formular projeto de lei de iniciativa popular (art. 61, §2º da CF/88); para investidura em todos os cargos públicos, ainda que não eletivos (art. 5º, II da Lei 8.112/90 e arts. 87, 89, VII, 101, 131, §1º da CF/88); para ocupar cargo administrativo ou de representação econômica ou profissional em entidade sindical (art. 530, V da CLT); para desempenho de cargo de diretor ou redator chefe de jornal ou periódico (art. 7º, §1º da Lei 5.250/67), bem como para exercício da função de jurado do Tribunal do Júri (art. 434, do Código de Processo Penal). Além disso, tanto o alistamento eleitoral (art. 71, II do Código Eleitoral) quanto a filiação partidária (art. 22, II da Lei 9.096/95) também estão condicionadas ao pleno exercício dos direitos políticos.

No atual ordenamento jurídico-constitucional brasileiro, todos os cidadãos, a partir dos dezesseis anos têm direito ao voto direto e secreto, com valor igual para todos[673], que, todavia, considera-se obrigatório aos maiores de dezoito e menores de setenta anos (art. 14, §1º, da Consti-

ria da nacionalidade brasileira; opção de exercício dos direitos políticos em Portugal, com base no Estatuto de Igualdade; o período de conscrição previsto no art. 14, §2º da Constituição Federal bem como a aplicação da medida de segurança. Já a perda definitiva dos direitos políticos decorre do cancelamento da naturalização por sentença transitada em julgado (art. 15, I, da Constituição de 1988).

672 Neste ponto, José Cretella Júnior critica o termo "pleno" da redação constitucional do art. 14, § 3º, II, já que "ou a pessoa tem direitos políticos, ou não os tem", o que torna sem sentido a expressão «pleno exercício dos direitos políticos» (cfr. Cretella Júnior, José. *Comentários à Constituição de 1988*, v. II, Rio de Janeiro, Forense Universitária, 1989, p. 1100).

673 Neste ponto, David Araújo e Nunes Júnior destacam a previsão do o art. 45, §1º, da CF que, ao determinar que o número total de Deputados, bem como a representação por Estado e pelo Distrito Federal, será proporcional à população, de modo que nenhuma daquelas unidades da Federação tenha menos de oito ou mais de setenta Deputados, "acabou por emprestar aos eleitores de Estados-membros menores uma representatividade maior do que a dos eleitores de outros com maior número, de tal modo que, nas eleições parlamentares proporcionais federais, embora cada eleitor possua um voto, este tem pesos diferenciados, tratando-se, portanto, de uma forma indireta de burlar a igualdade do sufrá-

tuição Federal) sendo, por outro lado, vedado o alistamento eleitoral aos estrangeiros e aos conscritos, durante o período do serviço militar obrigatório (§2º). Em sendo assim, o voto é exercido de maneira pessoal e livre, além de ser universal, sigiloso, direto, periódico e, como já mencionado, igual para todos os eleitores. Além disso, são condições de elegibilidade, segundo §3º, do art. 14, da Constituição Federal, a nacionalidade brasileira ou condição de português equiparado[674], o pleno exercício dos direitos políticos, o alistamento eleitoral, o domicílio eleitoral na circunscrição, a filiação partidária e idade mínima, que varia de 18 (dezoito) a 35 (trinta e cinco) anos, de acordo com o cargo eletivo.

3.2.2.4. Capacidade eleitoral ativa

Na dinâmica de um Estado Democrático, representação política e participação política são concepções que formam uma mesma realidade, pois enquanto a primeira reporta-se ao desempenho de uma atividade política por terceiro, mediante o voto do representado, a segunda relaciona-se a uma ação política individual, do próprio eleitor[675]. Ambas são expressões do direito ao sufrágio e, por isso, as discussões que incidem sobre os direitos políticos estão centradas na capacidade eleitoral ativa que, justamente, representa o direito de ser eleitor, por meio do alistamento e do voto. A propósito, cumpre lembrar que a soberania popular exercida por meio do sufrágio será também concretizada mediante plebiscito, o referendo e a iniciativa popular[676]. Neste ponto, já foi mencionada a universalidade e igualdade deste direito, tanto em Portugal, quanto no Brasil, conferido a todos os cidadãos maiores de dezoito anos,

gio" (cfr. ARAÚJO, Luiz Alberto David; NUNES JÚNIOR, Vidal Serrano. *Curso de Direito Constitucional*, 11ª edição, São Paulo, Saraiva, 2007, p. 241).

674 A propósito, de acordo com o §3º, do art. 12, da Constituição Federal, os cargos de Presidente e Vice-Presidente da República, Presidente da Câmara dos Deputados e Presidente do Senado Federal, são privativos de brasileiros natos.

675 Neste sentido, cfr., RAPOSO, Vera Lúcia Carapeto. *O Poder de Eva – O princípio da igualdade no âmbito dos direitos políticos, problemas suscitados pela discriminação positiva*, Coimbra, Almedina, 2004, p. 79.

676 A iniciativa popular, no ordenamento jurídico-constitucional brasileiro poderá ser exercida pela apresentação, perante a Câmara dos Deputados, de projeto de lei subscrito por, no mínimo, 1% do eleitorado nacional, distribuído em, pelo menos, cinco Estados, com no mínimo 2/10 por cento de cada um deles (art. 61, §2º).

no primeiro caso, e dezesseis anos, no segundo, considerado, assim, um dos pilares do regime democrático, muito embora a história da humanidade, incluindo de ambas as nações, já tenha vivenciado sistemas de governo representativo respaldados no sufrágio restrito, seja por razões censitárias, capacitárias ou de gênero. O voto universal, assim revelado a partir do século XX, atualmente reconhecido à população adulta acabou por aproximar a capacidade eleitoral da capacidade civil[677], sendo necessário lembrar que ambos os ordenamentos constitucionais conferem o direito ao sufrágio aos seus cidadãos originários e não originários, tendo os residentes no estrangeiro também o direito de votar em algumas eleições[678].

[677] Neste aspecto, a propósito, a Constituição Portuguesa foi categórica ao ressalvar do direito ao sufrágio, além dos menores de dezoito anos, aqueles que possuam incapacidades previstas na lei geral (art. 49º, n. 1). A exigência de «lei geral», segundo Jorge Miranda, significa que "não pode haver incapacidades eleitorais que atinjam a universalidade e a igualdade definida como inerentes ao sufrágio", caso em que geraria diminuição do conteúdo essencial do direito (cfr. MIRANDA, Jorge. *Manual de Direito Constitucional*, v. III, Tomo VII, Coimbra, Coimbra Editora, 2014, p. 129). Sendo assim, a Lei n. 14/79, de 16 de maio, estabeleceu três hipóteses de incapacidade eleitoral ativa, quais sejam, a dos interditos por sentença com trânsito em julgado, dos notoriamente reconhecidos como dementes, ainda que não interditos por sentença, quando internados em estabelecimento psiquiátrico ou como tais declarados por uma junta de dois médicos e os definitivamente condenados a pena de prisão por crime doloso, enquanto não hajam expiado a respectiva pena, e os que se encontrem judicialmente privados dos seus direitos políticos (art. 2º). Sobre a imprecisão e vagueza da expressão «notoriamente reconhecidos como dementes», cfr., ALEXANDRINO, José de Melo. "O recenseamento eleitoral", in *O Direito*, Lisboa, ano 133, n. 1, jan./mar. 2001, p. 189. No último caso, por força do art. 30º, n. 4, a Constituição Portuguesa, ao eliminar a perda dos direitos políticos como efeito necessário de condenação criminal, preceito este inclusive inspirado em propositura de Jorge Miranda (cfr. MIRANDA, Jorge. *Um Projecto de Constituição*, Braga, 1975, p. 33), revogou esta incapacidade eleitoral, o que já foi objeto do Parecer n. 29/78, da Comissão Constitucional, que já havia considerado como "duvidosa a constitucionalidade da suspensão de direitos políticos como efeito da pena", na esteira do contido em, cfr., CANOTILHO, J.J. Gomes; MOREIRA, Vital. *Constituição da República Portuguesa Anotada*, Coimbra, 1978, p. 133, e do Acórdão n. 748/93, do Tribunal Constitucional, que declarou a inconstitucionalidade da norma que impõe a perda de direitos como efeito necessário da condenação pela prática de certos crimes, que no caso trata-se da alínea *c* do n. 1 do art. 2º, da Lei n. 14/79, de 16 de maio.

[678] Os portugueses residentes no estrangeiro podem votar em eleições presidenciais, "devendo ter em conta a existência de laços de efetiva ligação à comunidade nacional" (art.

Com relação à capacidade eleitoral ativa a estrangeiros, a Constituição Portuguesa confere, assim, direito ao sufrágio aos cidadãos de língua portuguesa, com residência permanente em Portugal, em todas as eleições (art. 15º, n. 3), aos cidadãos dos Estados-membros da União Europeia residentes em Portugal, para eleições do Parlamento Europeu (art. 15º, n. 5), a estrangeiros residentes no território nacional, em condições de reciprocidade, capacidade eleitoral ativa e passiva para a eleição dos titulares de órgãos de autarquias locais (art. 15º, n. 4)[679]. Já no ordenamento jurídico-constitucional brasileiro, apesar de vedar aos estrangeiros o alistamento eleitoral (art. 14, §2º, Constituição Federal), atribui aos portugueses com residência permanente no País, se houver reciprocidade em favor de brasileiros, os direitos inerentes ao brasileiro, salvo os casos previstos na própria Constituição (art. 12, §1º), dentre os quais se inclui o direito ao sufrágio. Para os demais estrangeiros originários de países de língua portuguesa, seria necessário passar pelo processo de naturalização, que exige residência por um ano ininterrupto e idoneidade moral (art. 12, II, *a*), para exercício do voto.

3.2.2.5. Capacidade eleitoral passiva

Diferentemente da anterior, a capacidade eleitoral passiva inicialmente foi vista como uma função e não como um direito propriamente dito,

121º, n. 2), bem como em eleições parlamentares. Neste ponto, Jorge Miranda entende que o requisito da «efectiva ligação à comunidade nacional» deveria também valer para as eleições à Assembleia da República, assim como para referendos que eventualmente recaiam sobre tema que diga respeito a estes cidadãos (cfr. Miranda, Jorge. *Manual de Direito Constitucional*, v. III, Tomo VII, Coimbra, Coimbra Editora, 2014, p. 124). Ainda, sobre a densificação deste conceito, indeterminado, de «efectiva ligação à comunidade nacional», cfr., Miranda, Jorge; Pinheiro, Alexandre de Sousa. "Voto dos cidadãos residentes no estrangeiro na eleição do Presidente da República", in *O Direito*, v. 131, 2000, pp. 7 e ss. Já aos brasileiros residentes no exterior é conferido direito ao voto nas eleições federais (Presidência da República, Congresso Nacional e Senado Federal)

[679] A atribuição do direito ao sufrágio, nestes casos, depende da reciprocidade em favor dos cidadãos portugueses residentes em outros países, que seja nos termos da lei e exige residência permanente do estrangeiro em Portugal. Ao que consta, só foi estabelecida "igualdade de direitos políticos relativamente ao Brasil (Convenção de Brasília de 1971, arts. 12 e segs. do Tratado de Amizade, Cooperação e Consulta de 2000)", ratificado pela Resolução n. 83/2000, da Assembleia da República (cfr. Miranda, Jorge. *Manual de Direito Constitucional*, v. III, Tomo VII, Coimbra, Coimbra Editora, 2014, pp. 127-128).

por implicar mais responsabilidade, pois "se era um cargo exercido em nome da sociedade, tinha que ser reservado aos mais distintos dos seus membros"[680]. Por isso, o direito de ser eleito acabou por ser, na prática, uma conquista mais tardia, se comparado ao direito ao sufrágio, para as mulheres, assim como para grupos considerados "excluídos", ao redor do mundo. A atual Constituição da República Portuguesa, assim como a Brasileira, assegura a todos os cidadãos, em condições de igualdade e liberdade, o direito de participação na vida pública, o direito de sufrágio e o direito de acesso a cargos públicos de caráter eletivo, este também denominado pela doutrina como direito de sufrágio passivo ou capacidade eleitoral passiva. A propósito, a primeira delas consagrou, expressamente, o princípio geral da igualdade e liberdade de acesso aos cargos públicos (art. 50º, n. 1), expressão mais ampla que engloba os cargos políticos, abrangendo o acesso a todo tipo de cargo de representação ou direção pertencentes seja aos órgãos de soberania, seja às regiões autônomas ou poder local, o que não significa que a lei não possa exigir alguns requisitos para o exercício deste direito. O primeiro deles, inclusive, é a própria capacidade eleitoral ativa – só é elegível quem é eleitor, embora não baste a capacidade activa para se possuir a passiva – pressuposto natural desta liberdade e igualdade de acesso. A Constituição Brasileira também consagra a liberdade e, principalmente, a igualdade de acesso aos cargos públicos em sentido amplo, em seu art. 37, estabelecendo o dever de obediência, a todos que compõem os quadros da administração pública direta e indireta de qualquer dos Poderes da União, dos Estados, do Distrito Federal e dos Municípios, aos princípios de legalidade, impessoalidade, moralidade, publicidade e eficiência. Especificamente quanto aos cargos eletivos, aplicam-se as disposições do art. 14, do texto constitucional.

O tema das incapacidades eleitorais passivas ou inelegibilidades[681] mereceria, sem dúvidas, o devido aprofundamento, que não terá o

[680] Cfr. Raposo, Vera Lúcia Carapeto. *O Poder de Eva – O princípio da igualdade no âmbito dos direitos políticos, problemas suscitados pela discriminação positiva*, Coimbra, Almedina, 2004, p. 80.

[681] Lembra Jorge Miranda que os requisitos de «elegibilidade» são "sempre absolutos e de natureza institucional, porque têm de estar presentes em quaisquer eleições", diferentemente das «inelegibilidades *stricto sensu*», que "poder ser também relativas e indivi-

espaço nesta pesquisa, para não sair de sua linha central, mas dentre as clássicas restrições à capacidade eleitoral passiva existentes encontram-se a idade, a capacidade, a nacionalidade e o local de residência, que trazem uma série de requisitos, ligados à natureza dos cargos[682], e que por isso, são justificáveis em sua exigência. Tal situação, somada a outros obstáculos, podem levar a um maior ou menor distanciamento entre capacidade ativa e passiva, desde que o conteúdo essencial do direito de acesso de todos os cidadãos às funções públicas em condições de igualdade e de liberdade fiquem resguardados[683]. Aliás, por um longo tempo, o sexo já compôs formalmente o rol de limitações à capacidade eleitoral passiva, situação que, deveras superada, afrontaria, atualmente, de forma irrefutável tanto a Constituição Portuguesa quanto a Brasileira. Apesar disso, mecanismos implícitos, podem revelar uma limitação "ainda que inconsciente e dissimulada"[684] à capacidade eleitoral passiva feminina, retratada no nível de representação política das mulheres.

O direito de acesso ao cargo público, ainda que preenchidos os requisitos da capacidade eleitoral passiva, não autoriza, efetivamente, este acesso, pois trata-se de direito de caráter essencialmente negativo[685], cujo objetivo é a abstenção do Estado ou de terceiros de violá-los, coli-

duais, visto que podem afectar apenas certa ou certas eleições e derivar de causas de ordem pessoal" (cfr. MIRANDA, Jorge. *Manual de Direito Constitucional*, v. III, Tomo VII, Coimbra, Coimbra Editora, 2014, p. 136).

682 Aqui, Jorge Miranda cita a exigência, na eleição para Presidência da República em Portugal, de residência no país ou no estrangeiro "nas condições constitucionais e legais" para elegibilidade, pois "seria absurdo que um cidadão sem laços à comunidade nacional pudesse ser eleito" (cfr. MIRANDA, Jorge. *Manual de Direito Constitucional*, v. III, Tomo VII, Coimbra, Coimbra Editora, 2014, p. 133). Aliás, tanto no Brasil quanto em Portugal a eleição ao cargo de Presidente da República exige cidadania originária e idade superior a trinta e cinco anos (art. 122º, CRP e art. 12, §3º, I e art. 14, §3º, VI, *a*, CRB).

683 Neste sentido, cfr., Acórdão n. 748/93, do Tribunal Constitucional Português.

684 Cfr. RAPOSO, Vera Lúcia Carapeto. *O Poder de Eva – O princípio da igualdade no âmbito dos direitos políticos, problemas suscitados pela discriminação positiva*, Coimbra, Almedina, 2004, p. 80.

685 Sobre a concepção dualista que divide direitos entre negativos e prestacionais, nomeadamente sob o enfoque do custo financeiro apresentado ao Estado, vale lembrar a afirmação, feita por SUNSTEIN e HOLMES, de que "os direitos negativos custam ao Estado, ainda que de forma indireta; todos os direitos que custam ao Estado são direitos prestacionais; logo, os direitos negativos são igualmente direitos positivos" (cfr. HOLMES, Stephen; SUNS-

gando-se, às avessas, ao princípio da igualdade, que impede tratamento discriminatório entre os cidadãos. O direito de acesso a determinado cargo pode depender do preenchimento de alguns requisitos, exigidos diretamente pela própria Constituição ou por lei autorizada, sem que isto afete a concretização do princípio da igualdade, sendo vedado, portanto e em qualquer hipótese, exigência que se refira ao sexo do candidato. Ademais, uma vez que restringem os direitos de eleger e de ser eleito, tanto as incapacidades ativas quanto as passivas devem ser admitidas pela Constituição e fundamentarem-se em critérios materiais com ela compatíveis[686].

Deste modo, essas restrições, sujeitas a reserva de lei, somente são aceitas quando necessárias e adequadas para defender outros direitos ou interesses protegidos constitucionalmente e desde que estabelecidas em caráter geral e abstrato, e com o resguardo do conteúdo essencial dos preceitos constitucionais. Aliás, é do próprio texto constitucional português, que considera elegíveis os cidadãos portugueses eleitores, a possibilidade de estabelecimento por lei, no acesso a cargos eletivos, de "inelegibilidades necessárias para garantir a liberdade de escolha dos eleitores e a isenção e independência do exercício dos respetivos cargos" (art. 50º, n. 3)[687], além das restrições que a lei eleitoral estabelecer por virtude de "incompatibilidades locais ou de exercício de certos cargos"

TEIN, Cass Robert. *The Cost of Rights. Why liberty depends on taxes*, New York, Norton, 1999, p. 35 (tradução livre)).

686 Apesar disso, no comparativo das incapacidades eleitorais ativas com as passivas, observa-se que, enquanto as primeiras "visam apenas assegurar o sufrágio em condições de consciência e liberdade", as segundas seriam a "salvaguarda do próprio Estado ou da salvaguarda contra abusos do poder que venham a ser cometidas" (cfr. MIRANDA, Jorge. *Manual de Direito Constitucional*, v. III, Tomo VII, Coimbra, Coimbra Editora, 2014, p. 137).

687 No tocante à Constituição Portuguesa, são considerados elegíveis para o cargo de Presidente da República os cidadãos eleitores, portugueses de origem, maiores de 35 anos (art. 122º), sendo, para a Assembleia da República, elegíveis os cidadãos portugueses eleitores (art. 150º). Neste ponto, o texto constitucional português é expresso unicamente com relação à inelegibilidade do Presidente da República (art. 123º e art. 130º, n. 3), autorizando, entretanto, que lei estabeleça restrições à capacidade eleitoral passiva aos militares e agentes militarizados dos quadros permanentes em serviço efetivo, bem como por agentes dos serviços e das forças de segurança (art. 270º).

(art. 150º)[688], o que encontra certa similitude com a ideia da Constituição Brasileira que, além de expressamente dispor sobre causas de inelegibilidade em sua redação (art. 14 e parágrafos)[689], franqueou a regulamentação de outros casos por Lei Complementar (art. 14, §9º)[690].

[688] A estes interesses há que acrescentar, como recorda Jorge Miranda, a "idoneidade cívica (arts. 30º, n. 5 e 276º, n. 6), a preservação das instituições essenciais da soberania (arts. 1º, n. 9, alínea *a*, 202º, n. 1 e 275º, n. 4) e o princípio da renovação dos titulares de cargos políticos (art. 118º)" (cfr. MIRANDA, Jorge. *Manual de Direito Constitucional*, v. III, Tomo VII, Coimbra, Coimbra Editora, 2014, p. 1337).

[689] Em linhas gerais, constituem inelegíveis, no Brasil, em caráter absoluto, ou seja, para todos os cargos os inalistáveis e os analfabetos, conforme art. 14, §4º, da Constituição Federal. Ainda, é considerada como causa relativa de inelegibilidade, ter vínculos consanguíneos com quem seja titular de determinados cargos, ou os haja exercido num determinado período (art. 14, § 7º). O art. 14 ainda dispõe que o Presidente da República, os Governadores de Estado e do Distrito Federal, os Prefeitos e quem os houver sucedido, ou substituído no curso dos mandatos poderão ser reeleitos para um único período subsequente (§ 5º) e que para concorrerem a outros cargos, o Presidente da República, os Governadores de Estado e do Distrito Federal e os Prefeitos devem renunciar aos respectivos mandatos até seis meses antes do pleito (§ 6º). Em contrapartida, são condições de elegibilidade, ou seja, para que o cidadão exerça os direitos políticos na modalidade passiva, a nacionalidade brasileira, o pleno exercício dos direitos políticos, o alistamento eleitoral, o domicílio eleitoral na circunscrição, a filiação partidária e idade mínima, variável de acordo com o cargo eletivo (art. 14, §3º).

[690] Trata-se, no caso, da Lei Complementar n. 64/90 que, na maior parte das condições previstas em seu art. 1º, busca o respeito à moralidade administrativa, cabendo destaque, neste ponto, à inelegibilidade dos que tenham contra sua pessoa representação julgada procedente pela Justiça Eleitoral em processo de apuração de abuso do poder econômico ou político; os que forem condenados, em decisão transitada em julgado ou proferida por órgão judicial colegiado, por diversos crimes contra a administração pública; os que tiverem suas contas relativas ao exercício de cargos ou funções públicas rejeitadas por irregularidade insanável que configure ato doloso de improbidade administrativa; os detentores de cargo na administração pública direta, indireta ou fundacional, que beneficiarem a si ou a terceiros, pelo abuso do poder econômico ou político; e os que forem condenados, em decisão transitada em julgado ou proferida por órgão colegiado da Justiça Eleitoral, por corrupção eleitoral, por captação ilícita de sufrágio, por doação, captação ou gastos ilícitos de recursos de campanha ou por conduta vedada aos agentes públicos em campanhas eleitorais que impliquem cassação do registro ou do diploma. A propósito, a Lei Complementar n. 135/2010, que alterou alguns dispositivos da anteriormente mencionada, passou a estabelecer, em conformidade com o § 9º do art. 14 da Constituição Federal, casos de inelegibilidade, prazos de cessação e outras providências, para incluir hipóteses de inelegi-

3.2.3. Direitos Políticos das Mulheres

3.2.3.1. A conquista dos direitos políticos

Foi na altura da segunda vaga do feminismo, como já exaustivamente abordado na ocasião do desenvolvimento do capítulo sobre a construção social das relações de gênero, que o movimento sufragista teve espaço. Aliás, no final do século XIX a votação tornou-se uma preocupação quase exclusiva de grande parte dos defensores dos direitos das mulheres. Foi uma luta custosa e cheia de retrocessos, tendo sido efetivamente conquistado o direito ao voto feminino no século XX[691]. A política refreada propositadamente custou a identificar a mulher como cidadã[692], já que até então ela sequer compunha o contrato social, devido ao seu papel social até então destinado à maternidade e à educação dos filhos, numa relação de sujeição ao masculino. No fundo, tudo dizia respeito à divisão, operada por Sieyès, da população em cidadãos ativos e passivos[693]. Aos primeiros, pagadores de impostos e detentores de propriedades que eram, conferia-se a prerrogativa de escolha dos representantes,

bilidade, valendo destacar seu expresso objetivo de proteger a «probidade administrativa e a moralidade no exercício do mandato».

691 Mary Katzenstein lembra que essa emancipação feminina, que envolvia muitas questões para além do direito ao voto, mas que se tratava, acima de tudo, do direito de as mulheres serem reconhecidas como pessoas públicas, seguiu-se por cinquenta anos de campanhas longas e difíceis e oposição inflexível dos que estavam no poder (cfr. KATZENSTEIN, Mary Fainsod. "Feminism and the Meaning of the Vote", in *Signs*, v. 10, n. 1 (Autumn, 1984), pp. 4-26, p. 11 (tradução livre)).

692 Vera Raposo, ao destacar as duas vertentes da cidadania – direitos e obrigações – lembra que as mulheres, inicialmente, viam-se privadas de ambas e recorda que o fato de ser a defesa da Nação uma das maiores obrigações dos cidadãos e, porque o serviço militar esteve vinculado à força física e a lutas armadas, as mulheres foram apartadas da comunidade política (cfr. RAPOSO, Vera Lúcia Carapeto. *O Poder de Eva – O princípio da igualdade no âmbito dos direitos políticos, problemas suscitados pela discriminação positiva*, Coimbra, Almedina, 2004, p. 104).

693 Nas palavras de Sieyès, os cidadãos ativos "são os verdadeiros acionários da grande empresa social", ou ainda, "os verdadeiros membros da associação" e, por isso, usufruem dos direitos civis e políticos, ao passo que os cidadãos passivos, apesar de gozarem de direitos e liberdades individuais, "não têm direito de assumir uma parte ativa na formação dos poderes públicos" (cfr. SIEYÈS, Emmanuel-Joseph. *Écrits politiques*, choix et presentation de Roberto Zapperi. Bruxelles, Belgique, Edition des Archives Contemporaines S.R.L, 1994, p. 199 (tradução livre)). Esta distinção, no fundo, separa os direitos naturais ou civis, a que todo cidadão tem direito, dos direitos políticos, concedidos a uma parcela deles. Sobre a

por meio do sufrágio censitário. Já aos segundos, aos quais se incluem, dentre outros, as mulheres, não era concedido o direito à participação na vida política do país, além de serem desprovidos de independência econômica e até mesmo pessoal. Esta dicotomia fica muito evidente no fato de que França, berço da Declaração dos Direitos do Homem e do Cidadão, foi paradoxalmente o penúltimo país do continente a ter concedido o direito de voto às mulheres, no ano de 1944[694].

Depois de conquistar o direito ao voto, o movimento feminista teve seu avanço desacelerado, já que muitas mulheres não exerciam o direito recém-adquirido, e quando o fizeram, votaram como cidadãs individuais e "não como um bloco feminino promovendo os interesses das mulheres"[695], e neste ponto, o sufrágio significaria um fracasso, muito embora para muitos ele era o fim em si mesmo de todo o movimento[696]. E deste modo, a conquista de direitos políticos, sobretudo o direito ao voto, pelas mulheres não representou, de plano, uma alteração de seu estatuto na sociedade, muito embora muitas delas tiveram um destaque informal no cenário político[697].

dicotomia, cfr., ainda, Moreira, Vital. "The Right to Political Participation: Equality Between Men and Women", in *Course in Human Rights*, Coimbra, 1999, p. 5.

[694] Vogel-Polsky destaca o paradoxo, antigo e moderno, no fato de Grécia e França, berço da democracia antiga e moderna, figurarem, na altura das eleições para o Parlamento Europeu de 1994, na "lanterna vermelha" da representatividade feminina (cfr. Vogel-Polsky, Eliane. "La citoyenneté européenne et les femmes", in *Les Cahiers du GRIF*, n. 48, 1994, pp. 9-43, p. 29 (tradução livre)). Na atualidade, a situação mudou, tanto globalmente falando, pois as mulheres ocupam, no mandato 2019-2024, 40,4% das cadeiras do Parlamento Europeu, como especificamente, com o caso de França, que nas últimas eleições elegeu o mesmo número de eurodeputados homens e mulheres, embora a Grécia tenha ocupado 20% de suas vagas com mulheres (cfr. https://www.europarl.europa.eu/news/pt/headlines/society/20190226STO28804/as-mulheres-no-parlamento-europeu-infograficos, acesso em 27 de setembro de 2021), resultado natural da política de cotas eleitorais.

[695] Cfr. Katzenstein, Mary Fainsod. "Feminism and the Meaning of the Vote", in *Signs*, v. 10, n. 1 (Autumn, 1984), p. 12 (tradução livre).

[696] Cfr. Katzenstein, Mary Fainsod. "Feminism and the Meaning of the Vote", in *Signs*, v. 10, n. 1 (Autumn, 1984), p. 12 (tradução livre).

[697] Aqui, Margaret Inglehart, recordando da Lei Sálica, que impedia as mulheres de herdarem o trono, e da sua exclusão da vida política até 1945, salienta que mulheres brilhantes da aristocracia, aqui se referindo à francesa, participaram da política à sua maneira, designadamente discutindo políticos com os líderes da época (cfr. Inglehart, Margaret. "Political

Na sequência do sufrágio, surge a luta pelo direito de ser eleita, configurando uma fase de redescoberta do próprio movimento em busca da emancipação feminina e, sobretudo, da plena cidadania[698], a qual corresponde a "uma porta de entrada para várias instituições públicas e um estatuto cívico e político que resguarda o indivíduo de arbitrariedades estaduais"[699]. E a visão das eleições como instituições de cooptação e de controle tem aplicabilidade aqui, na medida em que as regras que regem o sucesso eleitoral, designadamente acesso a apoio financeiro e partidário, prejudicam, em alguma medida, as mulheres[700]. Não se sabe até quando tais "regras" perdurarão ou trabalharão contra o avanço político das mulheres e, neste ponto, as cotas partidárias e, principalmente, as de reserva de cadeira têm freado este comportamento[701] e sido responsáveis por sensíveis avanços. Entretanto, devido a própria natureza temporária das medidas de discriminação positiva, não se sabe ao certo como a sociedade se comportará após seu período de aplicação. De qualquer modo, o movimento das mulheres pode ainda explorar o processo eleitoral de forma mais completa para incorporar mais abrangentemente a política de representação, pois se inicialmente o que se buscava era o reconhecimento jurídico-constitucional da igualdade de gênero no campo dos direitos políticos, na atualidade o que se pretende é tornar

Interest in West European Women: An Historical and Empirical Comparative Analysis", in *Comparative Political Studies*, v. 14, n. 3, October 1981, p. 317 (tradução livre)).

[698] A propósito, Eliane Vogel-Polsky menciona o conceito complexo de cidadania de Thomas Humphrey Marshall, ao traçar um caminho positivo e linear em que seus três componentes – direitos civis, direitos políticos e direitos sociais – se sucedem em formar a estrutura da cidadania moderna em uma tensão evolutiva para a igualdade de todos os cidadãos e, portanto, não encara os direitos como entidades separadas ou subordinadas (cfr. Vogel-Polsky, Eliane. "La citoyenneté européenne et les femmes", in *Les Cahiers du GRIF*, nº48, 1994, p. 23 (tradução livre)).

[699] Cfr. Raposo, Vera Lúcia Carapeto. *O Poder de Eva – O princípio da igualdade no âmbito dos direitos políticos, problemas suscitados pela discriminação positiva*, Coimbra, Almedina, 2004, p. 102.

[700] Cfr. Katzenstein, Mary Fainsod. "Feminism and the Meaning of the Vote", in *Signs*, v. 10, n. 1 (Autumn, 1984), p. 15 (tradução livre).

[701] Por isso, Mary Katzenstein destaca que "o movimento das mulheres tem sido capaz de usar o poder legislativo para algum efeito em sua busca pela igualdade" (cfr. Katzenstein, Mary Fainsod. "Feminism and the Meaning of the Vote", in *Signs*, v. 10, n. 1 (Autumn, 1984), p. 20 (tradução livre)).

tais propósitos cada vez mais efetivos, pois sabe-se que evolução legislativa e progresso social nem sempre compartilham o mesmo tempo e espaço.

3.2.3.2. Obstáculos à representação política das mulheres

Até aqui, a pesquisa já apontou, de forma esparsa, uma série de barreiras à representação democrática feminina, iniciando-se pelo destino da mulher selado pela sociedade patriarcal[702], que historicamente a aprisionou na esfera privada e a ligou, de modo quase irrevogável e irrenunciável, às funções relacionadas à maternidade e à educação dos filhos. A concepção, portanto, de inferioridade da mulher e sua sujeição ao masculino está atrelada à própria história da humanidade, em que sua figura correspondia à propriedade do pai e depois do marido. Neste contexto, a lei, que surge de um contrato social formulado segundo as diretrizes sociais existentes num contrato sexual, passa a ser utilizada, dado sua função estruturante, para legitimar o exercício desta mesma autoridade patriarcal e a manutenção, por anos a fio, da categorização das mulheres através de uma cidadania de segunda classe. Os reflexos disso postergaram-se no tempo, inclusive sob o argumento de que mulheres não tinham nenhum interesse pelas questões de caráter político, o que pode ser compreendido pela relação entre a contemporaneidade de gozo de direitos políticos com a intensidade do interesse político, ou seja, quanto mais tempo o indivíduo seja detentor de direitos políticos mais habituado e interessado ele fica pelo assunto. Daí a maior politização e interesse dos homens em contrapartida ao aparente desinteresse pela atividade política por parte das mulheres[703]. Ademais, além da sociedade e dos preconcei-

[702] A propósito, a expressão "patriarcal", apesar de alguma discrepância, é apontada como derivação do grego, significando "cabeça da tribo" (cfr. Randall, Vicky. "Feminism and Political Analysis", in *Political Studies*, 1991, vol. 39, issue 3, pp. 513-532 (tradução livre)).

[703] Neste ponto, Philip Converse argumenta que o senso de identificação de uma pessoa com os partidos políticos é amplamente determinado pelo período de tempo que alguém teve privilégios políticos e se ou não – e por quanto tempo – esses privilégios foram interrompidos (cfr. Converse, Philip E. "Of time and partisan stability", in *Comparative Political Studies*, 2, july, 1969, pp. 139 e ss. (tradução livre)). Entretanto, Margaret Inglehart alerta que, se esta teoria de Converse fosse aplicável, as mulheres dos países que primeiro lhes concederam o sufrágio deveriam ser mais politizadas que as mulheres de outros países, o

tos a ela inerentes, muitas instituições foram utilizadas para opressão das mulheres, dentre elas a religião[704] e o exército[705] que, ao concen-

que não se verificou em pesquisas feitas entre os anos de 1973 e 1978, na qual constatou-se que as mulheres britânicas da época possuíam uma classificação consideravelmente mais elevada do que as irlandesas, apesar de obterem o voto ao mesmo tempo, mas são inferiores que as francesas, que votaram apenas em 1945. Lembra, ainda, o caso das mulheres alemãs, que votaram por um breve período da República de Weimar e depois perderam todos os direitos políticos durante a Segunda Guerra. Apesar disso, apresentaram a segunda maior taxa de discussão política entre todas as mulheres na Comunidade Europeia no período da pesquisa. Por isso, para Margaret Inglehart, qualquer tentativa de explicar os níveis de interesse de uma população deve considerar, em conjunto, dois tipos de fatores: os *short term events*, como uma eleição importante ou um escândalo governamental, causando flutuações temporárias; e os *long term events*, que são as influências históricas de longo prazo mais estáveis que persistem após os efeitos do incidente temporário terem diminuídos, materializados na religião e concepções sociais dominantes, bem como o meio cultural. Mas além disso, a autora, mencionando pesquisa feita na Comunidade Europeia em 1973, destaca algumas variáveis importantes que influenciam no interesse político das pessoas, a começar pela nacionalidade, considerada o determinante para tal finalidade, seguida da educação, do sexo e, por fim, da idade. Apontou outros preditores, como o estado civil, ocupação, emprego, número de filhos e residência rural, como fatores de importância marginal. De todo modo, Margaret Inglehart, aponta em suas pesquisas que o baixo interesse feminino decorrem mais da exclusão consciente pelos homens no passado, que deixou um impacto persistente na socialização em determinada cultura presente, do que das diferenças mais sutis relacionadas à socialização de uma pessoa em determinada cultura (cfr. INGLEHART, Margaret. "Political Interest In West European Women: An Historical and Empirical Comparative Analysis", in *Comparative Political Studies*, v. 14, n.3. October 1981, pp. 301, 304 e 321 (tradução livre)).

704 Margaret Inglehart menciona a influência das tradições protestantes em alguns países, como Inglaterra, Dinamarca e Holanda, e a tradição católica antifeminista na Itália e sugere um menor interesse político entre as mulheres em países de herança estritamente católica, e o faz com base em tabelas elaboradas a partir de sete pesquisas diferentes realizadas naquela altura (cfr. INGLEHART, Margaret. "Political Interest In West European Women: An Historical and Empirical Comparative Analysis", in *Comparative Political Studies*, v. 14, n.3. October 1981, p. 314 (tradução livre)).

705 Dentre as instituições que Margaret Inglehart destaca como importantes influenciadoras da população em aceitar a supremacia masculina, o mais claro é o exército, já que a figura de uma mulher militar é extremamente rara na história. Recorda que a regra por vários milhares de anos tem sido as mulheres permanecerem em casa para os cuidados com os filhos enquanto os homens vão à luta, até mesmo porque durante a maior parte da história, o sucesso na luta dependeu da força física, e a relativa fraqueza das mulheres desempenhou um importante papel na manutenção da desigualdade entre os sexos. Este ponto era

trarem o "poder no topo de uma hierarquia, exigindo uma obediência cega das massas", contribuíram para o atraso da emergência da igualdade política[706]. A convicção, do próprio eleitorado, ao qual se inclui grande parte das próprias mulheres, de que a classe política é essencialmente masculina decorre destas concepções e é convenientemente mantida, na medida do possível[707], pelo regime político[708],

tão crucial que mesmo os pioneiros da democracia como a Atenas antiga e a Suíça moderna excluíram a mulher da cidadania: "apenas pessoas que portavam armas tinha o direito de votar" (cfr. cfr. INGLEHART, Margaret. "Political Interest In West European Women: An Historical and Empirical Comparative Analysis", in *Comparative Political Studies*, v. 14, n.3. October 1981, p. 314 (tradução livre)).

[706] Cfr. RAPOSO, Vera Lúcia Carapeto. *O Poder de Eva – O princípio da igualdade no âmbito dos direitos políticos, problemas suscitados pela discriminação positiva*, Coimbra, Almedina, 2004, p. 123.

[707] Isto porque a atualidade conta com agentes e mecanismos de promoção à participação política feminina que têm servido de substrato para alteração fática e, ao menos em nível percentual, desta realidade em muitos países.

[708] O tipo de governo adotado possui ligação direta com a igualdade política, cuja resistência em sua implementação é maior em governos autoritários do que em governos democráticos, muito embora nestes últimos também levou-se um grande tempo até começarem a implementarem medidas pela igualdade de gênero. Neste ponto, Kevin Arceneaux aponta estudo que revelou que as atitudes do papel de gênero afetam o nível de representação feminina no legislativo estadual "independentemente da cultura política e da ideologia". Afirma que a lacuna de gênero na representação prejudica o tipo de política que o estado busca, afetando a capacidade de resposta do sistema político para mais de metade da população, composta por mulheres. Assim, compreende que a cultura política do Estado, que é considerada uma orientação para a ação política, afeta o grau em que ele se torna propício à representação feminina. Inclui, nesta perspectiva, o conjunto de atitudes de gênero, na qual o Estado cria uma massa de eleitores e/ou elites para "ver a política como um mundo masculino" e, por consequência, desacreditam as mulheres de que elas possam ser candidatas, por ser inapropriado, levam os funcionários de partidos políticos e outras elites políticas a terem preconceito contra elas e, apesar disso, ainda que se arrisquem a concorrer, as mulheres acabam tendo uma menor probabilidade de ganhar eleições (cfr. ARCENEAUX, Kevin. "The 'Gender-Gap' in State Legislative Representation: New Data to Tackle an Old Question", in *Political Research Quarterly*, v. 54, n. 1, march 2001, pp. 143-145 (tradução livre)).

seja por meio de ações partidárias[709], seja pelo desconhecimento, até mesmo por parte das mulheres, da real discriminação[710].

Por isso, os obstáculos à representação política das mulheres podem ser divididos, nas palavras de Albertina Jordão, em duas espécies: os endógenos e os exógenos[711]. Os primeiros identificam-se pela própria condição das mulheres, nomeadamente a socioeconômica, já que são mais passíveis ao desemprego, recebem salários menores, têm maiores dificuldades em compatibilizar a maternidade com a vida profissional, pois a elas, em sua grande maioria, recaem os cuidados com educação dos filhos e gestão das atividades domésticas; e por questões de ordem cultural e educacional, uma vez que foram, no decorrer dos anos, tolhidas da vida pública, o que as impediu não só a prática para a coisa política, mas também as incutiu uma dificuldade de expressarem por si suas

709 Os critérios e o processo de escolha dos candidatos e candidatas dentro dos partidos políticos nem sempre são claros e objetivos, o que favorece a manutenção da cultura, da própria política inclusive, do masculino e na transmissão desses valores patriarcais, de forma que ideias não convencionais e renovação de pessoas acabam não tendo espaço. Daí a importância de transparência nesses processos de seleção dos níveis dirigentes dos partidos políticos e, mesmo, do universo partidário. Terão, pois, "os partidos que encontrar, no presente, meios de encorajar as mulheres a aderir, do mesmo modo que, no passado souberam encontrar os meios para as afastar" (cfr. Plataforma Portuguesa para os Direitos das Mulheres (Projecto Capacita), *Afinal, o que é a Democracia Paritária? A participação de mulheres e homens na organização social*, Fundação Calouste Gulbenkian, 2016, p. 59, disponível em https://plataformamulheres.org.pt/afinal-o-que-e-a-democracia-paritaria-a-participacao--de-mulheres-e-homens-na-organizacao-social/, acesso em 11 de abril de 2022.).

710 A este respeito, Vera Raposo destaca o fato de os beneficiários serem um dos grandes opositores às medidas de discriminação positiva e o justifica por meio da teoria da *relative deprivation*, segundo a qual "as pessoas de grupos especialmente desfavorecidos tendem a considerar-se elas próprias excepções à regra da subjugação que persegue o respectivo grupo". O que sucede é que as mulheres, típico estereótipo desta teoria, "raramente pensam ter direito a algo e, por conseguinte, dificilmente se sentem vítimas de uma injustiça". Por isso, nos moldes desta teoria, cabe ao Estado a defesa destes grupos, mesmo levando em conta a tendência paralela da "hiper-vitimização", na qual os membros de grupos desfavorecidos, além de não reconhecerem as injustiças experimentadas, podem também "extrapolá-la e invocá-la como fundamento para todo o tipo de pretensões" (cfr. RAPOSO, Vera Lúcia Carapeto. *O Poder de Eva – O princípio da igualdade no âmbito dos direitos políticos, problemas suscitados pela discriminação positiva*, Coimbra, Almedina, 2004, pp. 309-310).

711 Cfr. JORDÃO, Albertina. "Protagonistas do poder local: obstáculos e oportunidades", in *Revista Ex Aequo*, n. 2/3, 2000, pp. 117-123.

ideias e opiniões, já que sempre estiveram representadas por alguma figura masculina. Além disso, a própria naturalização do não reconhecimento de suas competências políticas fez com que as mulheres tivessem mais dificuldades do que os homens com exposições públicas. Os obstáculos exógenos, por sua vez, são considerados os "entraves objetivos à participação política das mulheres"[712], e dizem respeito ao regramento da sociedade, como é o caso das organizações que servem de base ao recrutamento de pessoas para desempenharem atividades políticas, a exemplo de sindicatos, associações, partidos políticos que, em sua grande maioria, acabam se tornando verdadeiros "grupos de homens"[713]. Acrescente-se, ainda, o déficit em dados estatísticos sobre a efetiva situação das mulheres, bem como do papel e atividades por elas exercidas politicamente. A informação é o primeiro passo para mudança da realidade e, por isso, uma base de dados, completa e atualizada, é tão importante para a temática. Os horários de funcionamento de atividades políticas, sejam a nível interno dos partidos políticos, seja a nível dos parlamentos, que muitas vezes se estendem ao período noturno, revelam outro ponto de incompatibilidade para a vida de muitas mulheres, que dependeriam de uma reorganização doméstica com divisão de tarefas com o marido para estarem disponíveis.

Como se pode observar, toda essa gama de obstáculos não está atrelada apenas ao contexto político, de forma que a discriminação sexual vai muito além disso, configurando-se um fenômeno sociocultural, de múltiplas perspectivas e consequências. E é justamente toda essa abrangência global que levou a política a se tornar um *no women's land*[714], tão bem traduzida no mito do "eterno feminino"[715], que, ainda nos dias de hoje, incumbe às mulheres, de forma indissociável, as tarefas referen-

[712] Cfr. Jordão, Albertina. "Protagonistas do poder local: obstáculos e oportunidades", in *Revista Ex Aequo*, n. 2/3, 2000, pp. 119 e ss.

[713] Cfr. Jordão, Albertina. "Protagonistas do poder local: obstáculos e oportunidades", in *Revista Ex Aequo*, n. 2/3, 2000, p. 120.

[714] Na expressão de José Manuel Viegas e Sérgio Faria, cfr. Viegas, José Manuel Leite; Faria, Sérgio. *As Mulheres na Política*, Lisboa, Presidência do Conselho de Ministros, Imprensa Nacional-Casa da Moeda, 1999, pp. 34-35.

[715] Para melhor desenvolvimento deste mito, cfr., Bourque, Susan; Grossholtz, Jean. "Politics an Unnatural Practice: Political Science Looks at Female Participation", in *Politics & Society*, v. 4, issue 2, 1974, pp. 230 e 240.

tes à esfera doméstica, a qual é conferido importante relevo social, pela responsabilidade na formação educacional, cultural e moral dos filhos, muito embora dificulte, e até mesmo impeça, o desempenho de atividades políticas de forma eficaz e racional. Diante da impossibilidade de isenção deste papel social, de "divina mãe protetora", que acaba por ser a origem e o próprio fim da figura feminina, inicia-se um movimento circular a qual inibe e dificulta o pensamento e o comportamento político racional, desvinculado desta função.

Passados os obstáculos, que não são poucos, seguiremos às oportunidades, ou melhor dizendo, aos mecanismos de impulso à atividade política por parte das mulheres, mas sempre lembrando que somente o total compartilhamento, entre homens e mulheres, de deveres e responsabilidades que a cidadania implica em suas múltiplas dimensões é que haverá igualdade de fato dentro de um Estado Democrático de Direito[716].

3.2.3.3. Agentes e mecanismos potencialmente impulsionadores da representação política das mulheres

Inúmeras medidas foram – e ainda são – criadas com a finalidade de estimular e incrementar a participação das mulheres na política, muitas delas propostas em documentos internacionais, com vista a propagar entre as civilizações este objetivo. Para fins metodológicos, os agentes e mecanismos que impulsionam a atividade política feminina serão aqui divididos em formais e informais. Os primeiros, como decorrentes da estrutura do próprio Estado, por meio da atividade de seus órgãos de soberania ou de suas instituições e organizações legais e criadas para o desenvolvimento da política que são demandados a agir em prol da igualdade de gênero na política. Aqui podem ser incluídas a atuação legislativa, governamental e judiciária, bem como a dos partidos políticos, dada sua missão materialmente constitucional. Neste item nos centraremos, em suma, em mecanismos decorrentes da atividade parlamentar, governamental e partidária, sobretudo a elaboração de um direito antidiscriminatório, com criação de medidas de discriminação positiva, bem como as potencialidades dos partidos políticos nesta dinâmica a favor da igualdade política de fato. Não será abordada, por outro

[716] A propósito, cfr., LISTER, Ruth. *Citizenship: Feminist Perspectives*, New York, NYU Press, 1998, pp. 132-137 (tradução livre).

lado, o papel da atuação judiciária, para fins de impulsionar a atividade política das mulheres, por ocorrer de forma subsidiária e casuística, com a finalidade de assegurar, na situação em concreto, que as normas legais e constitucionais, bem como planos de governo, previamente elaborados e abstratamente considerados, tenham a devida aplicação.

Os mecanismos informais, por sua vez, referem-se a um modo informal de desenvolvimento da política e, por consequência, de impulsionamento à representação política feminina, que pode ser desempenhado seja através de diversas entidades da sociedade civil ou movimentos de cidadãos, o que demonstra que o desenvolvimento da política não depende apenas dos órgãos do poder e dos partidos políticos. Ambos os mecanismos são, em verdade, formas de atuação conjunta e complementar no incentivo à protagonização política feminina. Coexistem, paralelamente, com a mesma finalidade, que é o respeito pela igualdade entre os sexos.

3.2.3.3.1. Mecanismos formais

Foram considerados, para os fins desta categorização, os mecanismos decorrentes do poder instituído, sobretudo emanados dos seus órgãos de soberania e dos partidos políticos. Aqui, a iniciativa para conscientização, preparo e estímulo das mulheres para a tomada de responsabilidades no campo político, bem como o resguardo direto da igualdade de fato, advém das instituições, a exemplo dos governos, com seus planos de ação, do parlamento, com suas medidas legais de discriminação positiva, alterações constitucionais e legislativas, da reestruturação dos partidos políticos, dentre outros. Entre as várias medidas apresentadas e tantos agentes atuantes pelo incremento da participação política feminina, destacam-se as/os seguintes:

3.2.3.3.1.1. *O direito antidiscriminatório*

Embora satisfeitas com a liberdade e direitos políticos conquistados, as mulheres não infrequentemente se deparam com uma realidade arcaica quando se aventuram fora dos papéis tidos como tradicionais e questionam seu lugar na sociedade. Aquelas que acreditavam poder agir livremente como indivíduos, designadamente após o alcance do estatuto político, foram barradas e muitas vezes até insultadas: "a obscenidade é o pão de cada dia das mulheres na campanha eleitoral", escreveu Elisabeth Guigou[717]. A igualdade, recém-adquirida formalmente, não incorporou de forma muito clara e imediata a consciência coletiva, demonstrando que a igualdade de direitos, além de não "evidente nem demonstrável"[718], "pertence à instituição e não à natureza"[719]. Assim, como a instituição da igualdade não é consequência necessária de uma verdade óbvia ou demonstrável, "mas o efeito de uma decisão política"[720], criou-se, num cenário de obstacularização à participação política das mulheres, uma política antidiscriminatória, sob a justificativa de que a exigência de equidade deve permitir corrigir, ou mesmo ir além da simples aplicação da lei geral, na forma de administrar a justiça, tomar medida ou até mesmo legislar levando em conta a realidade concreta dos casos[721]. Por isso, apesar da existência inicial de uma desconfiança no uso de cotas em diversos países[722] e do fato de a igualdade ser contrária a toda discriminação, a utilização de mecanismos de nivelamento, em concreto, de condições de disputa política, tem sido aceite como forma de compensação.

A mera esperança de uma realidade igualitária com base na evolução da cultura, dos costumes e, em resumo, da própria sociedade não basta, assim como de fato não bastou. A consciência das falhas que o princípio da igualdade pode apresentar levou à formação de uma disciplina de pensamento e de prática voltada à proibição da discriminação e implementação de mecanismos de fomento e respeito à diversidade a que se

[717] Citação constante em: cfr. Agacinski, Sylviane. *Politique des sexes*, Paris, Éditions du Seuil, 1998, p. 164 (tradução livre).

[718] Nas palavras de Hannah Arendt, para quem a afirmação "todos os homens são criados iguais" não é evidente, mas "requer acordo e consentimento", já que "a igualdade, se for para ter significado político, é uma questão de opinião, não de 'verdade'" (cfr. Arendt, Hannah. *La Crise de la culture – Huit exercices de pensée politique*, Paris, Gallimard, 1972, p. 314 (tradução livre)).

[719] Cfr. Agacinski, Sylviane. *Politique des sexes*, Paris, Éditions du Seuil, 1998, p. 170 (tradução livre).

[720] Cfr. Agacinski, Sylviane. *Politique des sexes*, Paris, Éditions du Seuil, 1998, p. 171 (tradução livre).

[721] Neste sentido, cfr. Agacinski, Sylviane. *Politique des sexes*, Paris, Éditions du Seuil, 1998, p. 176 (tradução livre).

[722] Como, por exemplo, é o caso de França (cfr. Agacinski, Sylviane. *Politique des sexes*, Paris, Éditions du Seuil, 1998, p. 177 (tradução livre)).

denominou direito antidiscriminatório. Uma das grandes dificuldades que cercam o direito antidiscriminatório é a enorme variedade conceitual que torna sua especificação e análise um tanto quanto delicada. Nas palavras de Bobbio, os direitos "não nascem todos de uma vez e nem de uma vez por todas"[723] e não foi diferente com o direito antidiscriminatório que, nos moldes atuais, tem sua gênese, datada da década de 60[724],

[723] É como afirma o autor: "do ponto de vista teórico, sempre defendi e continuo a defender, fortalecido por novos argumentos que os direitos do homem, por mais fundamentais que sejam, são direitos históricos, ou seja, nascidos em certas circunstâncias, caracterizadas por lutas em defesa de novas liberdade contra velhos poderes, e nascidos de modo gradual, não todos de uma vez e nem de uma vez por todas" (cfr. Bobbio, Noberto. *A Era dos Direitos*, trad. de Carlos Nelson Coutinho, 9ª edição, Rio de Janeiro, Elsevier, 2004, p. 25).

[724] Dworkin narra o caso *Sweatt versus Painter*, ocorrido em 1945, em que Sweatt teria tentado ingressar na Faculdade de Direito da Universidade do Texas, mas foi recusado porque uma lei estadual impedia negros de frequentarem universidades. Então, a Suprema Corte declarou que esta lei violava a Décima Quarta Emenda da Constituição dos Estados Unidos. Também recorda do caso *Carolina do Norte versus Swann*, em 1971, na qual a Suprema Corte norte-americana teria declarado inconstitucional legislação estadual que proibia o *busing*, que é o transporte escolar compulsório de estudantes, voltado à correção de desigualdades de oportunidade educacional decorrente de segregação racial (cfr. Dworkin, Ronald. *Levando os Direitos a Sério*, trad. de Nelson Boeira, São Paulo, Martins Fontes, 2017, pp. 208 e 343). Mais tarde, no caso *Brown versus Board of Education* a Suprema Corte dos Estados Unidos determinou que as leis estaduais dos Estados Unidos que estabelecem a segregação racial em escolas públicas são inconstitucionais, mesmo que as escolas segregadas sejam de igual qualidade, porque "a doutrina de 'separados, mas iguais' não tem lugar. Instalações educacionais separadas são inerentemente desiguais..." (cfr. https://www.uscourts.gov/educational-resources/educational-activities/history-brown-v-board-education-re-enactment, acesso em 04 de outubro de 2021). John David Skrentny, por outro lado, aponta que as primeiras referências à política antidiscriminatória são datadas de 1935, na Lei das Relações de Trabalho Nacionais (*The 1935 National Labor Relations Act*), que buscava combater a discriminação e reparar situações de violação legal ou injustiças já perpetradas. Destaca que "um empregador que foi considerado discriminatório contra membros de sindicatos ou organizadores de sindicatos teria que parar de discriminar e também tomar medidas afirmativas para colocar essas vítimas onde estariam sem discriminação" (cfr. Skrentny, Jonh David. *The Ironies of Affirmative Action. Politics, Culture, and Justice in America*, Chicago & London, The University of Chicago Press, 1996, p. 6 (tradução livre)). A expressão *affirmative action* surge, pela primeira vez, na *Executive Order 10.925*, de 06 de março de 1961, do então presidente John Kennedy (cfr. https://www.presidency.ucsb.edu/documents/executive-order-10925-establishing-the-presidents-committee-equal-employment-opportunity, acesso em 04 de outubro de 2021). Apesar disso, foi seu sucessor, o presi-

ligada às lutas pela igualdade, sobretudo a racial, nos Estados Unidos[725]. Aos poucos tal regramento de combate à discriminação expandiu-se a outros grupos minoritários ou desfavorecidos (não que as mulheres sejam tecnicamente um grupo minoritário, pois inclusive compõem a maior parte da população mundial, ou desfavorecido, mas por razões históricas são equiparadas a este grupo de sujeição cultural) e extrapolou o plano laboral para alcançar diversos setores privados e públicos, alcançando, então, os partidos políticos e órgãos de decisão política[726]. O amplo desenvolvimento do direito antidiscriminatório não torna, obrigatoriamente, todo direito positivo como tal, mas na verdade, "o direito positivo é profundamente discriminatório: não só deixa subsistir muitas discriminações, como gera outras novas"[727].

A propósito, o termo discriminação, de grande complexidade e amplitude, "adquiriu sentidos ainda mais complexos em tempos recentes em função da percepção de que indivíduos são excluídos porque sofrem diferentes formas de tratamento desvantajoso que não expres-

dente Lyndon B. Johnson quem assinou o *Civil Rights Act*, em 2 de julho de 1964, proibindo a discriminação com base em raça, cor, religião, sexo, nacionalidade e, posteriormente, orientação sexual e identidade de gênero, e o *Voting Rights Act*, de 1965, visando superar as barreiras discriminatórias – inicialmente as raciais – que existiam em torno do direito de voto. Em 1972, o *Equal Employment Opportunity Act*, que alterou o Título VII da Lei dos Direitos Civis de 1964 para tratar da discriminação no emprego contra afro-americanos e outras minorias e a *Revised Order n. 4*, que completaram a política antidiscriminatória norte-americana com o *Civil Rights Act* de 1991, tendo este restaurado e fortalecido as leis dos direitos civis que proibiam a discriminação no emprego.

725 No Brasil, o direito antidiscriminatório esteve interligado ao movimento abolicionista, e sob influência das revoltas originadas com os ex-combatentes negros da Guerra do Paraguai, que pleiteavam o fim da escravatura e igualdade de direitos à população negra (cfr. Prudente, Eunice Aparecida de Jesus. "O negro na ordem jurídica brasileira", in *Revista da Faculdade de Direito*, Universidade de São Paulo, nº 83, 1988, pp. 135-149).

726 Neste sentido, cfr. Raposo, Vera Lúcia Carapeto. *O Poder de Eva – O princípio da igualdade no âmbito dos direitos políticos, problemas suscitados pela discriminação positiva*, Coimbra, Almedina, 2004, p. 294.

727 Cfr. Raposo, Vera Lúcia Carapeto. *O Poder de Eva – O princípio da igualdade no âmbito dos direitos políticos, problemas suscitados pela discriminação positiva*, Coimbra, Almedina, 2004, p. 293.

sam intencionalidade"[728] e por essa razão, a terminologia também abarca "aqueles mecanismos que não classificam pessoas a partir de um determinado traço, mas que concorrem para agravar a situação na qual elas vivem"[729]. Dentre seus três níveis de existência, quais sejam, a *discriminação direta*, explicitamente praticada, a *discriminação indireta*, apresentada de modo oculto, e a *discriminação positiva*[730], é este último o que ampara as medidas em favor das mulheres para o exercício de seus direitos políticos e encontra no princípio da igualdade, em sentido substancial, sua base de fundamentos[731]. Seu recurso à discriminação para promoção da

[728] Cfr. Moreira, Adilson José. *O que é discriminação?*, Belo Horizonte, Casa do Direito, Justificando, 2017, pp. 27-28.

[729] Cfr. Moreira, Adilson José. *O que é discriminação?*, Belo Horizonte, Casa do Direito, Justificando, 2017, pp. 27-28.

[730] Para maiores definições sobre estes níveis, cfr., Raposo, Vera Lúcia Carapeto. *O Poder de Eva – O princípio da igualdade no âmbito dos direitos políticos, problemas suscitados pela discriminação positiva*, Coimbra, Almedina, 2004, pp. 301 e ss.

[731] Não se desconhece as divergências que o tema levanta, nem posições, como a de James Nickel, que, ao analisar a relação entre discriminação e características moralmente relevantes, entende que estender considerações especiais a um grupo anteriormente oprimido será persistir no erro de tratar uma característica moralmente irrelevante, como a raça, a cor da pele, o credo e o sexo, que foi a base para a discriminação original, como se fosse relevante. Por isso, critica a «discriminação reversa» e julga que as pessoas, ainda que tenham sofrido discriminação, devem ser tratadas com imparcialidade (cfr. Nikel, James W. "Discrimination and Morally Relevant Characteristics", in *Analysis*, v. 32, Issue 4, March 1972, pp. 113-114 (tradução livre)). Entretanto, ele inicia com o pressuposto de que a discriminação original tenha sido reconhecida e, ao menos parcialmente, tenha chegado ao fim, tornando, por isso, a característica "discriminatória" moralmente irrelevante, sendo desnecessária qualquer reparação especial. O cotidiano, ao contrário, mostra, através de números e dados a vulnerabilidade real de diversos membros desses grupos historicamente oprimidos, ante sua suscetibilidade a todo tipo de violência, a desigualdades econômicas, salariais, dentre tantas outras, o que revela a presença, ainda que em variados níveis, de uma discriminação real na sociedade e que não pode ser desconsiderada. Além do que, como destaca Vera Raposo, as características que legitimaram a discriminação a favor não são as mesmas que haviam justificado a discriminação contra, ou seja, "se uma mulher foi discriminada no passado pelo simples facto de ser mulher, hoje ela não será alvo de um tratamento preferencial por ser mulher, mas sim porque no passado foi discriminada" (cfr. Raposo, Vera Lúcia Carapeto. *O Poder de Eva – O princípio da igualdade no âmbito dos direitos políticos, problemas suscitados pela discriminação positiva*, Coimbra, Almedina, 2004, p. 308). E acrescentamos: esse tratamento preferencial não se deu (e ainda se dá) apenas pelo passado discriminatório, mas sobretudo pelas presentes consequências vivenciadas pelas

igualdade é, ao mesmo tempo, paradoxal e contraditório, pois confere uma inclinação positiva a um termo de sentido negativo e, por isso, leva alguns a optarem pela expressão "ações positivas" que, no fundo, acabam levando ao mesmo destino e, desta maneira, são assimilados pela maioria dos estudos.

A democracia, com tudo que edifica, tais como "instituições políticas, circunscrições eleitorais, métodos representativos, é também uma construção artificial da sociedade"[732] e, por isso, pode ser moldada para modificar a desigualdade entre os sexos que a evolução civilizacional construiu. Portanto, a construção, ainda que artificial, da igualdade está em perfeita consonância com todo o arcabouço socialmente edificado, dentre eles a própria democracia. Apesar de não ter o Estado a exclusiva atuação na promoção da igualdade, destacando-se neste ponto o papel de inúmeras organizações não governamentais, seu papel é primordial, já que "os recuos e os avanços dependem em grande medida da força política no poder e da ideologia por esta sufragada"[733]. Neste

mulheres de um passado, insistente e longo – tão longo que ainda encontra fortes traços no presente – que as deixaram ao largo da vida pública. O fundamento da discriminação original – ser mulher – é moralmente irrelevante, mas, em contrapartida, os fundamentos do tratamento preferencial – passado de opressão – não se referem a causa moralmente irrelevante, como aliás James Nickel posteriormente observa. Não desconhecemos as nuances da temática, seus prós e contras, que, entretanto, não é o objeto central desta pesquisa. Aqui, parte-se de uma realidade – em construção, é verdade – na qual medidas de discriminação positiva, nomeadamente as cotas, já estão sendo aplicadas em inúmeros países. A tese de Nickel, posteriormente, é restringida por Cowan, que entende que a discriminação positiva deve ser direcionada a um indivíduo, concretamente considerado, que tenha sido vítima de discriminação, e não a um grupo abstratamente considerado (cfr. Cowan, J. L. "Inverse Discrimination", in *Analysis*, v. 33, n. 1, oct., 1972, pp. 10-12 (tradução livre)). Entretanto, questões práticas inviabilizariam este tipo de sugestão que, ademais, desconsidera as consequências coletivas, de reflexos concretos e pulverizados a cada indivíduo, ainda que em medidas distintas, de forma que a compensação por meio de medidas de discriminação positiva acaba sendo destinada a membros individualmente considerados destes coletivos.

732 Cfr. Raposo, Vera Lúcia Carapeto. O Poder de Eva – O *princípio da igualdade no âmbito dos direitos políticos, problemas suscitados pela discriminação positiva*, Coimbra, Almedina, 2004, p. 41.

733 Cfr. Raposo, Vera Lúcia Carapeto. O Poder de Eva – *O princípio da igualdade no âmbito dos direitos políticos, problemas suscitados pela discriminação positiva*, Coimbra, Almedina, 2004, p. 40.

aspecto, a igualdade pode ser erigida como ponto de partida, através da eliminação de obstáculos fáticos às oportunidades individuais, ou como ponto de chegada, por meio de instrumentos para obtenção dos resultados esperados. Esta última caracteriza, efetivamente, a discriminação positiva, na medida em que resguarda uma determinada posição para um específico grupo considerado desfavorecido, com a finalidade de obtenção do resultado igualitário. De toda sorte, nas palavras de Jorge Miranda, "orientações, incentivos e prescrições nesse sentido, longe de conduzirem para um fracionamento, poderão reforçar a unidade política. Tudo está em que sejam tomados estritamente em vista desse objetivo e só pelo tempo estritamente necessário, confiando-se depois na dinâmica social e cultural que se venha a desenvolver"[734]. O direito discriminatório não está, portanto, a segregar, mas ao contrário, a integrar.

A escolha do grupo a incidir a discriminação positiva baseia-se seja em condições sociais da atualidade seja em fatos históricos específicos de cada nação, o que invariavelmente gera debates acalorados, com posições favoráveis e contrárias, pois atua na escolha de pessoas em detrimento de outras não pertencentes ao grupo considerado desfavorecido como forma de pagamento de uma dívida histórica pela opressão vivenciada. A sujeição refere-se ao coletivo, mas, por questões práticas, a dívida acaba sendo paga de forma individualizada a determinadas pessoas daquele grupo. As peculiaridades históricas de cada sociedade são, por certo, distintas e hoje muitos países fazem o recurso a ações afirmativas para variados fins e como forma de proteção de diversos grupos. Não se desconhece a série de discussões em torno da legitimidade constitucional da discriminação positiva, mas no caso específico da pesquisa, tanto o Brasil quanto Portugal já empregam, há algum tempo e com autorização expressa em ambos os ordenamentos jurídicos (inclusive no âmbito constitucional), medidas em favor das mulheres na política, designadamente as cotas, mas as implicações práticas em ambas as nações são variáveis, o que será analisado na sequência.

[734] Cfr. Miranda, Jorge. *Direito Eleitoral*, 2ª edição, Coimbra, Almedina, 2021, p. 245.

3.2.3.3.1.2. *Medidas de discriminação positiva*[735] *em prol da representação política das mulheres*

Na tentativa de proporcionar a igualdade no exercício dos direitos políticos, o que, a propósito, é expressamente recomendado pela Constituição Portuguesa (art. 109º), existe uma série de ações positivas[736] que podem ser utilizadas para promover o estatuto das mulheres em geral, e que são elementares para sua integração aos processos decisórios, bem como para derrubar – ou ao menos reduzir – as barreiras de acesso às mulheres aos cargos políticos, e que são menos interventivas que as cotas, a exemplo de medidas sociais de incremento de educação, proteção e guarda a crianças e adolescentes; implementação de medidas de apoio à maternidade e lactação, sobretudo para favorecer a inserção e manutenção das mulheres no mercado de trabalho[737]; amplificação de

[735] Há uma prática recorrente em identificar todo o direito antidiscriminatório pela expressão *affirmative actions* (ou *positive action*, na versão britânica), referindo-se a uma política que visa aumentar as oportunidades de trabalho ou educacionais para partes sub-representadas da sociedade e seu ponto mais controvertido é classificar suas várias modalidades, distinguindo-se as medidas brandas (*soft*), enérgicas (*aggressive*) e as destruidoras (*hardball*). Referindo-se aos programas de ação afirmativa, voltados para a raça, Mitchell Rice salienta que os programas *soft* são relativamente não controversos no sentido de que eles meramente anunciam oportunidades, enquanto os programas considerados *aggressive* "são claramente de resultados". Cita como exemplo de programa *hardball* aqueles de retirada de terras do governo federal, estadual e local, com o objetivo principal de superar efeitos contínuos da discriminação anteriormente existente (cfr. Rice, Mitchell F. Rice. "Government set-asides, minority business development, and public contracting: introduction", in *International Journal of Public Administration*, Louisiana State University, Baton Rouge, Louisiana, jan. 1995, pp. 1007-1010 (tradução livre)). Ainda, sobre o tema, cfr. Raposo, Vera Lúcia Carapeto. O Poder de Eva – *O princípio da igualdade no âmbito dos direitos políticos, problemas suscitados pela discriminação positiva*, Coimbra, Almedina, 2004, p. 316.

[736] A propósito, cumpre diferenciar ações positivas, que via de regra são constitucionais, de medidas protetoras, por apresentarem "duvidosa constitucionalidade", em função da perpetuação de estereótipos ultrapassados e da contrariedade ao princípio da igualdade, salvo quando destinadas à proteção da gravidez e maternidade, casos em que os interesses e valores subjacentes justificam a proteção. Neste sentido, cfr., Raposo, Vera Lúcia Carapeto. O Poder de Eva – *O princípio da igualdade no âmbito dos direitos políticos, problemas suscitados pela discriminação positiva*, Coimbra, Almedina, 2004, p. 315.

[737] Ao que tudo indica, a participação das mulheres no mercado de trabalho afigura "como requisito dificilmente dispensável para uma participação significativa ao nível da tomada de decisão", além de revelar grandes vulnerabilidades decorrentes da menor concentração

licenças parentais aos homens; maior racionalização, transparência e jurisdicionalização nos processos de contratação, pública e privada, bem como nos processos de movimentação e promoção laboral[738] e de fixação salarial; a informação, sistemática e orientada, de dados sobre a situação das mulheres em todos os setores da sociedade, mas em especial com relação à educação e à formação, o que supõe o levantamento comparativo de dados referentes a ambos os sexos[739]; a opção por sistemas eleitorais que favoreçam a eleição das mulheres que, via de regra, é o sistema de representação proporcional[740]; campanhas de sensibilização e incentivo à participação das mulheres em instâncias partidárias e de decisão[741], dentre outras.

em cargos de escala profissional mais alta, das diferenças salariais e da maior probabilidade ao desemprego (cfr. Beleza, Leonor. "Medidas para a Promoção da Igualdade na Vida Política", in *Democracia com mais Cidadania*, Lisboa, Presidência do Conselho de Ministros, 1998, p. 66).

738 Cfr. Raposo, Vera Lúcia Carapeto. O Poder de Eva – *O princípio da igualdade no âmbito dos direitos políticos, problemas suscitados pela discriminação positiva*, Coimbra, Almedina, 2004, p. 311.

739 Cfr. Beleza, Leonor. "Medidas para a Promoção da Igualdade na Vida Política", in *Democracia com mais Cidadania*, Lisboa, Presidência do Conselho de Ministros, 1998, p. 66.

740 É como sugere Luísa Duarte, para quem, além da compreensão da incidência dos sistemas eleitorais sobre o nível de representação política das mulheres, outros fatores são importantes, como "a posição das candidaturas femininas nas listas eleitorais; o papel dos partidos políticos no funcionamento do sistema político; a estrutura interna de decisão dos partidos políticos; a maior ou menor rigidez de constrangimentos de natureza social e cultural" (cfr., Duarte, Luísa. "Acções Positivas de Promoção do Acesso das Mulheres aos Cargos Políticos – Direito Comparado e Prática Política", in *Democracia com mais Cidadania*, Lisboa, Presidência do Conselho de Ministros, 1998, p. 35). No mesmo sentido, Vera Raposo, para quem "o sistema proporcional apresenta tendencialmente índices de proporcionalidade superiores aos do sistema majoritário, embora a proporcionalidade daqueles seja condicionada por múltiplos factores", como o método eleitoral seguido, a extensão dos círculos eleitorais, a existência de limite mínimo legal ou cláusula de barreira (cfr. Raposo, Vera Lúcia Carapeto. O Poder de Eva – *O princípio da igualdade no âmbito dos direitos políticos, problemas suscitados pela discriminação positiva*, Coimbra, Almedina, 2004, p. 139). E de fato, o sistema majoritário implica pequena proporcionalidade, já que apenas a representatividade dos votos do vencedor que é considerada.

741 Cfr. Duarte, Luísa. "Acções Positivas de Promoção do Acesso das Mulheres aos Cargos Políticos – Direito Comparado e Prática Política", in *Democracia com mais Cidadania*, Lisboa, Presidência do Conselho de Ministros, 1998, p. 35.

Como se observa, há um vasto campo a ser explorado, que passa pelo direito de família, direito do trabalho, até serem alcançados os direitos de cidadania, aqui compreendidos como a participação ativa nos processos de decisão política de uma nação, e culminar no acesso a cargos públicos, mais especificamente na representação política. São, antes de mais, "mudanças no domínio da lei, terminando sistematicamente com todas as discriminações anteriores"[742] em todo o ordenamento jurídico-constitucional e na praxe cotidiana, por meio da adoção de medidas que favoreçam a igualdade jurídica e, principalmente, a igualdade de fato. Há, portanto, medidas que visam, de forma indireta, provocar a participação de mulheres na política e medidas que forcem, de modo direto, a obtenção de resultados, seja no domínio das candidaturas a cargos eletivos seja na composição dos órgãos eletivos. A segunda opção, que é o caso das cotas, configura o recurso mais radical da discriminação positiva e, ao menos em tese, deveriam ser empregadas quando nenhum outro mecanismo menos agressivo tenha surtido efeito. Mas em verdade, ambas formas de medidas – indiretas e diretas – deveriam ser equacionadas, de forma que as primeiras fossem utilizadas como condição de eficácia das cotas na política, para que juntas e complementarmente pudessem promover uma maior e mais efetiva participação das mulheres na vida política.

3.2.3.3.1.3. *O sistema de cotas, suas modalidades e sua experiência no âmbito da representação política feminina no Brasil e em Portugal: Sucessos e Insucessos*

As cotas, de todas as ordens, têm por finalidade o estabelecimento de um determinado objetivo ou prática a serem atingidos, normalmente expressados em números percentuais, a forma de proceder para tal fim e o que fazer caso ele não seja alcançado. Quando utilizadas para fins de promoção da igualdade de gênero na política, as cotas podem ser adotadas voluntariamente pelos partidos políticos como norma interna, voltadas tanto à composição de seus próprios órgãos quanto às candidaturas para órgãos públicos eletivos, ou impostas por lei, caso em que

[742] Cfr. Beleza, Leonor. "Medidas para a Promoção da Igualdade na Vida Política", in *Democracia com mais Cidadania*, Lisboa, Presidência do Conselho de Ministros, 1998, pp. 65-66.

pode a lei encarregar os partidos de estabelecê-las dentro de determinados parâmetros ou fazê-las diretamente[743]. Aliás, em sua experiência inicial, foram justamente as introduzidas por iniciativa dos partidos políticos que surtiram maiores efeitos práticos, o que é apontado como uma das razões de seu sucesso nos países nórdicos[744], na Alemanha e na Áustria[745], propriamente por ampliar o universo de atores envolvidos no fomento à participação das mulheres na política. Ainda, as cotas podem ser destinadas apenas às candidaturas, caso em que os partidos deverão apresentar listas eleitorais com um percentual mínimo de reserva de vagas para cada sexo, ou também à própria composição dos órgãos eletivos, mediante reserva mínima de assentos a serem ocupados nos parlamentos, e também podem apresentar variação, que pode ser de baixa proporção até alcançar a paridade absoluta[746].

A propósito, se há alguma diferença entre a demanda por paridade e as políticas de cotas, Varikas esclarece que a primeira pede um percentual exatamente proporcional à presença numérica da mulher na população, ao passo que a segunda propõe um percentual menor, o que aparentemente pode ser menos arbitrário[747]. Para alguns, a política de cotas visa, acima de tudo, corrigir o funcionamento da sociedade e da

[743] Neste sentido, cfr., Moreira, Vital. "O artigo 109º da crp e a Igualdade de Homens e Mulheres no Exercício de Direitos Cívicos e Políticos", in *Democracia com mais Cidadania*, Lisboa, Presidência do Conselho de Ministros, 1998, p. 56.

[744] Os partidos políticos nos países nórdicos assumiram a liderança na introdução, espontânea, de cotas de gênero, a partir de meados da década de 1975 (cfr. Phillips, Anne. "Democracy and Representation: Or Why Should it Matter Who our Representatives Are?", in Phillips, Anne (org.), *Feminism & Politics*, Oxford/New York, Oxford University Press, 1998, p. 224 (tradução livre)).

[745] Neste sentido, cfr. Beleza, Leonor. "Medidas para a Promoção da Igualdade na Vida Política", in *Democracia com mais Cidadania*, Lisboa, Presidência do Conselho de Ministros, 1998, p. 77.

[746] Cfr., Moreira, Vital. "O artigo 109º da crp e a Igualdade de Homens e Mulheres no Exercício de Direitos Cívicos e Políticos", in *Democracia com mais Cidadania*, Lisboa, Presidência do Conselho de Ministros, 1998, p. 56.

[747] Aqui a autora lembra que a propositura de cotas foi rejeitada pelo Conselho Constitucional francês em 1982, sob o argumento de que implicaria uma divisão dos cidadãos em categorias (cfr. Varikas, Eleni. "Une représentation en tant que femme? Réflexions critiques sur la demande de ala parité des sexes", in *Nouvelles Questions Féministes*, v. 16, n. 2, La Parité "contre", 1995/mai, p. 93 (tradução livre)). Ainda, sobre a separação da noção de

democracia e, de algum modo, tornar a aplicação do princípio da igualdade mais efetivo. Para outros, deve permitir uma abordagem pragmática da paridade, numa ideia de distribuição igualitária de responsabilidades ou funções. Assim, a paridade assumiu na política um significado de partilha de poder entre homens e mulheres, o que demanda uma ressignificação da própria democracia, diferentemente da política de cotas, que busca o combate aos monopólios de poder[748]. Por isso, o ideal é o reconhecimento comum e espontâneo, por homens e mulheres, do valor da diversidade. Não se desconhece, nesse ínterim, as diversas reflexões existentes quanto à legitimidade e à própria existência das medidas de discriminação positiva[749], designadamente das cotas, que devem ser fixadas temporariamente, demandando, portanto, reavaliação periódica. Mas a pesquisa conta com uma realidade, que se vem consolidando desde a década de 90, em que mais da metade dos países do mundo já incorporaram em seus ordenamentos, de alguma forma, a cota de gênero e, em muitos casos, isso não decorre de uma adoção voluntária por partidos políticos individuais, mas de uma exigência legislativa para todos os partidos que participam das eleições[750]. Portugal, inclusive, está

cotas e de paridade, cfr., AGACINSKI, Sylviane. *Politique des sexes*, Paris, Éditions du Seuil, 1998, p. 183 (tradução livre).

748 No mesmo sentido, cfr. AGACINSKI, Sylviane. *Politique des sexes*, Paris, Éditions du Seuil, 1998, p. 183 (tradução livre). Por isso, Gisèle Halimi chegou a propor, em 1982, uma emenda que buscasse uma mistura justa entre os sexos no parlamento, com uma cota mínima de 25% (cfr. HALIMI, Gisèle. *La Nouvelle Cause des Femmes*, Paris, Seuil, 1997, p. 107 e ss. (tradução livre)).

749 Para os fundamentos dos debates sobre o estabelecimento de cotas por sexo para acesso aos cargos políticos eletivos, cfr., Vital Moreira que, na ocasião de sua implementação no ordenamento jurídico português, afirmou que "a essencial unidade da colectividade política que é titular da soberania não é minimamente afectada. O que está em causa é somente providenciar para que o corpo dos representantes seja uma aproximação menos distante do universo dos representados" e destacou que as cotas se referem a uma "*democracia compartilhada, e não a uma democracia dividida*, mesmo se «paritária»" (cfr. MOREIRA, Vital. "O artigo 109º da CRP e a Igualdade de Homens e Mulheres no Exercício de Direitos Cívicos e Políticos", in *Democracia com mais Cidadania*, Lisboa, Presidência do Conselho de Ministros, 1998, pp. 59 e ss.).

750 Cfr. PHILLIPS, Anne. "Descriptive representation revisited", in ROHRSCHNEIDER, Robert; THOMASSEN, Jacques, *Oxford Handbook of Political Representation in Liberal Democracies*, Oxford University Press, Oxford, UK, 2019, pp. 175 e ss. (tradução livre).

dentre os países que aprovaram leis eleitorais exigindo que os partidos obtenham um nível especificado de equilíbrio de gênero ao selecionar candidatos para a eleição, que é o caso da já mencionada Lei n. 1/2019, de 29 de março, que estabeleceu o regime da representação equilibrada em órgãos do poder político, bem como a paridade de gênero obrigatória para as listas de candidaturas apresentadas para a Assembleia da República, para o Parlamento Europeu e para os órgãos eletivos das autarquias locais, além da lista de candidatos a vogal das juntas de freguesia. Destaque-se, igualmente, a Lei n. 26/2019, de 28 de março, que implementou o Regime da Representação Equilibrada entre homens e mulheres no pessoal dirigente e nos órgãos da Administração Pública, direta e indireta. Na América Latina, essas leis eleitorais são cada vez mais adotadas e, apesar disso, no caso do Brasil, que aderiu ao sistema de cotas de gênero legalmente imposto, por meio da também citada Lei n. 9.504/97, posteriormente alterada pela Lei n. 12.034/2009, a representação feminina atualmente não ultrapassa 18% das cadeiras do parlamento[751], mesmo contando com legislação estabelecendo reserva do percentual mínimo de 30% e máximo de 70% para candidatura de cada gênero[752].

Já foram elencados os notáveis progressos legislativos tanto em Portugal como no Brasil no que diz respeito à participação política das mulheres, todavia, a prática brasileira tem revelado uma situação bem mais difícil e lenta e a consciência deste fato tem levado à adoção de estratégias, segmentadas e muitas vezes desordenadas, com o objetivo de atuar na promoção da igualdade de gênero. Assim, no campo do exercício de cargos políticos pelas mulheres, o Brasil está muito aquém não só de Portugal, mas da maior parte dos países latino-americanos, revelando um caso desviante da política de cotas. Enquanto Portugal, que atualmente registra uma presença feminina de cerca de 40% no

[751] Cfr. https://www.camara.leg.br/noticias/550935-bancada-feminina-na-camara-sera-composta-por-77-deputadas-na-nova-legislatura/, acesso em 07 de maio de 2021.

[752] A Lei n. 9.504/97, que regulamenta as eleições, instituiu, em seu art. 10, §3º, com redação dada pela Lei 12.034/2009, um sistema de cotas, tornando obrigatório o preenchimento dos referidos 30% na formação das listas de candidatura, por parte dos partidos políticos e coligações.

Governo e no Parlamento[753], conta com legislação que garante reserva mínima de cadeiras no parlamento (Lei orgânica n. 1/2019, de 29 de março), o Brasil, com 18% de mulheres compondo a Câmara dos Deputados[754], restringe-se a cotas de candidatura, fato que impacta diretamente nos resultados das eleições. Neste ponto, há proposta de modificação do sistema eleitoral brasileiro, que inclusive é objeto de projeto recentemente aprovado pelo Senado, mas pendente de deliberação pela Câmara dos Deputados, sugerindo a substituição das cotas de candidaturas por cotas de representação, com a finalidade de resguardar percentual mínimo de vagas na Câmara dos Deputados, nas Assembleias Legislativas dos Estados, na Câmara Legislativa do Distrito Federal e nas Câmaras de Vereadores, a serem preenchidas por mulheres, convocando-se as suplentes caso não sejam eleitas em número suficiente para tanto[755].

Ademais, apesar de Portugal adotar o sistema unicameral para o Parlamento, enquanto o legislativo brasileiro é bicameral, o fato é que a escolha dos deputados em ambos os casos se dá pela adoção do sistema proporcional[756]. A diferença substancial entre os países estaria relacionada às listas de candidatos, além da efetiva destinação das cotas. No Brasil é empregado o sistema de lista aberta[757], que confere um caráter

753 Atualmente, 84 das 230 vagas do Parlamento português são preenchidas por mulheres, num total de 38,7%. Na legislatura 1995-1999, quando a implementação de cotas passou a ser analisada, a presença feminina era de 12,2%, com 28 mulheres no parlamento.

754 Cfr. https://www.camara.leg.br/noticias/550900-nova-composicao-da-camara-ainda-tem-descompasso-em-relacao-ao-perfil-da-populacao-brasileira/, acesso em 20 de outubro de 2021.

755 A proposta, de paulatino e progressivo alcance de 30% das cadeiras parlamentares, também garante recursos do Fundo Especial de Financiamento de Campanha (FEFC) e do Fundo Partidário para as candidaturas proporcionais femininas (cfr. https://www12.senado.leg.br/noticias/materias/2021/07/14/aprovado-projeto-que-estabelece-cota-para-mulheres-em-eleicoes-proporcionais, acesso em 19 de outubro de 2021).

756 Apenas o Senado Federal brasileiro adota o sistema majoritário de eleições, mas este tem por finalidade representar os Estados-membros, e não a população propriamente dita, cuja representação se dá através da Câmara dos Deputados.

757 Neste sentido, cfr., SOUZA, Cristiane Aquino de. "A eficácia das cotas eleitorais na Argentina e no Brasil", in *Direitos Fundamentais e Democracia IV*, 1ª edição, Florianópolis, CONPEDI, 2014, p. 370. Apesar disso, há quem entenda que as listas fechadas previamente elaboradas pelos partidos políticos, além de concentrar o poder nos dirigentes partidários,

individualizado à campanha eleitoral, de maneira que há uma competição entre os próprios candidatos de um mesmo partido, o que acaba interferindo nas candidaturas femininas, que possuem uma rede partidária de apoio inferior aos homens, além das dificuldades de ordem financeira e de acesso aos meios de comunicação, já que o financiamento das campanhas brasileiras é predominantemente privado, fato este corroborado pela previsão do art. 79, da Lei n. 9.504/97, que remete a disciplina do financiamento público direto à lei específica[758]. Já Portugal conta com o sistema de lista fechada, em que o eleitor vota somente no partido, que deve estabelecer previamente sua lista com a ordem dos candidatos. Após definição do número de vagas de cada partido é que se passa aos candidatos, em conformidade com a ordem antes estabelecida. Para os fins de reserva de vaga, cada partido já posiciona seus candidatos, para garantir o preenchimento das vagas mínimas para cada gênero, e de maneira que a cada três candidatos elencados na lista, um seja do gênero oposto. Com isso, o preenchimento de cadeiras no parlamento é efetivamente assegurado em conformidade com a legislação.

Muitos, nos dias de hoje, já aceitam o déficit democrático verificado designadamente a partir do momento em que as decisões que mol-

debilitando a democracia interna nas agremiações partidárias, reduz a liberdade do eleitor e, por isso, sugere-se, no caso brasileiro, a manutenção do sistema de lista aberta e a reserva de vagas para mulheres depois do cálculo do quociente partidário. Com isso, seriam criadas uma lista de homens e outra das mulheres para que, determinado o número de cadeiras a que o partido terá direito após as eleições, seja assegurado o devido percentual destas vagas para o gênero oposto, mas agora seguindo a ordem de votação nominal (cfr. Caleffi, Renata; Salgado, Eneida Desirre. "Propostas para aumentar participação feminina na política brasileira", in *Conjur,* maio, 2015, disponível em: http://www.conjur.com.br/2015-mai-02/propostas-aumentar-participacao-feminina-politica, acesso em 19 de outubro de 2021).

[758] Não se desconhece propostas no sentido de adotar um financiamento público exclusivo de campanhas eleitorais, a exemplo do Projeto de Lei 4634/09, que busca uma reforma político-eleitoral neste sentido, o que já foi alvo de críticas por Rabat, porque a exclusividade de financiamento público "corta qualquer ligação financeira dos partidos e candidatos com suas bases sociais de apoio" (cfr. Rabat, Márcio Nuno. "Análise Crítica da Reforma Política", in *Biblioteca Digital Câmara,* Brasília, 2009, pp. 11 e ss.). Ainda, sobre o tema, cfr., Santano, Ana Cláudia. "O Financiamento da Política no Brasil – Ensaio Preliminar e Novos Desafios", in Salgado, Eneida Desirre; Dantas, Ivo (coord.), *Partidos Políticos e seu Regime Jurídico,* Curitiba, Juruá, 2013, pp. 117 e ss.

dam as vidas de todas as pessoas são tomadas por assembleias compostas predominantemente por homens, e cuja etnia formam a maioria da sociedade, o que significa que essas decisões provêm de pessoas sem qualquer experiência de discriminação ou insegurança, de modo que dificilmente haverá um forte impulso, oriundo deles, para tornar as democracias mais plenas em paridade de representação[759]. Por isso, os fundamentos da necessidade de uma representação descritiva estiveram tão presentes na adoção de medidas, sobretudo cotas, para aumento do número de representantes políticos do sexo feminino. Experiências práticas mostraram, todavia, que nem todas as políticas de cotas têm sido eficazes e o Brasil é um desses casos, como já salientado. Após quase três décadas de sua implementação legal, o país, que antes contava com 5,65%, hoje apresenta cerca de 18% de presença feminina no parlamento, o que, a despeito da ligeira evolução, não projeta uma representação minimamente equilibrada e distribuída entre os gêneros.

Como se observa, na maioria das situações, a mera exigência de um número mínimo de candidaturas por gênero, sem incluir mecanismos de acesso obrigatório ou sanções, não gerou expressivos avanços na representação parlamentar das mulheres. E neste aspecto, cumpre lembrar que, enquanto a legislação portuguesa conta com sanção aplicável aos partidos que não cumpram à correção de suas listas ao patamar mínimo, consistente na rejeição da respectiva lista[760], a lei brasileira não traz similar previsão de modo expresso e, com isso, as consequências do descumprimento do percentual mínimo de candidatura por gênero para o partido político ainda são discutíveis. Até 2009, a norma então vigente utilizava a expressão "deverá reservar", de maneira que os partidos tinham a mera faculdade de reserva mínima de 30% dos registros de candidatura para cada gênero. A Lei n. 12.034/09 alterou a redação do art. 10, § 3º, da Lei das Eleições, que passou a socorrer-se da expressão "preencherá" ao prever a obrigação de cada partido ou coligação na elaboração das listas de candidatura, indicando uma determinação e

[759] Neste sentido, cfr, PHILLIPS, Anne. "Descriptive representation revisited", in ROHRSCHNEIDER, Robert; THOMASSEN, Jacques, *Oxford Handbook of Political Representation in Liberal Democracies,* Oxford University Press, Oxford, UK, 2019, pp. 175 e ss. (tradução livre).

[760] É como consta no art. 4º, n. 1, da Lei n. 3/2006, com a redação alterada pela Lei Orgânica n. 1, de 29 de março, de 2019.

fazendo supor que, em caso de incumprimento, haverá o indeferimento da candidatura de todo o partido, pelo não preenchimento de uma condição coletiva de elegibilidade[761]. Apesar disso, na lei não há expressa previsão sobre sua inobservância e a prática fraudatória tornou-se comum por meio da utilização das informalmente denominadas "candidatas laranjas"[762], cujos nomes são utilizados apenas para fins de preenchimento do percentual legalmente exigido o que, ao final, acaba por tornar a expressão indicativa de compulsoriedade meramente simbólica. Ainda, buscando promover as campanhas femininas, a Lei n. 13.877/19 modificou o art. 44, V, da Lei n. 9.096/95, determinando a aplicação mínima de 5% dos recursos oriundos do fundo partidário com a "criação e manutenção de programas de promoção e difusão da participação política das mulheres". Neste ínterim, o Tribunal Superior Eleitoral editou a Resolução 23.607/19 que, em seu art. 19, §3º, estabelece que os partidos políticos "devem destinar ao financiamento de campanhas de suas candidatas no mínimo 30% dos gastos totais contratados nas campanhas eleitorais com recursos do Fundo Partidário", situação porteriormente regulamentada pela EC n. 117/22. Todavia, e a despeito destas previsões, os fins da lei acabaram sendo engolidos por um sistema que não prevê sanções legais para seu descumprimento e, sobretudo, para práticas fraudatórias, cuja análise fica a depender de resoluções e decisões judiciais.

[761] Neste sentido, cfr., Macedo, Elaine Harzheim. "A cota de gênero no processo eleitoral como ação afirmativa na concretização de direitos fundamentais políticos: tratamento legislativo e jurisprudencial", in *Revista da AJURIS*, v. 41, n. 133, março de 2014, p. 232.

[762] A propósito, de acordo com levantamento feito pelas professoras Malu Gatto, da University College London, e Kristin Wyllie, da James Madison University, 35% de todas as candidaturas de mulheres para a Câmara dos Deputados na eleição brasileira de 2018 não chegaram a alcançar 320 votos, o que significa que tais candidatas sequer fizeram campanha e, portanto, foram usadas apenas para cumprir formalmente a lei de cotas (cfr. em https://www.bbc.com/portuguese/brasil-47446723, acesso em 21 de outubro de 2021). Em 2019, após cerca de dez anos da alteração normativa, o Tribunal Superior Eleitoral analisou as consequências jurídicas do registro de candidatura pelos partidos políticos de candidatas laranjas e, em sede do Recurso Especial Eleitoral nº 19392-PI, relativo às eleições de 2016, julgou-se que a consequência para partidos e coligações que se beneficiaram pelas fraudes seria cassação dos registros/mandatos dos beneficiados, ainda que o candidato beneficiado não tivesse ciência da fraude, com a respectiva anulação dos votos, e aplicação da sanção de inelegibilidade àqueles que participaram efetivamente do esquema ilícito.

Enfim, muito embora sua aplicação esteja atrelada à sub-representação feminina então existente nos diversos países, o fato é que as cotas têm por finalidade a reserva de um percentual de vagas para ambos os gêneros e, portanto, devem ser formuladas em termos iguais para homens ou mulheres, visando um maior equilíbrio representativo.

3.2.3.3.1.4. *Opção pelo sistema de escrutínio proporcional*

O sistema eleitoral adotado, aqui considerado como "conjunto de regras, procedimentos e práticas, com a sua lógica própria, a que está sujeita a eleição e que, portanto, condicionam (tal como doutro prisma) o exercício do direito de sufrágio"[763], desempenha relevante papel para o sucesso das mulheres nas eleições, especialmente diante do relacionamento existente entre sistemas eleitorais e sistema de partidos e entre estes e os sistemas de governo[764]. Ou seja, a forma na qual a vontade eleitoral é expressada pode, de acordo com algumas pesquisas, influenciar na escolha de candidatas mulheres e no resultado final das urnas. A discussão do tema centra-se nos *prós* e *contras* dos dois grandes sistemas: o majoritário e o proporcional, das quais resultam distintas concepções de democracia. O primeiro estaria relacionado ao tipo de democracia representativa («modelo Westminster»), o segundo, ao tipo de democracia participativa («modelo consensual»)[765].

Por um lado, o sistema majoritário[766], cuja eleição segue a regra da maioria, relativa ou absoluta, de votos[767], tem invocado a formação de

[763] Cfr. MIRANDA, Jorge. *Direito Eleitoral*, 2ª edição, Coimbra, Almedina, 2021, p. 77.

[764] Sobre o tema, cfr., SOUSA, Marcelo Rebelo. *Os Partidos Políticos no Direito Constitucional Português*, Braga, Livraria Cruz, 1983, pp. 121 e ss. e 640 e ss.

[765] Cfr. CANOTILHO, José Joaquim Gomes. *Direito Constitucional e Teoria da Constituição*, 7ª edição, Coimbra, Almedina, 2003, p. 307.

[766] Sobre a divisão do sistema majoritário em sistema de maioria pura e simples e sistema de duas rodadas (ou dois turnos), cfr., DUVERGER, Maurice. *Instituciones políticas y derecho constitucional*, trad. de Eliseo Aja *et. al*, 6ª edição, Barcelona, Ediciones Ariel, 1980, pp. 107 e ss.

[767] Lembrando que embora o sistema majoritário possa funcionar tanto com o escrutínio de lista quanto o de um único membro, o sistema proporcional somente funciona dentro da estrutura de um escrutínio de lista. Neste ponto, Duverger destaca que em listas abertas, o escrutínio da maioria funciona sem mais dificuldades do que o escrutínio de um único membro. Todavia, para ele, "o sistema de lista fechada agrava terrivelmente os defeitos do

governos funcionais, eficazes e estáveis, a alternância do poder por meio do sistema bipartidário e, com isso, impossibilitando a formação de pequenos partidos e, em razão disso, o robustecimento da oposição[768]. Por outro, o sistema proporcional[769], ao buscar uma representação equilibrada das principais forças políticas existentes no país, a fim de que o parlamento apresente uma correlação representativa da própria nação, tem postulado substancialmente a igualdade material, a adequação à democracia partidária e a representação dos mais variados grupos sociais[770], num espelhamento da sociedade. Dentro desta lógica, a opção pelo sistema de escrutínio proporcional melhor possibilitaria a reprodução, no órgão representativo, dos segmentos políticos mais importantes da sociedade e, deste modo, favoreceria a eleição de mulheres, já que representam atualmente mais da metade da população mundial. É uma discussão, todavia, que deve considerar as bases sociais dos sistemas partidários e diversos fatores nacionais[771].

O sistema proporcional melhor se compatibiliza com os denominados círculos plurinominais[772], com eleição de mais de um deputado,

sistema majoritário, especialmente no que diz respeito às desigualdades de representação" (cfr. DUVERGER, Maurice. *Instituciones políticas y derecho constitucional*, trad. de Eliseo Aja *et. al*, 6ª edição, Barcelona, Ediciones Ariel, 1980, p. 109).

[768] Cfr. CANOTILHO, José Joaquim Gomes. *Direito Constitucional e Teoria da Constituição*, 7ª edição, Coimbra, Almedina, 2003, p. 307.

[769] Que pode adotar o modelo democrático de dois sistemas principais: o sistema do quociente eleitoral, na qual o número de votos expressos é dividido em cada sufrágio expressado, descontadas abstenções e cédulas em branco ou inválidas, e o sistema de numeração uniforme, na qual a lei determina, antecipadamente, o número de votos necessários para que uma lista seja elegível para um deputado, sendo aplicado pela lei francesa de 1946, posteriormente revogada pela falha do procedimento (cfr. DUVERGER, Maurice. *Instituciones políticas y derecho constitucional*, trad. de Eliseo Aja *et. al*, 6ª edição, Barcelona, Ediciones Ariel, 1980, pp. 110).

[770] Cfr. CANOTILHO, José Joaquim Gomes. *Direito Constitucional e Teoria da Constituição*, 7ª edição, Coimbra, Almedina, 2003, p. 307.

[771] Cfr. DUVERGER, Maurice. *Instituciones políticas y derecho constitucional*, trad. de Eliseo Aja *et. al*, 6ª edição, Barcelona, Ediciones Ariel, 1980, pp. 117 e ss.

[772] Muito embora o texto da Constituição Portuguesa preveja a *complementariedade* entre círculos plurinominais e uninominais em seu art. 149º, 1, "sem se perturbar o sistema de *representação proporcional*" (cfr. CANOTILHO, José Joaquim Gomes. *Direito Constitucional e Teoria da Constituição*, 7ª edição, Coimbra, Almedina, 2003, p. 310).

caracterizado pela distribuição proporcional dos mandatos de maneira que o número de eleitos de cada lista reflita adequadamente a proporção dos votos recebidos. O cálculo desta proporção pode seguir diversos métodos[773], o que não será pormenorizado nesta pesquisa, para não desviar seu objetivo primordial. Ainda assim, cumpre lembrar que a Constituição Portuguesa expressamente aderiu ao método de *Hondt*[774] (art. 149º, 1; art. 260º), e a legislação brasileira, ao método do quociente, nos termos do art. 106 e ss., do Código Eleitoral Brasileiro[775]. Em avaliação aos sistemas eleitorais, já se observou que o sistema proporcional apresenta um índice de representatividade e proporcionalidade maior que no sistema majoritário, ainda que presentes cláusulas de barreira, já que neste último "só relevarão os votos do vencedor", apresentando escassa proporcionalidade, além de centrar-se em reduzido número de partidos, tendendo até mesmo a uma bipolarização[776], o que afeta diretamente o surgimento de novos partidos e o ingresso de novos atores na

[773] Melhor explicando os métodos de cálculo, cfr., Raposo, Vera Lúcia Carapeto. *O Poder de Eva – O princípio da igualdade no âmbito dos direitos políticos, problemas suscitados pela discriminação positiva*, Coimbra, Almedina, 2004, pp. 136 e ss..

[774] Que já foi acusado de injusto, por beneficiar significativamente os partidos políticos de grande expressão eleitoral em prejuízo dos partidos menores (cfr. Fernandes, Antônio José. *Para um sistema eleitoral justo e mais democrático*, 2015, disponível em https://www.publico.pt/2015/04/23/politica/opiniao/para-um-sistema-eleitoral-justo-e-mais-democratico-1693246, acesso em 25 de novembro de 2021).

[775] Na qual, primeiramente, determina-se o *quociente eleitoral* dividindo-se o número de votos válidos apurados pelo de lugares a preencher em cada circunscrição eleitoral, desprezada a fração se igual ou inferior a meio, equivalente a um, se superior (art. 106). Na sequência, o *quociente partidário*, dividindo-se, em cada partido, pelo quociente eleitoral o número de votos válidos dados sob a mesma legenda, desprezada a fração (art. 107). Assim, estarão eleitos, entre os candidatos registrados por um partido que tenham obtido votos em número igual ou superior a 10% (dez por cento) do quociente eleitoral, tantos quantos o respectivo quociente partidário indicar, na ordem da votação nominal que cada um tenha recebido (art. 108). Todos os dispositivos citados tiveram sua redação dada pela Lei n. 14.211/2021.

[776] Apesar disso, o sistema proporcional apresenta diversas variáveis que podem afetar esta proporcionalidade, tais como o método eleitoral adotado, a dimensão do círculo eleitoral, a existência ou não e o percentual de eventual cláusula de barreira, o que acaba sendo implícito nos círculos eleitorais pequenos (cfr. Raposo, Vera Lúcia Carapeto. *O Poder de Eva – O princípio da igualdade no âmbito dos direitos políticos, problemas suscitados pela discriminação positiva*, Coimbra, Almedina, 2004, p. 139).

cena política, designadamente do sexo feminino, devido ao alto grau de personalização existente no processo eleitoral. É através do sistema proporcional que os parlamentos têm a chance de se tornarem mais plurais e representativos, agregando as tendências mais significativas e incorporando os grupos desfavorecidos no processo decisório governamental, o que se dará seja pelas regras de conversão dos votos em mandatos, seja pela tendência à formação de coligações, devido a dificuldade de um governo atingir a maioria, o que estimula a cooperação entre diversas forças políticas e partidos (os grandes e os pequenos). E também é por meio deste mesmo sistema que novos partidos têm a oportunidade de formarem-se e novos atores terem acesso à vida política, por força da baixa personalização no processo eleitoral. Daí a divisão apresentada por Lijphart, ao falar em "democracia majoritária", centrado no sistema de tipo majoritário, na qual o vencedor leva tudo e todos os outros eleitores permanecem não representados, com sobre representação parlamentar do partido que obtiver maioria, e em "democracia consensual", estruturada no sistema proporcional e na representação tanto das maiorias quanto das minorias[777].

Muitos problemas, todavia, podem surgir da aplicação do sistema proporcional, sobretudo por se tratar de uma *questão de poder*, entretanto, seja por fatores sociais, étnicos, culturais e históricos, seja pela luta de novos grupos à intervenção política, "o sistema proporcional é o melhor meio contra a redução de alternativas, contra o estreitamento dos horizontes políticos e contra a unidimensionalidade e saturação políticas"[778]. Com isso, acaba sendo a forma mais adequada e justa à representação das diversas orientações ideológicas, corporificadas através dos partidos políticos, presentes na sociedade, tanto que foi a opção de sistema feita por inúmeras nações, dentre as quais Portugal e Brasil[779], para as

[777] Cfr. LIJPHART, Arend. *Patterns of Democracy: Government Forms and Performance in Thirty-Six Countries*, 2ª edição, Yale University Press, 2012, pp. 130 e ss. (tradução livre).

[778] Cfr. CANOTILHO, José Joaquim Gomes. *Direito Constitucional e Teoria da Constituição*, 7ª edição, Coimbra, Almedina, 2003, p. 308.

[779] Demonstrando que ambas as Constituições não deixaram ao alvitre do legislador a regulação do conteúdo da igualdade eleitoral, mas ao contrário, o próprio constituinte fez a escolha do sistema proporcional, estabelecendo, na relação entre o sistema eleitoral e os elementos constitutivos do princípio democrático "uma *prevalência* e uma *reserva de constituição*" (cfr. CANOTILHO, José Joaquim Gomes. *Direito Constitucional e Teoria da Constituição*,

eleições parlamentares, ressalvada, no último caso, a adoção do sistema majoritário para eleição ao Senado Federal Brasileiro, cuja finalidade, em linhas gerais, não se traduz na representação do povo propriamente, papel destinado à Câmara dos Deputados, mas à representação dos Estados Membros da nação e do Distrito Federal[780], nomeadamente para fiscalização dos atos do Poder Executivo[781]. Sensível diferença entre ambos os sistemas se dá no fato de Portugal adotar o sistema semipresidencialista, na qual o parlamento preserva o protagonismo na tomada de decisão no âmbito do governo central, além dos processos decisórios parlamentares, dependendo de coalizões e reunião de forças políticas para formação e manutenção do Governo, diferentemente do Brasil, que adotou o sistema presidencialista, centralizando na figura do Presidente da República as decisões de domínio nacional[782], cabendo ao parlamento o contrapeso, e não o protagonismo, neste processo decisório. Neste caso, a concepção de "democracia consensual/negocial"[783], decorrente

7ª edição, Coimbra, Almedina, 2003, p. 309), tornando-se, em Portugal, limite material de revisão (art. 288º, *h*, da Constituição Portuguesa).

780 É o que dispõe o artigo 46, da Constituição Federal de 1988.

781 Suas funções estão previstas no art. 52 da Constituição Federal brasileira e Emendas Constitucionais nº 19/1998, 23/1999, nº 42/2003 e nº 45/2004, dentre as quais se incluem: processar e julgar o presidente e o vice-presidente da República, os ministros de Estado, os ministros do Supremo Tribunal Federal (STF), o procurador-geral da República e o advogado-geral da União nos crimes de responsabilidade; aprovar, previamente, a indicação do presidente da República de magistrados, ministros do Tribunal de Contas da União, governador de território, presidente e diretores do Banco Central, procurador-geral da República, chefes de missão diplomática e titulares de outros cargos que a lei determinar; autorizar operações externas de natureza financeira de interesse dos entes federados; dispor sobre a regulamentação das agências executivas e reguladoras; suspender a execução, no todo ou em parte, de lei declarada inconstitucional por decisão definitiva do Supremo Tribunal Federal (art. 52 da Constituição Federal e Emendas Constitucionais nº 19/1998 e nº 23/1999).

782 Por isso, alerta Lijphart que os sistemas de representação proporcional tendem a ser consideravelmente menos desproporcionais que os sistemas majoritários, "exceto em democracias presidencialistas"(cfr. LIJPHART, Arend. *Patterns of Democracy: Government Forms and Performance in Thirty-Six Countries*, 2ª edição, Yale University Press, 2012, p. 131 (tradução livre)), que é o caso do Brasil.

783 Na expressão de Lijphart, cfr., LIJPHART, Arend. *Patterns of Democracy: Government Forms and Performance in Thirty-Six Countries*, 2ª edição, Yale University Press, 2012, p. 132 (tradução livre).

das regras de proporcionalidade, restringe-se aos processos decisórios legislativos, já que a maioria das decisões nacionais são tomadas por uma única pessoa, que concentra o poder político em suas mãos, num típico modelo de democracia majoritária.

Pelas razões apontadas, o sistema proporcional aparenta ser o mais propício à participação feminina na política[784], até porque, num jogo de tudo ou nada, em que só haverá um vencedor, na atual conjuntura sociocultural, dificilmente a mulher seria a aposta do partido dentro de um sistema majoritário, diferentemente da representação proporcional que, podendo eleger diversos candidatos, sua inclusão em lista seria favorecida[785], uma vez que mais propiciador da existência de um diferenciado leque de perfis de candidatura[786]. Todavia, há indicativos de que a dificuldade se encontra mais na admissão e posicionamento da mulher nas

[784] Em documento elaborado em 1997 pelo Parlamento Europeu, denominado *Incidences Variables des Systèmes Électoraux sur la Représentation Politique des Femmes* verificou-se que de fato o sistema eleitoral desempenhava papel determinante no nível de representação política das mulheres na União Europeia, como no mundo, não sendo por acaso que os Estados-membros com maior proporção de mulheres parlamentares (Suécia, Finlândia, Dinamarca e Países Baixos) tinham sistemas proporcionais, ao passo que os países com percentagem mais baixa, naquela altura, como Itália, Reino Unido, adotavam sistemas majoritários ou mistos (cfr. http://repositori.uji.es/xmlui/bitstream/handle/10234/185258/Incidences variables des systèmes électoraux sur la représentation politique des femmes.pdf, acesso em 01 de dezembro de 2021). Apontando as incoerências e falhas deste estudo, cfr., RAPOSO, Vera Lúcia Carapeto. *O Poder de Eva – O princípio da igualdade no âmbito dos direitos políticos, problemas suscitados pela discriminação positiva*, Coimbra, Almedina, 2004, p. 141.

[785] No sistema de representação majoritário, como salienta Viegas e Faria, "o tipo de luta política faz apelo a dimensões carismáticas dos candidatos ou às provas dadas nas lutas internas ou externas do partido, bem como à agressividade individual, havendo menor partilha de responsabilidades nas candidaturas e nos seus apoios do que no sistema de representação proporcional" (cfr. VIEGAS, José Manuel Leite; FARIA, Sérgio. *As Mulheres na Política*, Lisboa, Presidência do Conselho de Ministros, Imprensa Nacional-Casa da Moeda, 1999, p. 25).

[786] Por isso, o sistema de representação proporcional melhor se amolda à participação feminina, designadamente porque "mulheres entram nas listas mais pela competência técnica e sensibilidade política do que pela carreira nos aparelhos partidários, que exige disponibilidade de tempo dificilmente compatível com outras responsabilidades, nomeadamente no campo familiar" (cfr. VIEGAS, José Manuel Leite; FARIA, Sérgio. *As Mulheres na Política*, Lisboa, Presidência do Conselho de Ministros, Imprensa Nacional-Casa da Moeda, 1999, p. 25).

listas de candidatura[787], do que em sua eleição propriamente dita[788], demonstrando que os partidos políticos desempenham um papel salutar nesta batalha[789].

3.2.3.3.1.5. *Os partidos políticos*

Os partidos políticos[790] são "um fenômeno permanente das coletividades políticas", não havendo país em que não se formem essas aglo-

[787] O que é particularmente importante nas listas fechadas ou bloqueadas, na qual o eleitor não pode optar por um ou outro candidato. Apesar disso, a ordem dos nomes não é despicienda nas listas abertas, tendo relevância nas eleições. Neste sentido, cfr., RAPOSO, Vera Lúcia Carapeto. *O Poder de Eva – O princípio da igualdade no âmbito dos direitos políticos, problemas suscitados pela discriminação positiva*, Coimbra, Almedina, 2004, p. 141.

[788] Cfr. RAPOSO, Vera Lúcia Carapeto. *O Poder de Eva – O princípio da igualdade no âmbito dos direitos políticos, problemas suscitados pela discriminação positiva*, Coimbra, Almedina, 2004, p. 140.

[789] A propósito, com a opção pelo sistema de representação proporcional, o pluralismo partidário torna-se "*elemento constitutivo* do princípio democrático e da própria ordem constitucional", a ponto de constituir limite material de revisão na Constituição Portuguesa (cfr. CANOTILHO, José Joaquim Gomes. *Direito Constitucional e Teoria da Constituição*, 7ª edição, Coimbra, Almedina, 2003, p. 313).

[790] Para Radbruch, "o conceito de 'partido' encerra em si uma contradição curiosa. Partido quer dizer o mesmo que parte, parte ou fracção dum todo; e contudo é da essência dessa 'parte' o aspirar a dominar toda a vida do Estado. Por outro lado, se o partido deixa de ser apenas parte e se transforma no todo, corre o perigo de se converter na pior de todas as formas de despotismo. (...) É indubitável que o cidadão costuma pensar só dentro dum único partido, que é naturalmente o seu. Mas o homem de Estado é que não pode pensar só pela cabeça dum partido. Tem de pensar por partes, adoptando a visão de vários, porquanto apenas através da pluralidade e riqueza das diferentes e entre si contraditórias exigências dos partidos pode o espírito colectivo achar a sua genuína e completa expressão. Todo o partido carece doutro partido para achar um equilíbrio, sob pena de recairmos em todos os perigos do partido único" (cfr. RADBRUCH, Gustav. *Filosofia do Direito*, trad. de L. Cabral de Moncada, 4ª edição, I, Coimbra, 1961, p. 215), o que levaria a uma contradição, já que a expressão partido pressupõe uma ideia de "pertencer a uma organização determinada, e de dissentir, diferenciar-se de outras, mediante um programa político específico" (cfr. NEUMANN, Sigmund. *Partidos Políticos Modernos: iniciación al estúdio comparativo de los sistemas políticos*, trad. de Julieta Campos y Enrique González Pedrero, Madrid, Tecnos, 1966, p. 595). Ademais, a despeito de transmitir a ideia de parte, e de representação desta parte, suas ações devem sempre "adotar uma abordagem não parcial do todo", e tendo em vista o "interesse geral" (cfr. SARTORI, Giovanni. *Partidos Políticos e Sistemas Partidários*, trad. de Waltensir Dutra, Brasília, UNB, 1982, pp. 47-48).

merações de pessoas, no seio das massas, para se ocuparem da vida pública[791]. Seja na mais remota das aldeias do mais atrasado dos países, seja na mais inebriante metrópole do mais avançado país, lá se encontram os partidos políticos[792]. Em torno de alguns nomes que emergem da massa, que se destacaram por seus defeitos ou qualidades, acabam por representar a vontade coletiva, a concretização de interesses definidos, formando "correntes de pensamento em marcha para a dominação, o êxito, a vitória"[793]. Assim, um dos traços mais marcantes dos sistemas políticos do século XX "consiste no peso dominante que neles ocupam os partidos"[794], apesar de não serem o centro do conceito de representação política nas raízes da doutrina liberal[795]. Sua atual função, apesar de variável de acordo com cada regime, faz parte dos princípios estruturantes que identificam a Constituição material, ainda que não constem formalmente em seu texto. De qualquer modo, tanto a Constituição Portuguesa (arts. 10º, n. 2, 40º, 51º, 114º, 151º, 180º, 187º e 288º, *i*) quanto a brasileira (arts. 17, 58, §1º, 62, §1º, I, *a*, 150, VI, *c*) deram substantivi-

[791] Cfr. Amado, Gilberto. *Eleição e Representação – Curto de Direito Político*, 3ª edição, Rio de Janeiro, SA Cavalcanti Editores, 1969, p. 135.

[792] Sobre o surgimento dos partidos políticos, Maurice Duverger explica: "o mecanismo geral dessa gênese é simples: criação de grupos parlamentares, de início; surgimento de comitês eleitorais, em seguida; enfim, o estabelecimento de uma ligação permanente entre esses dois elementos" (cfr. Duverger, Maurice. *Os Partidos Políticos*, trad. de Cristiano Monteiro Oiticica, 2ª edição, Rio de Janeiro, Zahar Editores e Editora da Universidade de Brasília, 1980, p. 20).

[793] É como entende Gilberto Amado, que lembra a contradição "mística" que se formou em torno dos partidos políticos, na medida em que muitas vezes eles são a negação do próprio partido inicial, embora mantenha-se o nome. Destaca o valor simbólico da palavra, quando observa os representantes atuais dos partidos políticos negando as ideias do chefe formador ao tempo em que afirmam serem "continuadores" da ideia inicial (cfr. Amado, Gilberto. *Eleição e Representação – Curto de Direito Político*, 3ª edição, Rio de Janeiro, SA Cavalcanti Editores, 1969, pp. 135-136).

[794] Cfr. Miranda, Jorge. "Estudo com vista a uma nova lei dos partidos políticos", in *Revista da fdul*, 2º v., XL, 1-2, 1999, p. 541.

[795] Cfr. Mezzaroba, Orides. "Partidos Políticos e seu Regime Jurídico", in Salgado, Eneida Desirre; Dantas, Ivo (coord.), *Partidos Políticos e seu Regime Jurídico*, Curitiba, Juruá, 2013, p. 168.

dade normativa à esta realidade política, e tornaram os partidos "uma realidade constitucional e direito constitucional formal"[796].

A democracia moderna não é, portanto, individualista, mas uma democracia partidária[797], em que cada partido organiza seu programa de acordo com a ideologia e interesses por eles mediados, e na qual, "em princípio, só os indivíduos escolhidos pelos partidos têm reais possibilidades de serem eleitos (*monopólio partidário*)"[798]. São os partidos que dominam, atualmente, a propositura de candidaturas[799], além de exer-

[796] Cfr. CANOTILHO, José Joaquim Gomes. *Direito Constitucional e Teoria da Constituição*, 7ª edição, Coimbra, Almedina, 2003, p. 315.

[797] Muito embora haja quem compreenda que o século XXI substituiu a democracia de partidos por uma democracia com partidos, na qual "os profissionais de marketing substituem as bases da decisão sobre as mensagens partidárias, as diferenças entre os partidos passam a ser '*laminadas a ouro*' e os partidos não mais protagonizam o debate político" (cfr. SALGADO, Eneida Desirre. "Os Partidos Políticos e o Estado Democrático: a tensão entre a autonomia partidária e a exigência de democracia interna", in SALGADO, Eneida Desirre; DANTAS, Ivo (coord.), *Partidos Políticos e seu Regime Jurídico*, Curitiba, Juruá, 2013, pp. 135-166, p. 136). Nas palavras de Celso de Mello, "a essencialidade dos partidos políticos, no Estado de Direito, tanto mais se acentua quando se tem em consideração que representam eles um instrumento decisivo na concretização do princípio democrático e exprimem, na perspectiva do contexto histórico que conduziu à sua formação e institucionalização, um dos meios fundamentais no processo de legitimação do poder estatal, na exata medida em que o Povo – fonte de que emana a soberania nacional, tem, nessas agremiações, o veículo necessário ao desempenho das funções de regência política do Estado" (cfr. Acórdão do Supremo Tribunal Federal, em sede de Medida Cautelar na Ação Direta de Inconstitucionalidade nº 1096 – RS, Publicado no DJU de 25.09.1995).

[798] Cfr. CANOTILHO, José Joaquim Gomes. *Direito Constitucional e Teoria da Constituição*, 7ª edição, Coimbra, Almedina, 2003, p. 307.

[799] A propósito, Jorge Miranda destaca que os partidos podem aparecer sozinhos ou em conjunto, podendo a lei, neste último caso, "tanto impor a subsistência da coligação no âmbito do órgão eletivo como estabelecer – conforme sucede em Portugal (art. 22º, n. 2, da Lei n. 14/79) – que as coligações deixem de existir logo que tornado público o resultado definitivo das eleições, readquirindo então cada partido a sua individualidade e podendo constituir grupos parlamentares ou de representantes autónomos" (cfr. MIRANDA, Jorge. *Direito Eleitoral*, 2ª edição, Coimbra, Almedina, 2021, p. 222). Para Jorge Fernández Ruiz, além da apresentação de candidaturas, são funções dos partidos políticos a integração e direção da vontade popular; o fortalecimento da representação política e sua aproximação da vontade popular; coordenar diversas vontades para o interesse em assuntos públicos; criação de projetos de país e programas de governo; conectar a cidadania e o governo (cfr. RUIZ, Jorge Fernández. *Tratado de Derecho Electoral*, México, Porrúa, 2010, pp. 264-265

cerem grande influência para a formação da «vontade política»[800], o que já levou a sua equiparação, por alguns, aos órgãos do Estado, dada sua função de órgão constitucional[801]. Assim, como a democracia representativa e pluralista traduz-se em "estado representativo de partidos"[802], sua regulamentação, seja externa, seja interna (com ressalva à institucionalização ideológico-partidária[803]), é esperada. Em Portugal, em resposta às concepções salazaristas de "Estado sem partidos", como lembra Jorge Miranda[804], o Regimento da Assembleia Constituinte e a Constituição de 1976 projetaram um papel aos partidos políticos de organização e expressão da vontade popular (art. 10º, n. 2), baseados no pluralismo de expressão e organização política democráticas (art. 2º), o que foi elevado, junto ao direito de oposição democrática, à limite material de revisão constitucional (art. 288º, *i*). Sua regulação infraconstitucio-

(tradução livre)). De acordo com Hernández Valle, por outro lado, os partidos políticos cumprem quatro funções básicas: a) selecionar futuros líderes: b) manter contato entre o governo (incluindo a oposição) e o povo em geral; c) representar os vários grupos da comunidade; e d) integrar o maior número possível desses grupos (cfr. Hernández Valle, Rubén. "La democracia interna de los partidos políticos", in *Revista de Derecho Político*, n. 53, 2002, p. 476 (tradução livre)).

800 Nas palavras de Canotilho, cfr., Canotilho, José Joaquim Gomes. *Direito Constitucional e Teoria da Constituição*, 7ª edição, Coimbra, Almedina, 2003, p. 315.

801 Neste sentido, cfr., Sousa, Marcelo Rebelo. *Os Partidos Políticos no Direito Constitucional Português*, Braga, Livraria Cruz, 1983, pp. 81 e ss.. Por outro lado, para Canotilho, ao considerar os partidos políticos *associações de direito privado*, com os mesmos direitos fundamentais aplicáveis às pessoas coletivas, afirma que eles "não devem qualificar-se como *corporações de direito público*, pois embora lhes seja constitucionalmente atribuída uma função política, nem por isso se pode falar de um «estatuto singular de direito público»" (cfr. Canotilho, José Joaquim Gomes. *Direito Constitucional e Teoria da Constituição*, 7ª edição, Coimbra, Almedina, 2003, p. 316). No caso do Brasil, a legislação pertinente (Lei n. 9096/95), optou por definir os partidos políticos como *pessoa jurídica de direito privado*, destinada a "assegurar, no interesse do regime democrático, a autenticidade do sistema representativo e a defender os direitos fundamentais definidos na Constituição Federal" (art. 1º).

802 Cfr. Miranda, Jorge. "Estudo com vista a uma nova lei dos partidos políticos", in *Revista da FDUL*, 2º v., XL, 1-2, 1999, p. 542.

803 Salvo a previsão do art. 46º, n. 4, da Constituição Portuguesa, ao não consentir associações armadas nem de tipo militar, militarizadas ou paramilitares, nem organizações racistas ou que perfilhem a ideologia fascista.

804 Cfr. Miranda, Jorge. "Estudo com vista a uma nova lei dos partidos políticos", in *Revista da FDUL*, 2º v., XL, 1-2, 1999, p. 544.

nal se deu por meio da Lei Orgânica n. 2/2003, de 22 de agosto, com posteriores alterações em 2008 e 2018. A Constituição Brasileira também abarca o direito partidário, preceituando sua liberdade de criação, fusão, incorporação e extinção e autonomia para organização interna, desde que resguardados a soberania nacional, o regime democrático, o pluripartidarismo e os direitos fundamentais da pessoa humana (art. 17), muito embora sua regulamentação tenha se dado em sua quase integralidade por lei infraconstitucional (Lei n. 9.096/95).

Nesta toada, a natureza jurídica dos partidos e sua relação com a sociedade e com o Estado são de extrema importância, designadamente para avaliar a aplicação do regime de direitos, liberdades e garantias e estabelecer a abrangência de sua autonomia constitucionalmente reconhecida. Busca-se, com isso, uma fórmula satisfatória de distinção entre as pessoas coletivas de direito público e as de direito privado, já que ao mesmo tempo em que os partidos apresentam um pé na sociedade civil e um pé nas instituições, eles "de fato não pertencem por inteiro nem à sociedade civil, nem ao Estado"[805], o que já provocou inúmeros debates. Para Jorge Miranda, de acordo com os critérios da origem, da necessidade de subsistência e de integração na Administração Pública e dos poderes de autoridade, os partidos políticos assemelhar-se-iam às pessoas coletivas de direito privado e, como tal, teriam o mesmo regramento das associações, "fora da Administração pública, desprovidas dos correspondentes poderes de autoridade, não sujeitas a tutela ou a superintendência"[806]. Por outro lado, avaliando os critérios do interesse e da tipologia, os partidos se identificariam mais com as pessoas coletivas de direito público, por visarem, "à sua maneira, de acordo com as conceções programáticas e as estratégicas que adotem, o interesse geral"[807] e, por isso, não poderiam ser assimilados às meras associações. Por isso, entende que o direito português considera os partidos políticos "associações especiais de direito constitucional"[808].

[805] Cfr. Bobbio, Norberto. *Estado, Governo e Sociedade – Para uma Teoria Geral da Política*, trad. de Marco Aurélio Nogueira, São Paulo, Editora Paz e Terra, 2007, pp. 34 e 36.

[806] Cfr. Miranda, Jorge. *Direito Eleitoral*, 2ª edição, Coimbra, Almedina, 2021, pp. 234-235.

[807] Cfr. Miranda, Jorge. *Direito Eleitoral*, 2ª edição, Coimbra, Almedina, 2021, pp. 234-235.

[808] Cfr. Miranda, Jorge. "Estudo com vista a uma nova lei dos partidos políticos", in *Revista da FDUL*, 2º v., XL, 1-2, 1999, p. 544.

Diante das Constituições democráticas, "a tendência do século XX foi a de tratar dos partidos no âmbito das associações"[809] e, com isso, dentro da liberdade de associação e de todas as garantias que a cercam[810]. Foi, a princípio, a opção do legislador brasileiro, ao caracterizar os partidos políticos como pessoas jurídicas de direito privado[811]. Todavia, é inegável o predomínio de elementos publicísticos sobre os privatísticos no regime dos partidos políticos, até mesmo porque "nenhum partido tem existência legalmente necessária, a existência de partidos em pluralismo é uma componente essencial de forma de governo consagrada na Constituição"[812], seja na portuguesa (arts. 10º, n. 2, 51º, n. 1, 114º, n. 1, 288º, alínea *i*), seja na brasileira (arts. 17, 53, §3º, 55, §2º e §3º, 74, §2º, 103, VIII). As funções que desempenham tornaram o tratamento constitucional dos partidos políticos peculiar e com especialidades de regime, designadamente pelo fenômeno de conjugação "de um substrato pessoal com uma função pública", que não permite uma equiparação tão simplista às meras associações de direito privado, podendo, nas palavras de Jorge Miranda, serem considerados, seja no direito português, seja no brasileiro, "associações e pessoas coletivas de Direito Constitucional"[813]. Isto porque, se por um lado possuem liber-

[809] Cfr. Salgado, Eneida Desirre. "Os Partidos Políticos e o Estado Democrático: a tensão entre a autonomia partidária e a exigência de democracia interna", in Salgado, Eneida Desirre; Dantas, Ivo (coord.), *Partidos Políticos e seu Regime Jurídico*, Curitiba, Juruá, 2013, p. 138.

[810] Neste sentido, cfr., Silva, José Afonso. *Curso de Direito Constitucional Positivo*, 30ª edição, São Paulo, Malheiros, 2008, p. 267.

[811] Art. 1º, da Lei n. 9.096/95: "O partido político, pessoa jurídica de direito privado, destina-se a assegurar, no interesse do regime democrático, a autenticidade do sistema representativo e a defender os direitos fundamentais definidos na Constituição Federal". Aliás, a própria Constituição dispõe que os partidos políticos adquirem personalidade jurídica, na forma da lei civil e com registro no Tribunal Superior Eleitoral (art. 17, §2º), tanto que foram elencados no Código Civil, ao lado das associações, sociedades, fundações, organizações religiosas e empresas individuais de responsabilidade limitada (art. 44).

[812] Cfr. Miranda, Jorge. *Direito Eleitoral*, 2ª edição, Coimbra, Almedina, 2021, pp. 234-235.

[813] Cfr. Miranda, Jorge. *Direito Eleitoral*, 2ª edição, Coimbra, Almedina, 2021, p. 237. Por outro lado, no sentido de associações privadas, embora com regime especial, cfr., Sousa, Marcelo Rebelo de. *Os partidos políticos no direito constitucional português*, Braga, Livraria Cruz, 1983, pp. 522 e ss. Considerando os partidos políticos como associações privadas com funções constitucionais, cfr., Canotilho, José Joaquim Gomes. *Direito Constitucional e Teo-*

dade de criação, fusão, incorporação e extinção, além de autonomia[814], como o tipo geral associativo, por outro lado os partidos políticos têm o compromisso constitucional de resguardarem a soberania nacional, o regime democrático, o pluripartidarismo e os direitos fundamentais da pessoa humana[815], já que concorrem para a organização e para a expressão da vontade popular[816]. Ou seja, se por um lado podem ser caracterizados como pessoa de direito privado, sobretudo no direito brasileiro diante da definição legal, por outro, os partidos políticos desempenham função de pessoa jurídica de direito público na medida em que atuam na formação da vontade política e eleitoral do Estado[817], viabilizando a organização e a participação política do corpo social do País e, por isso, seus representantes e órgãos foram equiparados à autoridade pública

ria da Constituição, 7ª edição, Coimbra, Almedina, 2003, pp. 315 e ss. Mencionando, todavia, uma duplicidade de natureza jurídica, cfr., Costa, Tito. "Breves anotações sobre partidos políticos", in *Revista do Advogado*, São Paulo, 2004, pág. 117.

814 A autonomia das associações, todavia, "encontra seus limites precisamente no conteúdo da relação privada determinado pelas regras estatutárias que a própria associação elabora, assim como nas normas e nos princípios de ordem pública, mormente os direitos fundamentais assegurados constitucionalmente aos sócios" (cfr. Vale, André Rufino do. "Drittwirkung de Direitos Fundamentais e Associações Privadas", in *Revista de Direito Público*, Brasília, Instituto Brasiliense de Direito Público, n. 9, jul/set 2005, p. 64).

815 Art. 17, da Constituição Brasileira.

816 Art. 10º, n. 2, da Constituição Portuguesa.

817 Neste sentido, cfr., Costa, Tito. "Breves anotações sobre partidos políticos", in *Revista do Advogado*, São Paulo, 2004, pág. 117. Por esta mesma razão, o Tribunal Superior Eleitoral brasileiro já decidiu, por meio do Acórdão n. 12.209/92, de relatoria do Min. Sepúlveda Pertence, que "Instrumentos do exercício plural da cidadania, os partidos, enquanto titulares de direitos públicos subjetivos, são associações civis, como tal constituídos (...) com autonomia para definir sua estrutura interna, organização e funcionamento". Acrescenta que, sendo titulares de direitos subjetivos, são também, e "simultaneamente, órgãos de função pública no processo eleitoral", sendo imperativo "que se submetam ao controle da Justiça Eleitoral, na extensão em que o determina a lei, sobre a existência e a validade dos atos de sua vida de relação, cuja eficácia interfere no desenvolvimento do processo das eleições". Assim, muito embora adquiram personalidade jurídica na forma da lei civil (art. 17, § 2º, CF), os partidos políticos só tomam sentido de vetor político após registro de seus estatutos no Tribunal Superior Eleitoral, ocasião em que, segundo entendimento acima esposado, adquirem, também, natureza publicística, o que foi reforçado com a nova Lei do Mandado de Segurança, ao admitir que seus representantes ou órgãos figurem como autoridade coatora.

pelo legislador brasileiro, para fins de impetração de mandado de segurança[818], em contrapartida à definição legal privatística anterior.

Os estatutos dos partidos políticos e sua praxe cotidiana, portanto, devem respeitar os comandos constitucionais, que "representam exigências do Estado Democrático de Direito que empresta aos partidos políticos papel protagonista na democracia representativa"[819]. Deste modo, diante da função constitucional e preponderante que desempenham, já que seus atos impactam diretamente no exercício dos direitos político-eleitorais dos cidadãos, especialmente nos países que exercem monopólio (ou um quase monopólio) para nomeação de candidatos a cargos de eleição popular, os partidos políticos são suscetíveis, em alguma medida, ao controle judicial, designadamente da constitucionalidade e legalidade destes atos[820]. Logo, o respeito aos direitos, liber-

[818] Art. 1º, §1º, da Lei n. 12.016/09: "Equiparam-se às autoridades, para os efeitos desta Lei, os representantes ou órgãos de partidos políticos e os administradores de entidades autárquicas, bem como os dirigentes de pessoas jurídicas ou as pessoas naturais no exercício de atribuições do poder público, somente no que disser respeito a essas atribuições". Em que pese os partidos políticos brasileiros constituírem-se formalmente de associações privadas, expressão da liberdade de associação dos cidadãos, e não de órgãos dos Estados, já se entendeu que "eles detêm, em nosso sistema jurídico, o monopólio da ação política do País, vez que defeso, a quem quer que seja, exercer o direito sagrado de participar, na qualidade de agente passivo, do processo eleitoral, se não regularmente inscrito em uma agremiação partidária. Esse monopólio, da ação política, exercida pelas agremiações partidárias, só se pode conceder como ato de delegação estatal" (cfr. Mandado de Segurança n. 397/92, julgado em 27.07.1992, com acórdão publicado no Boletim Eleitoral do TRE/RN, v. 4. t. 1, p. 12).

[819] Cfr. Salgado, Eneida Desirre. "Os Partidos Políticos e o Estado Democrático: a tensão entre a autonomia partidária e a exigência de democracia interna", in Salgado, Eneida Desirre; Dantas, Ivo (coord.), *Partidos Políticos e seu Regime Jurídico*, Curitiba, Juruá, 2013, p. 145.

[820] É neste sentido o entendimento de Orozco Henríques, para quem a eficácia dos direitos fundamentais no tráfico jurídico privado aplica-se de forma mais justificada quando se trate da proteção jurisdicional contra partidos políticos, devido a seu caráter *casi-público* e ao interesse público subjacente às suas atividades (cfr., Orozco Henríques, J. Jesus. "La democracia interna de los partidos em Iberoamérica y su garantía jurisdiccional", in *Revista Mexicana de Justicia*, n. 4, julio/deciembre, 2004, p. 225 (tradução livre)). Nesta linha, os tribunais norte-americanos têm reconhecido uma estreita conexão entre algumas associações e o Poder Público a ponto de justificar a defesa de direitos fundamentais nas relações privadas endoassociativas. Deste modo, associações que desempenhem alguma função pública

dades e garantias é exigido dos partidos políticos seja em sua criação, seja na dinâmica interna com seus membros. A extensão deste entendimento, a propósito, é complementada pela abertura constitucional constante tanto na Constituição Brasileira (art. 5º, §2º) quanto na portuguesa (art. 18º, n. 1). O mais elementar de todos esses direitos, a que o filiado merece respeito e, por consequência, tutela, é a igualdade na participação da vida partidária, não obstante a garantia de autonomia partidária[821].

Desta maneira, os partidos, "enquanto expressão da liberdade de associação direcionada para a participação política e que concorrem democraticamente para a formação da vontade popular e a organização do poder político"[822], são dotados de liberdades, externa e interna. A primeira refere-se à criação e extinção dos partidos, que não pode haver condicionantes a autorizações ou licenças prévias[823]. A segunda diz res-

são suscetíveis de controle judicial de seus atos, por força de normas constitucionais protetoras de direitos dos sócios. A propósito, cfr., *Hawkin versus North Carolina Dental Society*, 355 F. 2D 18 (1964); *Cornelius versus Benevolent Protective Order of Elks*, 382 F. Supp. 1182 (1974). Ainda, sobre o tema, cfr. cfr. VALE, André Rufino do. "Drittwirkung de Direitos Fundamentais e Associações Privadas", in *Revista de Direito Público*, Brasília, Instituto Brasiliense de Direito Público, n. 9, jul/set 2005, p. 66.

821 A fim de promover e integrar as mulheres na vida política e partidária brasileira, criando oportunidades e assegurando a igualdade de gênero, a autonomia e independência dos partidos políticos foi mitigada pela legislação ordinária e por meio controle jurisdicional no Brasil. Um exemplo de interferência na autonomia partidária se deu por força da previsão da Lei n. 12.891/2013, que introduziu o art. 93-A da Lei n. 9.504/1997 (Lei das Eleições), para incentivar a presença feminina na política nacional, o que foi posteriormente alterado pela Lei n. 13.488/2017, para ampliar mais ainda o estímulo à participação feminina. Sobre o tema, o STF, na ADI 5617, decidiu que a distribuição de recursos do Fundo Partidário destinado ao financiamento das campanhas eleitorais direcionadas às candidaturas de mulheres deve ser feita na exata proporção das candidaturas de ambos os sexos, respeitado o patamar mínimo de 30% de candidatas mulheres, previsto no art. 10, § 3º, da Lei n. 9.504/1997 (Lei das Eleições).

822 Cfr. Acórdão n. 273/2021, do Tribunal Constitucional Português.

823 A propósito, "a liberdade partidária é inseparável da *garantia da igualdade*, ou seja, o reconhecimento jurídico a todos os partidos de iguais possibilidades de desenvolvimento e participação na formação da vontade popular", o que leva à *proibição de ingerência positiva e de ingerência negativa* dos poderes públicos na fundação, existência ou desenvolvimento dos partidos (cfr. CANOTILHO, José Joaquim Gomes. *Direito Constitucional e Teoria da Constituição*, 7ª edição, Coimbra, Almedina, 2003, p. 319).

peito ao funcionamento dos partidos políticos, que não podem sofrer qualquer controle de cunho ideológico e programático, nem sobre sua organização interna (art. 51º, n. 3, CP). Esta liberdade interna, entretanto, não tem o condão de "neutralizar o *princípio democrático*", de modo que, a exemplo de qualquer organização social constitucionalmente relevante, os partidos políticos devem obedecer às regras básicas inerentes ao princípio democrático[824], conforme se extrai inclusive do próprio art. 223º, n. 2, *h*, da Constituição Portuguesa[825]. Nesta toada, surge uma ideia de que a democracia *de* partidos exige uma democracia *nos* partidos, pressupondo, dentre outras questões, "a *proibição do princípio do chefe*, a exigência da formação da vontade a partir das bases, o direito dos membros do partido à actuação efectiva dentro do partido, o direito à liberdade de expressão, o direito à oposição, o direito à igualdade de tratamento de todos os membros"[826]. Assim é que os direitos fundamentais, dentre os quais se inclui a "liberdade igual", são aplicáveis nas relações entre os partidos e seus membros (art. 18º, n. 1, Constituição Portuguesa), da qual se extrai a *proibição da sub-representação de sexo*, seja quanto à nomeação de mulheres para a lista de candidatos, seja para ocupação de cargos partidários[827]. Como consequência deste princípio proibitório, decorre a participação direta, ativa e equilibrada de mulheres e homens na atividade política, a não discriminação em função do sexo no acesso aos órgãos partidários e nas candidaturas apresentadas pelos partidos políticos (art. 28º, da Lei dos Partidos Políticos de Portugal, com as alte-

[824] Cfr. CANOTILHO, José Joaquim Gomes. *Direito Constitucional e Teoria da Constituição*, 7ª edição, Coimbra, Almedina, 2003, p. 318.

[825] "Compete também ao Tribunal Constitucional: julgar as ações de impugnação de eleições e deliberações de órgãos de partidos políticos que, nos termos da lei, sejam recorríveis".

[826] Neste sentido, Canotilho menciona que a exigência de respeito aos princípios democráticos pelos partidos também abrange seus elementos, tais como soberania popular, igualdade, respeito dos direitos e liberdades fundamentais, pluralismo de expressão e organização e política democráticas, indicando a legitimidade de uma «inimizade constitucional» com as *organizações de ideologias fascistas* e com *partidos racistas* (cfr. CANOTILHO, José Joaquim Gomes. *Direito Constitucional e Teoria da Constituição*, 7ª edição, Coimbra, Almedina, 2003, p. 318).

[827] Neste sentido, cfr. CANOTILHO, José Joaquim Gomes. *Direito Constitucional e Teoria da Constituição*, 7ª edição, Coimbra, Almedina, 2003, p. 319.

rações introduzidas pela Lei n. 2/2008 e Lei n. 1/2018) e prevenção, a repressão e o combate à violência política contra a mulher[828] (art. 15, X, da Lei dos Partidos Políticos brasileira, com a redação dada pela Lei n. 14.192/21).

Este princípio da democracia interna[829] gera uma vinculação constitucional dos partidos políticos pelos direitos, liberdades e garantias de seus filiados partidários[830], "designadamente os direitos de participação política"[831], dentre os quais se encontra o direito fundamental à igualdade. Daí decorre a necessidade de um procedimento transparente, não

[828] Segundo art. 3º, da Lei n. 14.192/2021, considera-se violência política contra a mulher toda ação, conduta ou omissão com a finalidade de impedir, obstaculizar ou restringir os direitos políticos da mulher, bem como qualquer distinção, exclusão ou restrição no reconhecimento, gozo ou exercício de seus direitos e de suas liberdades políticas fundamentais, em virtude do sexo. A mesma legislação criminalizou, através da inserção do art. 326-B, na Lei n. 4.737/65 (Código Eleitoral brasileiro) a conduta de assédio, constrangimento, humilhação, perseguição ou ameaça, por qualquer meio, a candidata a cargo eletivo ou detentora de mandato eletivo, utilizando-se de menosprezo ou discriminação à condição de mulher ou à sua cor, raça ou etnia, com a finalidade de impedir ou de dificultar a sua campanha eleitoral ou o desempenho de seu mandato eletivo.

[829] A definição dos requisitos internos necessários para considerar assegurada a democracia interna num determinado partido, além de não ser um conceito univalente, porque engloba o direito à participação equilibrada dentro do partido, não tem resposta unânime na doutrina. Embora haja consenso sobre os requisitos mínimos, dentre os quais se inclui a garantia de liberdade de expressão e opiniões no interior do partido, o direito à expressão de opiniões críticas no exterior do partido não se inclui unanimemente como requisito essencial, até porque "constituindo a unidade do partido político (assente embora na diversidade e confronto de opiniões no seu interior) uma das primeiras condições da eficácia do partido, a expressão pública de opiniões críticas à orientação do partido, no exterior (nomeadamente nos meios de comunicação social), não deixará de pôr em causa essa unidade" (Acórdão n. 185/2003, do Tribunal Constitucional português).

[830] A propósito, o Tribunal Constitucional português já decidiu, no Acórdão n. 185/2003, que "se, por outro lado, os partidos políticos devem respeitar os direitos fundamentais dos seus filiados, por outro, a participação num partido político envolve, antes de mais, um compromisso de aceitação e obediência aos estatutos do partido e, na medida deste compromisso, o filiado aceita implicitamente, como membro do partido, que o exercício dos seus direitos fique condicionado ao que as regras estatutárias dispuserem (pressupondo que estas asseguram a democracia na gestão interna e funcionamento do partido)".

[831] Por isso, para Canotilho, os partidos políticos, sejam considerados associações privadas de direito privado ou associações de direito público, configuram-se como "espaços normativamente informados pelos princípios e regras constitucionais" (cfr. CANOTILHO, José Joa-

arbitrário ou discriminatório, seja para recusa ao pedido de filiação, seja para exclusão ou expulsão de um membro[832] e, em especial, para nomeação aos seus órgãos dirigentes e formação de listas de candidaturas, de forma a promover a democratização em todas as áreas de atuação do partido político, em respeito aos princípios do Estado de Direito democrático e participativo, sem a qual não há Estado democrático.

A direção dos partidos políticos, como ocorre com a da maioria dos grupos sociais, apresenta, nas palavras de Duverger, "o duplo caráter de uma aparência democrática e de uma realidade oligárquica"[833]. Este

quim Gomes. *Direito Constitucional e Teoria da Constituição,* 7ª edição, Coimbra, Almedina, 2003, p. 325).

832 Com relação à medida de exclusão ou expulsão de um filiado, Canotilho entende que, diferentemente do que sucede com os pedidos de filiação, ela deve ser fundamentada, com direito de audiência, defesa, recurso aos órgãos superiores ou estatutariamente competentes para solução de litígios (cfr. Canotilho, José Joaquim Gomes. *Direito Constitucional e Teoria da Constituição,* 7ª edição, Coimbra, Almedina, 2003, p. 325), como inclusive dispõe o art. 22º, n. 2, da Lei dos Partidos Políticos de Portugal. Sobre a possibilidade de recursos de medidas sancionatórias intrapartidárias aos tribunais ordinários, o art. 103º-D, da Lei do Tribunal Português, dispõe que: "Qualquer militante de um partido político pode impugnar, com fundamento em ilegalidade ou violação de regra estatuária, as decisões punitivas dos respectivos órgãos partidários, tomadas em processo disciplinar em que seja arguido, e bem assim as deliberações dos mesmos órgãos que afectem directa e pessoalmente os seus direitos de participação nas actividades do partido". Assim, parece restringir o recurso a questões de *ilegalidade ou violação de regras partidárias,* o que não apresenta muitos questionamentos quando o fundamento da exclusão diga respeito a incompatibilidades ou eventual inscrição do membro ou desenvolvimento de atividades em outro partido. Por outro lado, litígios intrapartidários envolvendo o conflito entre liberdade de expressão do militante e o direito de criação, auto-organização e autonomia disciplinar do partido político devem passar pelo filtro da proporcionalidade, adequação, cabendo ao Tribunal Constitucional fiscalizar as medidas disciplinares excessivas. Nesta toada, já se julgou como plausível a consideração de que "a comprovada actuação dos militantes pôs em causa a imagem do partido, do seu funcionamento, dos seus órgãos dirigentes, da sua linha política", portanto, proporcional a medida sancionatória neste caso (Acórdãos n. 185/2003 e n. 355/2003).

833 Cfr. Duverger, Maurice. *Os Partidos Políticos,* trad. de Cristiano Monteiro Oiticica, 2ª edição, Rio de Janeiro, Zahar Editores e Editora da Universidade de Brasília, 1980. p. 170. Assim, para Michels, "o poder de decisão, considerado como um dos atributos específicos da direção, é pouco a pouco retirado das massas e concentrado exclusivamente nas mãos dos chefes". E estes que antes eram órgãos executivos da vontade coletiva, tornam-se "independentes das massas", frustrando-se o seu controle. Para o autor, esta é uma tendência acentuada à oligarquia, pois "o mecanismo da organização, ao mesmo tempo em que lhe

complexo processo de formação de elites políticas passa por determinantes de ordem social e político-institucionais, "que produzem a separação entre os 'agentes politicamente activos' e os 'agentes politicamente passivos'"[834]. Entretanto, como destaca Bourdieu, "o capital pessoal de «notoriedade» e de «popularidade» é frequentemente produto da reconversão de um capital de notoriedade acumulado em outros domínios e, em particular, em profissões que, como as profissões liberais, permitem tempo livre e supõem um certo capital cultural ou um domínio profissional da eloquência"[835]. E, neste ponto, as mulheres historicamente acabavam em desvantagem na partida, seja pelo não acúmulo de capital cultural, seja pela falta de tempo livre, decorrente da concentração das tarefas inerentes ao ambiente doméstico[836]. Daí a percepção de Mariette Sineau, ao destacar os bloqueios de estradas combinados com as práticas oligárquicas dos partidos políticos. Longe de serem lugares abertos para a formação e seleção de pessoal político, "eram antes de tudo clubes de indicação fechados a qualquer nova figura

dá estrutura sólida, provoca na massa organizada graves modificações", alterando toda a organização partidária, que fica dividida entre uma "minoria dirigente e uma maioria dirigida", sem sequer ser oriundo de convenções especiais ou alterações estatutárias. Com isso, a esfera do controle democrático "se estreita progressivamente, para reduzir-se, finalmente, a um mínimo insignificante". Todavia, alega que a "primeira eclosão de uma direção profissional marca para a democracia o começo do fim" (cfr. Michels, Robert. *Sociologia dos partidos políticos*, trad. de Arthur Chaudon, Brasília, unb, 1982 (1914), pp. 21-23).

834 É como afirma Bourdieu, para quem "os que dominam o partido e têm interesses ligados com a existência e a persistência desta instituição e com os ganhos específicos que ela assegura, encontram na liberdade, que o monopólio da produção e da imposição dos interesses políticos instituídos lhes deixa, a possibilidade de imporem os seus interesses de mandatários como sendo os interesses dos seus mandantes" (cfr. Bourdieu, Pierre. *O Poder Simbólico*, trad. de Fernando Tomaz, Rio de Janeiro, Bertrand Brasil, 1998, pp. 163 e 168).

835 Cfr. Bourdieu, Pierre. *O Poder Simbólico*, trad. de Fernando Tomaz, Rio de Janeiro, Bertrand Brasil, 1998, p. 191.

836 Para Viegas e Faria, "enquanto na organização interna dos partidos a eleição ou nomeação para os órgãos de poder requer militância continuada, grande disponibilidade de tempo e capacidade de afirmação na luta política – características ou recursos menos presentes na generalidade das mulheres – a inclusão nas listas de deputados poderá ser feita atendendo às capacidades técnicas aliadas à sensibilidade política, o que dá maior abertura para a entrada de elementos femininos, em alguns casos sem serem militantes dos partidos" (cfr. Viegas, José Manuel Leite; Faria, Sérgio. *As Mulheres na Política*, Lisboa, Presidência do Conselho de Ministros, Imprensa Nacional-Casa da Moeda, 1999, p. 67).

e operando em seu benefício. (...) Os partidos deram atenção às mulheres apenas como eleitoras, nunca como elegíveis"[837].

Assim é que o sistema de partidos políticos nasce sem o reconhecimento dos direitos políticos das mulheres, ou seja, antes mesmo de elas serem eleitoras e, desta forma, foi construído na indiferença, senão na hostilidade, para com a consideração da questão feminina[838]. Ou então, nas palavras de Halimi, funcionam como verdadeiras "máquinas de exclusão mulheres", operando um "fenômeno da autorreprodução das elites"[839]. Se são os partidos políticos, a quem caberá votar ou não uma lei, adotar ou não práticas e compromissos, capazes de por si assumirem que podem mudar a situação, a experiência de alguns países mostra que iniciativas endopartidárias seria o mais adequado para a efetivação da igualdade de gênero[840]. Se pensarmos que a democracia representativa se perfectibiliza, em grande medida, pelos partidos políticos e que o funcionamento do sistema de governo de cada país depende do sistema partidário[841], a questão em torno de sua democracia interna e de quem participa de sua organização e política institucional acaba por estar intimamente ligada ao próprio funcionamento do Estado democrá-

[837] Para a autora, "os bloqueios que os partidos opõem às mulheres, no que se refere à candidatura a um mandato eletivo, faz com que as mulheres tendam a abandonar as instituições eletivas para assumir cargos sujeitos a nomeação" (cfr. HALIMI, Giséle. *La parité dans la vie politique*, Paris, La Documentation Française, 1999, p. 136 (tradução livre)).

[838] Esta cidadania tardia e incompleta das mulheres, segundo Vogel-Polsy, existiu na Europa, e os imprevistos da constituição histórica dos seus direitos de cidadania pesaram fortemente no momento da formação da Comunidade Europeia (cfr. VOGEL-POLSKY, Eliane. "La citoyenneté européenne et les femmes", in *Les Cahiers du GRIF*, nº48, 1994, p. 24 (tradução livre)).

[839] A autora ainda fala em práticas forjadas por partidos políticos, sob o domínio do sagrado herdado pela Revolução Francesa, que teria conquistado uma nova legitimidade democrática com exclusão das mulheres, ao considerarem a exclusão feminina como "legítimas", uma vez que acusam as próprias mulheres de não quererem entrar em partidos (cfr. HALIMI, Gisèle. *La Nouvelle Cause des Femmes*, Paris, Seuil, 1997, pp. 140-141 (tradução livre)).

[840] Neste sentido: cfr. BELEZA, Leonor. "Medidas para a Promoção da Igualdade na Vida Política", in *Democracia com mais Cidadania*, Lisboa, Presidência do Conselho de Ministros, 1998, p. 81.

[841] Cfr. SARTORI, Giovanni. *Parties and party sistems*, I, Cambridge, 1976, pp. 119 e ss. (tradução livre).

tico. Com isso, a presença feminina na política está intimamente ligada com a sistematização e o modo como os partidos lidam com o recrutamento de pessoal, seleção de lideranças, absorvem demandas igualitárias, como a do gênero, dentre outros pontos, faz com que este seja um dos mecanismos chaves para o sucesso ou insucesso da representação política feminina. Nesta toada, há pesquisas que apontam os efeitos da fórmula de votação, do sistema partidário, a magnitude do distrito eleitoral, sistema de lista, organização dos partidos e competitividade eleitoral sobre o desempenho das mulheres nas urnas[842]. As bases sociais dos partidos, que são distintas, interligam-se com "a existência de diferentes estratégias partidárias de seleção de candidatos, associadas aos recursos sociais dos candidatos, à posição ideológica e ao tempo de existência de cada organização partidária"[843], havendo estudos apontando, a partir de dados eleitorais do Brasil, para "uma maior abertura dos partidos de esquerda a candidatos inexperientes, desprovidos de capital eleitoral ou de carreiras políticas consolidadas"[844], que parece ser o caso da maior parte das mulheres que ingressam na vida política.

A democracia interna dos partidos, portanto, é a peça chave para a saúde de um sistema democrático, já que são eles que recrutam seus membros, tomam decisões sobre formação de listas de candidatura e, ao final, elegem os líderes políticos. Todo o processo de escolha e ordenação dos candidatos antecedem à candidatura, de modo que "nem a Constituição, nem a legislação eleitoral dispõem sobre a escolha dos candidatos. É matéria do foro político, embora condicionada pelos siste-

842 Cfr. ARAÚJO, Clara. "Gênero e acesso ao poder legislativo do Brasil: as cotas entre as instituições e a cultura", in *Revista Brasileira de Ciência Política*, n. 2, 2009, pp. 23-59; MIGUEL, Luís Felipe. "Political Representation and Gender in Brazil: Quotas for Women and their Impact", in *Bulletin of Latin American Research*, 27 (2), 2008, pp. 197-214 (tradução livre).

843 Cfr. SANTOS, André Marenco dos; SERNA, Miguel. "Por que carreiras políticas na esquerda e na direita não são iguais? Recrutamento legislativo em Brasil, Chile e Uruguais", in *Revista Brasileira de Ciências Sociais*, n. 22 (64), 2007, p. 93.

844 Cfr. COSTA, Luiz Domingos; BOLOGNESI, Bruno; CODATO, Adriano. "Variáveis sobre o Recrutamento Político e a Questão de Gênero no Parlamento Brasileiro", in SALGADO, Eneida Desirre; DANTAS, Ivo (coord.), *Partidos Políticos e seu Regime Jurídico*, Curitiba, Juruá, 2013, p. 229.

mas eleitorais"[845]. Por coerência interna do ordenamento jurídico democrático, o Direito eleitoral político "não pode ser apenas um Direito a nível de órgãos do Estado; tem de ser também um Direito eleitoral a nível de partidos"[846], de maneira não apenas a regulamentar as eleições partidárias em conformidade com a ordem constitucional, mas sobretudo projetar no regramento dos partidos políticos os princípios constitucionais. É da atitude partidária que, em última instância, "depende a intensidade da participação política das mulheres"[847], pois ainda que existam normas preceituando a atuação dos partidos políticos em prol da igualdade de gênero, eles preservam uma margem de discricionariedade. Não se pode afirmar que os partidos com representação parlamentar aceitem entraves formais à participação política feminina, ao contrário, mas no interior de cada partido político há diferentes posições sobre quais medidas devem ser adotadas para melhoria do estatuto da mulher, sobretudo no que diz respeito à integração nos órgãos de poder[848]. Na atual dinâmica democrática, em que os partidos políticos desempenham um papel de protagonista, a promoção da igualdade de gênero tanto em suas estruturas hierárquicas quanto em seu regramento interno, é elementar, uma vez que "sem uma forte mobilização política e empenhamento na renovação dos quadros, a satisfação estrita da lei poderá nestes casos resultar em efeitos indesejáveis"[849].

Assim, independente de medidas formais direcionadas aos partidos políticos, somente uma forte mobilização e abertura política, sobretudo no âmbito local ou regional, são capazes de mudar, de modo contínuo, o número de representantes políticas mulheres. Aliás, considerando o exponencial número de mulheres hoje inseridas no mercado de trabalho e nas universidades, um trabalho conjunto entre instituições edu-

[845] Cfr. MIRANDA, Jorge. *Direito Eleitoral*, 2ª edição, Coimbra, Almedina, 2021, pp. 242 e ss.

[846] Cfr. MIRANDA, Jorge. "Estudo com vista a uma nova lei dos partidos políticos", in *Revista da FDUL*, 2º v., XL, 1-2, 1999, p. 547.

[847] Cfr. RAPOSO, Vera Lúcia Carapeto. *O Poder de Eva – O princípio da igualdade no âmbito dos direitos políticos, problemas suscitados pela discriminação positiva*, Coimbra, Almedina, 2004, p. 145.

[848] Cfr. VIEGAS, José Manuel Leite; FARIA, Sérgio. *As Mulheres na Política*, Lisboa, Presidência do Conselho de Ministros, Imprensa Nacional-Casa da Moeda, 1999, p. 68.

[849] Cfr. VIEGAS, José Manuel Leite; FARIA, Sérgio. *As Mulheres na Política*, Lisboa, Presidência do Conselho de Ministros, Imprensa Nacional-Casa da Moeda, 1999, p. 70.

cativas, sindicais, profissionais e partidos políticos, visando captação de mulheres nestes quadros, viria a calhar. Imprescindível, para ente fim, que os partidos, independente das concepções ideológicas, se dediquem a uma reestruturação interna, para tornar sua composição mais simétrica quanto ao gênero.

3.2.3.3.1.5.1. *Regramento intrapartidário*

A análise de documentos, como os estatutos partidários, não se prestam a responder, de forma definitiva a um problema, mas "proporcionam uma melhor visão desse problema, ou, então, hipóteses que conduzem a sua verificação por outros meios"[850]. Assim, a fim de observar o tratamento proferido à igualdade de gênero nos regimentos intrapartidários, observamos os principais partidos portugueses e brasileiros, nomeadamente o PSD, PCP e PS e PSDB, PMDB e PT, muito embora nenhum dos partidos com representação no Congresso Nacional Brasileiro e na Assembleia da República portuguesa se oponham a trabalhar para a correção dos desequilíbrios sociais e económicos. Ao contrário, todos sentem-se compelidos a concentrar seus esforços programáticos nestes pontos. Todavia, o mesmo empenho não é devotado ao combate às assimetrias em função do sexo[851].

Em Portugal, antes da aprovação da lei de cotas, o Partido Socialista (PS) adotou internamente uma cota de 25%, com intuito de majoração subsequente para 33%, tanto para composição de seus órgãos partidários quanto para a composição de lista para as eleições, o que, na prática, acabou sendo ignorado[852]. Até mesmo o Partido Comunista Portu-

850 Cfr. GIL, Antonio Carlos. *Como elaborar projetos de pesquisa*, 4ª edição, São Paulo, Atlas, 2007, p. 47.

851 Afinal, "Porque será que o 'deficit democrático', traduzido em carências económicas e sociais incomoda a consciência dos partidos e o 'deficit democrático', traduzido na injusta sub-representação das mulheres no Poder – ou de modo mais vasto, na discriminação com base no sexo, os deixa, pelo menos, conformados ou mesmo desinteressados?" (cfr. Plataforma Portuguesa para os Direitos das Mulheres (Projecto Capacita), *Afinal, o que é a Democracia Paritária? A participação de mulheres e homens na organização social*, Fundação Calouste Gulbenkian, 2016, p. 60).

852 Cfr. RAPOSO, Vera Lúcia Carapeto. *O Poder de Eva – O princípio da igualdade no âmbito dos direitos políticos, problemas suscitados pela discriminação positiva*, Coimbra, Almedina, 2004, p. 146.

guês (PCP), historicamente ligado a lutas pela defesa dos direitos das mulheres, resistiu à implementação voluntária de cotas[853]. Apesar disso, seria demasiado redutor assimilar o comportamento simbólico-ideológico a um dado partido, mas se pode dizer que "a perspectiva gradualista não interventora tende a estar mais presente nos partidos de direita e a perspectiva interventora no campo social ou político nos partidos mais à esquerda"[854]. De um modo geral, os partidos portugueses, a exemplo do PCP, CDS-PP, apesar de terem apresentado, na ocasião, posição genericamente favoráveis à participação política feminina, apresentaram reservas às medidas regulamentares, optando por apostar na transformação das estruturas sociais, através da luta no âmbito socioeconômico, na qual as relações de dominação se estabelecem, ao invés de restringirem-se ao campo político, a qual se julgava ser espaço suscetível ao enfraquecimento da luta quanto aos seus principais objetivos[855]. Então, os demais partidos optaram por medidas informais referentes à participação feminina, tal qual apoios à família e em infraestruturas sociais e econômicas, muitos deles imbuídos da concepção de que medidas de discriminação positiva consignam uma "menorização simbólica do estatuto da mulher"[856].

Numa análise ao regramento intrapartidário atual, observou-se que o estatuto do Partido Social Democrata (PSD) sequer menciona a palavra "mulher", não se ocupando nem da democracia interna nem de mecanismos de implementação de paridade na formação de sua estrutura. Inclusive, a eleição dos titulares dos órgãos do Partido e participação nos referendos internos, bem como do Presidente da Comissão Política Nacional, se dá por voto secreto (arts. 2º e 22º, n. 2). Já o presente estatuto do Partido Comunista Português (PCP) expressa a criação de uma vasta frente social, incluindo as mulheres (arts. 1º, n. 3 e 8º, n. 3),

[853] Cfr. Raposo, Vera Lúcia Carapeto. *O Poder de Eva – O princípio da igualdade no âmbito dos direitos políticos, problemas suscitados pela discriminação positiva*, Coimbra, Almedina, 2004, p. 146.

[854] Cfr. Viegas, José Manuel Leite; Faria, Sérgio. *As Mulheres na Política*, Lisboa, Presidência do Conselho de Ministros, Imprensa Nacional-Casa da Moeda, 1999, p. 69.

[855] Cfr. Viegas, José Manuel Leite; Faria, Sérgio. *As Mulheres na Política*, Lisboa, Presidência do Conselho de Ministros, Imprensa Nacional-Casa da Moeda, 1999, p. 69.

[856] Cfr. Viegas, José Manuel Leite; Faria, Sérgio. *As Mulheres na Política*, Lisboa, Presidência do Conselho de Ministros, Imprensa Nacional-Casa da Moeda, 1999, p. 69.

além de assentar seu funcionamento e estrutura orgânica, ao menos formalmente, no princípio da democracia interna (art. 16º). Apesar disso, não faz menção à paridade na escolha de seus órgãos superiores. O Partido Socialista, por outro lado, possui um Departamento Nacional das Mulheres Socialistas (capítulo VII), além de, no início, já anunciar se tratar de "uma organização política de homens e mulheres" (art. 1º). É o único, dentre os citados, que expressamente menciona a promoção da igualdade de gênero na participação política dos órgãos partidários (art. 15º, n. 14) e que trata com mais abrangência esta iniciativa, incluindo as mulheres em todas as menções que faz à organização interna do partido e ao processo de designação de candidatos a titulares de cargos políticos[857].

No Brasil, traçando um paralelo dos principais partidos, observou-se, iniciando pelo Partido da Social Democracia Brasileira (PSDB), que seu estatuto compreende a mulher como parte de sua estrutura de articulação com a sociedade (art. 16, n. 2), além de assegurar a uma mulher o cargo de vice-presidente de sua Comissão Executiva Nacional (art. 64, §1º). Também faz menção à criação de um Secretariado Estadual da Mulher (art. 90, §1º) e à necessidade de seus núcleos de base promoverem articulação com a sociedade e seus movimentos sociais, designadamente, dentre outros, com as mulheres (art. 106). Na redação decorrente da convenção realizada em 2015, o estatuto previa, em seu art. 142, V, a destinação mínima de 5% de seu Fundo Partidário para criação e manutenção de programas de promoção e difusão da participação política das mulheres, mas após 2017 esta disposição foi excluída, nomeadamente por força de legislação regulamentando a questão em âmbito nacional e com força cogente a todos os demais partidos (Lei n. 13.165/2015, seguida da Lei n. 13.877/2019 e da EC n. 117/02). De qualquer modo, importante destacar a iniciativa convencional por parte do partido. Já o estatuto do Partido do Movimento Democrático Brasileiro (PMDB), afora a destinação de 5% das verbas decorrentes do

857 Não obstante a proclamatória estatutária mencionada, sua tradução na realidade aponta ao curioso fato de que nem o PCP nem o PS tenham sido liderados por uma mulher. Atualmente, entretanto, o Bloco de Esquerda possui liderança de Catarina Martins, desde o ano de 2016. De outro lado, o PSD, a despeito de sua omissão estatutária, teve Manuela Ferreira Leite, que exerceu sua presidência entre os anos de 2008 a 2010.

Fundo Partidário para programas de fomento à participação política feminina (art. 109, IV), não faz qualquer alusão à igualdade de gênero em sua organização intrapartidária, nem sobre o processo de democracia interna. Aliás, a palavra "igualdade" sequer é mencionada neste estatuto, assim como "mulher", utilizada apenas para o referido dispositivo. Por fim, o Partido dos Trabalhadores (PT) foi o único, dentre os estatutos partidários brasileiros analisados, a prever, expressamente, a paridade de gênero para as direções partidárias, delegações e cargos com função específica de secretarias, que deve ser 50% de homens e 50% de mulheres (art. 22)[858]. Também dispõe a criação de Secretaria das Mulheres (art. 120), a garantia de igual representatividade na escolha dos delegados e delegadas em todo o país (art. 47), além da destinação dos 5% do Fundo Partidário (art. 200, *e*).

Do comparativo dos estatutos partidários, com o fim de avaliar as iniciativas adotadas pelos partidos em tais documentos no sentido de garantir maior inclusão de mulheres, notou-se a tendência, já mencionada por Viegas e Faria[859], de uma atuação mais interventiva por parte dos partidos de esquerda do que dos de direita. Aqueles apresentaram, em alguma medida (PS e PT com maior intensidade), programas partidários inclusivos e voltados à igualdade de gênero, o que, sobretudo em países presidencialistas, como é o caso do Brasil, na qual os programas partidários não são vinculantes aos partidos ou aos seus membros, pode ter efeito meramente retórico. Com exceção do Partido dos Trabalhadores (PT), que prevê mecanismos de discriminação positiva intrapartidária, os demais estatutos não apresentam mudanças organizacionais[860], a exemplo de previsão de treinamentos às mulheres, auxílio financeiro,

[858] Além disso, foi o único partido brasileiro a eleger uma Presidente da República do sexo feminino, Dilma Rousseff.

[859] Cfr. Viegas, José Manuel Leite; Faria, Sérgio. *As Mulheres na Política*, Lisboa, Presidência do Conselho de Ministros, Imprensa Nacional-Casa da Moeda, 1999, p. 69.

[860] Aqui levando em consideração aquelas apresentadas por Lovenduski, para quem há duas formas de se caracterizarem as mudanças perpetradas pelos partidos políticos: programáticas ou organizacionais. As primeiras dizem respeito a princípios e políticas, ao passo que as segundas se tratam de "a métodos de recrutamento e promoção das mulheres a posições estratégicas no interior dos partidos" (cfr. Lovenduski, Joni. "Introduction", in Lovenduski, Joni; Norris, Pippa (Orgs.), *Gender and party politics*, Londres, Sage, 1993, pp. 1-15 (tradução livre)).

creche, ou reserva de vagas partidárias ou intrapartidárias. A presença de Departamentos ou Secretariados de Mulheres, a exemplo do que ocorre no PS e PSDB, por si só, acaba por configurar estratégia falaciosa, dado sua atuação limitada no âmbito interno e externo dos partidos. Salienta-se, todavia, que a destinação do Fundo Partidário no caso brasileiro decorre de norma legal, e não propriamente de disposição convencional. Por fim, o deficitário desenvolvimento de pesquisas empíricas sobre a forma em que os partidos políticos estruturam suas organizações partidárias dificulta a avaliação de suas atividades fundamentais como recrutamento de militantes, líderes e sua mobilização, o que auxiliaria mais o estudo sobre a atuação prática em prol da igualdade de gênero.

3.2.3.3.1.5.2. ***A obrigatória filiação partidária no ordenamento jurídico brasileiro e a fidelidade partidária***

Existe uma grande tipologia de partidos políticos, que variam desde sua organização formal, composição pessoal, regras de conduta e estrutura ideológica[861], tendo este último especial destaque para as definições programáticas da representação política, a despeito do processo de desideologização enfrentado por muitos partidos nos últimos tempos[862]. Ainda assim, os grupos ideológicos continuam a existir na classificação partidária, sendo necessária a distinção daqueles temas já consolidados pela ideologia partidária, que são objeto inclusive da própria agenda pública do partido, em contraposição aos assuntos não cristalizados, em torno dos quais os parlamentares não assumiram suas opiniões e posi-

[861] Cfr. GUNTHER, Richard; DIAMOND, Larry. "SPECIES OF POLITICAL PARTIESA: New Typology", in *Party Politics*, v. 9, n. 2, 2003, pp. 167-199 (tradução livre).

[862] Neste ponto, Otto Kirchheimer salienta que "a desideologização no campo político envolve a transferência da ideologia da filiação numa estrutura de metas políticas claramente visíveis para uma das muitas, suficientes mas nem de perto necessárias, forças motivacionais que operam na escolha dos eleitores", e lembra que "os partidos *catch-all* na Europa apareceram num tempo de desideologização, o qual contribuiu substancialmente para sua emergência e proliferação". Cita o exemplo dos partidos social democratas da Alemanha e da Áustria, que deram mostras da política da desideologização (cfr. KIRCHHEIMER, Otto. "The transformation of the Western European party systems", in LA PALOMBARA, Joseph; WEINER, Myron. *Political Parties and Political Development*, Princeton University Press, em Princeton, New Jersey, 1966, p. 195 (tradução livre))

ções públicas[863]. Conforme destaca Anne Phillips, quando determinadas questões ou problemas surgem durante o mandato ou na pauta política, a sub-representação de um grupo pode ter um impacto na decisão final tomada[864], ou seja, a presença de mulheres no Parlamento impacta, em maior ou menor grau, a depender da ideologia partidária[865], nas opções políticas tomadas. Isto porque as escolhas políticas estão intimamente ligadas aos partidos políticos e ao seu programa, comportando a maioria dos deputados como uma espécie de procurador do partido, de forma que a "filiação partidária dos representantes políticos geralmente ultrapassa a identificação que poderão ter em relação ao seu género ou a qualquer outra característica pessoal"[866].

É verdade que na atualidade há um forte movimento de modificação do modelo de partido e do arquétipo do cidadão com forte identidade ideológica partidária. Este modelo de massas[867], de votos desper-

[863] É como pensa Mansbridge, para quem "Quando os interesses não são cristalizados, a melhor maneira de ter os interesses substantivos mais importantes representados é muitas vezes escolher um representante cujas características descritivas correspondem às nossas próprias nas questões que se espera que surjam. Alguém pode querer eleger um representante de seu próprio território geográfico, classe ou etnia. Então, à medida que os problemas surgem de forma imprevisível, o eleitor pode esperar que o representante reaja mais ou menos da maneira que o eleitor teria feito, com base em descrições semelhança" (MANSBRIDGE, Jane. "Should Blacks Represent Blacks and Women Represent Women? A Contingent 'Yes'", in *The Journal of Politics*, v. 61, n. 3, August, 1999, pp. 634-644 (tradução livre)).

[864] Cfr. PHILLIPS, Anne. *The Politics of Presence – the political representation of gender, ethinicity and race*, Oxford, Claredon Press, 1995, p. 44 (tradução livre).

[865] Isto porque, conforme destaca David M. Willumsen, a grande maioria dos parlamentares vota na mesma linha de seus partidos (cfr. WILLUMSEN, David M. *The acceptance of party unity in parliamentary democracies*, Oxford, Oxford University Press, 2017, p. 137 (tradução livre)).

[866] Cfr. ESPÍRITO-SANTO, Ana; FREIRE, André; SERRA-SILVA, Sofia. "A Representação Descritiva das Mulheres é Importante para as Preferências Políticas? O Papel dos Partidos Políticos", in PIRES, Ana Paula; MARIANO, Fátima; VEIGA, Ivo, *Mulheres e Eleições*, Coimbra, Almedina, 2019, p. 238.

[867] Segundo Abal Medina, o sistema eleitoral associado ao modelo partidário de massas é o chamado "sistema proporcional" que consiste em grandes distritos eleitorais onde um número significativo de cargos é distribuído nas listas partidárias, proporcional ao número de votos obtidos. Para ele, é um modelo que incentiva o voto despersonalizado, na qual o eleitor confia diretamente no partido e não nos candidatos por ele propostos, o que foi uma grande tendência após a Segunda Guerra Mundial. Em termos de regime político, "estes

sonalizados e centrados em programas político-partidários tem sido substituído por um modelo eleitoral[868], com uma democracia «de audiência», na expressão de Bernard Manin, em que a opção eleitoral é personalizada na individualidade de cada candidato[869], com partidos *catch all*[870], baseados na dissolução prática dos perfis ideológicos clássicos e na oferta programática cada vez mais vaga[871]. Apesar disso, os partidos políticos seguem inseridos no ordenamento constitucional de muitos países, dentre eles Portugal e Brasil, sendo que neste último caso, por opção do próprio constituinte, a filiação partidária é requisito essencial para que o cidadão concorra a um cargo político eletivo[872], o que torna

partidos implicaram uma transformação radical, basicamente porque se apresentaram nas eleições como "representantes" de grupos sociais pré-políticos (trabalhadores, católicos, camponeses, etc.) que queriam expressar e integrar politicamente" (cfr. ABAL MEDINA, Juan. *La muerte y la resurrección de la representación política*, Buenos Aires, Fondo de Cultura Económica, 2004, pp. 69 e ss. (tradução livre)).

868 Para Abal Medina, "a representação política vem perdendo a condição de confiança 'pessoal' típica de partidos notáveis, para adotar a forma de representação de interesses". As sociedades modernas e, portanto, seus constituintes são, por natureza, heterogêneos, e nelas as partes reúnem indivíduos mais ou menos semelhantes em termos de status socioeconômico, crenças religiosas, atitudes e visões de mundo, opondo-os àqueles que deles diferem com relação aos mesmos critérios. Assim, "a representação passa a ser, antes de tudo, o reflexo da estrutura social. Em outras palavras, o que é expresso por meio da escolha é uma divisão entre as forças sociais em conflito umas com as outras" (cfr. ABAL MEDINA, Juan. *La muerte y la resurrección de la representación política*, Buenos Aires, Fondo de Cultura Económica, 2004, pp. 69 e ss. (tradução livre)).

869 Cfr. MANIN, Bernard. *Los Principios del Gobierno Representativo*, trad. de Fernando Vallespín, Madrid, Alianza Editorial, 1998, pp. 274 e ss. (tradução livre).

870 Sobre o tema, cfr., KIRCHHEIMER, Otto. "The Transformation of the Western European Party Systems", in LAPALOMBARA, Joseph; WEINER, Myron, *Political Parties and Political Development*, New Jersey, Princeton University Press, 1966, pp. 177 e ss. (tradução livre).

871 Cfr. AGUILERA DE PRAT, Cesareo R. "Problemas de La Democracia y delos Partidos en El Estado Social", in *Revista de Estudios Políticos* (Nueva Época), n. 67, Enero-Marzo 1990, pp. 93-123, p. 113 (tradução livre).

872 Sobre o tema, Jorge Miranda destaca o paradoxo existente com o alargamento da capacidade eleitoral ativa em contrapartida à limitação da capacidade eleitoral passiva, seja de fato seja de direito, uma vez que, afinal, são elegíveis apenas "aqueles que possam ser propostos ou investidos como candidatos e tal depender quase sempre dos partidos", lembrando o caso extremo brasileiro de impor filiação partidária como requisito de elegibilidade (art.14º, §3º, V, da Constituição de 1988). Por isso, dada a situação eleitoral atual, a que muitos consideram como um "mercado político dos partidos", a previsão de um estatuto

a centralidade partidária uma realidade compulsória na democracia representativa brasileira, a tal ponto de o Supremo Tribunal Federal já ter decidido que o mandato parlamentar pertence ao partido e não ao candidato eleito[873]. Isto gera uma problemática que impacta nos direitos fundamentais dos filiados, já que alguns partidos, insatisfeitos com a atuação política de seus mandatários, poderiam decidir pela expulsão, a fim de substituí-lo por um suplente mais afinado a suas diretrizes ideológicas[874], o que pode subjacentemente afetar seja a representação política das mulheres seja a defesa de seus interesses. Por isso, a fim de serem evitadas situações arbitrárias, o Tribunal Superior Eleitoral, em 2011, já julgou não haver "interesse de agir do partido político na hipótese do desligamento ter sido promovido pela própria agremiação, sob pena de conferir aos partidos o direito – não previsto no ordenamento jurídico – de escolher, após as eleições, o filiado que exercerá o mandato eletivo"[875].

de candidaturas e de campanhas eleitorais acaba se tornando necessária para a democracia representativa, inclusive para fins de aprimoramento do estatuto partidário da mulher (cfr. MIRANDA, Jorge. *Direito Eleitoral*, 2ª edição, Coimbra, Almedina, 2021, p. 215).

[873] Ao reconhecer a constitucionalidade da Resolução 22.610/07, do Tribunal Superior Eleitoral (TSE), nas Ações Diretas de Inconstitucionalidade (ADIs) 3999 e 4086, tornando legítima a perda do mandato do candidato que abandona a legenda pela qual se elegeu, sob fundamento de que "as características do sistema proporcional, com sua ênfase nos votos obtidos pelos partidos, tornam a fidelidade partidária importante para garantir que as opções políticas feitas pelo eleitor no momento da eleição sejam minimamente preservadas". Posteriormente, na ADI 5081, de 2021, decidiu-se que esta regra da fidelidade partidária não é aplicável aos candidatos eleitos pelo sistema majoritário, mas apenas ao sistema proporcional.

[874] Expediente, aliás, já adotado por alguns partidos na Espanha e em França, segundo Pedro Vega (cfr. VEGA, Pedro de. "Significado constitucional de la representación política", in *Revista de Estudios Políticos*, Nueva Época, n. 44, Madrid, mar/abr 1985, pp. 24 e ss).

[875] É o teor da decisão proferida em sede de Agravo Regimental em Petição n. 166210, TSE/AP, em 13.12.2011, pela Min. Nancy Andrighi. Em 2015, a Lei n. 13.165, inseriu o art. 22-A, na Lei n. 9096, dispondo que "Perderá o mandato o detentor de cargo eletivo que se desfiliar, sem justa causa, do partido pelo qual foi eleito". Considera, entretanto, como justa causa para desfiliação partidária pelo filiado a mudança substancial ou desvio reiterado do programa partidário; grave discriminação política pessoal; e mudança de partido efetuada durante o período de trinta dias que antecede o prazo de filiação exigido em lei para concorrer à eleição, majoritária ou proporcional, ao término do mandato vigente.

Não há espaço, no ordenamento jurídico brasileiro, sobretudo diante dos estatutos partidários, para a defesa do amplo acesso aos partidos políticos, sendo a identificação ideológica "cobrada de maneira formal, pelo compromisso de acatamento do estatuto e do programa do partido", muito embora a maior parte dos partidos não estabeleça "qualquer vedação ou condição para a filiação partidária, o que acaba por dar às direções executivas o controle do exercício de um direito fundamental"[876]. Assim, no Brasil os partidos políticos representam o "único meio de cultura social e política que podemos pôr em prática para elevar as massas brasileiras à compreensão dos destinos nacionais"[877]. Em Portugal, é em exclusivo para as eleições da Assembleia da República, ao passo que os órgãos locais aceitam também candidaturas por grupo de cidadãos eleitores[878] (art. 239º, n. 4, CRP), havendo

[876] Cfr. SALGADO, Eneida Desirre. "Os Partidos Políticos e o Estado Democrático: a tensão entre a autonomia partidária e a exigência de democracia interna", in SALGADO, Eneida Desirre; DANTAS, Ivo (coord.), *Partidos Políticos e seu Regime Jurídico*, Curitiba, Juruá, 2013, pp. 135-166, p. 151.

[877] Cfr. AMADO, Gilberto. *Eleição e Representação – Curto de Direito Político*, 3ª edição, Rio de Janeiro, SA Cavalcanti Editores, 1969, p. 170.

[878] Diferentemente do Brasil, o ordenamento jurídico-constitucional lusitano autoriza a propositura de candidatura, em alguns casos, por outrem que não seja um partido político. É o caso das eleições para órgãos locais, na qual a Constituição Portuguesa permite que as respectivas candidaturas sejam apresentadas por partidos políticos, isoladamente ou em coligação, ou por grupos de cidadãos eleitores (art. 239º, n. 4), e para Presidência da República, em que as candidaturas são propostas, de modo individual, por cidadãos eleitores, num mínimo de 7 500 e num máximo de 15 000 (art. 124º, n. 11), portugueses de origem, com idade mínima de 35 anos. Em ambos os casos, a filiação partidária é prescindida, e a aplicação de qualquer tipo de cota de gênero, ou ação afirmativa correlata, designadamente no que se refere às eleições presidenciais, incompatível com o processo eleitoral e com a própria natureza do cargo, que admite um único eleito. Com relação às eleições presidenciais, como destaca Jorge Miranda, para além de um intuito de isenção ou de imparcialidade, "visa-se, sobretudo, um intuito de separação de poderes: um Presidente da República eleito nestas condições pode configurar-se com um poder distinto do poder dos partidos e do Parlamento, capaz de presidir no sentido ativo correspondente às suas competências". Apesar disso, "os partidos nunca têm deixado de intervir, duma forma ou doutra, na eleição presidencial e ilogicamente – ou, pelo menos, inconstitucionalmente – a lei admite a promoção das respectivas campanhas por partidos que apoiem estas ou aquelas candidaturas (art. 45º, n. 1 do Decreto-Lei n. 319-A/76)" (cfr. MIRANDA, Jorge. *Direito Eleitoral*, 2ª edição, Coimbra, Almedina, 2021, p. 224). Com relação a abertura a grupos de cidadãos, esta

omissão constitucional no que diz respeito aos órgãos regionais. De todo modo, como destaca Canotilho, as candidaturas lusitanas são via de regra «heterocandidaturas», pressupondo "a propositura por outrem, seja um partido, seja um grupo de eleitores *ad hoc*"[879], este último caso não admitido no ordenamento jurídico brasileiro, destacando-se a experiência com as eleições presidenciais em Portugal, cuja candidatura escapa aos partidos, já que a iniciativa e a decisão são dos próprios pré-candidatos.

Fundamentalmente, a fidelidade partidária consiste na obrigação que os parlamentares possuem com seus partidos, de acordo com regras e princípios da legenda estabelecidos previamente, independente da própria vontade do eleito. Seu descumprimento se manifesta, basicamente, pelo abandono do partido pelo candidato eleito[880] e pela desobediên-

se justifica porque nas eleições locais se manifestam "interesses locais mais próximos das pessoas e em geral não dependentes das ideologias" (cfr. MIRANDA, Jorge. *Direito Eleitoral*, 2ª edição, Coimbra, Almedina, 2021, p. 225). Quanto às eleições para Assembleia da República, apesar de as candidaturas se darem por partidos políticos, isoladamente ou em coligação (art. 151º, n. 1, CP), salienta Miranda que "se admitem candidatos não inscritos nos respetivos partidos (art. 151º, n. 1, *in fine*)", muito embora não se imponha "a nenhum deputado eleito por um partido a inscrição no respetivo grupo parlamentar (art. 180º)". Ainda, no que diz respeito ao Parlamento, é admitido ao deputado que "saia do partido, por decisão sua ou do órgão do partido, conserve o mandato, contanto que não se inscreva noutro partido [art. 160º, n. 1, alínea c)]" (cfr. MIRANDA, Jorge. *Direito Eleitoral*, 2ª edição, Coimbra, Almedina, 2021, p. 224).

879 E, por isso, Vital Moreira argumenta que as cotas de candidatura determinadas pelo gênero "não se configuram como uma limitação do direito de candidatura dos cidadãos mas sim como um condicionamento da liberdade de escolha dos candidatos por parte dos proponentes, nomeadamente os partidos políticos" (cfr. MOREIRA, Vital. "O artigo 109º da CRP e a Igualdade de Homens e Mulheres no Exercício de Direitos Cívicos e Políticos", in *Democracia com mais Cidadania*, Lisboa, Presidência do Conselho de Ministros, 1998, p. 61).

880 José Afonso da Silva, entretanto, lembra que "a Constituição não permite a perda do mandato por infidelidade partidária. Ao contrário, até o veda, quando, no artigo 15, declara vedada a cassação de direitos políticos, só admitidas a perda e a suspensão deles nos estritos casos indicados no mesmo artigo" (cfr. SILVA, José Afonso. *Curso de Direito Constitucional Positivo*, 9ª edição, São Paulo, Malheiros, p. 355). Neste ponto, Tito Costa acrescenta, como consequências de natureza disciplinar, previstas no Estatuto ou no Código de Ética do partido, suas leis internas, o "desligamento temporário da bancada do partido, suspensão do direito de voto em reuniões internas da agremiação, enfim, tudo o que possa significar uma reprimenda com vistas a manter-se, tanto quanto possível na nossa

cia, por parte do agente político, e pelo filiado, pelas diretrizes traçadas pelos dirigentes partidários, na forma do estatuto[881]. O instituto, destinado para manter uma coesão partidária, todavia, não pode transformar o parlamentar em mero autômato, "sem boca sem vontade, destinado apenas a expressar, sem independência e violentando a consciência e a liberdade de convicção, as deliberações tomadas pelos órgãos partidários, nem sempre constituídos por titulares de mandatos conferidos pelo eleitorado"[882], nem servir como mecanismo interposto para exercício de qualquer tipo de pressão sobre o candidato eleito ou sobre o filiado, devendo ser cautelosamente avaliado, sobretudo quando a matéria de dissonância ideológica diga respeito a direitos ou interesses das mulheres, o que pode sofrer a indiferença e até mesmo resistência da massa militante masculina[883].

3.2.3.3.1.6. *A criminalização da violência política de gênero no ordenamento jurídico brasileiro*

A violência política de gênero pode ser considerada toda e qualquer ação, conduta ou omissão com a finalidade de impedir, obstaculizar ou restringir os direitos políticos da mulher – *cis* ou *trans* – em virtude de seu gênero, bem como qualquer distinção, exclusão ou restrição no reconhecimento, gozo ou exercício de seus direitos e de suas liberdades políticas fundamentais, em virtude do sexo, o que pode ensejar o afas-

cultura política deformada, a ordem, a disciplina e a fidelidade dentro da vida partidária", ressalvada a perda do mandato (cfr. Costa, Tito. "Breves anotações sobre partidos políticos", in *Revista do Advogado,* São Paulo, 2004, p. 118).

881 Segundo o artigo 24, da Lei 9.096/95.

882 Cfr. Cléve, Clemerson Merlin. *Fidelidade Partidária,* Curitiba, Juruá, 1998, p. 26

883 A propósito, diante de determinada situação concreta, em que o partido assuma posição contrária a questão de natureza política, cultural, econômica, social, etc., ou favorável a ela, "a diretriz deve ser fixada por meio de providências internas bem claras, previamente adotadas, de modo a não suscitar dúvida quer quanto ao tema, quer quanto à forma como foi ela tornada obrigatória". Para tanto, sugere Tito Costa, que o partido, por meio do órgão respectivo, deva convocar reunião, "com a finalidade de fixar diretrizes, com especificação clara de quais sejam elas e para que fim se destinam, de tudo dando conhecimento regular aos seus filiados e parlamentares, para cumprimento, sob pena de infração disciplinar, com todas as consequências daí decorrentes" (cfr. Costa, Tito. "Breves anotações sobre partidos políticos", in *Revista do Advogado,* São Paulo, 2004, p. 120).

tamento da mulher do espaço político, a restrição de seu acesso ou ao cerceamento na tomada de decisões, seja durante o pleito eleitoral, logo após a eleição ou no exercício de seu mandato eleitoral.

Devido à forte ligação existente entre estas práticas e a sub-representação feminina na política, o legislador brasileiro decidiu criminalizar a violência política de gênero e a violência política genérica, por meio da Lei n. 14.192/21, que criou o tipo penal previsto no art. 326-B, do Código Eleitoral e a Lei n. 14.197/21, que inseriu o art. 359-P no Código Penal brasileiro.

A primeira delas, criada com o objetivo de prevenir, reprimir e combater a violência política contra a mulher, nos espaços e atividades relacionados ao exercício de seus direitos políticos e de suas funções públicas, e de assegurar a participação de mulheres em debates eleitorais, além de dispor sobre os crimes de divulgação de fato ou vídeo com conteúdo inverídico no período de campanha eleitoral, criminaliza, com a pena de 1 a 4 anos de prisão e multa, condutas como assediar, constranger, humilhar, perseguir ou ameaçar, por qualquer meio, candidata a cargo eletivo ou detentora de mandato eletivo, utilizando-se de menosprezo ou discriminação à condição de mulher ou à sua cor, raça ou etnia, com a finalidade de impedir ou de dificultar a sua campanha eleitoral ou o desempenho de seu mandato eletivo. Trata-se de tipo penal criado com o propósito de proteger as candidatas e ocupantes de mandatos eletivos e busca assegurar o pleno exercício dos direitos políticos femininos. Ainda, se o crime for praticado contra gestante, mulher maior de 60 (sessenta) anos ou com deficiência, a pena será aumentada em 1/3.

A mesma lei, que também criou causa de aumento de pena de 1/3 para os delitos de calúnia, injúria e difamação em propaganda eleitoral ou visando a fins de propaganda eleitoral quando perpetrados com menosprezo ou discriminação à condição de mulher ou à sua cor, raça ou etnia e por meio da internet ou de rede social ou com transmissão em tempo real, proibiu propaganda eleitoral ou partidária que deprecie a condição de mulher ou estimule sua discriminação (art. 243, X, do Código Eleitoral) e obrigou os partidos políticos a inserirem em seus estatutos sociais mecanismos de prevenção e combate à violência política de gênero (art. 15, X, da Lei n. 9.096/95), além de criar a obrigação de que, nas eleições proporcionais, os debates em Rádio e televisão obedeçam à proporção de homens e mulheres prevista no art. 10, §3º, da

Lei n. 9.504/97 (art. 46, II, da mesma Lei, com redação dada pela Lei n. 14.211/21).

Já a segunda, a Lei n. 14.197/21, incluiu na lei penal o tipo criminal que pune com 3 a 6 anos de prisão e multa, além da pena correspondente à violência praticada a conduta de restringir, impedir ou dificultar, com emprego de violência física, sexual ou psicológica, o exercício de direitos políticos a qualquer pessoa em razão de seu sexo, raça, cor, etnia, religião ou procedência nacional. Trata-se de tipo penal mais abrangente que o anterior, já que protege qualquer cidadão, independente do gênero, de qualquer espécie de restrição ao amplo exercício de seus direitos políticos, seja o direito de votar, ser votado ou expressar opinião política sem emprego de violência, física, moral, psicológica, sexual ou simbólica.

A prática da violência política, que inclui ofensas de natureza física, moral, psicológica, sexual, econômica ou simbólica, contribui significativamente para o afastamento das mulheres da vida pública de seu país, encontrando nesta tipificação um mecanismo de incremento à representação política feminina. E neste ponto, cumpre salientar que estes tipos de violência podem ser praticados por meio virtual (com ofensas em suas páginas, *fake news* e *deepfakes*) ou presencial. Dentre os tipos de violência física, podem ser citados lesões corporais, cárcere privado, tortura e maus-tratos e até mesmo o feminicídio, lembrando que a configuração dos delitos previstos nos arts. 326-B, do Código Eleitoral e do 359-P, do Código Penal não excluem a punição referente à violência praticada. No aspecto moral, a violência política pode configurar-se pela prática de crimes contra a honra (calúnia, injúria e difamação), bem como pelo emprego de expressões que desvalorizem a mulher no exercício de seus direitos políticos por força do gênero. A violência psicológica, por seu turno, se dá através de xingamentos, isolamento, assédio moral, manipulação psicológica e atos intimidatórios, e a sexual por meio de atos que configurem crimes contra a liberdade sexual, como estupro, assédio sexual, importunação ofensiva ao pudor, ou até mesmo por registros e divulgação de fatos ligados à vida sexual da candidata ou mandatária, bem como qualquer tipo de constrangimento de natureza sexual que possa afetar o desempenho da atividade política por parte da mulher. A violência econômica se caracteriza seja pela falta de financiamento, estrutura e apoio partidário para as candidaturas femininas, seja pela fraude às cotas eleitorais ou então pelo desvio, ainda que indireto, dos recursos destinados às campanhas femininas para as de homens. Por fim, a violência simbólica, conceito social criado pelo sociólogo Pierre Bourdieu[884], diz respeito a uma forma de violência perpetrada sem coação física, decorrente da reprodução das estruturas de dominação social, mas que levam determinado sujeito a se posicionar em conformidade com este discurso dominante, provocando danos de natureza moral e psicológica na vítima. Decorre, portanto, da imposição de crenças e valores oriundos de um processo de sujeição social e que levam à inferiorização de um grupo de indivíduos.

Assim, enquanto candidatas, as mulheres podem ser vítimas deste tipo penal quando sofrem ameaças, seja por palavras, gestos ou outros meios, de lhe causarem mal injusto e grave; mediante frequentes interrupções em sua fala ou impedimento de usar a palavra em ambientes políticos; mediante a clara sinalização de descrédito em sua fala; por meio da desqualificação de sua competência para o desempenho da função a qual está se candidatando; pela violação de sua intimidade, seja através da divulgação de fotos íntimas, dados pessoais ou e-mails; por meio da difamação, com atribuição à candidata de fato que lhe ofenda sua honra ou reputação; mediante o desvio de recursos de campanhas destinados ao financiamento de candidaturas femininas para emprego nas candidaturas masculinas; fraudes eleitorais referentes às cotas, dentre outras práticas. Após eleitas, as mulheres podem ser vítimas de violência política quando preteridas da liderança em partidos políticos, comissões ou relatoria de projetos de relevo; através das constantes interrupções em seus momentos de fala ou exclusão de debates; mediante o questionamento de sua aparência física ou forma de vestir, bem como sobre diversos aspectos de sua vida pessoal, como relacionamentos, maternidade ou sexualidade. Isto sem excluir comportamentos muitas vezes sub-reptícios que provocam violência psicológica na mulher através da manipulação em fazer aqueles que estão

[884] Dentre suas obras mais relevantes, neste trabalho já mencionadas, cfr. BOURDIEU, Pierre. *A Dominação Masculina*, trad. de Maria Helena Kühner, Rio de Janeiro, Bertrand Brasil, 1999 e BOURDIEU, Pierre. *O Poder Simbólico*, trad. de Fernando Tomaz, Rio de Janeiro, Bertrand Brasil, 1998.

ao redor acreditarem que ela enlouqueceu; ou por meio da explicação de questões triviais à mulher, como se não fosse ela dotada de capacidade mínima de compreensão; por meio de incessantes interrupções, que impeçam a mulher de concluir um raciocínio ou uma fala; ou até mesmo quando um homem se apropria da ideia de uma mulher dentro do espaço político[885].

Apesar de constituírem 53% do eleitorado brasileiro, as mulheres ocupam cerca de 18% da Câmara dos Deputados, 17% das Câmaras Municipais, 18% do Senado Federal e 12% das Prefeituras[886], sendo que o Censo das Prefeitas Brasileiras e o Observatório de Violência Política contra Mulher apontam que 66% das prefeitas brasileiras já sofreram ataques, ofensas e foram vítimas de ódio nas redes sociais, 58% delas foram vítimas de assédio ou violência política pelo fato de serem mulheres, 47% apontaram a falta de recursos de campanha como um obstáculo para entrar na política e 44% das candidatas nas eleições municipais de 2020 foram vítimas de violência política[887].

O legislador brasileiro, com a edição de ambas as leis, buscou dar aplicação à Lei Modelo Interamericana para Prevenir, Sancionar e Erradicar a Violência Contra as Mulheres na vida política, instituída em 2016 pela Comissão Interamericana de Mulheres (CIM), no âmbito da Organização dos Estados Americanos (OEA), que define violência política de gênero como "qualquer ação, conduta ou omissão, realizada de forma direta ou através de terceiros que, baseada no seu gênero, causem dano ou sofrimento a uma ou a várias mulheres, e que tenha como propósito ou resultado depreciar ou anular o reconhecimento, gozo ou exercício dos seus direitos políticos, podendo incluir, entre outras, a violência física, sexual, psicológica, moral, econômica ou simbólica" (art. 3º, da Lei Modelo). O direito das mulheres a uma vida política livre de violência inclui, entre outros direitos, o de não sofrer qualquer forma de discriminação no exercício dos seus direitos políticos e o direito de viver livre de padrões estereotipados de comportamento e práticas políticas, sociais e culturais baseadas em conceitos de inferioridade ou

885 Sobre estas práticas, cfr., https://www2.camara.leg.br/a-camara/estruturaadm/secretarias/secretaria-da-mulher/violencia-politica-de-genero-a-maior-vitima-e-a-democracia.

886 Fonte: Tribunal Superior Eleitoral.

887 Cfr. https://www.mpf.mp.br/pge/institucional/gt-violencia-de-genero.

subordinação, sendo considerado como "estereótipo do gênero" uma opinião ou preconceito generalizado sobre atributos ou características que mulheres e homens têm ou deveriam ter ou os papéis sociais que ambos desempenham ou deveriam desempenhar, tornando-se prejudicial, todavia, quando nega um direito, impõe um fardo, limita a autonomia da mulher, a tomada de decisões sobre sua vida e seus projetos vitais ou seu desenvolvimento pessoal ou profissional (art. 4º, da Lei Modelo).

Entre as principais contribuições da Lei Modelo, está a consagração do direito da mulher a uma vida política livre de violência e a definição do conceito de violência contra a mulher na vida política, em seguimento ao disposto na Convenção de Belém do Pará e na CEDAW. A chave para a definição dessa violência está na expressão "com base no gênero". O conceito abrange, assim, qualquer manifestação de violência na vida política dirigida às mulheres pelo fato de serem mulheres, ou que as afete desproporcionalmente, cujo objetivo ou resultado seja impedi-las total ou parcialmente de gozarem de seus direitos políticos. Assim, esta violência é produzida pelo fato de ser mulher e participar do espaço público e político, muito embora não seja o espaço físico onde a violência é praticada que a define, mas sim as relações de poder que ocorrem naquele espaço[888].

O modelo brasileiro, entretanto, ficou aquém da própria Lei Modelo, que prevê um amplo rol de obrigações destinadas aos partidos políticos, instituições e órgãos públicos, além de estabelecer que a violência política contra as mulheres pode ocorrer também dentro da vida doméstica e relações interpessoais, incluindo as variadas formas de violência acima mencionadas. Entretanto, apesar de deficitário, o legislador trouxe ao ordenamento jurídico brasileiro novidades para proteção das mulheres na política, levando em conta a situação de vulnerabilidade e hipossuficiência neste ambiente político, ao estabelecer que as autoridades competentes priorizarão o imediato exercício do direito violado, conferindo especial importância às declarações da vítima e aos elementos indiciários" (art. 2º, parágrafo único, da Lei n. 14.192/21).

[888] Cfr. https://www.oas.org/en/cim/docs/ViolenciaPolitica-LeyModelo-ES.pdf.

3.2.3.3.2. Mecanismos informais

Apesar de, no cenário democrático atual, os partidos políticos serem um dos principais protagonistas, toda intervenção cívica na vida da *polis*, por parte de seus cidadãos, constitui, mais do que nunca, atividade política[889]. Assim, faz-se política por meio das Organizações Não Governamentais, em Instituições privadas de solidariedade social, em associações, com fins educacionais, profissionais, culturais e sociais, bem como em clubes e agremiações, tal como em movimentos de cidadãos. A sociedade civil, deste modo, possui mecanismos informais de fomento e impulsionamento à participação das mulheres na política, sobretudo porque toda manifestação e ação patriótica em sua comunidade gera, em sentido amplo, uma atuação política, constituindo um importante contributo para adequação das decisões políticas à realidade. O próprio direito ao sufrágio decorre desta força cívica, movimentada por inúmeras mulheres que se uniram a fim de que o princípio da igualdade, até então presente nos mais importantes documentos legais, fosse estendido às mulheres.

O *accidental activism*[890], nomenclatura dada à atividade política informal das mulheres, é capaz de produzir uma força motriz que já foi visualizada desde o sufragismo e, mais presentemente, na busca de igualdade de fato, o que levou a alteração em inúmeros ordenamentos jurídicos a fim de serem desenvolvidas práticas de discriminação positiva impulsionadoras da participação política feminina. Ou seja, as grandes conquistas no campo dos direitos políticos das mulheres são oriundas da intervenção dos cidadãos, revelando que o espaço público não-estatal é também um cenário de democracia, participativa ou direta. A existência e a atividade de grupos femininos podem surtir efeitos no incentivo à maior participação política, em especial quando estas mulheres pertençam a uma estrutura de poder e tenham a possibilidade de intervir diretamente neste sentido. Neste ponto, Simone Veil, ex-ministra francesa, acredita na força de grupos de pressão, de reflexão, consulta e até forma-

[889] Cfr. Plataforma Portuguesa para os Direitos das Mulheres (Projecto Capacita), *Afinal, o que é a Democracia Paritária? A participação de mulheres e homens na organização social*, Fundação Calouste Gulbenkian, 2016, p. 59.

[890] Cfr. Hyatt, Susan. *Putting Bread on the Table: The Women's Work of Community Activism*, Bradfors, Work & Gender Research Unit, 1992, p. 6 (tradução livre).

ção, solidariedade entre mulheres, mas teme que, se isso for feito no seio dos partidos políticos, isso se voltaria contra elas e as marginalizaria[891].

Não há imutabilidade e definitividade nas conquistas democráticas, e na própria democracia, pois decorrem de um processo histórico e conflituoso, sujeito a avanços e retrocessos. É da essência da vida político-democrática o movimento, a criação, a construção, tornando as lutas e as atividades em torno da transformação das instituições um processo permanente. A evolução democrática sempre dependeu de mecanismos informais de ação. Nem todos os movimentos de cidadãos[892] promovem a democracia ou contribuem para a democratização, até porque várias de suas dimensões, como suas práticas internas, convicções, subjetividades coletivas, e que seriam elementares para compreensão do sentido da mobilização, e da própria democratização, não são visíveis, ficando subjacentes a sua verificação empírica. Todavia, "há uma tendência con-

[891] Cfr. Halimi, Giséle. *La parité dans la vie politique*, La Documentation Française, 1999, pp. 122-123 (tradução livre).

[892] Neste ponto, Bringel e Echart apontam algumas fronteiras que limitam as possibilidades de interpretação das relações entre os movimentos sociais e a democracia: a *fronteira da ciência* (incorporando um diálogo interdisciplinar com saberes historicamente marginalizados, como é o caso da geografia crítica que cumpre papel importante na interpretação da política do lugar, nas teorias democráticas e dos movimentos sociais); a *fronteira do Estado-nação* (estabelecendo as conexões entre diferentes escalas, do local ao global, que interferem nos processos de democratização a partir da espacialidade da política); a *fronteira institucional* (entendendo a política como o espaço da experiência, para pensar também o universo instituinte das práticas democráticas, para além do instituído); e a *fronteira do momento histórico* (questionando as transições democráticas como referência fundamental para os estudos entre movimentos sociais e democracia) (cfr. Bringel, Breno; Echart, Enara. "Movimentos Sociais e Democracia: os dois lados das 'fronteiras'", in *Caderno CRH*, Salvador, v. 21, n. 54, pp. 457-475, set./dez. 2008, p. 458). Especificamente sobre o *sentido global do lugar*, inserido na fronteira da ciência, Milton Santos entende que "hoje, certamente mais importante que a consciência do lugar, é a consciência do mundo, obtida através do lugar" (cfr. Santos, Milton. *Da Totalidade ao Lugar*, São Paulo, EDUSP, 2002, p. 161). A propósito, quando Conway estuda a *Marcha Mundial das Mulheres*, ela problematiza as gramáticas convencionais do local-global e transnacional nos estudos feministas de movimentos, redes e organização, apontando teorias complexas de espaço, lugar e escala importadas da geografia crítica, analisa a práxis espacial da Marcha, considerando seu significado político (cfr. Conway, Janet. "Geographies of transnational feminism: Place and scale in the spatial praxis of the World March of Women", in *International Studies in Gender*, State & Society, Oxford University Press, v. 15, n. 2, 2008, pp. 207 e ss. (tradução livre)).

temporânea para que muitos deles incorporem uma dimensão renovada de luta democrática, que se expressa em diferentes paisagens materiais e simbólicas, contribuindo para a reinvenção das práticas e teorias democráticas"[893]. Assim, da emergência de novas formas de contestação política, surgem novos atores no cenário da democracia, que detêm mecanismos informais para criação de novas oportunidades políticas às mulheres.

Neste espaço, os mecanismos informais surgem da dialética entre o instituído e o instituinte, na medida em que seu eixo essencial é a criação de novas experiências democráticas para além da esfera das instituições e dos órgãos de soberania, o que demonstra que o impulsionamento da representação política das mulheres, e à igualdade de gênero de um modo geral, pode advir de novas determinações, que proporcionem avanços dentro do sistema político existente, através do aperfeiçoamento dos mecanismos institucionais, já que, como pensa Castoriadis, a democracia é uma auto-instituição explícita, um processo de autonomia que não se esgota no instituído[894]. Portanto, a igualdade de fato entre homens e mulheres, apesar de depender, ainda que sem exclusividade, das instituições político-democráticas, pode ser obtida, ou ao menos fomentada, por um processo proveniente das relações sociais, decorrentes de ações coletivas de atores políticos não pertencentes às instituições, mas provenientes da própria sociedade civil, até mesmo porque o indivíduo e a democracia são forças indissociáveis de conciliação na sociedade, tendo os movimentos sociais uma fundamental função na construção democrática, que vai além da defesa de seus direitos, individuais e coletivos, já que representam demonstração de poder no seio da sociedade civil e, por esta razão, não podem ser subordinados ao poder político[895].

[893] Cfr. BRINGEL, Breno; ECHART, Enara. "Movimentos Sociais e Democracia: os dois lados das 'fronteiras'", in *Caderno CRH*, Salvador, v. 21, n. 54, set./dez. 2008, p. 458.

[894] Cfr. CASTORIADIS, Cornelius. *Democracia y relativismo*, Debate con el MAUSS, Madrid, Trotta, 2007.

[895] A propósito, Touraine, ao fazer uma análise dos movimentos sociais, afirma que a razão de ser da democracia é fornecer as condições institucionais essenciais para a ação do sujeito pessoal e que o advento da cultura democrática deveria tornar "o locus central do pensamento político". Apesar disso, o autor está ciente de que tal cultura é inseparável de uma certa consciência política que falta atualmente em nossas sociedades e conclui que não

3.3. A construção de um sistema de garantias contra retrocessos aos direitos políticos das mulheres

Numa democracia moderna, é na opinião pública e através da expressão política democrática que os valores são reconhecidos e os princípios estabelecidos[896]. Então, diferentemente do passado, que contava com a expressão de um poder absoluto ou transcendente, a expressão da vontade dominante acaba sendo responsável pelo estabelecimento de valores e princípios nas sociedades e, na atualidade, a igualdade de gênero incorporou-se ao discurso dos órgãos constituintes, por certo como decorrência de todos os movimentos feministas neste sentido. Mas isto não é suficiente para evitar o retrocesso e neste ponto são conhecidos os fenômenos sociológicos *Contra-Correntes*, *Contracultura*[897] e de perversão de preceitos que estão na base da Declaração Universal dos Direitos Humanos que, em síntese, vão de encontro às transformações sociais, da consciência, dos valores e do comportamento, almejando mudanças na contramão das evoluções alcançadas. A cultura engloba um complexo de padrões comportamentais, manifestações artísticas, linguísticas, sociais, de crenças, senso comum, hábitos, enfim, tudo que sirva de substrato para a consciência coletiva de um povo ou civilização, apresentando-se como um dos "principais pontos de coesão dos homens"[898].

pode haver desenvolvimento real sem democracia e que a cultura democrática deve ser o meio político de recomposição do mundo e da personalidade de cada um, incentivando o encontro e a integração das diferentes culturas para permitir que cada um experimente o máximo possível da experiência humana (cfr. Touraine, Alain. *Qu'est-ce que la démocratie?*, Paris, Fayard, 1994, pp. 175 e ss., 222 e ss. e 277 e ss. (tradução livre)).

[896] Isto significa, nas palavras de Sylviane Agacinski, "que as forças políticas devem desenvolver teorias capazes de legitimar sua estratégia e, inversamente, que as ideias políticas que parecem mais justas devem encontrar ou reunir forças capazes de apoiá-las e executá-las" (cfr. Agacinski, Sylviane. *Politique des sexes*, Paris, Éditions du Seuil, 1998, pp. 171-172 (tradução livre)).

[897] Para Cattelain, "*counter-culture* é uma oposição aos valores estabelecidos, como família, dinheiro, trabalho, cidadania, representa uma objeção de consciência global que nega a fatalidade das ordens sociais atuais e denuncia a ausência de verdadeira escolha entre os tipos de sociedade apresentados como modelos" (cfr. Cattelain, Jean-Pierre. *Objecção de Consciência*, coleção Telos, Porto, Livraria Telos, 1973, p. 103).

[898] Cfr. Faria, Miguel. "Considerações sobre a Contracultura e a Perversão dos Direitos do Homem", in *Estudos de Homenagem ao Professor Doutor Germano Marques da Silva*, Coimbra, 2012, p. 137.

Em contrapartida, em tempos de *modernidade líquida*[899], fluida e volátil, em que referenciais morais da época anterior, de uma modernidade sólida, são retirados de palco para dar espaço à lógica do agora, de insegurança e incerteza, de valorização do consumo, do gozo e da artificialidade, a inversão (e a subversão) de valores e princípios conquistados não é improvável, sobretudo num momento de «relativismo ético e de desorientação moral»[900], que não oferece nenhuma segurança contra a violação da consciência coletiva e até mesmo de princípios elementares ao respeito da dignidade humana. Afinal, o que justifica xenofobia, sexismo e racismo em pleno século XXI? Como se conceber um estrangulamento da ética da cultura com o holocausto na Segunda Guerra Mundial, a limpeza étnica que matou milhares de pessoas na antiga Iugoslávia nos idos de 1990[901] e a infindável Guerra na Síria que já ultrapassou meio milhão de mortos nos últimos anos? O que justifica em pleno ano de 2021 o domínio por grupos extremistas, a exemplo do Talibã, de um país e imposição de regras, designadamente às mulheres, restritivas de todos os seus direitos, liberdades e garantias? De que maneira ainda explicar mulheres auferindo salários menores do que os homens ainda que no desempenho de funções idênticas? E o que dizer sobre a existência, nos tempos atuais, de grupos de segregação racial ou de discursos públicos em sede de parlamento europeu defendendo salários mais baixos às mulheres, sob o argumento de estas serem "mais fracas" ou "menos inteligentes" que os homens?

A contracultura se empenha em incutir na sociedade o corrompimento dos sistemas de crenças e valores consolidados, com a intenção de se implementar uma alteração em todos os níveis sociais e se destina mais à sociedade civil do que propriamente às questões de Estado[902].

[899] Na expressão de Bauman, para definir os "padrões, códigos e regras a que podíamos nos conformar, que podíamos selecionar como pontos estáveis de orientação e pelos quais podíamos nos deixar depois guiar, que estão cada vez mais em falta" (cfr. BAUMAN, Zygmunt. *Modernidade Líquida*, trad. de Plínio Dentzien, Rio de Janeiro, Zahar, 2000, pp. 9-14).

[900] Cfr. OTERO, Paulo. *Legalidade e Administração Pública: O sentido da vinculação administrativa à juridicidade*, Coimbra, Almedina, 2003, p. 414.

[901] Cfr. OTERO, Paulo. *Legalidade e Administração Pública: O sentido da vinculação administrativa à juridicidade*, Coimbra, Almedina, 2003, p. 414.

[902] Faria aponta o início da racionalização da contracultura com o crescimento do Nacional-Socialismo Alemão, em 1933, com a designação de Adolf Hitler como chanceler e, pos-

Apesar disso, em muitas situações ela também tem o mérito de introduzir um dissenso útil para amadurecimento da democracia, numa toada revolucionária de mudança de valores negativos permeados na sociedade. Assim, a apologia levantada pelo movimento que vise suprimir um absurdo evidente que leve à subversão de direitos humanos não é censurável, mas quando esta marcha segue em direção a um retrocesso social, buscando retirar conquistas de determinados grupos, em *Movimentos Contracorrentes*, então o ordenamento jurídico não pode tutelar esta decisão, ainda que fundada na liberdade de consciência[903]. E para além disso, deve estar preparado para tentativas desta natureza através de um arcabouço normativo de proteção contra retrocessos. Deste modo, se pessoas – ou até mesmo maiorias ocasionais – como o caso do eurodeputado polonês, que defendeu publicamente no Parlamento Europeu que mulheres devem ganhar menos do que os homens por supor que elas são mais fracas e menos inteligentes[904] iniciassem um movimento, na *Contra Corrente* das lutas e conquistas femininas, fomentando que empresas não contratassem mulheres, que estas continuassem a receber menos ou que estas fossem impedidas do acesso a cargos políticos, ou apoiando grupos como os Talibãs, estaríamos diante de uma evidente violação de direitos inerentes à condição humana e alcançados após três grandes ondas de reivindicações feministas, que se iniciaram desde o final do século XVII[905].

teriormente, em 1934, com sua ascensão ao cargo de Presidente e chanceler do Reich, por decisão do Governo, confirmada por plebiscito, por 90% dos votos (cfr. Faria, Miguel. "Considerações sobre a Contracultura e a Perversão dos Direitos do Homem", in *Estudos de Homenagem ao Professor Doutor Germano Marques da Silva*, Coimbra, 2012, pp. 140-142).

[903] Trazendo uma explicação sociológica das condutas desconformes à harmonia, Miguel Faria ainda separa as condutas desviantes e que saem dos quadros culturalmente admitidos na sociedade, mas que são por estas toleradas, dos desvios rejeitados pela generalidade dos cidadãos e punidas criminalmente pelo aparelho repressivo do Estado (cfr. Faria, Miguel. "Considerações sobre a Contracultura e a Perversão dos Direitos do Homem", in *Estudos de Homenagem ao Professor Doutor Germano Marques da Silva*, Coimbra, 2012, p. 154).

[904] Cfr. https://elpais.com/internacional/2017/03/02/actualidad/1488449299_579937.html, acesso em 23 de julho de 2018.

[905] Somente a título ilustrativo, dois grandes nomes deste início foram o da francesa Olympe de Gouges, que apresentou uma espécie de manifesto intitulado *Declaração dos Direitos da Mulher e da Cidadã*, em 1791, como contraponto à Declaração homônima de 1789, defendendo a emancipação da mulher e a incondicional igualdade entre ambos os sexos;

O que é democrático pode ser compreendido tanto no sentido de ser favorável à democracia, como também no sentido de agir em conformidade com as regras práticas de democracia. E é aqui que se encontra o risco de estrangulamento de conquistas tão caras a determinados grupos de pessoas, que pode ver seus direitos ruírem a partir de comportamentos de uma maioria momentânea que, sob a estrutura da democracia representativa, subverta a liberdade e a segurança destes cidadãos, com a retirada de direitos ou até mesmo com seu refreamento frente à natural evolução social e cultural de direitos destinados a outras pessoas, dando margem a uma discriminação institucionalizada e, neste caso, legitimada por regras democráticas[906]. O que as Constituições modernas impedem, e a Portuguesa e a Brasileira não diferem, é qualquer atividade, seja em nome de qual ideologia for, atentatória aos direitos fundamentais e contra o funcionamento das instituições constitucionais e, para isso, o Judiciário detém mecanismos. Todavia, para além da importância de petrificação de um núcleo de direitos e valores fundantes da vida humana e de sua dignidade, reconhecidos universalmente e que decorram da condição humana, pertencentes a *consciência jurídica geral* e ao senso coletivo dos cidadãos, intérpretes que também são dos princípios constitucionais fundamentais, a fim de limitar a ação das instituições e dos próprios indivíduos, é também elementar a existência de mecanismos que protejam a população dos riscos da tirania das maiorias eleitorais[907], designadamente porque a história mostra a instrumentali-

e da inglesa Mary Wallstonecraft, que conseguiu melhor estruturar as demandas femininas da época, em sua *Reivindicação dos Direitos da Mulher*, datado de 1792 (cfr. https://www.olympedegouges.paris/biografia, acesso em 15 de julho de 2018 e http://www.bbc.co.uk/history/british/empire_seapower/wollstonecraft_01.shtml, acesso em 15 de julho de 2018).

906 Sobre a legitimação democrática do totalitarismo, cfr., Otero, Paulo. *A Democracia Totalitária – Do Estado totalitário à sociedade totalitária. A influência do totalitarismo na democracia do século XXI*, Cascais, Princípia, 2001, pp. 169 e ss.

907 A expressão "tirania da maioria" foi utilizada por John Adams em 1788 (cfr. Adams, John. *A Defence of the Constitutions of Government of the United States of America*, v. 3, London, 1788, p. 291 (tradução livre)), mas ganhou relevo ao aparecer em *Democracia na América*, de Alexis de Tocqueville, em 1835, tornando-se popular, todavia, por Stuart Mill, ao citá-lo em sua obra *On Liberty*, de 1859. Curiosamente, a expressão que hoje é utilizada em referência à proteção de grupos contra discriminações, foi desenvolvida, sobretudo por Tocqueville, para proteger as minorias proprietárias norte-americanas contra o risco de cerceamento

zação do princípio maioritário por regimes totalitários[908] e também porque "a maioria não é critério de verdade ou justiça, nem ilumina a validade do conteúdo decisório"[909].

A democracia demanda um apelo à ordem axiológica e como o princípio maioritário não reflete necessariamente uma decisão justa e materialmente válida, mas sobretudo um critério decisório de cunho procedimental, "não basta que a decisão seja o resultado da vontade da maioria, é ainda necessário que essa decisão se mostre materialmente válida"[910]. Afinal, como proteger os direitos, sobretudo os políticos, das mulheres de maiorias eleitorais se elas não as compuserem? E se mesmo compondo esta maioria no parlamento houver uma tendência contracorrente, de perda de direitos, advinda de parte delas? A criação de um sistema de garantias contra retrocessos de todas as ordens é, acima de tudo, uma necessidade de defesa de uma parte da sociedade contra a injustiça de outra parte com mais proeminência política, o que pode ou não coincidir com uma maioria numérica. Uma das formas mais comuns de se protegerem direitos fundamentais de forças majoritárias ocasionais e suas iniquidades se dá através da criação de cláusulas constitucionais, utilização de sistemas eleitorais elaborados com a preocupação de evitá-la e criação de estatutos que protejam determinados grupos, bem

dos direitos e liberdades e, principalmente, de seu direito de propriedade. O termo é empregado para descrever situações em que, por meio de decisões democráticas por maioria eleitoral absoluta, os interesses de "minorias", não necessariamente numéricas, sejam obstaculizados, constituindo uma opressão comparável à das tiranias. Aliás, para Mill, por liberdade, entende-se justamente "a proteção contra a tirania dos governantes políticos" (cfr. MILL, John Stuart. *On Liberty*, Ontario, Batoche Books Limited, 2001, p. 6 (tradução livre)).

908 Para Paulo Otero, "a maioria serve qualquer senhor ou regime, tanto alicerçando o bem e o justo como fundamentando o mal e o injusto". Assim, enquanto critério de decisão que irá ser obedecida por todos, este princípio, nas palavras do autor, "tem alicerces débeis, fundando-se numa ficção de um acordo consensual que pode a todo momento ruir" (cfr. OTERO, Paulo. *Direito Constitucional Português*, v. II, Coimbra, Almedina, 2010, pp. 42-43).

909 Cfr. OTERO, Paulo. *Direito Constitucional Português*, v. II, Coimbra, Almedina, 2010, p. 41.

910 Cfr. OTERO, Paulo. *Direito Constitucional Português*, v. I, Coimbra, Almedina, 2010, p. 69. Ainda, sobre o princípio maioritário e o critério maioritário de decisão, cfr., MORAIS, Carlos Blanco de. *O Sistema Político – no contexto da erosão da democracia representativa*, Coimbra, Almedina, 2017, pp. 89 e ss.

como a separação dos poderes[911]. Além disso, a criação na sociedade de uma vontade independente da maioria, seja numérica, seja eleitoral e a inclusão representativa de tantas categorias diferentes de cidadãos quanto sejam necessárias, para que não possa ter lugar uma combinação injusta da maioria, são mecanismos de prevenção contra este tipo de inconveniente e de proteção dos direitos e interesses diversos dos cidadãos, independente das forças maioritárias que regem o poder[912]. Em *O Federalista*, foi exprimido este mesmo pensamento da importância de não apenas defender a sociedade contra a opressão dos que a governam, mas também garantir uma parte da sociedade contra a injustiça da outra, já que "a justiça é o objetivo a que deve tender todo governo; é a finalidade que se propõem os homens ao se reunirem"[913].

Neste contexto, dentre os principais direitos das mulheres estabelecidos pela ONU, e diversos documentos internacionais aqui já mencionados e Constituições[914], encontra-se o amplo direito à participação política, a qual engloba a representação política, que, pela equiparação aos direitos humanos, pode ser inserido no grupo imutável da Constituição, não ficando à mercê de maiorias ocasionais e ideologias partidárias, uma vez que é o tipo de lei que faz parte de uma espécie de "lei geral",

911 Cfr. PRZEWORSKI, Adam; MARAVALL, José María. *Democracy and the Rule of Law*, Cambridge University Press, 2003, p. 223 (tradução livre). Neste sentido, Tocqueville acredita que "um corpo legislativo composto de tal maneira que represente a maioria, sem ser necessariamente escravo de suas paixões; um poder executivo que tenha uma força própria e um poder judiciário independente dos dois outros poderes" reduz a possibilidade de tirania da maioria (cfr. TOCQUEVILLE, Alexis de. *Da Democracia na América, Leis e Costumes – De certas leis e certos costumes políticos que foram naturalmente sugeridos aos americanos por seu estado social democrático*, trad. de Eduardo Brandão, São Paulo, Martins Fontes, 2005, p. 296).

912 É a sugestão constante no capítulo 51 de *O Federalista*, segundo a qual também "o único recurso consiste em dividir a legislatura em muitas frações, e em desligá-las umas das outras, já pela diferente maneira de elegê-las, já pela diversidade de seus princípios de ação, tanto quanto o permitem a natureza das suas funções comuns e a dependência comum que elas se acham da sociedade" (cfr. HAMILTON, Alexander. "O Federalista, capítulo LI", in HAMILTON, Alexander; MADISON, James; JAY, Jonh, *O Federalista*, Tomo Segundo, Rio de Janeiro, Typ. Imp. e Const. de J. Villeneuve e Comp., 1840, p. 221).

913 Cfr. HAMILTON, Alexander. "O Federalista, capítulo LI", in HAMILTON, Alexander; MADISON, James; JAY, Jonh, *O Federalista*, Tomo Segundo, Rio de Janeiro, Typ. Imp. e Const. de J. Villeneuve e Comp., 1840, pp. 220-221.

914 A Constituição Portuguesa o faz expressamente em seu art. 109º.

nas palavras de Tocqueville, criada não por uma maioria eleitoral de uma sociedade, mas pela "maioria de todos os homens" por uma questão de justiça, que constitui "o limite do direito de cada povo"[915]. Ou seja, ainda que representantes, eleitos democraticamente, defendessem sua restrição ou extinção, isto não seria, ao menos teoricamente, possível, por ofender, em última instância, o preceito básico de justiça. Por certo, o direito, para ser ético, justo e democrático, tem que prezar pela vida digna, do ser humano, da natureza e da própria sociedade e esta construção é um dos grandes desafios da sociedade pós-moderna: fazer com que o direito seja justo[916]. Entretanto, entender que a coletividade é um

[915] Cfr. TOCQUEVILLE, Alexis de. *Da Democracia na América, Leis e Costumes – De certas leis e certos costumes políticos que foram naturalmente sugeridos aos americanos por seu estado social democrático*, trad. de Eduardo Brandão, São Paulo, Martins Fontes, 2005, p. 294.

[916] Não se desconhece as concepções do positivismo puro, que nega qualquer incidência de juízo de valor sobre as normas. É o pensamento de Kelsen, quando afirma: "o que é avaliado, o que pode ser valioso ou desvalioso, tem um valor positivo ou negativo, é a realidade", isto apontando para a justiça, que é, na sua concepção, a qualidade de uma específica conduta humana, de uma conduta que consiste no tratamento dado a outros homens. Por isso, entende contraditório o fato de a justiça – e a injustiça – ser afirmada como qualidade de normas (cfr. KELSEN, Hans. *A Justiça e o Direito Natural*, trad. de João Baptista Machado, Coimbra, Almedina, 2001, p. 42). Entretanto, desvinculando-se a validade do conteúdo das normas da justiça, pode-se chegar a extremos decorrentes da vontade da maioria ou do tirano, esta também identificada como critério de verdade, pois "obedecer à lei injusta será ainda assegurar prevalência da vontade política da maioria que a aprovou" (cfr. OTERO, Paulo. *A Democracia Totalitária – Do Estado Totalitário à Sociedade Totalitária. A Influência do Totalitarismo na Democracia do Século XXI*, Cascais, Principia, 2001, pp. 170-171). Por isso, Paulo Otero entende que o "comprometimento político-constitucional de enquadramento das fontes do Direito e, em termos mais gerais, da própria Teoria do Direito – não envolve o acolhimento de uma visão positivista do Direito", primeiro porque a própria Constituição formal está subordinada a uma ordem de princípios decorrentes da «consciência jurídica geral» em torno da dignidade da pessoa humana e da ideia de um Direito justo; segundo porque o Direito não se esgota em atos jurídicos provenientes de fontes formais; e terceiro, porque o Direito infraconstitucional pode encontrar nos princípios fundamentais e nos valores suprapositivos, transcendentes à Constituição, parâmetros vinculativos de aferição de sua validade (cfr. OTERO, Paulo. *Legalidade e Administração Pública: O sentido da vinculação administrativa à juridicidade*, Coimbra, Almedina, 2003, pp. 23-24). A propósito, Castanheira Neves encara o direito como uma «ordem de sentido», que "intencionalmente leva referido um fundamento axiológico-culturalmente constituinte" (cfr. NEVES, António Castanheira. "Fontes do Direito – Contributo para a revisão do seu problema", in *Digesta – Escritos acerca do Direito, do Pensamento Jurídico, da sua Metodologia e Outros*, v. 2, Coimbra, Coimbra Editora,

organismo vivo e que a consciência jurídica reflete uma representação variável da justiça de acordo com o tempo e espaço traz também a preocupação com o retrocesso, com a quebra de valores caros aos indivíduos e à convivência das pessoas. Por isso, é tão importante o recurso a concepções universais de justiça que não sejam variáveis, dentre as quais pode ser incluída a igualdade de direitos entre homens e mulheres, nem fiquem a mercê de maiorias democráticas ocasionais que já silenciaram grandes tragédias da humanidade, e hoje travestem-se de boicotes e ideologias que podem levar a retrocessos catastróficos. E, aqui, pode ser invocada a concepção desenvolvida por Castanheira Neves de *consciência jurídica geral*[917], que condensa estes valores e princípios fundamentais, extraídos sobretudo da visão humanista de sociedade, servindo de parâmetro de validade a todo Direito e de limite a quaisquer movimentos

1995, p. 13). Por isso, afirma que "o direito, como toda a decisão jurídica, implica uma valoração prático-normativa, pelo que a aplicação do direito não poderá também ser realizada sem juízos e actos concretos de valoração (juízos-de-valor)". Entretanto, a lógica a ter aqui em conta é a lógica do humano e do razoável, e não a lógica matemática (cfr. NEVES, António Castanheira. *Curso de Introdução ao Estudo do Direito*, Policopiado, Coimbra, 1971-1972, p. 424).

[917] A título de esclarecimento, a concepção de *consciência jurídica geral* se estrutura em três dimensões. A primeira, em que o conteúdo axiológico decorre da ideia de direito, extraída da importância da pessoa humana e da vida em comunidade, bem como da interação dialética dos valores decorrentes dos princípios jurídicos fundamentais, que são a dignidade humana, a existência de uma personalidade ético-jurídica, o reconhecimento do indivíduo como sujeito de direito, a autonomia e a igualdade, além do princípio da justiça, da segurança jurídica, da paz, da corresponsabilidade e da solidariedade comunitária. A segunda, formada pelo conjunto de todos os valores e princípios ético-sociais, normativo-sociais e ideológico-políticos que, apesar de pré-jurídicos e da constante assimilação jurídica ou de transformação específica em princípios e critérios jurídicos, fazem parte de um *consensus omnium* ou da normativa *conscience publique*, como ocorre com as «cláusulas gerais» da boa fé, ordem pública, bons costumes, dentre outros. Por fim, a terceira compreende os princípios jurídicos em sentido estrito, que independente de sua origem, se autonomizaram como princípios jurídicos da ordem positiva, não sendo necessariamente princípios fundamentais, nem possuindo imediatamente natureza moral, social ou política. Impõem-se, contudo, como "intenções regulativas e de validade para os actos constituintes (ou as «fontes») que venham a criar novo direito para esses mesmos domínios jurídicos" (cfr. NEVES, António Castanheira. "Fontes do Direito – Contributo para a revisão do seu problema", in *Digesta – Escritos acerca do Direito, do Pensamento Jurídico, da sua Metodologia e Outros*, v. 2, Coimbra, Coimbra Editora, 1995, pp. 66-67).

e comportamentos que vão de encontro aos direitos fundamentais tão duramente conquistados pelas mulheres ao longo da história.

Desta maneira, qualquer iniciativa, ainda que pautada numa suposta legitimidade democrática de representantes eleitos, que afrontasse essa dimensão axiológica, de priorização do ser humano e sua dignidade, não seria aceita como válida, nem mesmo para tutela da liberdade. Até mesmo porque se a própria Constituição Portuguesa previu, em seu art. 16, n. 2, uma espécie de autossubordinação constitucional a valores supremos, notadamente os extraídos da Declaração Universal dos Direitos Humanos, com mais razão os particulares, e até mesmo os poderes instituídos pela Constituição, também devem se submeter a esta heterovinculação axiológica e usufruir suas liberdades sem prejudicar os preceitos mais caros à humanidade[918], o que não foi diferente com a Constituição Brasileira (art. 5º, §2º). Ainda que através de uma Constituição a sociedade defina seus valores éticos, jurídico e políticos, a validade das leis, dos direitos, liberdades e garantias e, inclusive, desta própria Constituição, ficam condicionados a uma crítica axiológica que se sobreponha ao estatuto fundamental definido dentro de um princípio maioritário. Há, assim, uma espécie de «axiologia transpositiva», que não está "na absoluta disponibilidade do positivo constitucional ou de que não é titular sem limites o poder constituinte"[919] e que também pode servir como filtro para supressão de direitos fundamentais, implicando um autêntico «reconhecimento do homem pelo homem», extraído de uma intenção global em que todos participam comunitariamente (numa verdadeira «soberania comunitária»)[920].

[918] Dentro de uma análise destinada à atuação da Administração Pública, Paulo Otero destaca a possibilidade, excepcional, de inobservância de normas constitucionais injustas, "enquanto violações do cerne da dignidade da pessoa humana", pois "a desordem resultante dessa desobediência ou incumprimento da Constituição não pode originar um dano superior ao que decorreria da obediência a essa mesma norma constitucional" (cfr. OTERO, Paulo. *Legalidade e Administração Pública: O sentido da vinculação administrativa à juridicidade*, Coimbra, Almedina, 2003, p. 661).

[919] Cfr. NEVES, António Castanheira. A *Revolução e o Direito – A situação de crise e o sentido do direito no actual processo revolucionário*, Lisboa, Ordem dos Advogados Portugueses, 1976, p. 230.

[920] Cfr. NEVES, António Castanheira. A *Revolução e o Direito – A situação de crise e o sentido do direito no actual processo revolucionário*, Lisboa, Ordem dos Advogados Portugueses, 1976, p. 231.

Para além disso, tem-se que, na relação entre Estado de Direito e democracia, os direitos fundamentais funcionam como "trunfos contra a maioria, afectados por uma reserva geral imanente de ponderação"[921], porque intimamente ligados ao princípio constitucional da dignidade da pessoa humana. Dentro desta concepção, a equiparação do direito à participação política a um direito fundamental concede às mulheres um *trunfo* com força garantidora contra os *números* da democracia[922], ainda que o processo decisório tenha respeitado os procedimentos democráticos. Ter um direito fundamental, portanto, é "ter um trunfo contra o Estado, contra o Governo democraticamente legitimado"[923]. Em verdade, os direitos fundamentais, designadamente, para o caso desta pesquisa, o direito à participação política, em sentido amplo, aqui abrangendo a representação política, não podem ser identificados como direitos das minorias, uma vez que são destinados a todas as pessoas "que se encontrem na situação tipificada na previsão da norma de direito fundamental"[924], muito embora possam ser considerados trunfos de grupos vulneráveis a ideologias transversas de maiorias eleitorais com disposição a modificação contracorrentes.

Por conseguinte, dentro da concepção deliberativa de democracia, os direitos fundamentais são concebidos sob um aspecto material, dentro de um processo deliberativo, racional, argumentativo e imparcial para consecução do bem público e na qual "tanto Parlamento quanto Tribunal Constitucional têm uma natureza representativa"[925]. Assim, a democracia tem sua dimensão substancial, de defesa dos direitos fun-

921 Cfr. NOVAIS, Jorge Reis. *Direitos Fundamentais e Justiça Constitucional*, Lisboa, AAFDL Editora, 2012, p. 19.

922 A expressão é adotada originalmente por Dworkin, para quem "os direitos são mais bem compreendidos como trunfos sobre justificativas de fundo para as decisões políticas que estabeleçam um objetivo da comunidade como um todo" (cfr. DWORKIN, Ronald. *Taking Rights Seriously*, London, Duckworth, 1978, p. 167; DWORKIN, Ronald. *A Matter of Principle*. Cambridge, Harvard University Press, 1985, p. 359 (tradução livre)).

923 Cfr. NOVAIS, Jorge Reis. *Direitos Fundamentais e Justiça Constitucional*, Lisboa, AAFDL Editora, 2012, p. 22.

924 Cfr. NOVAIS, Jorge Reis. *Direitos Fundamentais e Justiça Constitucional*, Lisboa, AAFDL Editora, 2012, p.22.

925 Cfr. NOVAIS, Jorge Reis. *Direitos Fundamentais e Justiça Constitucional*, Lisboa, AAFDL Editora, 2012, p.25.

damentais, e uma dimensão formal, que diz respeito ao procedimento da maioria[926]. Ambas convivem de forma integrada, pois "só se encontra verdadeiro Estado de Direito onde também exista democracia"[927]. A regra da maioria é, de fato, essencial ao funcionamento do sistema político, pelo que, em não havendo democracia também não há respeito à dignidade da pessoa humana e, por consequência, não há Estado de Direito[928]. Assim, para Reis Novais, "sem a possibilidade de exercício dos direitos, designadamente os políticos, não se pode garantir a possibilidade de efectiva igual participação de todos nas decisões da comunidade, com o que a regra da maioria falha a racionalidade que a justifica"[929]. Com isso, quando parcela da população se vê tolhida de seu direito à igual consideração no processo de deliberação política, ou então quando não é resguardado ao indivíduo uma igual possibilidade de presença na governação, nem a liberdade e igualdade na vida política, então tanto o poder como o seu exercício deixam de ser democráticos[930].

Há, entretanto, ainda uma forte presença da ideia de tensão e oposição entre democracia e Estado de Direito, porque "a maioria no poder pode ameaçar os direitos fundamentais"[931], nomeadamente em momentos da humanidade de supressão e involução da democracia, em que regimes totalitários invocaram o apoio da maioria da população para violar direitos fundamentais, demonstrando a ausência de qualquer identidade natural entre lei e justiça e que "mesmo quando a lei se adequa às exigências materiais da Constituição de Estado de Direito, os actos da Administração e do poder judicial praticados sob sua égide podem constituir intervenções restritivas inadmissíveis nos direitos

[926] Neste sentido, cfr., Otero, Paulo. *Direito Constitucional Português*, v. I, Coimbra, Almedina, 2010, p. 69.

[927] Cfr. Novais, Jorge Reis. *Direitos Fundamentais e Justiça Constitucional*, Lisboa, AAFDL Editora, 2012, p.25.

[928] Cfr. Novais, Jorge Reis. *Direitos Fundamentais e Justiça Constitucional*, Lisboa, AAFDL Editora, 2012, p.25.

[929] Cfr. Novais, Jorge Reis. *Direitos Fundamentais e Justiça Constitucional*, Lisboa, AAFDL Editora, 2012, p.27.

[930] Cfr. Novais, Jorge Reis. *Direitos Fundamentais e Justiça Constitucional*, Lisboa, AAFDL Editora, 2012, p.27.

[931] Cfr. Novais, Jorge Reis. *Direitos Fundamentais e Justiça Constitucional*, Lisboa, AAFDL Editora, 2012, p.27.

fundamentais"[932]. Por outro lado, a racionalidade do pacto fundador do Estado de Direito ou do contrato social em que assenta o Estado constitucional está "intimamente associada à preservação dos direitos do homem e à sua garantia enquanto direitos fundamentais"[933] e, neste aspecto, tanto a Constituição Portuguesa quanto à Brasileira, que deram vida a um modelo de sociedade pluralista, aberta e axiologicamente comprometidas com a dignidade da pessoa humana, inclusive antecedentemente à própria soberania popular, trazem um apelo à uma ideia de democracia de valores e não meramente formal, já que "só uma democracia humana é verdadeira democracia"[934]. E dentro desta concepção ora vigente não há espaço para retrocessos em direitos humanos arduamente conquistados pelas mulheres, designadamente a plenitude de seus direitos políticos, em todas as suas dimensões. Apesar disso, grande parte das conquistas de direitos políticos das mulheres, sobretudo no que diz respeito a sua representação política e inserção em postos de decisão, decorreu da implementação de ações de discriminação positiva que, por sua própria natureza, devem ser temporárias, o que torna a compatibilização do não retrocesso representativo com a estabilização do direito independente da adoção de ação afirmativa um dos grandes, senão o maior, desafios que desponta desta temática.

[932] Cfr. Novais, Jorge Reis. *Direitos Fundamentais e Justiça Constitucional*, Lisboa, AAFDL Editora, 2012, p.28.

[933] Razão pela qual Reis Novais entende que "no mundo dos direitos fundamentais são vantajosas as construções que evidenciem, da forma mais transparente possível, os conflitos de interesses, valores e princípios que subjazem a todos os casos difíceis de direitos fundamentais". Assim, para o autor, as posições jurídicas individuais, dentro de um Estado Democrático de Direito, "funcionam como trunfos contra preferências externas, designadamente contra pretensões estatais em impor ao indivíduo restrições da sua livre autodeterminação em nome de concepções de vida alheias e que, por razões utilitárias ou por beneficiarem de um apoio maioritário, o Estado considere como merecedoras de superior consideração" (cfr. Novais, Jorge Reis. *Direitos Fundamentais e Justiça Constitucional*, Lisboa, AAFDL Editora, 2012, pp. 31 e 37-43).

[934] Cfr. Otero, Paulo. *Direito Constitucional Português*, v. I, Coimbra, Almedina, 2010, p. 69.

CONCLUSÕES

Há mais democracias no mundo do que nunca, mais países onde os direitos à cidadania vêm sendo separados das qualificações sexuais ou raciais, mais países onde seus cidadãos controlam seus governantes ostensivamente. Os estudos feministas fornecem, desta maneira, um importante contrapeso ao cinismo ou apatia existente na política e nos permite pensar de forma mais crítica sobre as práticas excludentes sob as vestes de uma aparente inclusividade e sobretudo nos permite refletir os modos pelos quais a política ainda pode ser transformada, compreendendo que os "problemas das mulheres", na realidade, dizem respeito à sociedade. Um sistema que não integra mais de metade do eleitorado nas decisões políticas e que faz da igualdade a aplicação concreta de um princípio revolucionário, evidentemente não pode ser mais justo do que um que se socorre à lei para obtenção da paridade. Ainda assim, uma democracia que, para que suas metades sejam consideradas igualmente cidadãos plenos, tenha de se socorrer a um arcabouço legislativo antidiscriminatório para evitar que a metade masculina fale e decida pela feminina, merece um olhar atento.

A política certamente importa, mas o que entendemos por política deve primeiro ser transformado. Assim, inicialmente há que se salientar que a formação de uma consciência social e política coletiva, contrária à discriminação de gênero, não depende apenas de um compromisso constitucional. É um compromisso de claro apelo aos valores mais caros às pessoas e ao desenvolvimento da cidadania, justificado nas raízes históricas de lutas femininas tolhidas pelo longo período da ditadura tanto em Portugal quanto no Brasil, que voltaram a enxergar as luzes da democracia, respectivamente, com suas Constituições de 1976 e 1988. Foi, certamente, um grande avanço, designadamente se considerar o processo histórico de desinteresse e desimportância da figura feminina nas anteriores Constituições. Sua visão, habitualmente associada às prendas domésticas e sempre condicionada à chefia masculina visualizada no antigo "pátrio poder" era corriqueira na legislação civil de ambas as nações, até mesmo pelas influências legislativas que Portugal exercia no Brasil. Os avanços são inegáveis, o acesso à cidadania feminina tem sido continuamente conquistado, apesar de as estatísticas e os números ainda apontarem para o alto índice de discriminação e violência sofridas pelas mulheres e o baixo índice de sua participação na política geral e de classe, a despeito do grande percentual com ensino escolar e formação acadêmica. Enfim, as leis, sejam elas constitucionais ou infraconstitucionais, estabelecem regramentos para as instituições, para as relações sociais, públicas ou domésticas, preveem e garantem direitos individuais ou coletivos, estabelecendo estratégias para que os poderes constituídos confrontem e superem a desigualdade de gênero e materializem direitos da cidadania feminina. Entretanto, a alteração e superação deste panorama de discriminação de gênero ainda experimentado continua sendo um dos grandes desafios da democracia brasileira e portuguesa e depende, certamente, do comprometimento não apenas do poder público, mas também da sociedade civil, para que os valores constitucionais tão caros sejam concretizados e, principalmente, naturalizados na sociedade.

Assim, com base na análise efetuada nos capítulos anteriores, é possível extrair algumas conclusões essenciais sobre a construção da representação política das mulheres no contexto luso-brasileiro, nomeadamente o grau de atividade representativa em ambas as nações:

1. A relevância do gênero como categoria histórica permitiu uma reanálise da história, principalmente no que diz respeito à formação das nações e das concepções de democracia, cidadania, da atividade econômica e laboral e da própria ideia de família.

2. O processo de moldagem cultural que o Brasil Colônia atravessou atingiu sobremaneira a sexualidade feminina, que passou a trajar os valores então existentes na Europa Ocidental, de nítida herança aristotélica e também influência da ética judaico-cristã, aos quais se incluem a superioridade masculina, presente nas formulações de contrato social.

3. Os movimentos feministas, representados em três grandes momentos verificados após o século XIX, começaram a despontar ao

final da Revolução Francesa que, apesar de todas as conquistas reveladas na Declaração dos Direitos do Homem e do Cidadão (1789), representou um momento de hostilidade a atividades públicas das mulheres, que não foram contempladas pelo rol de direitos do documento.

4. Apesar do apontamento histórico sobre a existência de poucas sociedades matriarcais, em civilizações remotas, elas nunca representaram uma antinomia ao patriarcado, sobretudo pela ausência de hierarquia, classes e dominação e por força dos princípios de irmandade que as regem, o que não pode ser confundido com a história das sociedades que, fora da estrutura, princípios e valores do matriarcado, foram e são chefiadas por mulheres.

5. O paradigma do patriarcado, com seus pressupostos de hierarquia, obediência e autoridade construídos ao longo dos anos, serviu de embasamento para delimitação dos papéis sociais, econômicos, políticos e culturais, bem como para a divisão de espaços sociais, destinando à mulher o espaço privado, da alcova e da irrelevância e ao homem, nomeadamente o branco, o brilho e a segurança do espaço público e a garantia de sua liberdade civil.

6. Assim, a família desempenhou crucial papel na estruturação do gênero, na formação dos arquétipos e distribuição dos papéis sociais, principalmente diante da legislação civil atinente à família luso-brasileira, inicialmente tão opressora e limitadora à mulher.

7. Concepções pós-estruturalistas e pós-colonialistas confrontam suas percepções sobre o feminismo e sobre os direitos das mulheres, nomeadamente porque o primeiro, com seu método de desconstrução de categorias – e da própria divisão binária do gênero – parte de um equivocado pressuposto de homogeneidade e unidade da demanda feminina, o que é veementemente rechaçado pelo segundo, ao levar em conta as diferentes raças, origens, classes sociais e necessidades das mulheres.

8. A interpretação da autodeterminação do gênero, situada na concepção do construcionismo social sobre o que é ser mulher, pode gerar um hiper-relativismo da "desconstrução" do pós-estruturalismo, sobretudo pelos reflexos diretos verificados na implementação de medidas estatais de salvaguarda da isonomia e, em última análise, no próprio exercício das liberdades individuais. Por isso, a avaliação do critério de diferença, a cargo do legislador, deve estar fundamentada em todas as suas especificidades e alcance.

9. A categorização do gênero feminino como vulnerável decorre de uma série de estatísticas que demonstram que a mulher faz parte de um público alvo de discriminações, não apenas na política, mas em diversos segmentos econômicos, sociais e culturais, além dos dados sobre a violência, em suas múltiplas dimensões, que sobre ela recai, além de apontarem uma "feminização da pobreza".

10. Há uma ligação histórica muito forte no estatuto da mulher portuguesa e brasileira, sobretudo no que diz respeito ao direito de família, pela influência legislativa que Portugal exerceu no Brasil, a começar pelas Ordenações Filipinas, vigentes neste último por mais de trezentos anos, ou seja, mais tempo do que em seu país de origem.

11. As principais reivindicações femininas contemporâneas foram as de ordem legal, a começar pelo direito ao voto até alcançar legislações antidiscriminatórias, gerando um movimento jurídico-constitucional em diversos ordenamentos jurídicos, dentre os quais se encontram Portugal e Brasil, de maior atenção à igualdade justa e de fato, porém voltada a um fundamento material objetivo, a fim de serem evitados arbítrios. Neste ponto, tanto a Constituição Portuguesa de 1976, nomeadamente após a revisão constitucional de 1997, como a Constituição Brasileira de 1988, inauguraram uma nova ordem axiológica, de compromisso com a igualdade de gênero, dando margem a um direito infraconstitucional antidiscriminatório. A primeira, inclusive, foi bastante específica quanto a isto em seu art. 109º.

12. As Convenções e tratados internacionais de combate à discriminação e a qualquer tipo de violência contra as mulheres foram incorporados em ambos os ordenamentos jurídicos, que passaram a contar com uma série de medidas legislativas e institucionais sobre o assunto nas mais variadas áreas do direito. Portugal, todavia, alcançou, primeiramente, uma participação política das mulheres equivalente a um terço do número de deputados, nas eleições de 2015, o que posteriormente foi conquistado nas eleições autárquicas de 2017 e atualmente conta com uma presença feminina de cerca de 40% no parlamento, nomeadamente por conta do advento da Lei Orgânica portuguesa n. 1, de 29 de março de 2019 e da a Lei n. 26, do mesmo ano. Já o Brasil nunca ultrapassou 18% de presença feminina no parlamento, percentual muito abaixo da média mundial.

13. A legislação brasileira (Lei n. 9.504/97, alterada pela Lei n. 12.034/2009) sobre representação política já nasceu inefetiva, pois,

além de carregar debilidades que, em certa medida, a tornavam inócua, pois o percentual legal reservado, que se restringe apenas à formação de listas de candidaturas, calculava-se, até sua alteração de 2009, sobre o total de candidaturas que o partido ou coligação poderia lançar em cada circunscrição eleitoral e não propriamente sobre o número de candidatos efetivamente inscritos, também não estabeleceu qualquer sanção ao seu descumprimento. A legislação portuguesa, em comparação, determinou a rejeição das listas que não respeitassem os 40% de representação equilibrada determinados, sendo mais efetiva, seja na formatação da paridade prevista, já que direcionada à efetiva composição do parlamento, seja na previsão de sanções para seu descumprimento.

14. A designação científica de grupos identificados pela expressão "minoria" nem sempre está atrelada a uma definição numérica e matemática, se aproximando mais da ideia da história de opressão e dominação cultural e social de um grupo, o que justifica sua utilização em tantas ocasiões feitas pelos estudos de ciências sociais na análise do gênero, sobretudo porque a construção social e a análise da mulher se deu e costumeiramente se dá a partir do modelo geral, que é representado na figura masculina.

15. Em termos de representação democrática, a tônica deve ser mais com as opções políticas tomadas na prática do que propriamente com a possibilidade de um grupo bem representar o outro, até porque não há um consenso doutrinário acerca da efetiva ligação entre a identidade do representante e a qualidade da representação.

16. Apesar disso, há apontamentos de que, além de temas usualmente negligenciados, como a preocupação com o público infantojuvenil, com a implementação de equipamentos públicos destinados a fins socioeducativos e de guarda de crianças e adolescentes, dentre outros, receberem maior atenção por mulheres ocupantes de cargos políticos, também há um indicativo de que o aumento do número de parlamentares mulheres elevaria a "massa crítica" e facilitaria a formação de coalizões, além de colocar em pauta as discussões sobre igualdade de gênero, o que refletiria na atividade legislativa.

17. Por isso, há um forte movimento de defesa da representação parlamentar descritiva, até mesmo porque as instituições democráticas, e especialmente seus bastidores, podem servir como ferramentas

de opressão, ou seja, como uma forma de governar mulheres, e não de mulheres governando.

18. Por outro lado, não se espera que a relação entre representação descritiva e substantiva siga um padrão binário, ainda mais se levar em conta a plural concepção de direitos e interesses das mulheres. Todavia, os direitos humanos básicos, à prova de ideologias e partidarismos, devem ser respeitados, e seu núcleo irrenunciável preservado independente do grupo de mulheres que outras mulheres representem.

19. Sob o ponto de vista partidário, existe um certo consenso na ideia de que são os partidos de esquerda que, ao menos teoricamente, mais veiculam temas de igualdade social e de defesa dos direitos das mulheres.

20. De todo modo, as mulheres são consideradas representadas quando as deliberações sobre políticas públicas consideram o impacto potencial em seus diferentes grupos (mulheres brancas, negras, indígenas, trans, oriundas de países desenvolvidos ou subdesenvolvidos, dentre outros), considerando as realidades distintas vivenciadas por inúmeras pessoas do sexo feminino.

21. Mais importante que a defesa dos direitos das mulheres, outrossim, é que a presença feminina na política traga o realce às diferentes perspectivas de experiência, de conhecimentos, valores e sensibilidade decorrentes da vivência de cada gênero sobre as mais variadas demandas que a democracia carrega e, para além disso, possa superar uma democracia excludente.

22. Tanto a Constituição da República Portuguesa quanto a Brasileira tratam os direitos políticos como direitos fundamentais e, portanto, com natureza de direitos, liberdades e garantias.

23. A conquista de direitos políticos, sobretudo o direito ao voto, pelas mulheres não representou, de plano, uma alteração de seu estatuto na sociedade. Na sua sequência, surge a luta pelo direito de ser eleita, entretanto, a capacidade eleitoral passiva, justamente por ser inicialmente vista como uma função e não como um direito propriamente dito, já que implicaria maiores responsabilidades, foi, na prática, tardiamente conquistada pelas mulheres, em comparação ao direito de sufrágio. A propósito, por muito tempo, o sexo já compôs formalmente o rol de limitações à capacidade eleitoral passiva, situação que, atualmente, afrontaria inegavelmente tanto a Constituição Portuguesa quanto a Bra-

sileira. Apesar disso, mecanismos implícitos, de limitação, ainda que inconscientes, à capacidade eleitoral passiva feminina, acabam sendo verificados no nível de representação política das mulheres.

24. Além do destino da mulher selado pela sociedade patriarcal, são inúmeros os obstáculos verificados à representação política das mulheres, que podem decorrer da própria condição das mulheres, nomeadamente a socioeconômica, já que são mais passíveis ao desemprego, recebem salários menores, têm maiores dificuldades em compatibilizar a maternidade com a vida profissional, e por questões de ordem cultural e educacional, uma vez que foram, no decorrer dos anos, tolhidas da vida pública, o que as impediu não só a prática para a coisa política, mas também as incutiu uma dificuldade de expressarem por si suas ideias e opiniões (obstáculos endógenos); ou estarem afetos aos regramentos da sociedade, como é o caso das organizações que servem de base ao recrutamento de pessoas para desempenharem atividades políticas, a exemplo de sindicatos, associações, partidos políticos que, em sua maioria, são de composição masculina (obstáculos exógenos).

25. Por outro lado, há também formas de impulsionamento da atividade política feminina, as quais dividimos em mecanismos formais e informais. Os primeiros, decorrentes da estrutura do próprio Estado, por meio da atividade de seus órgãos de soberania ou de suas instituições e organizações legal e constitucionalmente criadas para o desenvolvimento da política que são demandados a agir em prol da igualdade de gênero nesta área. Os segundos referem-se a um modo informal de desenvolvimento da política e, por consequência, de impulsionamento à representação política feminina, que pode ser desempenhado seja através de diversas entidades da sociedade civil ou movimentos de cidadãos.

26. Entre os mecanismos formais, destacamos a presença do direito antidiscriminatório, criado sob o fundamento de uma necessária equidade, que permite corrigir, ou mesmo ir além da simples aplicação da lei geral, na forma de administrar a justiça, tomar medida ou até mesmo legislar levando em conta a realidade concreta dos casos. Sua existência ampara as medidas em favor das mulheres para o exercício de seus direitos políticos, mediante ações afirmativas. A propósito, verificou-se uma série de ações positivas que podem ser utilizadas para promover o estatuto das mulheres em geral, umas mais brandas, como medidas de apoio à educação e guarda dos filhos, de suporte laboral à maternidade e

lactação, transparência nos processos de contratação, pública e privada, nomeadamente na movimentação de carreira e fixação salarial, formação de base de dados com especificação do gênero, bem como medidas atinentes ao processo eleitoral; e outras mais interventivas, como é o caso das cotas.

27. Portugal, que está dentre os países que aprovaram leis eleitorais exigindo que os partidos obtenham um nível especificado de equilíbrio de gênero ao selecionar candidatos para a eleição (por meio da Lei n. 1/2019, de 29 de março), além de implementar o Regime da Representação Equilibrada entre homens e mulheres no pessoal dirigente e nos órgãos da Administração Pública, direta e indireta (através da Lei n. 26/2019, de 28 de março), atualmente conta com cerca de 40% de presença feminina no Parlamento. Já no Brasil, que aderiu ao sistema de cotas de gênero legalmente imposto, por meio da Lei n. 9.504/97, posteriormente alterada pela Lei n. 12.034/2009, a representação feminina atualmente não ultrapassa 18% das cadeiras do parlamento, apesar de contar com legislação estabelecendo reserva do percentual mínimo de 30% e máximo de 70% para candidatura de cada gênero.

28. A diferença substancial entre ambas legislações estaria relacionada às listas de candidatos, à efetiva destinação das cotas e ao sancionamento. No modelo brasileiro optou-se por cotas de candidatura e não de representação, como o fez o sistema português, empregando-se o sistema de lista aberta e sem uma previsão expressa de sanção aplicável aos partidos que não cumpram à correção de suas listas ao patamar mínimo, deixando sua obrigatoriedade em aberto no art. 10, § 3º, da Lei das Eleições. Com isso, a prática fraudatória tornou-se comum por meio da utilização das informalmente denominadas "candidatas laranjas", cujos nomes são utilizados apenas para fins de preenchimento do percentual legalmente exigido. Sua solução, que deveria estar prevista em lei, passou então a depender de resoluções e decisões judiciais.

29. A opção pelo sistema de escrutínio proporcional tem sido apontada como facilitadora da presença feminina no parlamento, por possibilitar a reprodução, no órgão representativo, dos segmentos políticos mais importantes da sociedade, como é o caso das mulheres, que totalizam atualmente mais da metade da população mundial, além de favorecer o ingresso de novos atores no cenário político, tornando os parlamentos mais plurais e representativos do que o sistema majoritário.

30. A presença feminina na política está intimamente ligada com a sistematização e ao modo como os partidos políticos lidam com o recrutamento de pessoal, seleção de lideranças, absorção de demandas igualitárias, como a do gênero, dentre outros pontos, fazendo com que este seja um dos mecanismos chaves para o sucesso ou insucesso da representação política feminina. A democracia interna dos partidos, portanto, é a peça chave para a saúde de um sistema democrático, já que são eles que recrutam seus membros, tomam decisões sobre formação de listas de candidatura e, ao final, elegem os líderes políticos.

31. Independente de medidas formais direcionadas aos partidos políticos, somente uma forte mobilização e abertura política, sobretudo no âmbito local ou regional, são capazes de mudar, de modo contínuo, o número de representantes políticas do sexo feminino. Aliás, considerando o exponencial número de mulheres hoje inseridas no mercado de trabalho e nas universidades, uma mobilização conjunta entre instituições educativas, sindicais, profissionais e partidos políticos, visando sua captação nestes quadros, viria a calhar.

32. Da análise do regramento interno dos principais partidos luso-brasileiros, observou-se que o Partido Socialista, dentre os observados em Portugal, muito embora nunca tenha apresentado uma liderança feminina na prática, é o único que expressamente menciona a promoção da igualdade de gênero na participação política dos órgãos partidários e que formalmente trata com mais abrangência esta iniciativa, incluindo as mulheres em todas as menções que faz à sua organização interna, ao passo que, no Brasil, o Partido dos Trabalhadores é o único a prever a paridade de gênero para as direções partidárias, delegações e cargos com função específica de secretarias e a dispor sobre a criação de Secretaria das Mulheres e a garantia de igual representatividade na escolha dos delegados e delegadas em todo o país.

33. Notou-se, ademais, que os partidos de direita são os que menos atenção dão à igualdade de gênero em seus estatutos, não tendo o Partido do Movimento Democrático Brasileiro (PMDB) e o Partido Social Democrata (PSD) feito qualquer alusão à igualdade de gênero em sua organização intrapartidária, nem sobre o processo de democracia interna, apesar de este último já ter tido liderança feminina.

34. Diferentemente de Portugal, a centralidade partidária é uma realidade compulsória na democracia representativa brasileira, o que,

somado à exigência de fidelidade partidária, pode gerar impacto relevante nos direitos fundamentais dos filiados, nomeadamente através da tentativa partidária de substituição do mandatário com maior afinamento ideológico, prática, aliás, que já foi afastada pelo judiciário.

35. Naturalmente, as cotas não poderão perdurar por prazo indeterminado e serem incorporadas nos ordenamentos jurídicos como regra geral, pois possuem caráter excepcional e, como tal, deverão passar por um processo de reavaliação sobre a necessidade de sua manutenção. Todavia, permanece a dúvida que só o tempo poderá resolver sobre a viabilidade de construção de um sistema de garantias aos direitos políticos das mulheres que dispense o uso de ação afirmativa, sugerindo-se, aqui, o apelo à inclusão de tais direitos na categoria de direitos fundamentais e, como tais, à sua proteção contra maiorias eleitorais ocasionais.

36. Qualquer alteração e revisão do modelo atualmente adotado deve, por certo, fundamentar-se em base de dados estatísticos sobre a formação dos cidadãos e das mulheres, designadamente no acompanhamento de seu acesso a funções públicas, em especial cargos políticos eletivos, de modo a não permitir que a órbita particular da política, bem como a dos órgãos de soberania, retrocedam, novamente, a um *no women's land*[935].

[935] Expressão de José Manuel Viegas e Sérgio Faria, pp. 34-35

REFERÊNCIAS

ABAL MEDINA, Juan. *La muerte y la resurrección de la representación política*, Buenos Aires, Fondo de Cultura Económica, 2004.

ADAMS, John. *A Defence of the Constitutions of Government of the United States of America*, v. 3, London, 1788.

AGACINSKI, Sylviane. *Politique des sexes*, Paris, Éditions du Seuil, 1998.

AGUILERA DE PRAT, Cesareo R. "Problemas de La Democracia y delos Partidos en El Estado Social", in *Revista de Estudios Políticos (Nueva Época)*, n. 67, Enero-Marzo 1990, pp. 93-123.

ALCOFF, Linda. *Cultural Feminism versus Poststructuralism: The Identity Crisis in Feminist Theory*, Signs 13 (3), 1988.

ALEXANDRINO, José de Melo. "O recenseamento eleitoral", in *O Direito*, Lisboa, ano 133, n. 1, jan./mar. 2001, pp.153-195.

ALEXY, Robert. *Teoria dos Direitos Fundamentais*, trad. de Virgílio Afonso da Silva, São Paulo, Malheiros, 2006.

ALVES, Branca Moreira. "A Luta das Sufragistas", in HOLLANDA, Heloisa Buarque (org.), *Pensamento Feminista Brasileiro – formação e contexto*, Rio de Janeiro, Bazar do Tempo, 2019, pp. 49-64.

ALVES, José Augusto Lindgren. "Direitos humanos: o significado político da conferência de Viena", in *Lua Nova: Revista de Cultura e Política*, n. 32, São Paulo, abril 1994.

ALVES, José Eustáquio; ARAÚJO, Clara. "A politica de cotas no Brasil, o sistema eleitoral e a sub-representação feminina", artigo preparado para apresentação no Congresso de 2009 da LASA (Associação de Estudos Latino-Americanos), no Rio de Janeiro, Brasil, de 11 a 14 de junho de 2009, disponível em https://www.gov.br/mdh/pt-br/navegue-por-temas/politicas-para-mulheres/arquivo/assuntos/poder-e-participacao-politica/referencias/politica-e-genero/a_pol_tica_de_cotas__o_sist.pdf, acesso em 25 de março de 2022.

AMADO, Gilberto. *Eleição e Representação – Curto de Direito Político*, 3ª edição, Rio de Janeiro, SA Cavalcanti Editores, 1969.

AMARAL, Maria Lúcia Abrantes. "Igualdade entre Homens e Mulheres e Participação Política Feminina – A Identificação de um Problema", in *Democracia com mais Cidadania*, Lisboa, 1998, pp. 23-28.

AMARAL, Maria Lúcia. "O Princípio da Igualdade na Constituição Portuguesa", in *Estudos em Homenagem ao Prof. Doutor Armando M. Marques Guedes*, Coimbra, Coimbra Editora, 2004, pp. 35-57.

ANDRADE, José Carlos Vieira de. *Os Direitos Fundamentais na Constituição Portuguesa de 1976*, 5ª edição, Coimbra, Almedina, 2017.

ARAÚJO, Clara. "Potencialidades e Limites da Política de Cotas no Brasil", in *Estudos Feministas*, ano 9, 2º semestre de 2001, pp. 231-252.

ARAÚJO, Clara. "Gênero e acesso ao poder legislativo do Brasil: as cotas entre as instituições e a cultura", in *Revista Brasileira de Ciência Política*, n. 2, 2009, pp. 23-59.

ARAÚJO, Clara. *As Cotas por Sexo para a Competição Legislativa: o caso brasileiro em comparação com experiências internacionais*, disponível em http://www.scielo.br/scielo.php?script=sci_arttext&pid=S0011-52582001000100006, acesso em 05 de junho de 2018.

ARAÚJO, Emanuel. "A Arte da Sedução: sexualidade feminina na Colônia", in PRIORE, Mary del (org.), *História das Mulheres no Brasil*, São Paulo, Editora Contexto, 2018, pp. 45-77.

ARAÚJO, Luiz Alberto David; NUNES JÚNIOR, Vidal Serrano. *Curso de Direito Constitucional*, 11ª edição, São Paulo, Saraiva, 2007.

ARENDT, Hannah. *La Crise de la culture – Huit exercices de pensée politique*, Paris, Gallimard, 1972.

ARENDT, Hannah. *A Condição Humana*, trad. de Roberto Raposo, 10ª edição, Rio de Janeiro, Forense Universitária, 2001.

ARCENEAUX, Kevin. "The 'Gender-Gap' in State Legislative Representation: New Data to Tackle an Old Question", in *Political Research Quarterly*, v. 54, n. 1, march 2001, pp. 143-160.

BACHOFEN, Johann Jakob. *El Matriarcado: Una investigación sobre la ginecocracia en el mundo antiguo según su naturaleza religiosa y jurídica*, trad. de María del Mar Llinares García, Madrid, Ediciones A k al. S. A., 1987.

BALTHAZAR, Gregory da Silva. "A(s) Cleópatra(s) de Plutarco: as Múltiplas Faces da Última Monarca do Antigo Egito nas Vidas Paralelas", in *Tese de Mestrado em História*, Universidade Federal do Paraná, 2013.

BARATTA, Alessandro. "O Paradigma do Gênero. Da questão criminal à questão humana", in Carmen Hein de Campos (org.), *Criminologia e Feminismo*, Porto Alegre, Editora Sulina, 1999.

BARBOSA, Ruy. *Oração dos Moços*, São Paulo, Reitoria da Universidade de São Paulo, 1949.

BARSTED, Leila Linhares. "A Legislação civil sobre família no Brasil", in *As Mulheres e os Direitos Civis*, Coletânea Traduzindo a legislação com a perspectiva de gênero, Rio de Janeiro, Cepia, 1999.

Bastos, Celso Ribeiro. *Curso de Direito Constitucional,* 20ª edição, São Paulo, Saraiva, 1999.

Bauman, Zygmunt. *Modernidade Líquida,* trad. de Plínio Dentzien, Rio de Janeiro, Zahar, 2000.

Beauvoir, Simone de. *O Segundo Sexo: I. Os fatos e os mitos,* trad. de Sergio Milliet, 4ª edição, São Paulo, Difusão Europeia do Livro, 1970.

Beauvoir, Simone de. *O Segundo Sexo: II. A experiência vivida,* trad. de Sérgio Milliet, Rio de Janeiro, Nova Fronteira, 1980.

Belchior, Ana Maria. *Democracia e Representação Partidária – a elite parlamentar e os cidadãos,* Lisboa, Instituto de Ciências Sociais, 2010.

Beleza, Leonor. "Medidas para a Promoção da Igualdade na Vida Política", in *Democracia com mais Cidadania,* Lisboa, Presidência do Conselho de Ministros, 1998, pp. 65-82.

Benhabib, Seyla. *Las Reivindicaciones de la Cultura: igualdad y diversidad en la era global,* trad. de Alejandra Vassallo, Buenos Aires, Katz Editores, 2006.

Biroli, Flávia. "Gênero e Família em uma Sociedade Justa: adesão e crítica à imparcialidade no debate contemporâneo sobre justiça", in *Revista de Sociologia Política,* Curitiba, v. 18, n. 36, junho de 2010, p. 51-65.

Bobbio, Norberto. *Igualdade e Liberdade,* trad. de Carlos Nelson Coutinho, Rio de Janeiro, Ediouro, 1996.

Bobbio, Norberto; Matteucci, Nicola; Pasquino Gianfranco. *Dicionário de Política,* v. 1, trad. de Carmen C. Varriale et. al., 11ª edição, Brasília, Editora Universidade de Brasília, 1998.

Bobbio, Noberto. *A Era dos Direitos,* trad. de Carlos Nelson Coutinho, 9ª edição, Rio de Janeiro, Elsevier, 2004.

Bobbio, Norberto. *Estado, Governo e Sociedade – Para uma Teoria Geral da Política,* trad. de Marco Aurélio Nogueira, São Paulo, Editora Paz e Terra, 2007.

Bobbio, Norberto. *O Futuro da Democracia – uma defesa das regras do jogo,* trad. de Marco Aurélio Nogueira, 15ª edição, Rio de Janeiro/São Paulo, Paz & Terra, 2018.

Bodin, Jean. *Os Seis Livros da República,* Livro I, Capítulo VIII, trad. de José Carlos Orsi Morel, São Paulo, Editora Ícone, 2011.

Bonavides, Paulo. *Curso de Direito Constitucional,* 8ª edição, São Paulo, Malheiros, 1999.

Bonavides, Paulo. *As bases da democracia participativa,* disponível em http://www.achegas.net/numero/vinteesete/p_bonavides_27.htm, acesso em 08 de abril de 2022.

Bortolino, José. *Como Lei a Carta aos Efésios: o universo inteiro reunido em Cristo,* 2ª edição, São Paulo, Editora Paulus, 2005.

Bourdieu, Pierre. *O Poder Simbólico,* trad. de Fernando Tomaz, Rio de Janeiro, Bertrand Brasil, 1998.

Bourdieu, Pierre. *A Dominação Masculina,* trad. de Maria Helena Kühner, Rio de Janeiro, Bertrand Brasil, 1999.

BOURQUE, Susan; GROSSHOLTZ, Jean. "Politics an Unnatural Practice: Political Science Looks at Female Participation", in *Politics & Society*, v. 4, issue 2, 1974, pp. 225-266.

BRAIDOTTI, Rosi. *Nomadic Subjects: embodiment and sexual difference in contemporary feminist theory*, New York, Columbia University Press, 1994.

BRAIDOTTI, Rosi. "Diferença, Diversidade e Subjetividade Nômade", trad. de Roberta Barbosa, in *Revista Estudos Feministas,* Florianópolis, n. 1-2, 2002, pp. 1-16.

BRATTON, Kathleen. "Critical mass theory revisited: the behavior and success of token women in state legislatures", in *Politics & Gender,* v. 1, March 2005, pp. 97-125.

BRIGAS, Míriam Cláudia de Sousa Silva Afonso. *As Relações de Poder na construção do Direito da Família Português [1750-1910]*, Lisboa, AAFDL Editora, 2016.

BRINGEL, Breno; ECHART, Enara. "Movimentos Sociais e Democracia: os dois lados das 'fronteiras'", in *Caderno CRH,* Salvador, v. 21, n. 54, set./dez. 2008, pp. 457-475.

BRITO, Miguel Nogueira de. *As Andanças de Cândido – Introdução ao Pensamento Político do Século XX*, Lisboa, Edições 70, 2009.

BURGOS, Carmen. *La Mujer Moderna y sus Derechos,* Madrid, Editora Biblioteca Nova, 2007.

BUTLER, Judith. *Problemas de Gênero: feminismo e subversão da identidade,* trad. de Renato Aguiar, Rio de Janeiro, Civilização Brasileira, 2003 (tradução), 1990 (original).

BUTLER, Judith. "Fundamentos Contingentes: O Feminismo e a Questão do "PÓS-MODERNISMO", trad. de Pedro Maia Soares, in *Cadernos Pagu*, n. 11, 1998, Campinas-SP, pp. 11-42.

CABRAL, Karina Melissa. *Manual de Direitos da Mulher,* São Paulo, Mundi Editora, 2008.

CAGGIANO, Monica Herman Salem. "Sistemas eleitorais x representação política", in *Tese de Doutorado em Direito,* Faculdade de Direito, Universidade de São Paulo, São Paulo, 1987.

CAINE, Barbara; SLUGA, Glenda. *Género e Historia. Mujeres em el cambio sociocultural europeo, de 1780 a 1920,* trad. de Blanca de la Puente Barrios, Madrid, Narcea S.A. Ediciones, 2000.

CALEFFI, Renata; SALGADO, Eneida Desirre. "Propostas para aumentar participação feminina na política brasileira", in *Conjur,* maio, 2015, disponível em: http://www.conjur.com.br/2015-mai-02/propostas-aumentar-participacao-feminina-politica, acesso em 19 de outubro de 2021.

CAMPBELL, Rosie; CHILDS, Sarah; LOVENDUSKI, Joni. "Do Women Need Women Representative?", in *British Journal of Political Science,* 40, n. 1, 2010, pp. 171-194.

CAMPOS, Alzira Lobo de Arruda; GOMES, Marcos Cardoso; GOMES, Maria Helena Scalabrin Cardoso.

"O casamento nas leis, costumes e estilos portugueses", in *Dimensões*, v. 37, jul.-dez. 2016, pp. 101-122.

Canas, Vitalino. "Um Passo Mais na Qualidade da Democracia", in *Democracia com mais Cidadania*, Lisboa, Presidência do Conselho de Ministros, 1998, pp. 7-16.

Canotilho, Joaquim José Gomes. *Constituição dirigente e vinculação do legislador: contributo para a compreensão das normas constitucionais programáticas*, Coimbra, 1982.

Canotilho, J. J. Gomes. "¿Revisar La/O Romper Con La Constitución Dirigente? Defensa de un constitucionalismo moralmente reflexivo (*)", in *Revista Española de Derecho Constitucional*, Año 15, n. 43. Enero-Abril 1999, pp. 9-23.

Canotilho, J. J. Gomes. *Direito Constitucional e Teoria da Constituição*, 7ª edição, Coimbra, Almedina, 2003.

Canotilho, J.J. Gomes; Moreira, Vital. *Constituição da República Portuguesa Anotada*, Coimbra, 1978.

Canotilho, J. J. Gomes; Moreira, Vital. *Constituição da República Portuguesa Anotada*, v. I, 4ª edição, Coimbra, Coimbra Editora, 2007.

Canotilho, Mariana. "A Constituição Portuguesa de 1933", in Paço, António Simões (org.), *Os Anos de Salazar*, v. 2, *A Constituição do Estado Novo*, Lisboa, Planeta de Agostini, 2008.

Carvalho, Alonso Bezerra de. "Razão e Paixão: necessidade e contingência na construção da vida ética", in *Conjectura*, v. 17, n. 1, jan./abr. 2012, p. 199-217.

Carvalho. José Murilo. *Cidadania no Brasil: o longo caminho*, 18ª edição, Rio de Janeiro, Civilização Brasileira, 2014.

Castoriadis, Cornelius. *Democracia y relativismo*, Debate con el Mauss, Madrid, Trotta, 2007.

Cattelain, Jean-Pierre. *Objecção de Consciência*, coleção Telos, Porto, Livraria Telos, 1973.

Celis, Karen, Childs, Sarah, Kantola, Joana. "Constituting Women's Interests Throungh Representative Claims", in *Politics & Gender*, 10, n. 2, 2014, pp. 149-174.

Childs, Sarah. "The Complicated Relationship between Sex, Gender and the Substantive Representation of Women", in *European Journal of Women's Studies*, Sage Publications (UK and US), 2006, 13 (1), pp. 7-21.

Childs, Sarah; Krook, Mona Lena. "Critical Mass Theory and Women's Political Representation", in *Political Studies*, v. 56, 2008, pp. 725-736.

Comparato, Fábio Konder. "Igualdade, Desigualdades", in *Revista Trimestral de Direito Público*, São Paulo, v. 93, 1993, pp. 69-78.

Comparato, Fábio Konder. *A afirmação histórica dos Direitos Humanos*, 6ª edição, São Paulo, Saraiva, 2008.

Constant, Benjamim. *De la Liberté des Anciens Comparée à celle des Modernes*, Paris, Editions Vassade, 2013.

Converse, Philip E. "Of time and partisan stability", in *Comparative Political Studies*, 2, july, 1969, pp. 139-171.

Conway, Janet. "Geographies of transnational feminism: Place and scale in the spatial praxis of the World March of Women", in *International Studies in Gender, State & Society*, Oxford University Press, v. 15, n. 2, 2008, pp. 207-231.

Correia, Rita (26 de Março de 2011), "Ficha histórica: Ave azul: revista de arte e critica (1899-1900)", in *Hemeroteca Municipal de Lisboa*, disponível em http://hemerotecadigital.cm-lisboa.pt/FichasHistoricas/AveAzul.pdf, acesso em 19 de maio de 2020.

Costa, Albertina de Oliveira; Barroso, Carmen; Sarti, Cynthia, "Pesquisa sobre mulher no Brasil: do limbo ao gueto?"; in Hollanda, Heloisa Buarque (org.), *Pensamento Feminista Brasileiro – formação e contexto*, Rio de Janeiro, Bazar do Tempo, 2019, pp. 109-138.

Costa, Cláudia de Lima. "O sujeito no feminismo: revisitando os debates", in *Cadernos Pagu*, n. 19, 2002, pp. 59-90.

Costa, Joana Simões et. al.. "A Face Feminina da Pobreza: Sobre-Representação e Feminização da Pobreza no Brasil", in *Texto para Discussão*, n. 1137, Brasília, 2005.

Costa, Luiz Domingos; Bolognesi, Bruno; Codato, Adriano. "Variáveis sobre o Recrutamento Político e a Questão de Gênero no Parlamento Brasileiro", in Salgado, Eneida Desirre; Dantas, Ivo (coord.), *Partidos Políticos e seu Regime Jurídico*, Curitiba, Juruá, 2013, pp. 217-235.

Costa, Tito. "Breves anotações sobre partidos políticos", in *Revista do Advogado*, São Paulo, 2004, pp. 115-120.

Covas, Anne; Pinto, António Costa. "O salazarismo e as mulheres – uma abordagem comparativa", in *Penélope*, n. 17, 1997, pp. 71-94.

Cowan, J. L. "Inverse Discrimination", in *Analysis*, v. 33, n. 1, oct., 1972, pp. 10-12.

Cléve, Clemerson Merlin. *Fidelidade Partidária*, Curitiba, Juruá, 1998.

Cretella Júnior, José. *Comentários à Constituição de 1988*, v. II, Rio de Janeiro, Forense Universitária, 1989.

Dahl, Robert. *La Poliarquía: participación y oposición*, trad. de Julia Moreno, Madrid, Tecno, 1989.

Dahl, Tove Stang. *O Direito das Mulheres – uma introdução à teoria do direito feminista*, trad. de Teresa Beleza, Lisboa, Fundação Calouste Gulbenkian, 1993.

Demant, Peter. "Minorias – Direito para os Excluídos", in Pinsky, Jaime; Pisnky, Carla Bassanezi (orgs.), *História da Cidadania*, São Paulo, Contexto, 2003.

Denquin, Jean-Marie. *Les droits politiques*, Préparation au C.R.F.P.A., Paris, Montcherestien, 1996.

Derrida, Jacques. *Gramatologia*, trad. de Miriam Schnaiderman, São Paulo, Perspectiva, Editora da Universidade de São Paulo, 1973.

Derrida, Jacques. *A Escritura e a Diferença*, trad. de Maria Beatriz M.N. da Silva, 3.ª ed., São Paulo, Ed. Perspectiva, 2002.

Dias, Maria Berenice. *A mulher e o Direito*, disponível em: http://www.mariaberenice.com.br/manager/arq/(cod2_732)23__a_mulher_e_o_direito.pdf, acesso em 25 de maio de 2018.

Dias, Paula Barata. "A influência do Cristianismo no conceito de casamento e de vida privada na Antiguidade Tardia", in *Ágora, Estudos Clássicos em Debate*, n. 6, 2004, pp. 99-133.

D'Incao, Maria Ângela. "Mulher e Família Burguesa", *in* Priore, Mary del (org.), *História das Mulheres no Brasil*, São Paulo, Editora Contexto, 2018, pp. 223-240.

Dovi, Suzanne. "Theorizing Women's Representation in the United States", in *Politics & Gender*, 3, 2007, pp. 297-319.

Duarte, Luísa. "Acções Positivas de Promoção do Acesso das Mulheres aos Cargos Políticos – direito comparado e prática política", in *Democracia com mais Cidadania*, Lisboa, 1998, pp. 29-36.

Dunem, Francisca Van. "Constituição de 1976, Género e Tribunais", in *Julgar*, n. 29, Lisboa, 2016, pp. 11-20.

Duverger, Maurice. *Instituciones políticas y derecho constitucional*, trad. de Eliseo Aja *et. al*, 6ª edição, Barcelona, Ediciones Ariel, 1980.

Duverger, Maurice. *Os Partidos Políticos*, trad. de Cristiano Monteiro Oiticica, 2ª edição, Rio de Janeiro, Zahar Editores e Editora da Universidade de Brasília, 1980.

Dworkin, Ronald. *Taking Rights Seriously*, London, Duckworth, 1978.

Dworkin, Ronald. *A Matter of Principle*. Cambridge, Harvard University Press, 1985.

Dworkin, Ronald. *Levando os Direitos a Sério*, trad. de Nelson Boeira, São Paulo, Martins Fontes, 2017.

Dworkin, Ronald. *A Virtude Soberana: a teoria e a prática da igualdade*, trad. de Jussara Simões, 2ª edição, 4ª tiragem, São Paulo, Martins Fontes, 2019.

Engels, Friedrich. *A Origem da Família, da Propriedade Privada e do Estado*, trad. de Leandro Konder, 9ª edição, Coleção Perspectivas do Homem, v. 99, Rio de Janeiro, Civilização Brasileira, 1984.

Engels, Friedrich. *A Situação da Classe Trabalhadora na Inglaterra*, trad. de B. A. Schumann, São Paulo, Boitempo, 2008.

Espírito-Santo, Ana; Freire, André; Serra-Silva, Sofia. "A Representação Descritiva das Mulheres é Importante para as Preferências Políticas? O Papel dos Partidos Políticos", in Pires, Ana Paula; Mariano, Fátima; Veiga, Ivo, *Mulheres e Eleições*, Coimbra, Almedina, 2019, pp. 237-261.

Esteves, João. *A Liga Republicana das Mulheres Portuguesas: Uma Organização Política e Feminista (1909-1919)*, Lisboa, Organizações Não Governamentais do Conselho Consultivo da Comissão para a Igualdade e para os Direitos das Mulheres, 1999.

Faria, Anacleto de Oliveira. *Do princípio da Igualdade Jurídica*, São Paulo, Editora RT/EDUSP, 1973.

FARIA, Miguel. "Considerações sobre a Contracultura e a Perversão dos Direitos do Homem", in *Estudos de Homenagem ao Professor Doutor Germano Marques da Silva*, Coimbra, 2012, pp. 133-180.

FERNANDES, Antônio José. *Para um sistema eleitoral justo e mais democrático*, 2015, disponível em https://www.publico.pt/2015/04/23/politica/opiniao/para-um-sistema-eleitoral-justo-e-mais-democratico-1693246, acesso em 25 de novembro de 2021.

FERNANDES, Margarida Almeida; DUARTE, Maria Estrela Palmeiro. *A Mulher e a Política*, Lisboa, Comissão da Condição Feminina, 1985.

FERREIRA, Virgínia. "Os Paradoxos da situação das mulheres em Portugal", in *Revista Crítica de Ciências Sociais*, n. 52/53, novembro de 1998/fevereiro 1999, Coimbra, pp. 199-220.

FERREIRA, José Ribeiro. *Mitos das Origens – Rios e Raízes*, Coimbra, Faculdade de Letras da Universidade de Coimbra, Instituto de Estudos Clássicos, 2008.

FERREIRA, Maurício Pinto. *Comentários à Constituição Brasileira*, v. 3, São Paulo, Saraiva, 1992.

FERREIRA, Pinto. *Curso de Direito Constitucional*, 12ª edição, São Paulo, Saraiva, 2002.

FIGUEIREDO, Cândido de. *Novo Diccionário da Língua Portuguesa*, 1913, disponível em http://dicionario-aberto.net/dict.pdf, acesso em 11 de julho de 2018.

FLORESTA, Nísia. *Direitos das Mulheres e Injustiça dos Homens*, São Paulo, Editora Cortez, 1989.

FOUCAULT, Michel. *A História da Sexualidade 1: a vontade de saber*, trad. de Maria Thereza da Costa Albuquerque, 13ª edição, Rio de Janeiro, Edições Graal, 1988.

FOUCAULT, Michel. "O sujeito e o poder", in DREYFUS, Hubert; RABINOW, Paul, *Michel Foucault, uma trajetória filosófica: para além do estruturalismo e da hermenêutica*, Rio de Janeiro, Forense Universitária, 1995.

FRASER, Nancy. *Fortunes of Feminism – from state-managed capitalism to neoliberal crisis*, London/New York, Verso, 2013.

FRAISSE, Geneviéve. "La démocratie exclusive: un paradigme français", in *Pouvoirs 82*, Femmes en politique, septembre 1997, pp. 5-16.

FRANCESCHET, Susan. "Gender Quotas and Women's Substantive Representation: Lessons from Argentina", in *Politics & Gender*, 4, 2008, pp. 393-425.

FRIEDAN, Betty. *Mística Feminina*, trad. de Áurea B. Weissenberg, Petrópolis, Editora Vozes Limitada, 1971 (tradução), 1963 (original).

FRIEDMAN, Susan Stanford. "Batendo palmas a uma só mão", trad. por Inês Martins Ferreira e Rui Pedro Almeida, in *Revista Crítica de Ciências Sociais*, 74, junho 2006, pp. 85-113.

FRISCHEISEN, Luiza Cristina Fonseca. *Políticas públicas. A responsabilidade do Administrador e o Ministério*

Público, São Paulo, Max Limonad, 2000.

GIL, Antonio Carlos. *Como elaborar projetos de pesquisa*, 4ª edição, São Paulo, Atlas, 2007.

GLICK, Peter; FISKE, Susan. "The Ambivalent Sexism Inventory: differentiating hostile and benevolent sexism", in *Journal of Personality and Social*, v. 70, n. 3, 1996, pp. 491-512.

GOETTNER-ABENDROTH, Heide. "Re-thinking 'Matriarchy' in Modern Matriarchal Studies using two examples: The Khasi and the Mosuo", in *Asian Journal Of Women's Studies*, 2018, v. 24, n. 1, pp. 3–27.

GOETTNER-ABENDROTH, Heide. "Societies in Balance. Re-thinking Matriarchy in modern Matriarchal Studies", in *Paper,* disponível em https://www.mujerpalabra.net/libros/pdf/Re-thinking_Matriarchy._best_version_for_USA.pdf, acesso em 20 de janeiro de 2022.

GOLDSTEIN, Leslie F. "Early Feminist Themes in French Utopian Socialism: The St.-Simonians and Fourier", in *Journal of the History of Ideas*, v. 43, n. 1, 1982, pp. 91-108.

GRAZIOZI, Marina. "En los Orígenes del Machismo Jurídico", in *Revista Jueces para la Democracia: Informacion y Debate*, trad. de Perfecto Andres Ibañez, n. 30, nov/1997, pp. 49-56.

GRIMAL, Pierre. *O Amor em Roma*, São Paulo, Martins Fontes, 1991 (1988).

GUNTHER, Richard; DIAMOND, Larry. "SPECIES OF POLITICAL PARTIESA: New Typology", in *Party Politics*, v. 9, n. 2, 2003, pp. 167-199,

HALIMI, Gisèle. *La Nouvelle Cause des Femmes*, Paris, Seuil, 1997.

HALIMI, Giséle. *La parité dans la vie politique*, Paris, La Documentation Française, 1999.

HAMILTON, Alexander; MADISON, James; JAY, John. *O Federalista*, Tomo Primeiro, Rio de Janeiro, Typ. Imp. e Const. de J. Villeneuve e Comp., 1840.

HAMILTON, Alexander. "O Federalista, capítulo LI", in HAMILTON, Alexander; MADISON, James; JAY, Jonh, *O Federalista*, Tomo Segundo, Rio de Janeiro, Typ. Imp. e Const. de J. Villeneuve e Comp., 1840.

HAWKESWORTH, Mary. "Congressional Enactments of Race-Gender: Toward a Theory of Raced-Gendered Institutions", in *The American Political Science Review*, v. 97, n. 4, Nov/2003, pp. 529-550.

HEIDAR, Knut; PEDERSEN, Karina. "Party Feminism: Gender Gaps within Nordic Political Parties", in *Scandinavian Political Studies*, v. 3, september 2006, pp. 192-218.

HEILBORN, Maria Luiza. "Usos e Abusos da Categoria de Gênero", in HOLLANDA, Heloísa Buarque (org.), *Y Nosotras Latinoamericanas? Estudos sobre Gênero e Raça*, São Paulo, Fundação Memorial da América Latina, 1992, pp. 39-44.

HEILBORN, Maria Luiza. "Gênero e hierarquia: a costela de Adão revisitada", in *Revista Estudos Feministas*, v. 1, n. 1, 1993, pp. 50-82.

HEINICH, Nathalie. *Estados da Mulher: A identidade feminina na ficção ocidental*, trad. de Ana da Silva, Lisboa, Editorial Estampa, 1998.

HERCULANO, Alexandre. *História da Origem e Estabelecimento da Inquisição em Portugal*, (1854-1859), Lisboa, Biblioteca Nacional Digital, transcrição para o eBook em 2009.

HERNÁNDEZ VALLE, Rubén. "La democracia interna de los partidos políticos", in *Revista de Derecho Político*, n. 53, 2002, pp. 473-492.

HOLLANDA, Heloisa Buarque de. *Pensamento Feminista Brasileiro: formação e contexto*, Rio de Janeiro, Editora Bazar do Tempo, 2019.

HOLMES, Stephen; SUNSTEIN, Cass Robert. *The Cost of Rights. Why liberty depends on taxes*, New York, Norton, 1999.

HOMEM, António Pedro Barbas. *O Espírito das Instituições*, Coimbra, Almedina, 2006.

HYATT, Susan. *Putting Bread on the Table: The Women's Work of Community Activism*, Bradfors, Work & Gender Research Unit, 1992.

INGLEHART, Margaret. "Political Interest in West European Women: An Historical and Empirical Comparative Analysis", in *Comparative Political Studies*, v. 14, n. 3, October 1981, pp. 299-326.

JAGGAR, Alison M. *Feminist Politics and Human Nature*, New Jersey, Rowman and Allanheld, 1983.

JORDÃO, Albertina. "Protagonistas do poder local: obstáculos e oportunidades", in *Revista Ex Aequo*, n. 2/3, 2000, pp. 117-123.

JOSEFSSON, Cecilia. "Who benefits from gender quotas? Assessing the impact of election procedure reform on Members of Parliament's attributes of Uganda", in *International Political Science Review*, v. 35, n. 1, 2004, pp. 93-105.

KARAWEJCZYK, Mônica. "As filhas de Eva querem votar: primórdios da questão à conquista do sufrágio feminino no Brasil (1850-1932)", in *Tese (doutorado) Universidade Federal do Rio Grande do Sul*, Instituto de filosofia e ciências humanas, Programa de Pós Graduação em História, Porto Alegre, 2013.

KARAWEJCZYK, Mônica. "Os primórdios do movimento sufragista no Brasil: o feminismo "pátrio" de Leolinda Figueiredo Daltro", in *Estudos Ibero-Americanos*, PUCRS, v. 40, n. 1, jan.-jun. 2014, pp. 64-84.

KATZENSTEIN, Mary Fainsod. "Feminism and the Meaning of the Vote", in *Signs*, v. 10, n. 1 (Autumn, 1984), pp. 4-26.

KELSEN, Hans. *Esencia y Valor de la Democracia*, trad. de Rafael Luengo Tapia, 2ª edição, Barcelona, Editorial Labor, 1934.

KELSEN, Hans. *Teoria Pura do Direito*, trad. de João Baptista Machado, Coimbra, Arménio Amado, 1974.

KELSEN, Hans. *A Justiça e o Direito Natural*, trad. de João Baptista Machado, Coimbra, Almedina, 2001.

KIRCHHEIMER, Otto. "The transformation of the Western European party systems", in LA PALOMBARA, Joseph; WEINER, Myron, *Politi-*

cal Parties and Political Development, Princeton University Press, em Princeton, New Jersey, 1966, pp. 177-200.

KOCHMANN, Sandra. "O Lugar da Mulher no Judaísmo", in *Rever: Revista de Estudos Da Religião*, São Paulo, v. 1, n. 2, dez. 2005, p. 35-45.

KYMLICKA, Will. *Ciudadanía Multicultural: una teoría liberal de los derechos de las minorías*, trad. de Carme Castells Auleda, Barcelona, Ediciones Paidós Ibérica, 1995.

KYMLICKA, Will. *Filosofia Política Contemporânea*, trad. de Luís Carlos Borges, São Paulo, Martins Fontes, 2006.

LAFER, Celso. *Ensaios sobre a Liberdade*, São Paulo, Editora Perspectiva, 1980.

LAGARDE, Marcela. "El derecho humano de las mujeres a una vida libre de violencia", artigo extraído de https://catedraunescodh.unam.mx/catedra/CONACYT/16_DiplomadoMujeres/lecturas/modulo2/2_MarcelaLagardeEl_derecho_humano_de_las_mujeres_a_una_vida_libre_de_violencia.pdf, acesso em 27 de setembro de 2019.

LASSALLE, Ferdinand. *A Essência da Constituição*, trad. de Walter Stonner, 2ª edição, Rio de Janeiro, Liber Juris, 1988.

LAURETIS, Teresa de. *Technologies of Gender*, Indiana, Indiana University Press, 1987.

LAURETIS, Teresa de. "A tecnologia do gênero", in HOLLANDA, Heloisa Buarque de. *Tendências e Impasses: O Feminismo como Crítica da Cultura*, Rio de Janeiro, Rocco, 1994, pp. 206-242.

LENZA, Pedro. *Direito Constitucional Esquematizado*, 11ª edição, São Paulo, Editora Método, 2007.

LIJPHART, Arend. "Comparative politics and comparative method", in *The American Political Science Review*, v. 65, n. 3, 1971, pp. 682-693.

LIJPHART, Arend. *Democracies: Patterns of majoritarian and consensus government in twenty-one countries*, New Haven, Yale University Press, 1984.

LIJPHART, Arend. *Modelos de Democracia: Desempenho e Padrões de Governo em 36 Países*, trad. de Roberto Franco, 2ª edição, Rio de Janeiro, Civilização Brasileira, 2008.

LIJPHART, Arend. *Patterns of Democracy: Government Forms and Performance in Thirty-Six Countries*, 2ª edição, Yale University Press, 2012.

LISTER, Ruth. *Citizenship: Feminist Perspectives*, New York, NYU Press, 1998.

LOCKE, Jonh. *Segundo Tratado do Governo*, Lisboa, Fundação Calouste Gulbenkian, 2007.

LODI, Odete. "A Mulher e as Relações de Trabalho", in *Ciências Sociais em Perspectiva*, v. 160, n. 149, 2º sem. 2006, pp. 149-160.

LOPES, Margarida Chagas. "Trabalho de Valor Igual e Desigualdade Salarial – breve contributo na base dos pressupostos do capital humano", in *Ex aequo*, Revista anual, n. 2/3, fevereiro de 2000, pp. 107-116.

LOSURDO, Domenico. *Democracia ou bonapartismo: triunfo e decadência do sufrágio universal*, Rio de Janeiro, UFRJ/Unesp, 2004.

LOURO, Guacira Lopes. "Teoria Queer: uma política pós-identitária para a educação", in *Revista Estudos Feministas*, v. 9, n. 2, Florianópolis, 2001, pp. 541-553.

LOVENDUSKI, Joni. "Introduction", in LOVENDUSKI, Joni; NORRIS, Pippa (Orgs.), *Gender and party politics*, Londres, Sage, 1993, pp. 1-15.

LUHMANN, Niklas. *Legitimação pelo Procedimento*, trad. de Maria da Conceição, Brasília, UNB, 1980.

MACEDO, Elaine Harzheim. "A cota de gênero no processo eleitoral como ação afirmativa na concretização de direitos fundamentais políticos: tratamento legislativo e jurisprudencial", in *Revista da AJURIS*, v. 41, n. 133, março de 2014, pp. 205-243.

MACHADO, Lia Zanotta. *Gênero, um novo paradigma?*, disponível em: www.bibliotecadigital.unicamp.br/document/?down=51204, acesso em 25 de maio de 2018.

MACKINNON, Catharine. "Feminism, Marxism, Method and the State: An Agenda for Theory", in N. Keohane et al (eds), *Feminist Theory: a Critique of Ideology*, Chicago, University of Chicago Press, 1982.

MACKINNON, Catherine. *Feminism Unmodified: discourses on life and law*, Cambridge/Massachusetts/London, Harvard University Press, 1987.

MANIN, Bernard. *Los Principios del Gobierno Representativo*, trad. de Fernando Vallespín, Madrid, Alianza Editorial, 1998.

MANIN, Bernard. *The Principles of Representative Government*, Cambridge, Cambridge University Press, 2002.

MANSBRIDGE, Jane. "Should Blacks Represent Blacks and Women Represent Women? A Contingent 'Yes'", in *The Journal of Politics*, v. 61, n. 3, August, 1999, pp. 628-657.

MANSBRIDGE, Jane. "Rethinking Representation", in *The American Political Science Review*, v. 97, n. 4, nov, 2003, pp. 515-528.

MANTOUX, Paul. *A Revolução Industrial no século XVIII*, São Paulo, Editora da UNESP/Ucitec, s/d.

MARIANO, Fátima. "A Reivindicação do Voto Feminino na Península Ibérica: Convergências e Divergências,", in PIRES, Ana Paula; MARIANO, Fátima; VEIGA, Ivo (coord.), *Mulheres e Eleições*, Coimbra, Almedina, 2019, pp. 19-46.

MEDEIROS, Marcelo; COSTA, Joana. "O que Entendemos por 'Feminização da Pobreza'?", in *One Pager*, Centro Internacional de Pobreza, n. 58, outubro de 2008.

MELO, A. Barbosa de. "Democracia e utopia – (reflexões)", in *Humanística e Teologia*, Tomo I, Fasc. 1, Porto, editora Instituto de Ciências Humanas e Teológicas do Porto, 1980, pp. 11-56.

MELO, Celso Antonio. *O Conteúdo Jurídico do Princípio da Igualdade*, 4ª edição, Salvador, Editora Juspodivm, 2022.

MEZEY, Susan Gluck. "Does Sex Make a Difference? A Case Study of Women in Politic", in *The Western*

Political Quarterly, v. 31, n. 4 (Dec., 1978), pp. 492-501.

MEZZAROBA, Orides. "Partidos Políticos e seu Regime Jurídico", in SALGADO, Eneida Desirre; DANTAS, Ivo (coord.), *Partidos Políticos e seu Regime Jurídico*, Curitiba, Juruá, 2013, pp. 167-189.

MICHELS, Robert. *Sociologia dos partidos políticos*, trad. de Arthur Chaudon, Brasília, UNB, 1982 (1914).

MIGUEL, Luís Felipe. "Political Representation and Gender in Brazil: Quotas for Women and their Impact", in *Bulletin of Latin American Research*, 27 (2), 2008, pp. 197-214.

MIGUEL, Luis Felipe; BIROLI, Flávia. *Feminismo e política: Uma introdução*, São Paulo, Boitempo Editorial, 2014.

MIGUEL, Luis Felipe. "Carole Pateman e a Crítica Feminista do Contrato", in *Revista Brasileira de Ciências Sociais*, v. 32, n. 93 fevereiro/2017, pp. 1-17.

MILL, Jonh Stuart; MILL, Harriet Taylor. *Ensayos sobre la Igualdad Sexual*, trad. de Carmen Martínez Gimeno, Madrid, Ediciones Cátedra, 2001.

MILL, John Stuart. *On Liberty*, Ontario, Batoche Books Limited, 2001.

MILL, Stuart. *A Sujeição das Mulheres*, trad. de Benedita Bettencourt, Coimbra, Almedina, 2006.

MIRANDA, Jorge. *Um Projecto de Constituição*, Braga, 1975.

MIRANDA, Jorge. "Igualdade e Participação Política da Mulher", in *Democracia com mais Cidadania*, Lisboa, Presidência do Conselho de Ministros, 1998, pp. 37-46.

MIRANDA, Jorge. "Estudo com vista a uma nova lei dos partidos políticos", in *Revista da FDUL*, 2º v., XL, 1-2, 1999, pp. 541-571.

MIRANDA, Jorge; PINHEIRO, Alexandre de Sousa. "Voto dos cidadãos residentes no estrangeiro na eleição do Presidente da República", in *O Direito*, v. 131, 2000, pp. 7-30.

MIRANDA, Jorge. *Manual de Direito Constitucional*, Tomo I, 7ª edição, Coimbra, Coimbra Editora, 2003.

MIRANDA, Jorge. *Manual de Direito Constitucional*, v. II, tomo IV, Coimbra, Coimbra Editora, 2014.

MIRANDA, Jorge. *Manual de Direito Constitucional*, v. III, tomo VII, Coimbra, Coimbra Editores, 2014.

MIRANDA, Jorge. "A Eleição e a Democracia Representativa", in *Revista Populus*, Salvador, n. 6, junho 2019, pp. 31-49.

MIRANDA, Jorge. *Direito Eleitoral*, 2ª edição, Coimbra, Almedina, 2021.

MODLESKI, Tania. *Feminism Without Women: Culture and Criticism in a "Postfeminist" Age*, New York, Routledge, 1991.

MOHANTY, Chandra Talpade. *Feminism without Borders: decolonizing theory, practicing solidarity*, Londres, Duke University Press, 2003.

MOHANTY, Chandra Talpade. "Bajo los ojos de occidente. Academia Feminista y discurso colonial", in NAVAZ, Liliana Suárez; HERNÁNDEZ, Aída (editoras), *Descolonizando el Feminismo: Teorías y Prácticas desde los Márgenes*, Madrid, editora Cátedra, 2008.

Moisés, José Álvaro; Sanchez, Beatriz Rodrigues. "Representação Política das Mulheres e Democracia de Qualidade: o caso do Brasil", in Moisés, José Álvaro (org.), in *O Congresso Nacional, Os Partidos Políticos e O Sistema de Integridade*, Rio de Janeiro, Fundação Konrad Adenauer, 2014, pp. 89-115.

Moncada, Luís Cabral de. *Estudos de História do Direito*, Coimbra, Universidade de Coimbra, 1948.

Monteiro, Rosa. "A Política de Quotas em Portugal: o papel dos partidos políticos e do feminismo de Estado", in *Revista Crítica de Ciências Sociais*, 92, Março 2011, pp. 31-50.

Moraes, Alexandre de. *Direito Constitucional*, 13ª edição, São Paulo, Atlas, 2003.

Moraes, Alexandre de. *Direito Constitucional*, 33ª edição, São Paulo, Atlas, 2017.

Moraes, Maria Lygia Quartim de. "Cidadania no Feminino", in Pinsky, Jaime; Pisnky, Carla Bassanezi (orgs.), *História da Cidadania*, São Paulo, Contexto, 2003.

Morais, Carlos Blanco de. *O Sistema Político – no contexto da erosão da democracia representativa*, Coimbra, Almedina, 2017.

Moreira, Adilson José. *O que é discriminação?*, Belo Horizonte, Casa do Direito, Justificando, 2017.

Moreira, Vital. "O artigo 109º da CRP e a igualdade de homens e mulheres no exercício de direitos cívicos e políticos", in *Democracia com mais Cidadania*, Lisboa, Presidência do Conselho de Ministros, 1998, pp. 47-64.

Moreira, Vital. "The Right to Political Participation: Equality Between Men and Women", in *Course in Human Rights*, Coimbra, 1999.

Mouffe, Chantal. "Feminismo, cidadania e política democrática radical", in *Debate Feminista*, São Paulo, Cia. Melhoramentos, Edição Especial (Cidadania e Feminismo), 1999, pp. 29-47.

Munanga, Kabengele. "Políticas de Ação Afirmativa em Benefício da População Negra no Brasil: um ponto de vista em defesa de cotas", in *Sociedade e Cultura*, v. 4, n. 2, jul./dez. 2001, pp. 31-43.

Neumann, Sigmund. *Partidos Políticos Modernos: iniciación al estúdio comparativo de los sistemas políticos*, trad. de Julieta Campos y Enrique González Pedrero, Madrid, Tecnos, 1966.

Neves, António Castanheira. *Curso de Introdução ao Estudo do Direito*, Policopiado, Coimbra, 1971-1972.

Neves, António Castanheira. *A Revolução e o Direito – A situação de crise e o sentido do direito no actual processo revolucionário*, Lisboa, Ordem dos Advogados Portugueses, 1976.

Neves, Castanheira. *O instituto dos 'assentos' e a função jurídica dos supremos tribunais*, Coimbra, Coimbra Editora, 1983.

Neves, António Castanheira. "Fontes do Direito – Contributo para a revisão do seu problema", in *Digesta – Escritos acerca do Direito, do*

Pensamento Jurídico, da sua Metodologia e Outros, v. 2, Coimbra, Coimbra Editora, 1995.

Neves, Marcelo. "Constitucionalização simbólica e desconstitucionalização fática: mudança simbólica da Constituição e permanência das estruturas reais de poder", in *Revista de Informação Legislativa*, Brasília, a. 33, n. 132, out./dez. 1996, pp. 321-330.

Neves, Marcelo. *A Constitucionalização Simbólica*, São Paulo, Editora Acadêmica, 1994.

Nicholson, Linda. "Interpretando o Gênero", trad. por Luiz Felipe Guimarães Soares e Claudia de Lima Costa, in *Estudos Feministas*, v. 8, n. 2, 2000, pp. 9-41.

Nikel, James W. "Discrimination and Morally Relevant Characteristics", in *Analysis*, v. 32, Issue 4, March 1972, pp. 113-114.

Noblecourt, Christiane. *A Mulher no Tempo dos Faraós*, Campinas, Papirus Editora, 1994.

Novais, Jorge Reis. *Direitos Fundamentais e Justiça Constitucional*, Lisboa, AAFDL Editora, 2012.

Nussbaum, Martha C. *Sex and Justice Social*, New York/Oxford, Oxford University Press, 1999.

O'Leary, Dale. *The Gender Agenda: Redefining Equality*, Louisiana, Vital Issues Press, 1997.

Okin, Susan. *Justice, Gender and the Family*, Basic Books, 1989.

Orozco Henríques, J. Jesus. "La democracia interna de los partidos em Iberoamérica y su garantía jurisdiccional", in *Revista Mexicana de Justicia*, n. 4, julio/deciembre, 2004, pp. 219-245.

Otero, Paulo. *A Democracia Totalitária – Do Estado totalitário à sociedade totalitária. A influência do totalitarismo na democracia do século XXI*, Cascais, Princípia, 2001.

Otero, Paulo. *Legalidade e Administração Pública: O sentido da vinculação administrativa à juridicidade*, Coimbra, Almedina, 2003.

Otero, Paulo. *Direito Constitucional Português – identidade constitucional*, v. I, Coimbra, Almedina, 2010.

Otero, Paulo. *Direito Constitucional Português – organização do poder político*, v. II, Coimbra, Almedina, 2010.

Otero, Paulo. *Instituições Políticas e Constitucionais*, v. I, Coimbra, Almedina, 2017.

Paes, Elpídio Ferreira. "Estrutura e Evolução da Família Romana", in *Revista da Faculdade de Direito da UFRGS*, n. 5, Porto Alegre, 1971, pp. 19-24.

Paglia, Camille. *Personas Sexuais – arte e decadência de Nefertite a Emily Dickinson*, trad. de Marcos Santarrita, São Paulo, Companhia das Letras, 1992.

Paglia, Camille. *Mulheres Livres, Homens Livres – sexo, gênero e feminismo*, trad. de Helder Moura Pereira, Lisboa, Quetzal Editores, 2018.

Parpad, Jane; Staudt, Kathleen. *Women and the State in Africa*, Lynne Rienner Publishers, Boulder and London, 1989.

Parreira, Maria Candida. *A Mulher na Política e a Política da Mulher*, Lisboa, Editorial Império, 1935.

PATEMAN, Carole. *Participação e Teoria da Democracia*, trad. de Luiz Paulo Rouanet, Rio de Janeiro, Paz e Terra, 1992 (tradução), 1970 (original).

PATEMAN, Carole. *O Contrato Sexual*, trad. de Marta Avancini, Rio de Janeiro, Paz e Terra, 1993 (tradução), 1988 (original).

PEDRO, Joana Maria. "Narrativas fundadoras do feminismo: poderes e conflitos (1970-1978)", in *Revista Brasileira de História*, São Paulo, Anpuh, n.52, vol. 26, 2006, pp. 249-272.

PHILLIPS, Anne. *The Politics of Presence – the political representation of gender, ethinicity and race*, Oxford, Claredon Press, 1995.

PHILLIPS, Anne, "¿Deben las Feministas Abandonar la Democracia Liberal?", in CASTELLS, Carme (comp.), *Perspectivas Feministas en Teoría Política*, Barcelona, Paidós, 1996, pp. 79-98.

PHILLIPS, Anne. "De uma Política de Ideias a uma Política de Presença?", trad. de Luís Felipe Miguel, in *Estudos Feministas*, ano 9, 2º semestre de 2001, pp. 268-290.

PHILLIPS, Anne. "Democracy and Representation: Or, Why Should It Matter Who Our Representatives Are?", in PHILLIPS, Anne (orgs.), *Feminism and Politics*, Oxford, Oxford Universiy Press, 1998, pp. 224-240.

PIERANGELI, José Henrique, *Códigos Penais do Brasil – Evolução Histórica*, São Paulo, Revista dos Tribunais, 2004.

PIMENTEL, Silvia. *Evolução dos Direitos da Mulher: Norma, Fato, Valor*, São Paulo, Revista dos Tribunais, 1978.

PINSKY, Carla Bassanezi; PEDRO, Joana Maria. "Mulheres – igualdade e especificidade", in PINSKY, Jaime; PISNKY, Carla Bassanezi (orgs.), *História da Cidadania*, São Paulo, Contexto, 2003.

PINTO, Basílio Alberto de Sousa. *Lições de Direito Criminal Portuguez*, Coimbra, Imprensa da Universidade, 1861.

PINTO FERREIRA, Luiz. *Direito Constitucional Resumido*, Rio de Janeiro, Rio, 1979.

PIOVESAN, Flávia. *Igualdade de Gênero na Constituição Federal: Os Direitos Civis e Políticos das Mulheres no Brasil*, disponível em https://www12.senado.leg.br/publicacoes/estudos-legislativos/tipos-de-estudos/outras-publicacoes/volume-i-constituicao-de-1988/principios-e-direitos-fundamentais-igualdade-de-genero-na-constituicao-federal-os-direitos-civis-e-politicos-das-mulheres-do-brasil, acesso em 22 de junho de 2020.

PITANGUY, Jacqueline, "A Carta das Mulheres Brasileiras aos Constituintes: memórias para o futuro", in HOLLANDA, Heloisa Buarque (org.), *Pensamento Feminista Brasileiro – formação e contexto*, Rio de Janeiro, Bazar do Tempo, 2019, pp. 81-98.

PITKIN, Hannah Fenichel. *The Concept of Representation*, Berkley/Los Angeles/London, University of California Press, 1967.

PRIORE, Mary del. "Magia e Medicina na Colônia: o corpo feminino", in PRIORE, Mary del (org.), *História das Mulheres no Brasil*, São Paulo, Editora Contexto, 2018, pp. 78-114.

PRUDENTE, Eunice Aparecida de Jesus. "O negro na ordem jurídica brasileira", in *Revista da Faculdade de Direito*, Universidade de São Paulo, nº 83, 1988, pp. 135-149.

PRZEWORSKI, Adam; MARAVALL, José María. *Democracy and the Rule of Law*, Cambridge University Press, 2003.

PULERWITZ, Julie; BARKER, Gary. "Measuring attitudes toward gender norms among young men in Brazil: Development and psychometric evaluation of the GEM scale", in *Men and Masculinities*, v. 10, n. 3, 2008, pp. 322-338.

RABAT, Márcio Nuno. "Análise Crítica da Reforma Política", in *Biblioteca Digital Câmara*, Brasília, 2009.

RADBRUCH, Gustav. *Introdução à Filosofia do Direito*, trad. de Prof. Jacy de Souza Mendonça, disponível em: https://www.valorjustica.com.br/introducao.pdf.

RADBRUCH, Gustav. *Filosofia do Direito*, trad. de L. Cabral de Moncada, v. 1, 4ª edição, Coimbra, 1961.

RAMINELLI, Ronald. "Eva Tupinambá", in PRIORE, Mary del (org.), *História das Mulheres no Brasil*, São Paulo, Editora Contexto, 2018, pp. 11-44.

RANDALL, Vicky. "Feminism and Political Analysis", in *Political Studies*, 1991, vol. 39, issue 3, pp. 513-532.

RAPOSO, Vera Lúcia Carapeto. *O Poder de Eva – O princípio da igualdade no âmbito dos direitos políticos, problemas suscitados pela discriminação positiva*, Coimbra, Almedina, 2004.

RAWLS, Jonh. *Uma Teoria da Justiça*, trad. de Carlos Pinto Correia, 4ª edição, Lisboa, Editorial Presença, 1993 (tradução), 1971 (original).

RAWLS, Jonh. *O Liberalismo Político*, trad. de Dinah de Abreu Azevedo, 2ª edição, São Paulo, Editora Ática, 2000.

RAWLS, John. *Justiça como Equidade – uma reformulação*, trad. de Claudia Berliner, São Paulo, Martins Fontes, 2003.

REHFELD, Andrew. 2006. "Toward a General Theory of Political Representation", in *Journal of Politics*, 68 (February), pp. 1-21.

REVEZ, Ricardo. "A Revisão do Código Civil e os Direitos das Mulheres (1977)", in *COMUNICAR*, Boletim da Assembleia da República, março 2019.

RIBEIRO, Antonio Sérgio. *A mulher e o voto*, São Paulo, ALESP, 2012, disponível em http://www.al.sp.gov.br/web/eleicao/mulher_voto.htm, acesso em 18 de fevereiro de 2021.

RICE, Mitchell F. Rice. "Government set-asides, minority business development, and public contracting: introduction", in *International Journal of Public Administration*, Louisiana State University, Baton Rouge, Louisiana, jan. 1995, pp. 1007-1010.

RILEY, Denise. "Does a Sex Have a History? 'WOMEN' And Feminism", in *New Formations*, n. 1, Springs, 1987, pp. 35-45.

RILEY, Denise. *'Am I that Name?' Feminism and the Category of 'Women' in History*, Minneapolis, University of Minnesota Press, 1988.

ROBINS, Gay. *Women in Ancient Egypt*, Cambridge, Harvard University Press, 1996.

ROUSSEAU, Jean-Jacques. *Discurso sobre a origem e os fundamentos da desigualdade entre os homens*, trad. Paulo Neves, São Paulo, L&PM Pocket.

ROUSSEAU, Jean-Jacques. *Du Contrat Social ou Principes du Droit Politique*, Par J.J. Rousseau, Citoyen De Genève, Édité par la bibliothèque numérique romande, 1762, disponível em http://www.ebooks-bnr.com/.

ROUSSEAU, Jean-Jacques. *Emílio ou da Educação*, trad. por Sérgio Millet, 3ª edição, São Paulo, Difel, 1979.

RUIZ, Jorge Fernández. *Tratado de Derecho Electoral*, México, Porrúa, 2010.

SALGADO, Eneida Desirre. "Os Partidos Políticos e o Estado Democrático: a tensão entre a autonomia partidária e a exigência de democracia interna", in SALGADO, Eneida Desirre; DANTAS, Ivo (coord.), *Partidos Políticos e seu Regime Jurídico*, Curitiba, Juruá, 2013, pp. 135-166.

SANTANO, Ana Cláudia. "O Financiamento da Política no Brasil – Ensaio Preliminar e Novos Desafios", in SALGADO, Eneida Desirre; DANTAS, Ivo (coord.), *Partidos Políticos e seu Regime Jurídico*, Curitiba, Juruá, 2013, pp. 105-133.

SANTOS, André Marenco dos; SERNA, Miguel. "Por que carreiras políticas na esquerda e na direita não são iguais? Recrutamento legislativo em Brasil, Chile e Uruguais", in *Revista Brasileira de Ciências Sociais*, n. 22 (64), 2007, pp. 93-113.

SANTOS, Boaventura de Sousa. "Um Discurso sobre as Ciências na Transição para uma Ciência Pós-moderna", in *Estudos Avançados*, disponível em http://www.revistas.usp.br/eav/article/view/8489/10040, acesso em 25 de maio de 2018.

SANTOS, Boaventura de Sousa. *A Gramática do Tempo – para uma nova cultura política*, 3ª edição, São Paulo, Cortez Editora, 2010.

SANTOS, Boaventura de Sousa; CHAUI, Marilena. *Direitos Humanos, Democracia e Desenvolvimento*, São Paulo, Editora Cortez, 2014 [livro eletrônico].

SANTOS, Milton. *Da Totalidade ao Lugar*, São Paulo, EDUSP, 2002.

SANTOS, Jahyra Helena Pequeno dos; SANTOS, Ivanna Pequeno dos. "A Demanda pelo Voto Feminino no Brasil: Abordagem Histórica", in *Revista Brasileira de História do Direito*, Brasília, v. 2, n. 1, jan-jun 2016, pp. 156-177.

SAPIRO, Virginia. "Feminist Studies and Political Science – and Vice Versa", in PHILLIPS, Anne (orgs.), *Feminism and Politics*, Oxford, Oxford Universiy Press, 1998, pp. 67-92.

SAPIRO, Virginia. "When Are Interests Interesting? The Problem of Political Representation of Women", in PHILLIPS, Anne (org.), *Feminism & Politics*, Oxford/New York, Oxford University Press, 1998, pp. 161-192.

SARACENO, Chiara; NALDINI, Manuela. *Sociologia da Família*, trad. de Maria das Dores Guerreiro, Lisboa, Editorial Estampa, 2003.

SARTORI, Giovanni. *Parties and party sistems*, I, Cambridge, 1976.

SARTORI, Giovanni. *Partidos Políticos e Sistemas Partidários*, trad. de Waltensir Dutra, Brasília, UNB, 1982.

SARTORI, Giovanni. *Qué Es la Democracia*, San Juan Tlihuaca, Tribunal Federal Electoral y Editorial Patria, 1993.

SCOTT, Joan W. "Gênero: uma categoria útil de análise histórica", trad. de Guacira Lopes Louro, in *Educação & Realidade*, v. 20, n. 2, jul./dez, Porto Alegre, 1995, pp. 71-99.

SCOTT, Joan W. "Prefácio à Gender and Politics of History", trad. de Christine Rufino Dabat e Maria Betânia Ávila, in *Cadernos Pagu* (3), Campinas, Núcleo de Estudos de Gênero – Pagu/UNICAMP, 1994, pp. 11-28.

SEN, Amartya. *O Desenvolvimento como Liberdade*, trad. de Joaquim Coelho Rosa, Lisboa, Gradiva, 1999.

SEN, Amartya. *Desigualdade Reexaminada*, trad. de Ricardo Doninelli Mendes, 2ª edição, Rio de Janeiro/São Paulo, Editora Record, 2008.

SIEYÈS, Emmanuel-Joseph. *Écrits politiques*, choix et presentation de Roberto Zapperi, Bruxelles, Belgique, Edition des Archives Contemporaines S.R.L, 1994.

SILVA, José Afonso da. *Curso de Direito Constitucional Positivo*, 23ª edição, São Paulo, Malheiros, 2002.

SILVA, José Afonso da. *Curso de Direito Constitucional Positivo*, 37ª edição, São Paulo, Editora Malheiros, 2013.

SILVEIRINHA, Maria João. "O Feminismo e o Estudo do Media: em busca da ligação necessária", in *Revista Faces de Eva*, n. 6, pp. 65-84.

SIMÕES, Ana. "Análise do Papel da Organização das Nações Unidas no Desenvolvimento dos Direitos da Mulher em Portugal – o Caso da CEDAW", in *Tese*, Instituto Superior de Ciências Sociais e Políticas", Universidade de Lisboa, 2019.

SKRENTNY, Jonh David. *The Ironies of Affirmative Action. Politics, Culture, and Justice in America*, Chicago & London, The University of Chicago Press, 1996.

SOIHET, Rachel. "A Pedagogia da Conquista do Espaço Público pelas Mulheres e a Militância Feminista de Bertha Lutz", in *Revista Brasileira de Educação*, n. 15, pp. 97-117.

SORJ, Bila. "O Feminismo na encruzilhada da modernidade e pós-modernidade", in HOLLANDA, Heloisa Buarque (org.), *Pensamento Feminista Brasileiro – formação e contexto*, Rio de Janeiro, Bazar do Tempo, 2019, pp. 99-108.

SOUSA, Marcelo Rebelo. *Os Partidos Políticos no Direito Constitucional Português*, Braga, Livraria Cruz, 1983.

SOUZA, Cristiane Aquino de. "A eficácia das cotas eleitorais na

Argentina e no Brasil", in *Direitos Fundamentais e Democracia IV*, 1ª edição, Florianópolis, CONPEDI, 2014, pp. 367-384.

SOUZA, Maria Reynolds. *A Concessão do Voto às Portuguesas*, Lisboa, Comissão para a Igualdade e para os Direitos das Mulheres, 2006.

SPIVAK, Gayatri Chakravorty. "French Feminism Revisited: ethics and politics", in BUTLER, Judith; SCOTT, Joan W. (orgs.), *Feminists Theorize the Political*, New York, Routledge, 1992, pp. 54-85.

SPIVAK, Gayatri Chakravorty. *Pode o Subalterno Falar?* trad. de Sandra Regina Goulart Almeida, Belo Horizonte, UFMG Editora, 2010.

STRECK, Lenio Luiz. *Hermenêutica Jurídica e(m) Crise: uma exploração hermenêutica da construção do direito*, 3ª edição, Porto Alegre, Livraria do Advogado, 2001.

SUNSTEIN, Cass. "Beyond the Republican Revival", 97, in *Yale Law Journal*, 1988, pp. 1539-1590, disponível em https://chicagounbound.uchicago.edu/cgi/viewcontent.cgi?article=12192&context=journal_articles, acesso em 17 de julho de 2018.

TAN, Netina. "Ethnic quotas and unintended effects on women's political representation in Singapore", in *International Political Science Review*, v. 35, n. 1, 2004, pp. 27-40.

TAYLOR, Charles; MACLURE, Jocelyn. *Laicidad y Liberdad de Conciencia*, trad. de María Hernández, Madrid, Alianza Editorial, 2011.

THOMAS, Sue. *How Women Legislate*, New York, Orford University Press, 1994.

THOREAU, Henry David. *A Desobediência Civil*, trad. de Manuel João Gomes, Lisboa, Antígona, 1966.

TOCQUEVILLE, Alexis de. *Da Democracia na América, Leis e Costumes – De certas leis e certos costumes políticos que foram naturalmente sugeridos aos americanos por seu estado social democrático*, trad. de Eduardo Brandão, São Paulo, Martins Fontes, 2005.

TOLEDO, Cecília. *Mulheres: O Gênero nos Une, a Classe nos Divide*, São Paulo, Xama, 2001.

TOURAINE, Alain. *Qu'est-ce que la démocratie?* Paris, Fayard, 1994.

VALE, André Rufino do. "Drittwirkung de Direitos Fundamentais e Associações Privadas", in *Revista de Direito Público*, Brasília, Instituto Brasiliense de Direito Público, n. 9, jul/set 2005, pp. 53-74.

VARIKAS, Eleni. "Une représentation en tant que femme? Réflexions critiques sur la demande de ala parité des sexes", in *Nouvelles Questions Féministes*, v. 16, n. 2, LA PARITÉ "contre", 1995/mai, pp. 81-127.

VEGA, Pedro de. "Significado constitucional de la representación política", in *Revista de Estudios Políticos*, Nueva Época, n. 44, Madrid, mar/abr 1985, pp. 24-44.

VEYNE, Paul. *A Sociedade Romana*, Lisboa, Edições 70, 1993, pp. 157-196.

VIANNA, Cláudia. "O Sexo e o Gênero na Docência", in *Cadernos Pagu* (17/18), Campinas, 2001/02, pp. 81-103.

VIEGAS, José Manuel Leite; FARIA, Sérgio. *As Mulheres na Política*, Lisboa, Presidência do Conselho de Ministros, Imprensa Nacional-Casa da Moeda, 1999.

VITULLO, Gabriel. "Representação política e democracia representativa são expressões inseparáveis? Elementos para uma teoria democrática pós-representativa e pós-liberal", in *Revista Brasileira de Ciência Política*, n. 2, Brasília, julho-dezembro de 2009, pp. 271-301.

VOGEL, Luiz Henrique. "A Histórica Sub-Representação das Mulheres na Câmara dos Deputados: Desigualdades e Hierarquias Sociais nas Eleições", in *Estudo Técnico*, março de 2019, Câmara dos Deputados, 2014.

VOGEL-POLSKY, Eliane. "La citoyenneté européenne et les femmes", in *Les Cahiers du GRIF*, n. 48, 1994, pp. 9-43.

WARD, Cynthia V. "The Limits of 'Liberal Republicanism': why group-based remedies and republican citizenship don't mix", in *Faculty Publications*, Paper 273, 1991, pp. 580-607, disponível em http://scholarship.law.wm.edu/cgi/viewcontent.cgi?article=1293&context=facpubs, acesso em 17 de julho de 2018.

WELDON, S. Laurel. "Beyond Bodies: Institutional Sources of Representation for Women in Democratic Policy Making", in *The Journal of Politics*, v. 64, n. 4 (Nov., 2002), pp. 1153-1174.

WILLIANS, Melissa S. *Voice, Trust, and Memory: Marginalized Groups and the Failings of Liberal Representation*, Princeton, Princeton Unuversity Press, 1998.

WILLUMSEN, David M. *The acceptance of party unity in parliamentary democracies*, Oxford, Oxford University Press, 2017.

WOITOWICZ, Karina Janz; PEDRO, Joana Maria. "O Movimento Feminista durante a ditadura militar no Brasil e no Chile: conjugando as lutas pela democracia política com o direito ao corpo", in *Dossiê Gênero, Feminismo E Ditaduras*, Ano X, n. 21, 2º Semestre 2009, pp. 43-55.

WOLLSTONECRAFT, Mary. *A Vindication of the Rights of Woman*, disponível em http://pinkmonkey.com/dl/library1/vindicat.pdf, acesso em 02 de julho de 2018.

YOUNG, Iris Marion. *Inclusion and Democracy*, Oxford, Oxford University Press, 2000.

ZAGREBELSKY, Gustavo. *A Crucificação e a Democracia*, trad. de Monica de Sanctis Viana, São Paulo, Saraiva, 2011.

Sites Consultados:

https://www.ibge.gov.br/

http://www.tse.jus.br/imprensa/noticias-tse/2018/Marco/mulheres-representam-52-do-eleitorado-brasileiro

http://www.marlenecamposmachado.com.br/documentos/pequisa-presenca-feminina-no-parlamento.pdf

https://epocanegocios.globo.com/Vida/noticia/2017/09/7-graficos-que-explicam-desigualdade-de-genero-no-mundo.html
http://reports.weforum.org/global-gender-gap-report-2017/results-and-analysis/
https://www.olympedegouges.paris/biografia
https://www.bl.uk
https://we.riseup.net/assets/190219
https://www.dw.com/pt-br/1960-primeira-p%C3%Adlula-anticoncepcional-chega-ao-mercado/a-611248
http://countrymeters.info/pt/
https://www.parlamento.pt/ActividadeParlamentar/Paginas/DetalheActividadeParlamentar.aspx?BID=104739&ACT_TP=RSI
http://apps.who.int/iris/bitstream/10665/145086/5/9789241564793_por.pdf
https://we.riseup.net/assets/190219
https://www.cartacapital.com.br/politica/dilma-solta-o-verbo
https://nzhistory.govt.nz/people/kate-sheppard
http://www.bbc.co.uk/history/british/empire_seapower/wollstonecraft
https://www.britannica.com/biography/Millicent-Fawcett
https://www.nps.gov/articles/sojourner-truth.htm
https://www.alternet.org/story/9986/a_manifesto_for_third_wave_feminism
http://www.cidh.org/Basicos/Portugues/m.Belem.do.Para.htm
https://www12.senado.leg.br/institucional/procuradoria/proc-publicacoes/pesquisa-equidade-de-genero-na-politica-2016
http://www.quotaproject.org/country.cfm
http://www.planalto.gov.br/ccivil
http://www.mpf.mp.br/pgr/noticias-pgr/mulheresnapolitica-mpf-defende-adocao-de-cotas-femininas-para-diretorios-de-partidos-politicos
http://www.tse.jus.br/imprensa/noticias-tse/2018/Marco/mulheres-ainda-sao-minoria-de-candidatas-nas-eleicoes-brasileiras
https://www.oep.org.bo/wp-content/uploads/2017/01/Ley_026.pdf
http://servicios.infoleg.gob.ar/infolegInternet/anexos/0-4999/411/norma.htm
http://www.diputados.gob.mx/LeyesBiblio/pdf/1_150917.pdf
http://ieepco.org.mx/biblioteca_digital/legislacion/COFIPE.pdf
https://www.publico.pt/2015/11/04/sociedade/noticia/as-quotas-para-mulheres-continuam-a-ser-uma-necessidade-1713312
Oxford English Dictionary, edição virtual, para IOS
https://www.parlamento.pt/ActividadeParlamentar/Paginas/DetalheDiplomaAprovado.aspx?BID=21023
http://www.tse.jus.br/imprensa/noticias-tse/2018/Marco/tse-aprova-uso-do-nome-social-de-candidatos-na-urna
https://www.amnistia.org/ve/blog/2017/05/2606/los-derechos-politicos-de-la-mujer

https://elpais.com/internacional/2017/03/02/actualidad/1488449299_579937.html
https://epocanegocios.globo.com/Vida/noticia/2017/09/7-graficos-que-explicam-desigualdade-de-genero-no-mundo.html
http://reports.weforum.org/global-gender-gap-report-2017/results-and-analysis/
https://super.abril.com.br/historia/inquisicao-idade-moderna-e-as-bruxas-as-mulheres-em-chamas/
https://www.uc.pt/uid/celga/recursosonline/cecppc/textosempdf/05 cartadeguiadecasados
https://falauniversidades.com.br/conheca-cinco-sociedades-matriarcais/
Diário da Assembleia da República, VII legislatura, 2ª sessão legislativa, 1ª série, n. 94, reunião de 16 de julho de 1997
https://www.globalresearch.ca/third-world-women-and-the-inadequacies-of-western-feminism/5372515
https://www.unodc.org/lpo-brazil/pt/frontpage/2018/11/ambiente-domstico-concentra-maior-nmero-de-assassinatos-de-mulheres-no-mundo—diz-onu.html
https://artigo19.org/wp-content/blogs.dir/24/files/2018/03/Dados-Sobre-Feminic%C3%Addio-no-Brasil-.pdf
https://brasil.elpais.com/brasil/2019/03/08/opinion/1552066061_520180.html
http://www.umarfeminismos.org/images/stories/noticias/OMA_FEMIC%C3%8DDIO_Relat%C3%B3rio_2018_em_18_02_2019.pdf
https://www.politize.com.br/constituicao-de-1824/
http://bd.camara.gov.br/bd/handle/bdcamara/13616
https://www1.folha.uol.com.br/fsp/1996/7/22/brasil/12.html
http://app.parlamento.pt/comunicar/Artigo.aspx?ID=493
https://web.archive.org/web/20140427012122/http://www.glfp.pt/historia/Biografias/CAROLINA_ANGELO.pdf
https://dre.pt/application/dir/pdfgratis/1913/07/15300.pdf
https://www.scielo.br/scielo.php?script=sci_arttext&pid=S0102-64451994000100009
https://www.oas.org/dil/port/1993
http://www.onumulheres.org.br
http://www.onumulheres.org.br/wp-content/uploads/2013/03/convencao_cedaw.pdf
http://www.onumulheres.org.br/wp-content/uploads/2013/03/convencao_cedaw.pdf
https://www.eleicoes.mai.gov.pt/autarquicas2017/candidatos.html
https://www.portugal.gov.pt/pt/gc21/comunicacao/comunicado?i=aprovadas-as-leis-da-paridade-e-da-representacao-equilibrada
www.cne.pt/index.cfm?sec=1001000000&step=2&letra=P&PalavraID=173
www.cidm.pt
https://www.cig.gov.pt/2020/07/relatorio-da-lei-n-622017/

http://www2.senado.leg.br/bdsf/item/id/242733

http://www.stf.jus.br/portal/cms/verNoticiaDetalhe.asp?idConteudo=372485

https://www.cidh.oas.org/annualrep/2000port/12051.htm

https://www12.senado.leg.br/noticias/materias/2020/01/16/senado-fecha-2019-com-35-projetos-aprovados-em-favor-das-mulheres

https://www12.senado.leg.br/noticias/materias/2018/03/06/lobby-do-batom-marco-historico-no-combate-a-discriminacoes

https://www2.camara.leg.br/atividade-legislativa/legislacao/Constituicoes_Brasileiras/constituicao-cidada/a-constituinte-e-as-mulheres/arquivos/Constituinte%201987-1988-Carta%20das%20Mulheres%20aos%20Constituintes.pdf

http://www.tse.jus.br/eleitor/glossario/termos/lei-saraiva

http://www.tse.jus.br/eleitor/glossario/termos/voto-da-mulher

http://www.onumulheres.org.br/planeta5050-2030/conferencias/

https://www1.folha.uol.com.br/fsp/1994/9/29/caderno_especial/4.html

https://exame.abril.com.br/brasil/as-leis-brasileiras-sobre-direitos-das-mulheres-e-os-avancos-necessarios/

https://www.gov.br/mdh/pt-br/navegue-por-temas/atuacao-internacional/relatorios-internacionais-1/RelatrioNacionaldeRevisodoEstadoBrasileirodaimplementaodaDeclaraoePlataformadeAodePequim..pdf

http://www.stf.jus.br/portal/cms/verNoticiaDetalhe.asp?idConteudo=391666&tip=UN

http://plataformamulheres.org.pt/site/wp-content/ficheiros/2016/04/PpDM-Argumentario-afinal-o-que-e-a-democracia-paritaria.pdf

https://www.cne.pt/content/metodo-de-hondt

https://www.europarl.europa.eu/news/pt/headlines/society/20190226STO28804/as-mulheres-no-parlamento-europeu-infograficos

Plataforma Portuguesa para os Direitos das Mulheres (Projecto Capacita), Afinal, o que é a Democracia Paritária? A participação de mulheres e homens na organização social, Fundação Calouste Gulbenkian, 2016, disponível em https://plataformamulheres.org.pt/afinal-o-que-e-a-democracia-paritaria-a-participacao-de-mulheres-e-homens-na-organizacao-social/

https://www.uscourts.gov/educational-resources/educational-activities/history-brown-v-board-education-re-enactment

https://www.presidency.ucsb.edu/documents/executive-order-10925-establishing-the-presidents-committee-equal-employment-opportunity

https://www.camara.leg.br/noticias/550935-bancada-feminina-na-camara-sera-composta-

-por-77-deputadas-na-nova-legislatura/

https://www.camara.leg.br/noticias/550900-nova-composicao-da-camara-ainda-tem-descompasso-em-relacao-ao-perfil-da-populacao-brasileira/

https://www12.senado.leg.br/noticias/materias/2021/07/14/aprovado-projeto-que-estabelece-cota-para-mulheres-em-eleicoes-proporcionais

https://www.bbc.com/portuguese/brasil-47446723

http://repositori.uji.es/xmlui/bitstream/handle/10234/185258/Incidences variables des systèmes électoraux sur la représentation politique des femmes.pdf

https://elpais.com/internacional/2017/03/02/actualidad/1488449299_579937.html

https://www.parlamento.pt/Parlamento/Paginas/cod-civil-direitos-mulheres.aspx

Listagem de Jurisprudências:

Brasil

Supremo Tribunal Federal, Acórdão em ADI-MC n. 1096-RS, julgado em 16.03.1995, publicado em 22.09.1995, Rel. Celso de Mello.

Supremo Tribunal Federal, Acórdão em ADI n. 3999-DF, julgado em 12.11.2008, publicado em 17.04.2009, Rel. Joaquim Barbosa.

Supremo Tribunal Federal, Acórdão em ADI n. 4086-DF, julgado em 12.11.2008, publicado em 17.04.2009, Rel. Joaquim Barbosa.

Supremo Tribunal Federal, Acórdão em ADI n. 5081-DF, julgado em 27.05.2015, publicado em 19.08.2015, Rel. Roberto Barroso.

Supremo Tribunal Federal, Acórdão em ADI n. 5617-DF, julgado em 15.03.2018, publicado em 03.10.2018, Rel. Edson Fachin.

Tribunal Superior Eleitoral, Acórdão em Recurso Especial n. 19392-PI, julgado em 17.09.2019, publicado em 04.10.2019, Rel. Jorge Mussi.

Tribunal Superior Eleitoral, Acórdão em AgReg em Petição n. 166210-AP, julgado em 13.12.2011, publicado em 14.02.2012, Rel. Nancy Andrighi.

Tribunal Superior Eleitoral, Consulta. 0604054-58.2017.6.00.0000 – Distrito Federal, Rel. Tarcisio Vieira de Carvalho Neto.

Portugal

Tribunal Constitucional Português, Acórdão n. 748/1993, julgado em 23.11.1993, publicado em 23.12.1993, Relator: Conselheiro Monteiro Diniz.

Tribunal Constitucional Português, Acórdão 335/1994, julgado em 20.04.1994, Relator: Conselheiro Bravo Serra.

Tribunal Constitucional Português, Acórdão 468/1996, julgado em 13.03.1996, Relatora: Conselheira Maria Fernanda Palma.

Tribunal Constitucional Português, Acórdão 574/1998, julgado em 13.10.1998, Relator: Conselheiro Vítor Nunes de Almeida.

Tribunal Constitucional Português, Acórdão 347/2000, julgado em 04.07.2000, Relator: Conselheiro Vítor Nunes de Almeida.

Tribunal Constitucional Português, Acórdão n. 185/2003, julgado em 03.04.2003, Relator: Conselheiro Artur Maurício.

Tribunal Constitucional Português, Acórdão 232/2003, julgado em 13.05.2003, Relator: Conselheiro Rui Moura Ramos.

Tribunal Constitucional Português, Acórdãos n. 355/2003, julgado em 08.07.2003, Relator: Conselheiro Pamplona de Oliveira.

Tribunal Constitucional Português, Acórdão 289/2005, julgado em 01.06.2005, Relator: Conselheiro Bravo Serra.

Tribunal Constitucional Português, Acórdão n. 273/2021, julgado em 05.05.2021, Relator: Conselheiro Fernando Ventura.